JN300226

表象とアルシーヴの解釈学

リクールと『記憶、歴史、忘却』

川口茂雄 著
Shigeo Kawaguchi

以前なる永遠と以後なる永遠に呑み込まれてゆく、私の生の小さな持続、一日ノ滞在ダケデ過ギ去ッテイッタ客人ノ記憶《メモリア》……

——パスカル『パンセ』

こんな奇怪な話をあなたがたがお信じくださらなくとも、余は気にかけはいたしませぬが、でも性《さが》善き人、良識《ボン・サンス》ある人ならば、他人がいったことや本で読んだことは、いつも信用するのがあたりまえなのである。ソロモンの『箴言』第十四にこう記してあるではないか、〈無垢ナル者ハスベテノ言葉ヲ信ジル *Innocens credit omni verbo* 云々〉と？

——ラブレー『ガルガンチュア』

カール・バルトは、少ししつこい婦人から、永遠の生命について尋ねられた。「先生、教えてください。私たちが天国で私たちの愛する人びとにみな再会するというのは、本当に確かなのでしょうか」。バルトはその婦人を鋭く見すえながら、おもむろに、しかし力をこめていった。「確かです。——だが、他の人びととも再会します」。

——宮田光雄『キリスト教と笑い』より

プリミエ・コレクションの創刊に際して

「プリミエ」とは、初演を意味するフランス語の「première」から転じた「初演する、主演する」を意味する英語です。本コレクションのタイトルには、初々しい若い知性のデビュー作という意味がこめられています。

いわゆる大学院重点化によって博士学位取得者を増強する計画が始まってから十数年になります。学界、産業界、政界、官界さらには国際機関等に博士学位取得者が歓迎される時代がやがて到来するという当初の見通しは、国内外の諸状況もあって未だ実現せず、そのため、長期の研鑽を積みながら厳しい日々を送っている若手研究者も少なくありません。

しかしながら、多くの優秀な人材を学界に迎えたことで学術研究は新しい活況を呈し、領域によっては、既存の研究には見られなかった溌剌とした視点や方法が、若い人々によってもたらされています。そうした優れた業績を広く公開することは、学界のみならず、歴史の転換点にある21世紀の社会全体にとっても、未来を拓く大きな資産になることは間違いありません。

このたび、京都大学では、常にフロンティアに挑戦することで我が国の教育・研究において誉れある幾多の成果をもたらしてきた百有余年の歴史の上に、若手研究者の優れた業績を世に出すための支援制度を設けることに致しました。本コレクションの各巻は、いずれもこの制度のもとに刊行されるモノグラフです。ここでデビューした研究者は、我が国のみならず、国際的な学界において、将来につながる学術研究のリーダーとして活躍が期待される人たちです。関係者、読者の方々共々、このコレクションが健やかに成長していくことを見守っていきたいと祈念します。

第25代　京都大学総長　松本　紘

プロローグ◆──孤児リクールと抽象絵画

リクールがどんな絵画を好んで見るか、どんな音楽を好んで聴くかを語った、珍しいインタビュー記録がある。

孤児としての少年時代の記憶から始まる、インタビュー形式でつづられたリクールの知的自伝の一部がそれだ（聴き手はメーヌ＝ド＝ビラン研究や『記憶の場』執筆参加で知られるフランソワ・アズヴィ）。内容はちょっと意外なものである。たぶんリクールの著作にある程度通じている人々にとっても、異聞に属するのではないかと思う。とはいえリクールの人となりや、最後の主著『記憶、歴史、忘却』に記されているような彼の思想の雰囲気をなかなかうまく表わしているエピソードであるように、私には思えた。このインタビュー記録を軽く手短に紹介することでもって、短くはないかもしれない本書へのささやかなプロローグといたしたい。

ではまず、彼の音楽の好みから。

私は二十世紀芸術がものすごく好きだ。音楽では私がひいきにしているのは、シェーンベルク、ウェーベルン、ベルク、ウィーン楽派全体。（CC257）

ご存じの方には申すまでもないが、ここで挙げられているシェーンベルク等々の作曲家名は、クラシック音楽というジャンルのなかでいわゆる「現代音楽」として分類される。簡単にいえば、メロディーははっきりせず、拍子は一定せず、調性も崩れ、濁った不協和音ばかり。そしてなにより先へ進んだのか進まないのかよくわからない、クライマックスやストーリー性のようなものはほとんど存在していない……そんなたぐいの音楽だ。しかしリクールというと〈物語論〉の哲学者、というイメージから、ちゃんとした起承転結があるような、ストーリー性のはっきりした作品を彼は好むのではないかと漠然と思っていた人は結構多いかもしれない。だがどうもそうではない。

　もっと特徴的なのは絵画についてだ。リクールは独特の、かなり強烈な好き嫌いをもっていたらしい。その好き嫌い発言を以下引用する。

> 絵画で挙げるならスーラージュ、マヌシエ、バゼヌ。いやこれはいまぱっと思いついたというだけで、もっとほかにたくさんの名前が出ます。モンドリアン、カンディンスキー、クレー、ミロ……。ついこのあいだも、ヴェネツィアのペギー・グッゲンハイム美術館を再訪して、ポロックのすばらしい作品や、ベーコンそしてシャガールなどを見てきたところです。……
>
> 　ずっと昔から、私は古典絵画というものを拒否しつづけてきた。古典絵画は、カンヴァスのすみずみにまで物語《ナラティヴ》が前提されている。絵を見るとき、そこに描き出されている一つひとつの歴史＝物語《イストワール》を前もって知っていて、これはあれだとアイデンティファイできなければいけないことになっている。だから私はずっと古典絵画に留保をつけ続けてきたのだ。
>
> 　ところで一九九四年に、パリで催されたプッサンの大規模な展覧会に私は足を運んだ。まあ実際、それはポロックやバゼヌとはぜんぜん違うものだった。ところが、抽象絵画によって鍛錬されてきた私の眼は、いまやそこに、

ヴェネツィアのペギー・グッゲンハイム美術館が所蔵する、ポロック作品のひとつ。
Jackson Pollock, ***Enchanted Forest***, 1947. Peggy Guggenheim Collection, Venice

パリのポンピドゥー・センターに所蔵されている、スーラージュの作品のひとつ。
Pierre Soulages, ***Peinture 260×202 cm, 19 juin 1963***, Centre Pompidou-Musée national d'art moderne

色彩とデッサンとのすばらしい戯れ、そしてその両者の完全な均衡、というものだけを見るようになっていたのだった。ついでにいえばこのときの展覧会のパンフレットには、ピカソがプッサンのことを絵画技法の偉大な先人だとみなしていていつも研究していた、というふうに書いてありました。

（CC257–258）

さまざまな名が挙がっているがこれも若干注釈が必要だろう。カンディンスキーやモンドリアンは抽象絵画の先駆者ないし開始者とされる人々で、日本でも比較的一般に名前や作品は知られている。他方それより後の世代に属するジャクソン・ポロック（Jackson Pollock, 1912–1956）やピエール・スーラージュ（Pierre Soulages, 1919–）となると、ある程度の美術愛好家でなければ名を聞いてもすぐにはピンとこないのではないか。

　ポロックやスーラージュの作品というのは、いうなればバリバリの抽象絵画である。画面上には、お決まりのストーリーのごときものがないどころではない。もはや形態さえも、普通の伝統的な意味ではそこには存在していない。そういうジャンルの作品である。

　ポロックの場合は、多様な色彩が広い平面にめくるめく飛び散っている。たんに自由気儘に描かれたのでないらしいことは一見してわかるのだが、なんらかの線や形態がどこから始まってどこで終わっているなどと画定するのは至極困難だ。難解？　たしかに。でもそうとも限らない。不思議にもそんな画面がしばしば説明しがたい緊張や感動を惹き起こす。かたやスーラージュではというと、そこにあるのは、まったく黒のみ。ただ書道を髣髴させる黒のシャープな動きと濃淡だけがなにかを構成している。厳粛な印象。禁欲的にシンプルなようでいて、シンプルなだけではない。次第に黒というもののニュアンスの豊饒さが姿を見せはじめる。輝き。影。奔流。作品に面する者に、事物を思い描く《ルプレ》＝表象《ザンテ》する際のいままでの習慣を、脱ぎ去らせてしまうかのように……。リクールが好んで鑑賞するのはこうした絵画だという。

あるいはむしろ前衛絵画を称賛する言葉以上に、リクールが古典絵画をもうひたすらに拒絶する発言のほうが、なんとも独特な面白い雰囲気のものとして読者には受けとめられるかもしれない。二十世紀後半の解釈学的哲学の二大立役者としてしばしば彼と並び称されるドイツのH・G・ガダマーが、人文主義的な伝統教養という庭園のなかですっかり満足していたのとは、じつはまるっきり正反対なのだ。リクールが古典絵画を、それほど評価しないとかそういうレヴェルではなく、もうまるまる感情的に毛嫌いしている様子がはっきり出ている。嫌い方もここまで来ると逆に痛快というべきか。「色彩とデッサンの戯れ」というのも、この発言のなかでは絵画全般にあてはまる言葉としてというよりはむしろ、抽象絵画こそがスタンダードなんだとまず尺度設定したうえで、その尺度を半ば無理やり十七世紀の巨匠プッサンにお仕着せたようなニュアンスが醸し出されている。パンフレットの話もどこか若干わざとらしいと私は思う（リクールほどの読書家・知的巨人が、ピカソがプッサンを評価していた云々というたかがその程度の情報を得ることなど、ちょっと思い立てばいつでもできたはずじゃないか）。たまたま誘われて行ってはみたけど、やっぱり本当はプッサンなんて……というあたりが本音だったのだろうか。

ともあれ〈古典絵画嫌い〉というこのエピソードから見てとれるのは、なにか。

それは、ストーリーの押しつけへの断固とした拒否である。

出来合いのイメージやストーリーの押しつけは、拒否する。そういうものではなく、むしろストーリーの自由な構成・新たな構成・別様な構成を促すようなものを、ポール・リクールは大事にしようとする。哲学の概念でいうなら人間存在の〈意志〉や〈自由〉と呼ばれるようなものを、重視しようとする姿勢だ。物語り直そうとする意志。別様に表象し別様に物語る自由。新たなイメージを創り出す自由。

世界は、きれいなストーリーのつけられないものに充ちている。

さまざまな悪の存在。人生の不可解。偶然の悲劇。この世界・この世が存在していること自体の謎。社会や政治の不条理。思い出したくもない出来事。対人関係の不協和音。

そうしたものに、まずはそのまま向き合うしかない。「面する」しかない。そこからしか始まらない。絵画をめぐる語り口には、リクールという人物のこうした心身の構え、姿勢がにじみでている。しかしそれはかならずしも悲観的なものというわけではない。不可解なものに面しつつ、行為することによってそこに意味を創り出し、またそのことに歓《よろこ》びを感じてゆけばよいではないかという、哀しみを帯びつつの、行為しそして楽しむことへの一種の義務感のようなものが、リクールの姿勢には見て取られる。行為すること、もちろんそこには読むこと、書くことが含まれる（そしてまた描くこと・観ることも）。

ときに深い苦しみをも笑い飛ばしてしまう、人間存在の不可思議でポジティヴな力を刺激するようななにか。かすかなりとも屈託のない明るさの旋律を惹き起こし閃かせるようななにか。それを見出そうとすること。だからこそ「面する」こと。「面する」ことへと何度も立ち返ること。リクールが彼の哲学書において言語テクストに「面する」ことや、記憶という〈過去の表象〉に「面する」ことを論じるときと同じなにかが、抽象絵画への彼の眼差しにも、映り込んでいるかのようだ……。

絵画を語るリクールの言葉は若々しい。エスプリがきいている。でも、ちなみに絵画を語った際のリクールは、自説を熱弁する、血気盛んな新進気鋭アーティストのような年齢だったわけでは、ない。この一九九五年のインタビューの時リクールはすでに八二歳。五年後『記憶、歴史、忘却』を刊行して京都賞講演で来日した二〇〇〇年には、八七歳であった。

その七〇年ほど前。かつて少年時代リクールには、政治と人生とについて決定的な経験があった。意味づけられないもの、ストーリーにならないものに面することの。同じインタビューのなかで哲学者リクールはその少年時代の記憶についても語っていた。

一九一五年、ポール・リクールは二歳で孤児になった。

母はポールを産んだあと体調を崩し、数ヵ月後に亡くなった。一九一四年に第一次世界大戦勃発とともに出征した父は、西部戦線の激戦地のひとつマルヌで、一九一五年九月に戦死した。

孤児になったあと、ポールは二歳上の姉とともに父方の祖父母に引き取られる。フランス南東部ドローム県のヴァランスで生まれたが、父の死後は、祖父母の住むフランス北西部ブルターニュ地方のレンヌへ引き取られ育てられた。のちにそのたったひとりの姉までも、一七歳で結核にかかり、二一歳の若さにして亡くなる。後年リクールは、自分だけが長寿を享《う》けたことに割り切れない思いを抱き続けるだろう。それは孤児の長寿、孤独の長寿であった。

第一次大戦の戦死者の子供は役所言葉で「戦災孤児 Pupille de la Nation」と呼ばれた。直訳すれば、〃国民の孤児〃。そのことは少年リクールにとって、それ自体としてはかならずしもつらく感じられるばかりだったわけではなかった。祖国のために勇敢に戦った「英雄」としての父。「英雄の息子」としての自身を誇りに思うことができたからだ。父について自分での記憶はなかったから、戦死者を称える大人たちの声、大人たちの言葉が語るとおりに、英雄のイメージ、英雄の〈記憶〉はなおさら純粋に英雄であることができた。

年齢の高い人々ばかりに囲まれた祖父母の家での生活は、どちらかといえば息苦しい、重苦しいものだった。中核であるはずの存在を喪《うしな》った、メランコリックな家庭の雰囲気。だから少年リクールにとって学校はむしろ大いに心の晴れる場所であった。そのことの原因であったか結果であったか、勉強も全然苦にならず、やんちゃながらの異様な秀才《アンファン・テリブル》ぶりを徐々に示していった。生真面目な祖母の声が語る。「もしお父さんがあんたを見たらなんていっただろうねえ……！」
しかし、一〇歳になるころ、ある青年たちの言葉が少年リクールの心に深い衝撃をあたえる。
先の戦争の開始に際して、フランスの側になにか大義があったわけではなかったということ。先の大戦が、他の局面で見ても、なんら正義の戦争ではなかったこと。そう、そして戦後に締結されたヴェルサイユ条約が、いかに戦勝国の利害にまみれた、不当なものであるかということ……。これらのことを、戦間期ヨーロッパでひとつの大きなうねりを見せた反戦平和主義《パシフィスム》運動の支持者たる活動家青年らが、子供たちに熱く、情熱的に訴え語ったのだった。

当然にも、ポール・リクールにはすでに青年の発言を理解し、その意味を受けとめるだけの能力があった。ということは父の死は、よくて犬死に。不正義に加担したとさえみなされても仕方のないものだった。そういうことだ。「英雄」としての不在の父の像《イマージュ》と、子供ではなくなってきたみずからに芽生えてきた知的誠実さへの意志が課してくる、不正義の戦争というものへの憤り、怒りそして悲しみ。「私は、戦争と父とについてのこの新しい見方にぶつかり、自分のなかで苦闘をしなければならなくなった」（CC12）。祖父母らの声によって織りなされてきた自分のアイデンティティそのものである父の〈記憶《メモワール》〉。その〈記憶〉が、知識青年たちの語る政治的正義の〈歴史《イストワール》〉解釈と正面から衝突し、揺らぎ、書き換えを迫られた。そして〈記憶〉と〈歴史〉との止揚不可能な葛藤に少年は捕らえこまれたのだ。

それは、ストーリーの構築不可能な状況であった。

一義的にきれいなストーリーなど、構築できるはずがない。単純でさっぱり明快な表象《イメージ》など、どうしたってありうるはずがない。

政治や歴史、そして記憶というものにたいするのちの哲学者リクールの原体験が、この父と戦争をめぐるダブルバインドにあったということは、本人も認めるところであった。どちらを取ることもできないダブルバインドが、この世にはある。解消することのできないざわつき。ざわめき。リクールという人物はつねにそうした矛盾、逆説に敏感であり続けるだろう。きれいに整ったストーリーという「解釈の暴力」は、しばしば矛盾や葛藤を覆い隠してしまう。たんに〈被害者〉や〈当事者〉と認定される側の心情に寄り添って非難・弾劾の言葉を述べ連ねればそれでよし、とするような善意ぶった一方的な現代思想風のお説教（？）からはいかに『記憶、歴史、忘却』のリクールが離れたところに立っているかは、以後本書のなかで徐々に提示されていくだろう。〈記憶〉にたいして立場や態度をとるというのは、そんな単純なことではない。だからこそ〈記憶〉は、そして〈歴史〉は、不協和音で満ちている。

『時間と物語』のなかでリクールは、ギリシア悲劇の本質と人生の本質を不透明な「音楽的不協和音《ディソナンツ》」と同一視した『悲劇の誕生』のニーチェに深く通じるような仕方で、こう述べていた。「物語は不協和音《ディソナンス》しかないようなところに協和音《コンソナンス》を置く、といいたくなるかもしれない。……もしそうなら、物語がかたちづくるものなどまやかしにすぎない、という嫌疑がかかるだろう。……そうであるなら物語的協和音は、解釈の暴力と呼ばれるべきものの産物にとどまる」（TR I 138）。物語は、不協和音を解消しない。むしろ物語とは無定型な混濁と雑音のうちになんらかの「反響《レゾナンス》」を聴き分けようとする営みなのであろう。ただしシェーンベルク愛聴者であるリクールが、ワーグナー崇拝者であった若きニーチェと同様に、不協和音というもののうちにこそ苦しみを乗り越える別なる力もまたひそかに潜みうると感じていたことは、付け加えておこう。

過去の〈記憶〉に面することは、終わりのない作業である。〈記憶〉は一つひとつの現在においてそのたびに読み直され、向き合い直され、書き直されてゆく。歴史家たちがその仕事において新たに〈歴史〉を書き換えていくように。ただそのようにしてのみ、現在という時間は過去に面し、未来へと流れ出していく。

幼い姉弟を膝に乗せた父リクールの写真があるのだという。一九一五年の初めに軍の休暇で、最後に帰ってきたときの写真だ。記憶のなかにはいない父。いまの自分よりもずっと若く、永遠に歳を取ることがない青年。「私はいまでも、永久に若者のままでいるこの写真のなかのイメージと、どうやってかかわればいいのか、わからないでいる」(CC12)

ポール・リクールは比較的に長寿といってよい人生の長さを享受することになった。家族のなかで自分だけのその長寿は、とくに姉にたいする引け目のような感情を彼に負わせるものでもあった。

しかしその長寿という運命が、リクールを二十世紀思想史の激動の生き証人とさせた。そしてその生き証人としての豊かな経験と卓越した広い眼差しが、彼の人生の最後期に、フランス現代思想の集大成のひとつといえる書を纏《まと》めることを可能にさせたのだ。それが『記憶、歴史、忘却《ネゴシエ》』である。

二十世紀の記憶を語ること、二十世紀の歴史を語ること、そんなことだけなら――いい方は悪いが――誰でもできる。〈記憶〉とはどういうものか、〈歴史〉とはどういうものか。あくまでそこからはじまっていく。そこに緻密に足がかりをつくっていく。事柄にのめりこみそうになる自分を抑制し、自分を思いきり突き放し、物事との距離の取り方がこれでよかったのかどうか絶えざる緊張感で問い直し続ける。これが、リクール哲学のあきれるほどの慎ましさであり、またその説得力の源泉である。

リクールはそれまでの著作において、「喪失」や「欠如」を表立って語ることはしてこなかった。やはり、彼の生い立ちが、そうした問題への深入りをどこか感情的に押しとどめていたのかもしれない。しかし『記憶、歴史、忘却』で彼は、最初で最後となるかたちで、それを論じることを試みる。〈記憶〉と〈忘却〉を語ることをとおして。ただしそれは、二十世紀の少なからぬ現代思想書が「喪失」「欠如」を、いわばもっぱら知的洗練（？）や美的洗練をわれがちに競うような仕方で声高に語ってきたような、そういう語り方ではない。リクールという人には、理論的困難をごまかさない知的誠実さがあり、また悲しみに浸るポーズを見せることをみずからに禁じる厳しさのようなものがあるからだ。それでも、やはりリクールがこの書で初めて喪失・不在の問題にじかに取り組んだことの意味は、非常に重い。

だが、私たちはまた忘れないようにしよう。よくいわれることなのだが、リクールは著作の文面でイメージされるよりもずっと、人前で語るときにはその言葉は情熱的で、聴き手を引き込むような疾走感があった。著書で書かれている言葉遣いとほぼまったく同じであるのに、不思議なことに、その印象はより熱く迫るものになるのだった（語用論的差異、とでもいうところか）。皮肉やユーモアを交ぜることもむしろ頻繁であった。その情熱や疾走感を、忘れないようにしよう。

さまざまな引用を花火のように飛びかわせながらみずからの思索を展開していくリクールのスタイルはある意味、アカデミックというよりアヴァンギャルドというべきなのかもしれない。いいすぎだろうか。本書は『記憶、歴史、忘却』からそうしたアクティヴな臨場感のごときものを引き出し、表現することを企図している。はたしてどのくらいうまく引き出せているかどうかは、若干心もとないところではあるのだが。

目　次

はじめに

「現在における過去 Le passé au présent」——もしひとことで『記憶、歴史、忘却』という書を形容しなければならないとすれば、ロジェ・シャルチエの言葉を借りて、そういうことができるだろうか。

本書は、リクール『記憶、歴史、忘却』が論究している問題系およびその論究の仕方を、全体をとおして明らかにしようと試みるものである。要するに『記憶、歴史、忘却』という一冊の書にまるまる取り組んだのが、本書という一冊の書である。

『記憶、歴史、忘却』はフランス語原著で六〇〇ページほどになる。その扱う事柄も多岐・他分野にわたっていることは一見しただけで明白だ。それを〈全体をとおして〉明らかにするといっても、おのずとそうした作業は、いくらかのポイントをとくに浮き彫りにする取捨選択の作業になる。

本書では『記憶、歴史、忘却』のなかでも、とくに第二部第二章第三節「縮尺のヴァリアシオン」（Variation d'échelles）と第三部第一章第三節「歴史家と裁判官」（L'historien et le juge）とを、いわば全議論にとっての鍵となるものとしてクローズアップした。この二つの短い節は、まずここさえ読めば『記憶、歴史、忘却』の全体像が浮かんでくる、というような節ではじつはない。結論的箇所というより途中箇所。また読んですっとわかる節でもない。むしろ反対だ。この二つの節は、読みにくい。『記憶、歴史、忘却』で論じられるさまざまな異なる事柄の次元が互いに接触し合い、衝突し合う箇所だ。結果としてしばしばさらっと読み流されがちかもしれない。では、この二つの節から読者の方々が感じるであろうもやもやを解きほぐし、どうやって読解可能にしてゆくか。同書の他の箇所からこの二節に光を当て、またこの二節を導きとして他の箇所を読み解き直す。するとそのプロセスのなかで、他の箇所とこの二節とがいつしか相互を明晰に照らし出し始める……。そういう触媒にして試金石になりうる節だという見立てを、作業仮説として設定してみたのである。狭義の研究的意図としては、本書はこの焦点化の当否・成否を読者に問うものである。

本書の副題を「表象とアルシーヴの解釈学」としたことと、「縮尺のヴァリアシオン」および「歴史家と裁判官」という事象系を強調することとは、その意味で同じことである。この焦点設定の正当化は、本書の論を実際に進めていくことによってなされていくだろう。

事柄の素描

本書と『記憶、歴史、忘却』が共に考察する諸々の事柄をごく簡単に、短く素描しておこう。

人間は過去を表象する。かつて見た過去かつて体験した過去を、記憶において。また自身がそこに居合わせたのでない遠い過去の時代を〈表象する〉、想像するということもする。そのようにしてひとは〈**過去の表象**〉に面している。

しかしそれらはそもそもどういうことであるのか。ある時期のプラトンが語ったように想起《アナムネーシス》を人間的魂の神秘な働きとして称揚することが問題なのではない。記憶という過去の表象は、不確かなものである。過去とは、もはや存在しないものだからだ。時に記憶はひとを苦しめ、怒りや憎しみを生みだす。そしてもし人間存在を記憶し想起する者として定義するのであれば、それは等しくこう定義することでもある。人間とは必然的に、忘却する者であり、そして忘却される者である。だからこそというべきなのかどうか、人間は歴史を書く。あるいは『反時代的考察』のニーチェならば〈歴史を必要とする〉のだというだろう。でも歴史を書くとはどういうことか。誰が、どこで、誰のために。少なくともまったくたしかなのは、その点にかんしてソクラテスやレヴィナスがなんといおうと〈書かれた言葉〉なしに歴史はないということだ。そしてひとは文書庫《アルシーヴ》へ赴き、紙の書物や書類として物質的な形をとった、史料というかつて〈書かれた言葉〉に面する。しかし過去の実在そのものを認識することはどこまでも不確実で蓋然的な営みにとどまる。

リクールの最後の主著はこうした、人間と世界の成立ちにとってごくベーシックでありながら、錯綜し不透明にとどまっている諸々の事柄について、つまり記憶、歴史、忘却についてどのように論究を繰り広げ、なにを指摘するにいたるだろうか。

そこでのリクールの論の歩み方にはつねに本質的な揺らぎ、緊張がある。一方に、現在の行為のイニシアティヴこそが、つまり理解すること・解釈すること・表象することの現在こそが〈歴史をつくる〉のだという見解。いいかえれば、〈別様に物語ること〉の開かれた可能性への信頼と責任。そして他方に、観念的な相対主義を退け、〈かつてあったこと〉はけっしてなかったことにはならず、〈かつて生きた者〉はけっしていなかったことにはならないということを堅持しようとする、過去の実在性《レアリテ》への尊重の意志。この現在と過去との両極のあいだで論究の歩みは揺らぎ続けるだろう。その振動の不安定さが読者を戸惑わせることは、一度や二度ではなかろう。

リクールの思索の強靭さが見て取られるとすれば、それはこの振動を飛び越えてしまおうとするのではなく、むしろ止揚不可能な揺らぎのうちにあくまで踏みとどまろうとするその努力においてだ。その論の具体的展開は、時として揺らぎを沈静化し飼い慣らすことを試み、また他の時には揺らぎを劇的にし先鋭化させるだろう。リクールの冒険に同伴する私たちに必要なのもまた、この不安定な揺らぎをまさに揺らぎとして、可能な限り明晰に受けとめることである。「**現在における過去**」という揺らぎに面しつつ見出されるのは、私たち自身もまたそれであるところの、時間的存在としての人間のとらえ難き諸々のありようである。——

『記憶、歴史、忘却』の構成と、本書の構成について

さて、本書の構成がどのようになっているかをまず申し上げねばならない。

本書の構成は基本的に『記憶、歴史、忘却』の論の順序をだいたいなぞっている。議論や事柄の明確化のために細かい再編集・再構成は適宜おこなっているが、おおむね『記憶、歴史、忘却』の部・章の構成と本書の章立てとの対応は、左の図のようになっている。

ところで、真っ先に注意点として述べなければならないのは、本書を前から順に読んでいく必要があるかということであろう。答えを先に出しておこう。ノーである。かならずしも前から順に読んでいく必要はない。

理由は『記憶、歴史、忘却』自体が、すんなり前から順に読めるような書物にはなっていないということにある。どういうことか。各章ごとに扱われる話題のジャンルが相当幅広いため、一人ひとりの読み手にとってそれぞれ、読みやすい章と読みにくい章がどうしても出てくるということである。

具体的にいうとこうなる。ベルクソンの記憶論の哲学やフッサール現象学に親しんでいる人にとっては、第一部の記憶論（本書第**1**章）は読みやすい部類に入るだろう。しかしそうした人にとって、アナール学派の歴史

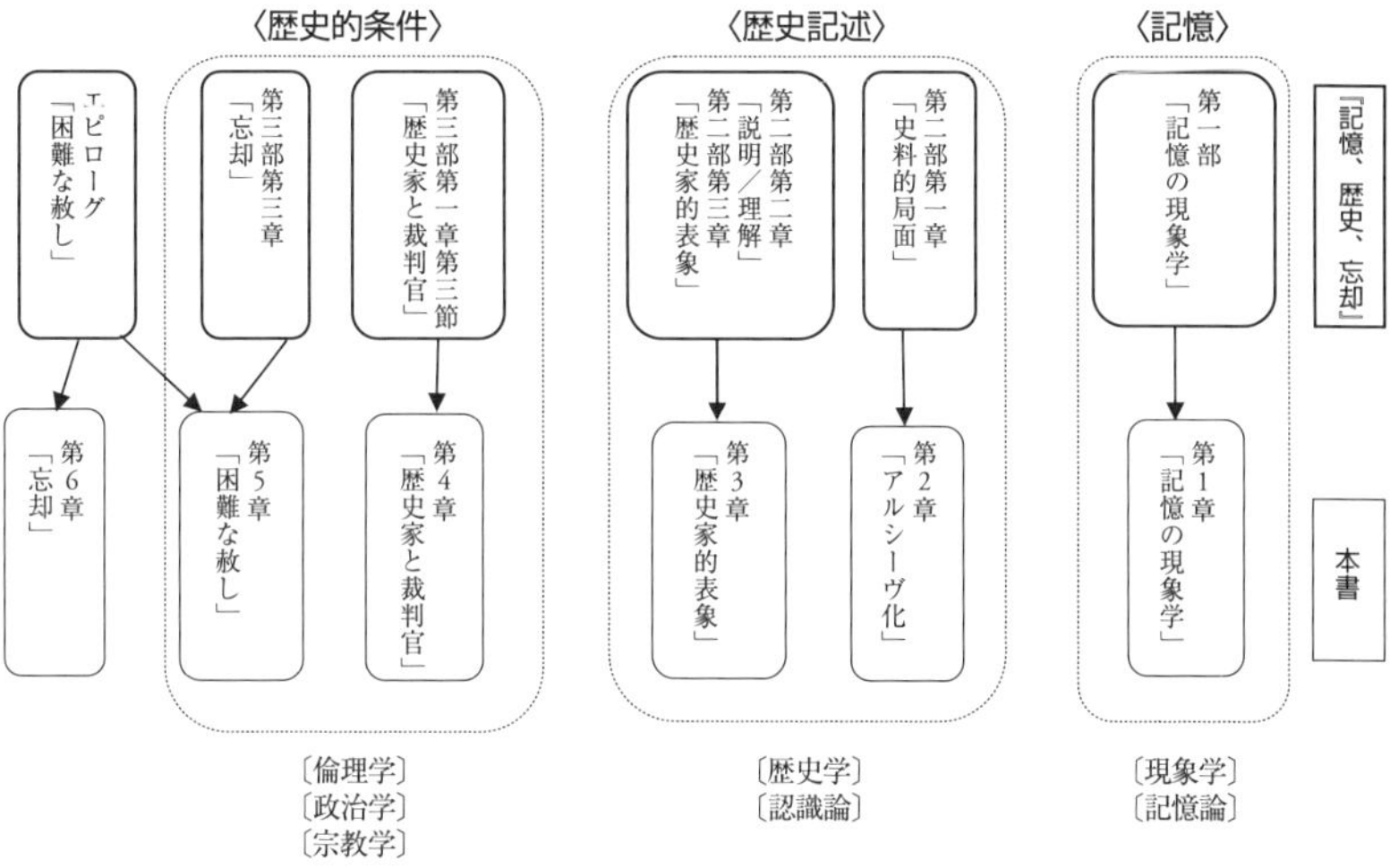

学を中心に扱う第二部の歴史論（本書第2、3章）はあまり触れたことのない話題かもしれない。あるいは、アナール学派の仕事に普段から親しんでいるが、哲学的な認識論や記憶論の言説にはいまひとつなじみがないという人にとっては、事態は逆だろう。だからそういう場合にはぜひ第1章を飛ばして、第2章ないし第3章から読み始めてみていただきたいと思う。

本書ではリクールが行うそれぞれの議論について、文脈や背景知識をなるべく丁寧に、リクール自身が書きこんでいる以上にわかりやすく噛み砕いて紹介することに意を注いだつもりである。だから筆者としては、本書を前から順に読んでいくことは一応可能ではあると思っている。ただ現実問題としては、なかなかそうはいかないことは承知している。私自身『記憶、歴史、忘却』に限らず、多彩な引用の凝縮体であるリクールの著作というものにさんざん苦労してきた実体験があるからだ。

たとえば（ファーストネームの語呂あわせでいうなら）、エマニュエル・レヴィナスの哲学に日ごろから関心をもっている読者と、エマニュエル・ル＝ロワ＝ラデュリの歴史書をよく読んでいる読者とでは、おのずと『記憶、歴史、忘却』の各章節ないし本書の各章節にたいする第一印象は異なるはずだ。異ならざるをえないだろう。そういうわけだから、それぞれに読む順序を変えていただいていいと前もって申し上げるのである。私としては、レヴィナス的問題系との関連という意味では、**序論第1節**および**第1章**全体の記憶の現象学や、**第3章第3節**のなかの「表象の限界」論、そして**第4章**の「歴史家論争」をめぐる論をぜひ読んでいただきたいと思うし、他方で、ル＝ロワ＝ラデュリらアナール派の歴史書の特徴を掘り下げて研究するという点では、アナール派第四世代の〈表象史〉の意義と射程を詳しく扱った**序論第3節**と**第3章**の全体とはぜひとも読んでいただきたいと思う。また現代世界の政治的問題を取り上げている**第5章**「困難な赦し」は、倫理学に関心をもたれる方にも、歴史学におもに関心を寄せる方にも、等しく比較的読みやすく感じられる箇所かと想定している。

哲学・思想系の読者に歴史学関係の論をわかりやすく伝達するという点では、特にひとつ工夫をほどこした。『記憶、歴史、忘却』ではごく部分的な引用になっているアナール派の代表的歴史書から**抜粋コラム**を五つほどつくったことである。ブロック、フェーヴル、ブローデル、ル＝ロワ＝ラデュリそしてシャルチエという各世代の重要な歴史家たちの個性と特徴を、くっきりと浮かび上がらせる仕掛けになっていればと願う。それら抜粋をざっと見るだけでも、リクールがいかに周到な準備をしていて、またその準備をジャンプ台にしていかにエキサイティングな面白い議論を展開しているかは、かなりとらえやすくなろう。

そうして読者にはそれぞれに自身の入りやすい入り口を見つけていただいて、最終的には、逆にそのような多様な入り口を可能にしている『記憶、歴史、忘却』の哲学の、本当の意味での懐の深さをそれぞれの仕方で把握していただけるならば、本書の役目は一定の側面で果たされたことになるのかもしれない。

個人的経験からすると、リクールの仕事のファンになる人は、ある日突然ファンになってしまうということが多いように見える。いかにもリクールの著作などまったく関心をもっていなさそうな人が、なにかの問題について考えていくなかで参考文献として繙《ひもと》いたのであろうか、突如としてリクールの言葉への熱い共感を口にし出す。こちらは驚かされるばかり。そういう例を何度か見てきた。そしてやはり、そういう共感が生じる際の入り口は本当にさまざまである。だから本書の読者の方も、背景知識などの面で読みにくいと思う箇所は遠慮なく飛ばして、ご自分の入り口を見つけていただければよいのだと考えている。残念ながら筆者自身は、ファン心理が一瞬に劇的に閃くようなそういう経験とは、ご縁がなかったようなのだけれども。

では、本書各章の内容を簡単に述べる（**序論**については後で述べる）。

第1章は『記憶、歴史、忘却』の第一部「記憶の現象学」を扱う。プラトン・アリストテレス・ロック・フッサール・ベルクソン・アルヴァクス・サルトルといった古今の論客らの記憶論を横断しつつ、リクールによる記憶事象の現象学を見ることになる。

次に、第2章と第3章は第二部「歴史・認識論」を扱う（ただし認識論といっても感覚知覚をモデルにした種類の認識論ではない。歴史的過去をどう把握することができるかという認識論である）。**第2章**は「歴史家的置換」と「アルシーヴ」を、**第3章**は「アプロプリアシオン」「縮尺のヴァリアシオン」そして「歴史家的表象《ルプレザンタシオン・イストリエンヌ》」をそれぞれ主題とする。アナール学派第四世代ロジェ・シャルチエの〈表象史〉の歴史学理論を受けて繰り広げられる第3章の歴史認識論は、『記憶、歴史、忘却』にとって、またそれゆえ本書にとって特に要となる部分だ。さてそのあとには、リクールの先行著作『時間と物語』におけるいくつかの概念を『記憶、歴史、忘却』とのかかわりにおいてごく簡単に紹介する**補章**が間奏的に挟まれる。

第4章は、記憶と歴史の双方が激しく交錯する場へと移行する。そこでは「歴史家論争《ヒストリカーシュトライト》」へのリクールの独自の考察を含む、第三部第一章第三節「歴史家と裁判官」を詳細に扱う。**第5章**では、第三部第三章と「エピローグ」とを扱い、苦しみの記憶や不幸な歴史がいかにして「困難な赦し」を希望しうるかという難問をリクールとデリダ両者の晩年に交わされた論をもとに取り上げる。最後に終章では、リクールが「エピローグのエピローグ」と呼ぶ、「エピローグ」第五節における「忘却」論について短い考察を行う。

〈記憶〉と〈歴史〉？——他の哲学書と比べた場合の『記憶、歴史、忘却』の特徴①

さて、次にここからは数ページほどを使って、他の哲学者・哲学書との比較から見えてくる『記憶、歴史、忘却』という書の特徴を、大ざっぱにさっと概観していこう（もちろん、ここですることは他の哲学書との比較にすぎないので、わかりにくいと思うところはぜひ軽く読み飛ばして先へ進んでいただきたい）。

『記憶、歴史、忘却』という書物は、単純に前進的に議論の段階が進行していくというスタイルをかならずしも採っていない。また書の題名にある〈記憶〉（mémoire）と〈歴史〉（histoire）とにしても、それがなにであるかがずばり定義されたりするわけではない[1]。

考えてみるに、哲学と呼ばれる営みのなかでそれぞれに輪郭をえてきたいわゆる〝記憶論〟の言説と〝歴史論〟の言説とを、ひとつの書のなかで直接に連結させるのは、テクニカルに色々と難しそうだ。〈記憶〉という事象に焦点を当てて構築された種類の論と、〈歴史〉に焦点を当てて構築された種類の論とが、ねじれの位置にあるような関係となってしまい、それぞれの概念系をうまく噛み合せることが難しいということだ。

たとえば〝記憶論〟の古典であるベルクソンの『物質と記憶』の論をたんに延長していくとなんらかの歴史論を展開できるだろうか？　まあちょっと想像しがたい。容易ではないだろう。他方〝歴史哲学〟の大物であるヘーゲル（あるいはガダマー）においてはというと、積み重なっていく歴史の動きそのものが究極的にはまさに大いなる歴史（絶対精神）の「Er-Innerung 想起＝内面化《エアインナルング》」（MHO483）であるのだとされる。つまりそうしたいわば壮大な視野の〝歴史論〟がいったん展開されてしまうと、記憶論というようなものは、あるとしても歴史論という上位枠組みの下に付属する一部分でしかないことになってしまうのだった。

「語用論的」記憶論・歴史記述論

そうした意味で『記憶、歴史、忘却』の論は、記憶論と歴史論を区別しつつ－結び付けて－論じようとすることにおいて、他にほぼ類書を見ない画期的な体裁のものである。

どのようにしてそれは可能になったのか。端的に答えれば、〈記憶〉と〈歴史〉とを「過去の表象」であるという共通性において見ることによってだ。でもこれだけでは、端的すぎてなにもいったことにならない。

（1）〈記憶〉と〈歴史〉との区別と絡み合いという問題にかんしての、一般的な着眼設定の例を挙げておこう。

「海の向こうに、フランスの岸辺が見える。それは、庭の生垣の隙間から猫の尻尾が見えるのと同じような事柄であると思える。祖国としてのフランスとなるとどうなるか。祖国が、生まれ育った土地だけのことしか意味しないのなら、それは見ることのできるものである。その季節ごとの匂いを嗅ぐこともできるものである。しかし、祖国とは人々の社会であり、文化でもあるなら、〔……〕どのようにして祖国としてのフランスを見ることができるであろうか。

フランス革命のあとで、そもそもフランスとは何か、このように問い、その答えを探すのに苦労して思想的格闘をした人々が多くいた。一九世紀における歴史学の誕生は、そのような背景をもっている。たとえば、第三身分の人々から成るものがフランスだ、と主張する人もいたが、そうなると第三身分はどのようにして発生したのか、知る必要がある。だから、ゲルマン民族の移動の時期にまで遡って考える、このようなことが行われたのである。「フランス」という語が指すもの、名がついたものは何であるのか、それは決して明解なことではないし、知覚する仕方で造作なく把握できるものでもない」（松永澄夫『言葉の力』、東信堂、二〇〇五年、第二章「現実とフィクションとの交錯」、119―120頁。）

ごく図式的に示せばこうなる。『記憶、歴史、忘却』の論は、歴史学の（広義の）実証性の次元と、（前期ハイデガー的な）時間性・歴史性をめぐる根源性探索の次元との中間に、道を探していく。リクールはそうした道の位置を、「日付」「暦法的時間」という概念によって担保し指し示す（詳しくは第1章148頁を参照）。〈記憶〉や〈歴史〉における過去と現在との関係というものを考察するにあたって、日付や時刻という時間事象の次元を突き破って、何年何月何日ということが意味を持たなくなるほどの〝根源的時間性〟にずぶりと真っ直ぐ沈み込んでゆくような直接性志向（前期ハイデガー的-アウグスティヌス的）は、ひとまず留保しよう。他方たんに客観的に、場合によってはディジタルに統計処理された数量データの形だけで積み立てられる種類の歴史学的実証性というのも、それだけでは浅いというか物足りないと考えたい。後で私たちは論が進むにつれて、実証性と根源性との狭間に立とうとするリクールのそうしたスタンスを共有する同伴者である〈**表象史**〉の論者たちを見出すことになる。しかしこれはまた後での話。

リクールは〈記憶〉と〈歴史〉とを、いずれもひとつの人間的行為――実践《プラクシス》と受苦《パトス》との両方の意味を含んだ――としてとらえようと試みる。〈記憶〉や〈歴史〉が過去の実在へのかかわりということであるとするならば、過去にたいしてかかわるということはあくまで現在の行為である。このことが確認される必要がある。むろん、認知的・認識論的な事象とは別途にということではなく、むしろ認知的・認識論的な事象そのものが、角度を変えて見るならば、行為的な側面をも有している、ということである。だからリクールはたとえば行為的なものと認知的・認識論的なものとのつながりをよく表わす「語用論的《プラグマティク》」という語を『記憶、歴史、忘却』では積極的に用いる。

あわせてリクールは、記憶については「記憶の作業」（travail de mémoire）という概念を、また歴史については「歴史記述操作」（opération historiographique）という概念を提示する。いずれも行為的・力動的な概念だ。「記憶の作業」は、フロイト的意味での「喪の作業」とつねに表裏一体であるような、過去にたいするかかわり方の時間をかけての構築・再構築の作業として解される。「歴史記述操作」は、歴史家がアルシーヴに赴いて史料に面することから、説明や記述仕方を構成し、そして実際に論文や書物にして世に出すまでの一連の作業契機のことを指している。リクールが『記憶、歴史、忘却』各部を通じて意図していることは、そうした「記憶の作業」や「歴史記述操作」の力動性を、「心性」(mentalité)や「アイデンティティ」(identité)といった静態的な概念に、つまり現在と過去とを共に静態的に固定するような概念に対置し、対決させることだ。過去の実在性を尊重することは、過去を静態的にとらえることとイコールではないのである。

〈歴史学〉と〈哲学〉?――他の哲学書と比べた場合の『記憶、歴史、忘却』の特徴②

歴史についての哲学的考察が、空虚な思弁に陥らずにいるためには、どうすればよいだろうか? 歴史の現実から、また歴史家たちがたずさわっている作業の現実から遊離しないためには、どうすればよいか。

歴史家がおこなう**歴史記述**の仕事に、密着していけばいい。これがリクールの答えだ。『記憶、歴史、忘却』においてリクールは、歴史学の仕事のそばにつねに密接に身を置きながら考察を進めてゆく。単純明快。その姿勢はもちろんベルクソンとも、ヘーゲルやガダマーとも異なる。つねに「歴史学をなす」(faire de l'histoire)ことを通して、「歴史を生きる〔つくる〕」(faire l'histoire)ことが考えられてゆく。

リクールの〈歴史論〉は、旧来の歴史哲学がいう《歴史意識》や《歴史性》といった事象/概念に依拠するのではない。むしろまさに「歴史記述」(historiographie)をつねに事柄の中心にする。言語構築物ないし言語行為である限りにおいての歴史記述。歴史記述こそは、そこから出発してはじめてその手前(解釈主体?)やその彼方(歴史的過去?)の事柄が思考されうる足場である。言語哲学の問題系と〈記憶〉と〈歴史〉の問題系との双方を扱うことで、歴史記述への寄り添いが可能になるのだ。したがって言語と歴史という点であえて図式的にいうならば、リクールのスタンスは、**ヴィトゲンシュタインと後期ハイデガーとの中間**に位置する。つまり、言語に着目するが歴史や言語の歴史性を一切語らないヴィトゲンシュタインと、言語そのもののうちに〈存在史〉を見てとる後期ハイデガーとの中間、ということだ。それがリクールの歴史記述の哲学である。

のちに明らかになっていくが、リクールの歴史記述論的〈歴史論〉が有する説得性についてひとつだけ指摘しておく。それは、歴史記述一般を論じることなしにたとえばアウシュヴィッツについての歴史記述がどうあるべきかあれこれ語ることができると思っている種類の哲学的歴史論とは、そもそもの始めからスタンスが異なる、という点だ。この種の思想書は数多くある。真剣な義憤に基づいているものであれ、比較的軽い気持ちで書かれたであろうものであれ。リクールの方法は、そのような諸々の書のそれとは、異なる。『記憶、歴史、忘却』のリクールは、あくまで歴史記述論を突き詰める。近現代史だけでなく中世史をも含むアナール派各世代の代表的な歴史書とともに、歴史記述というものの多様で多層的な認識論的豊かさが広い視野で発見されていく。ひょっとすると哲学書に慣れた読者には一見回り道にみえるそうした歩みが、道の途中でたとえば「表象の限界」の問題に突き当たったときに、並外れた明快な説得性を発揮するかもしれない。

ところで、リクールのそのような〈歴史論〉の行程が有しうる、多層的な視野の広さを獲得するという有利な面と、論展開の上での特殊な困難を少なからず内に抱え込まざるをえなくなるといういわば不利な面との、両面を私たちはよく理解しておこう。要するに、哲学書としては論の進展が通例以上に複雑になってしまう面がどこかで出てくるかもしれないということだ。

『記憶、歴史、忘却』のその論枠組みを、たとえば一例としてハイデガー『存在と時間』のそれと比較するならば、どうか?

ハイデガーが彼の〈存在史〉的な観点から「既在性」(Gewesenheit)や「伝承」(Überlieferung)について語る仕方は、非常によく練られたものだった。ハイデガー的には、存在ないし存在理解における深く根源的なものというのは、それが深ければ深いほど、時間的・歴史的にはより古い起源に由来するものである、と基本的には見ることができる。そうであるがゆえに現存在は、ルターやあるいはソクラテス以前の思索者たちの存在経験を「反復」することが少なくとも原理的には可能であるとされる。問題なのは、なぜそうした「反復」が可能なのかということよりも、古き存在経験がなぜ「忘却《フェアゲセン》」されているのかということのほう、なのだ。このよく知られたハイデガー存在史の論は驚くべき力強さを有する。その「太古から吹く嵐」(アーレント)はいまなおひとを深く魅了せずにおかない。ただ、いわゆる歴史学的実証性の観点を持ち込む場合、不思議に思われてくる点がないか? 通例ならば時が隔たり時代が隔たるほど、当の過去の時代の人間(たち)の考えていたことを把握するのは、いっそう難しくなるはずである。ところがハイデガーの場合には、むしろその逆であるかのようである……! 歴史学の実践と密接であろうとするリクールの『記憶、歴史、忘却』の論が、こうした〈存在史〉の論法とは別のところに位置することは、いうまでもない。

そうした前期ハイデガーの存在論的・実存論的考察の内容についても、是々非々で臨みつつ引き継ぐべき点は引き継ごうとする一方で、二十世紀後半の歴史学者たちがなす具体的な歴史記述や歴史的過去認識をめぐる理論的考察を積極的に摂取しようとする『記憶、歴史、忘却』のリクールのスタンスが、哲学的言説として、両者の狭間でなんらかのジレンマに陥る場合が生じそうなことは、予想に難くない。それが実際どのようなかたちとなったかについては以下の本論にゆずろう。だが、いずれにしても『記憶、歴史、忘却』の歴史論ないし歴史記述論が『存在と時間』の「歴史性」の論ほどにぐいぐいとスムーズには進まず、ぎこちなさやジレンマを時として含んでいたとしても、だからといって歴史学の「史料的立証」や歴史書が提供する「表象」をも真面目に受取ろうとするリクールの論のほうが事柄にたいして忠実でないなどとはけっしていえない。この点は公正に確認されるべきだ。かならずしも、たんになだらかで整合的であることが哲学的論述の真価であるわけではないといえば、蛇足になろう。またじつのところハイデガー自身『存在と時間』公刊部分の終盤において、彼の概念系によれば歴史学的《ヒストーリシュ》認識がそこに位置づけられるところの「時間内部性」(Innerzeitigkeit) なるものの身分について考えあぐねてはいなかっただろうか? そこではハイデガーは、時間内部性は歴史性《ゲシヒトリヒカイト》と「等根源的」(gleichursprünglich) であると述べることで、さしあたり締めくくっていたが……。

「歴史そのもの」でもなく、「《われわれの》近代性」でもなく
── 他の哲学書と比べた場合の『記憶、歴史、忘却』の特徴③

くわえてリクールの《歴史論》は「近代」ということにかんして、次の二つの立場をいずれも退ける。一方で、当然、大文字の「歴史そのもの」(die Geschichte selber, l'histoire même ; MHO388) を語ろうとするような全体化的・超越的立場というものは退けられる。かつもう一方で、ひとは「《われわれの》近代性《モデルニテ》」(«notre» modernité ; MHO400) のみを語りうるのであり、またそれについてなら確実に語ることができる、とみなすかのような立場もまたリクールは退ける。

前者の立場、絶対的歴史なるものが退けられることは、今日ではむしろ一種自明化している(この自明化にたいする評価はいまは措く)。あまり異論は出ないだろう。レヴィナスの「全体性」批判や、『時間と物語Ⅲ』での「ヘーゲルを断念する」の章などは、その自明化した趨勢のなかに存する諸言説のうちのひとつにすぎないわけだ。ところで後者の立場はどうか。「《われわれの》近代性」については私たちは認識や把握をなしうるし、またおおいに「近代」について語るべきだ、という立場を退けるのは、〈西洋近代〉への反省ということ

が多角的に取り組まれるべき大きな課題とみなされている今日においてやや異例のスタンスではないか？

リクールが「《われわれの》近代性」を語ることの確実性や特権性を前提することを退けるのは、そのことの論理的・認識論的な根拠が十分でないと看取するからだ。他の時代のことはわからない、でもいまの時代のことならわかる、語れる、……という論法は一見正しそうだけれども、じつはそうでもない。

われわれがわれわれを語ること、「《われわれの》近代性」において「《われわれの》近代性」を語るということには、「行為遂行的矛盾」（contradiction performative；MHO399, 413）が孕まれている（自己言及のパラドクスといいかえてもいい）。自分（たち）がいまどこにいるのかを見定めるためには、自分（たち）とは別の位置・別の観点というものを想定し、そこに立って自分（たち）を外側から見ることが本当は必要なはずだ。「《われわれの》近代」を語る姿勢に伴われている一見相対主義的な「厳密な不可知論」（agnostisme rigoureux）の格好は、しかしその「自己表象」（autoreprésentation；MHO402）の撞着的語法において、自己完結を自明のものとみなしている点で、じつは「歴史そのもの」を語る絶対的観点の立場と同型の論理的・認識論的困難を抱えている。そう指摘せねばならない。「近代性」の概念には、「不可能な権利要求」が添付されているのだ。

かといって、困難を抱えていると指摘することは、そのように語ることをすべきでない、ということではない（リクールは「行為遂行的矛盾」という言葉を用いる際には、理論的には解決不可能だが、実践上ではつねにすでにもつれた行動として存在してしまっているような事柄を特に指し示すために用いる）。「いまどんな時代にわれわれは生きているのだろうか、といわないでおくことが、どうしてできようか？」（MHO401）。たしかに。しかし「近代性」、その独自性、その新しさを語ろうとするあらゆる論議は、根本的に「結論不可能」（inconclusif；MHO401）にとどまり続ける。コンドルセの語った近代もボードレールの語った近代ももはや明らかに〝われわれの〟近代ではなくなっているように。そうした意味でリクールは、たとえば「大きな物語」の破綻を告げる友人リオタールの有名な論に共感を示しつつも、しかしリオタールが自分のいる当の時を「ポストモダンの時代」(l'âge postmoderne ; MHO411) と形容するときには、その身振り自体に「行為遂行的矛盾」がどこまで自覚されているのかと、またハーバーマスなどとはやや違った理由から、留保を示すのだ。

以上のような「近代」にかんするリクールのスタンスは、あくまで歴史記述論をとおして《歴史論》を展開しようとするという枠組み設定からすれば、なかなか骨のある整合的なスタンスとして受けとめられる。それは〝歴史意識〟や〝歴史性〟から歴史論を立ち上げないためのリクールの徹底した慎重さの表われなのである。(2)「近代」だからダイレクトに語れる、などということはない。言葉にする、言語で記述するということには、不可避にある種の間接性、根源的な間接性が伴う。しかしこの間接性を真面目に受けとるというところに、解釈学的哲学の営みと歴史記述の営みとの深い相似性が存している。そうリクールは考えるのであろう。

序論の構成

「はじめに」はここまでとする。以下、序論と本論に進んでいくことにしたい。

さて、**序論**では私たちはなにを扱うべきか。『記憶、歴史、忘却』というこの大著、しかも刊行されてからまだそれほど時を経ていない大著にアプローチするに際して、どのような序論が必要か?

「序論」のために、私は一種の思想史的アプローチを用意した。つまり『記憶、歴史、忘却』の具体的内容に立ち入るのではなく、むしろこの書のもつ哲学史的意義や背景文脈を再構成し、地図のようにして読者の方に提示することを企図したかたちである。したがってそれは本論にたいして前提の提示をなすというよりは、本論で扱われる事柄の輪郭ないし外堀をゆるやかに淡い色でなぞろうとするものである。『記憶、歴史、忘却』刊行からまだ十年ちょっとしか経っていない。哲学書にとって十年は短い。そういう時点では、背景文脈を解説する序論はやはりあってしかるべきだろう。

　序論で言及する主要な人物らの名前を挙げておこう。フッサール（**第1節**）、レヴィ＝ストロース（**第2節**）、ロジェ・シャルチエ（**第3節**）、ジャック・シラクとハーバーマス（**第4節**）、ミシェル・ド＝セルトー（**第5節**）となる。これら序論の各節はそれぞれ別個の事柄を紹介しており、節ごとの独立性は比較的強い。

　そんなわけでこの「序論」はおのずと、二十世紀後半のフランス現代思想の経緯をある角度から振り返っていくようなものにもなっている。だから、フランス現代思想の流れについてなんらかご存じの方にとっては、本書のなかで一番読みやすい部分であろう。二十世紀後半の（フランス）現代思想という大きな流れのなかでリクールの立ち位置を見定めたいという関心をおもちの読者にたいしては、「序論」は、そうした要望に一定

（2）　他方「近代性」の事柄にはやはりリクールの〝歴史論〟の特長や射程のみでなく、その限界もまた表裏をなして現われてくる。『記憶、歴史、忘却』には、〈西洋近代〉を主題化する類いの論点は、含まれていないという点のことだ。『記憶、歴史、忘却』においてリクールは、アウシュヴィッツの〈表象不可能性〉の問題をめぐって、表象論的な考察をする。またドイツでの「歴史家論争」にかんして、たんなる政治主張論争の平面においてではなく、歴史記述論・歴史学的認識論《エピステモロジー》の観点からなにをいうことができるかを検討し、かつ倫理学的・政治哲学的になにを反省として引き受けることができるかを相当に踏み込んだ仕方で考察している。ただ、アウシュヴィッツをその殺戮と犯罪性においてとらえることだけではなくて、くわえてそれを〈西洋近代〉なるものがその心臓部に孕んでいた歪みないし空洞を露呈せしめた出来事としてとらえるというような〝歴史的〟観点は、『記憶、歴史、忘却』の論には含まれていない。哲学的な論構築という点では非常に微妙な線上にある問題である。リクールが〈西洋近代〉を語らないことを、端的に遺憾とすべきであろうか？
　でもしかし、もしかりにリクールが「《われわれの》近代性」を語るということを同書のどこかでなしたとすれば、まさにその途端に歴史記述論を軸として展開された『記憶、歴史、忘却』の論全体が、そのせっかくの枠組みを揺るがされてしまわないか？――難しい問題だ。本書はこの点について答えを出しうるものではない。そのためにはたんなる『記憶、歴史、忘却』の研究という範囲を越えた、別の高次の視点が必要だろうから。

の仕方で応えうる。
しかし場合によってはこの序論もまた、直ちに理解しやすくはないかもしれない。分量においても一定の量を備えている。序論は書の最初にありながら、往々にしてもっとも読者にとって入り込みにくい部分であり、結局当の書を最後まで読んだ後で、読み返してみて初めて理解されるようになる、という一般論は、ここでも遺憾ながら当てはまってしまうかもしれない……。序論をかえって迂遠だと感じる読者にはぜひとも、「序論」を飛ばして**第1章**の記憶論や**第2章**以降の歴史論から読み始めていただくことを積極的にお薦めしたい。

＊＊＊＊　＊＊＊＊　＊＊＊＊

『記憶、歴史、忘却』および本書の章・節表記などについて

『記憶、歴史、忘却』の部・章・節については、「第三部第二章第一節」というように、漢数字で表記を統一した。他方、本書自体の章を指示するには、「**第3章**」というようにアラビア数字でもってした。

引用略号は巻末の文献表に挙げた。またカント・ベルクソン・フッサール・ハイデガーらの主要著作で引用表記慣例がほぼ研究者に共有されているものについては、特に断りなくそれらを用いた。また、重要思想家の主要著作については、ページ数ではなく節数字で引用元を指示した場合もある。

リクール自身の引用仕方は、たとえばドイツ語による諸思想家の著作を原著ページで引く場合もあれば、仏訳ページで引く場合もある。そこに不明確さはないが、日本語という第三の言語に置き移すという点で外面的な煩雑さが避けられないこともある。そのため、たとえばリクールが利用している仏訳書への参照を省略して原語原著のページ数のみを提示した場合もある。

訳語「記憶」「想像」について

フランス語の「mémoire」と「imagination」の訳出については、「記憶（力）」「想像（力）」というように、「力」は付したり付さなかったり、あるいは丸括弧に入れて付したり、というように、そのつどの日本語文脈で対応した。ドイツ語のように「-kraft」という表記がないからである（そのため、「判断 jugement」についても、カントなどの「Urteilskraft」の語との対応が強くある場合には、「判断力」と訳した箇所がある）。固定的な統一はしていない。

形容詞「historique」「historien (ne)」「historiographique」の訳出について

「歴史」関係のフランス語の形容詞の訳出についてコメントしておく。形容詞「historique」は、日本語にすれば「**歴史的**」と「**歴史学的**」との二つに分かれる意味を有しており、本書でもそのつど訳し分けている。フランス語の「historique」一語ではこの二つの意味の差異は確実には表現されない。ドイツ語のように、「Historie」と「Geschichte」とを使い分けるという手段も、ない。

そうした理由もあって、「歴史的」ではなく、「歴史学的」ないし《歴史家がその学的実践としてなす事柄の》ということを明確に語彙として示す必要がある際に、元来名詞である「historien (ne) 歴史家」という語を、通例辞書には掲載されていない用法だが、形容詞として用いることが二十世紀中頃から歴史学理論関係の言説でしばしば行われるようになった。九〇年代頃には、分野内では定着をしたような形らしい。『時間と物語』では「historien (ne)」の形容詞用法は数えるほどしかなかったが、『記憶、歴史、忘却』ではリクールもこの「historien (ne)」の形容詞用法を多用している。歴史記述論において内容的にも重要な意味を付与された言葉となっている。この語がかかる名詞は限られており、「connaissance historienne」や「pratique historienne」等おそらく10あるかないかであろう。

問題は訳出だが、本書では、やや日本語として不自然ではあろうが、名詞と形容詞との密接な連関を表わすために、一貫して「**歴史家的**」と訳出することにした。

『記憶、歴史、忘却』英訳書では「historian's」、邦訳書では「歴史家の」と訳しているが、いずれも《所有》というニュアンスを感じさせ、《歴史家がなす実践》という意味がかならずしも表現されていないように思われる。また、日本語の場合「歴史家の」と表記することには、「の」が入ることで係り結びが不明確となるため、採用できないと判断した。『記憶、歴史、忘却』ドイツ語訳書は、翻訳の全般的水準では英語訳書や日本語訳書よりも丁寧な仕事をしている面が多いのだが、この「historien (ne)」の形容詞用法については、よほど困ったのか、訳出を基本的に断念、要するに省略するという方針を採っている（場合によって「durch die Geschichte」と訳出してもいる）。その方針が肯定できるものかは議論の余地があろうが、英語訳書や邦訳書の直訳的な訳出と比べての優劣は一概にはいえない。

もうひとつ、「historiographique」という形容詞があるが、これは「**歴史記述的**」と訳出した。『記憶、歴史、忘却』の場合には、「historiographique」には、たんに《歴史書にかんする》というだけでなく、実際に《文字として書く》ということが意味されている。《エクリチュール》ということと《書く実践》ということとがあわせていわれている重要なキーワードである。

序論

1 ◆〈記憶と表象の現象学〉へのブレイクスルー

(i)「表象」についてのとらえ方の転換

哲学著作は、冒頭に近い箇所は徹底的にこだわって読んだほうがいい。というのは、ハイデガーが講義録でしばしばおこなっていた読解のメソッドであった。真似てみよう。『記憶、歴史、忘却』の「序言」をこだわって読んでみたならば、どうだろうか。私としてはこの箇所を決定的な文章として挙げたい。

記憶の現象学〔第一部〕、歴史の認識論《エピステモロジー》〔第二部〕、歴史的条件の解釈学〔第三部〕、これらを貫いて流れている共通の問題系がある。過去の表象、である。(MHO II)

「過去の表象」というものこそが、『記憶、歴史、忘却』全体を貫く問題系であり、最重要概念のひとつだ、とリクールはここでいうわけなのだ。

「表象」の不遇の時代?

この書でリクールの仕事に初めて接するという人ならば、いま引用した箇所に驚く理由はなにもない。上掲の箇所が冷や水を浴びせるような驚きを与えるのは、じつは彼の以前の著作群に詳しく親しんできた人々にたいしてである。なぜか。リクールがその数々の主著作で「表象《ルプレザンタシオン》」を自分の積極的な主張を込めた概念として語ったことは、一度もなかったからだ。ところが今『記憶、歴史、忘却』の彼は、まるで水を得た魚かのように自在に「表象」を論じてみせる。困ったものだ！　表象が中心主題として浮上したことが、以前の著作と比較した場合の『記憶、歴史、忘却』の独自性だ。

一九五〇年代〜六〇年代のいわゆる前期ないし〈意志の哲学〉期リクール哲学の研究からリクール研究に入った私などが、リクールが「表象」ということを主題的に扱った論になにか思い当たるかというと……、やはりあれこれ考えてみても、主著作群のなかで特筆すべきほどの箇所は思い出せない。

もし強いて挙げればの話だけれども、最初の主著『意志的なものと非意志的なもの』（一九五〇年）と同時期の講演論文「意志の現象学の方法と課題」[1]は、リクールが逆に表象批判という論調のことをおこなった論稿として挙げることができる。これは一九五一年の第一回国際現象学会議の場（メルロ＝ポンティの報告「言語の現象学について」やフィンクの「志向的分析と思弁的思索の問題」などで知られる）でリクールが行った報告だ。[2]そこでリクールは、フッサール現象学は「《表象》分析という狭い土台」に乗っかっている、と批判したのだった。つまり表象――この場合は感覚知覚モデルの「表象《フォアシュテルング》」概念――は事柄としてあまりに「狭い」。現象学なり哲学なりがやるべきことは「表象」以外にもっとほかにもある、と。

このように一九五一年当時リクールが「表象」という語彙／概念に向けていた批判的ニュアンスは、彼独自のものというより、むしろこの頃における時代の思想の全般的趨勢であった。ご存じのとおり、時はいわゆる実存主義の時代。アカデミズムの内部ではメルロ＝ポンティ評価がおおいに高まっていた。「固有身体」的なものが称揚され、不可視の主体的「実存」こそが根本的なものだとされた。「表象」は、客観主義や自然主義の性質を帯びた「説明」の範疇に属するにすぎない。そこから実存的・実存論的な「理解」が奪回されなければならない……云々。この時期には他の人々と同様に、メルロ＝ポンティ『知覚の現象学』からさまざまに影響を受けていたリクールもまた、とりわけ『意志的なものと非意志的なもの』においては、やはり「表象」を、《意志的に身体的行為を遂行すること》、《身体と感情において苦しみうる者であること》、《身体的であるという仕方でおのれの存在を運命づけられていること》といった人間的実存の真正な具体性への通路を、多くの場合に遮蔽するものとして（のみ）扱う方向にあった。

術語としての「表象」に、半ば蔑称的《ペジョラティフ》なニュアンスがほぼ自明に含意される傾向。この傾向はさらにいえば、新カント派から広義の実存主義の時代にかけて形成された中長期的な流れであったと私たちはみなすことができる（日本でも「西田哲学」の言説として、「自覚」とか「場所」という契機を根本的とみなす考えの裏側に、そうしたものを「対象論理」「表象的立場」ではないものとして性格づける言説の流儀が伴われていた）。

より後の年代の、たとえばドゥルーズの『差異と反復』（一九六八年）においても「表象＝再現前化」批判がなお主要テーマだったことなどをかんがみるなら、こうした趨勢は狭義の実存主義時代に限られない、構造主義・ポスト構造主義時代以後にまでわたっての、二十世紀的思想運動のおよそ小さからぬエレメントであったことになろう。

（1）“Méthode et tâche d'une phénoménologie de la volonté”, reproduit in: EP59–86.

（2）五一年のリクールはフッサール現象学の方法論の利点を評価しつつも、その「観念論」的側面に批判をほどこす。その批判の焦点が向けられるのが「表象」（Vorstellung）。フッサール現象学の「ノエシス－ノエマ構造分析」という「志向的方法」（la *methode* intentionnelle）から得られうる豊かさはなお汲み尽くされてはいないが、しかしフッサール的現象学の「《表象》分析という狭い土台のうえに建てられた超越論的学説」（la *doctrine* transcendantale édifiée sur la base étroite de l'analyse de la «représentation»; EP60）からは、もはや「離脱する」べき……という趣旨のことが講演前半で述べられた。

「表象」の昇格

話を『記憶、歴史、忘却』に戻そう。

先の「序言」にあったように、『記憶、歴史、忘却』のリクールは「表象」を明確に中心主題として打ち出す。ここには明らかに、一九五一年の頃の発想と比べるならば、「表象」についてのとらえ方の転換が表われている。「表象」はじっくり真剣に扱うに値する事柄であり、幅広さ・深さを備えているなにごとかだ、というように。二〇〇〇年のリクールの言説にはもはや「表象」に蔑称的なニュアンスは存していない。

筆者自身を含めて、リクール哲学の研究者たちにとっては、最後の主著作における彼のこの思いがけぬ〝転換〟はいささか意表をつくものであった。もちろんそもそも一九九〇年の『他としての自己自身』がリクールの最後の主著作にして集大成であろうという認識がおおむね共有されていたのに、それを『記憶、歴史、忘却』の新刊によってリクール自身が見事にくつがえしてしまったこと自体が、サプライズであったという経緯もある。[3] 二〇〇〇年のリクールに突如現われた「表象」論を、研究者の側では実際的にどう消化してゆけばよいか？　いささかハードルの高い課題と感じられるか。でもリクール自身はといえば、先にみたようにまるで平然とこう述べるのである。この書の最初から最後まで通底する問題系は、「過去の表象」だ、と。

『記憶、歴史、忘却』において「表象」が全篇を貫く中心的な事柄であるということは、著者自身が述べている以上、疑いなくシンプルな事実である。第一部・記憶の現象学、第二部・歴史の認識論、そして第三部・歴史の批判哲学。こうした全篇の議論を「表象」のモチーフが陰に陽につないでいっているのだ。

リクール研究における「表象」の取扱い

ところがひるがえって研究の現況のほうを見るなら、二〇〇〇年以後いままでに著されたリクール研究者た

ちによる諸論稿においてこのシンプルな事実は、ほとんど反映されていない。それが実情だ[4]。『記憶、歴史、

(3) 参照、『記憶、歴史、忘却』邦訳書、上巻〈訳者あとがき〉:「私は驚いた。これほどの大著が著者米寿の年に出版されるとは、予想していなかったのである。二〇〇〇年の八月下旬に……リクール氏と、偶然私もパリ発の同じ飛行機に乗り合わせた。搭乗の際にリクール氏は出来上がったばかりの本書の見本刷を私に見せてくださったのである。それまで私は、前著『他者のような自己自身』(一九九〇年)がリクール哲学の集大成であると考えていたし、『ポール・リクールの哲学――行動の存在論』(一九九四年)の著者オリヴィエ・モンジャンも、〈意志の哲学〉の総題をもつ三巻に始まる彼の哲学のサイクルが、その著書で一応の完結に達したと見ていた」(上巻445頁)。

(4) たとえばグレーシュの『*Paul Ricoeur. L'itinérance du sens*』のなかで、章全体を『記憶、歴史、忘却』の考察にあてた第9章においては、記憶と歴史とはもっぱら、「記憶の作業」(travail de mémoire)と「歴史的知」(savoir historique)というように性格づけられ、記憶の「行為」(action)性格が強調されるのみで、「表象」の問題系はまったく回避されてしまっている。

またラズロ・テンゲィによる『記憶、歴史、忘却』の書評という雰囲気もある論文「Paul Ricoeur und die Erfahrung der Geschichte」においては、少なくとも私が視認したかぎりVorstellungないしRepräsentationという語彙はなんとただの一度も登場していない。

日本でも事情はだいたい同様である。二〇〇八年三月二二日の日仏哲学会大会におけるシンポジウム「記憶の哲学と歴史叙述――晩年のリクールの思索から――」では、事前にパネリスト間で発表内容調整などがあったそうであるが、時間制約上不可避の取捨選択として、今回は「表象」および「歴史家的表象」の問題は扱わない、という形となっていた。事後からの言及というのは容易であり僭越ではあるが、この判断が妥当であったかどうかは疑問に思われる。

以上のような研究・受容の現状の理由のひとつには、『記憶、歴史、忘却』の読者・研究者に、『時間と物語』ないし『他としての自己自身』のほうがより優れた著作であったという評価判断があり、その評価判断が暗黙に「表象」を重視しないという仕方で反映されている可能性がある。リクール自身も、『時間と物語』のほうがよかった、というような声を耳にして次のように述べている。「一定の読者たちが『時間と物語』のほうを好むと表明しているのだけれども、私はそれを理解できる。というのも、私としては〔『時間と物語』とは〕別のことをしようとしたわけだから」(Débat42)。

忘却』の一般読者のほうからすれば、きっと奇妙なことと感じられるにちがいない。なるほど専門研究という作業において立ち現われてくる事柄の取扱いの固有の困難さは、重要な思想家を論じようとする際には往々にして、思想時期の区分や諸著作間の関係等々をめぐって存在するものであるのだが……。

だが、扱いが難しいというような事情があるのだとしても、「表象」についてのリクールの新しいとらえ方を、その哲学的内実において明らかにしない限り、『記憶、歴史、忘却』という書物を十分理解することにはならない。その点は、同書の内容に多少とも触れている読者ならば、誰もが基本的に同意しうることであろう。私たちはそこで譲歩するわけにはいくまい。それゆえ本書では——ことさらにひねった独創的な解釈を提示しようとする意図はなんらなしに——、困難な歩みにくじけることなく、「表象」というファクターを視野の中心に据えつつ『記憶、歴史、忘却』を読み解くことを企図したい。

先回りしていえば、『記憶、歴史、忘却』という書を面白くしている要素のひとつは、まさにこの書が反-表象主義という二十世紀的哲学のひとつの大きな流れと、二十世紀後半に形成されてきた人文社会科学における表象研究というこれまた大きな流れとを、合流させているということに存する。そう、『記憶、歴史、忘却』という哲学書は、反-表象主義と表象研究とのひとつのケミストリーの試みなのだ。

(ii)　記憶のオブジェクタールな現象学

〈記憶の哲学〉はいかにしてありうるか

表象と「記憶」にかんする事柄に話を移そう。記憶なるものについて哲学的論究を遂行するというためには、そのための固有の哲学的方法論が不可欠に要請されるはずだ。でもどういう方法が可能なのか?

リクールが『記憶、歴史、忘却』という書物を書くことができたのは、記憶を哲学的に扱うための方法論を手中にしていたからである。表象についてのとらえ方の転換とどちらが先であったのかはわからないのだが、「記憶」を志向的対象、ノエマとして取扱うという発想を彼が得たこと。このことが、それによってはじめて『記憶、歴史、忘却』という書物が書かれえたブレイクスルーとして指摘できる。

記憶の問題は、リクールは「物語的自己同一性《イダンティテ・ナラティヴ》」(identité narrative)という概念を提示したような哲学者なのだから、もっと早くから取り組んでいてもおかしくはないのに？ と思われるかもしれない。たしかに。だが実際には記憶の問題は、最後の著作『記憶、歴史、忘却』で初めて主題的に扱われたのだった(5)。いうなれば、それほどに記憶を哲学的に論じることは難しい。なにもリクールに限った話ではない。一般的にいって記憶なるものはアプローチ困難、アクセス困難な大問題なのだ。

---

(5) リクールが一九六五年出版に踏み切った、『解釈について――フロイト試論』は、内容的にまだ熟成しない、未消化の感が強いものであった。多くの批判を呼び、ラカン派の若手などからは――適切な批評だったかはともかく――辛辣な批評を受けた。リクール自身も不十分さを認め、長らくそのポケット版化〔文庫本化〕をスイユ社に許可しなかったほど。

日本やアメリカでは、『解釈について』が失敗作であるとまでは受けとめられていない。精神科医などによって普通に《大哲学者リクールの主著のひとつ》として言及される場合なども見受けられる。フランスでは、真面目に書かれた本ではあるとしても、全体を単純に肯定的に読むわけにはいかないというような評価が平均的であろうか。ちなみに『解釈について』と翌年のラカン『エクリ』は、いずれもスイユ社の名編集者フランソワ・ヴァールによって担当されている。この不思議な人物は、驚くべきことに、リクールとラカンの両者と良好な関係をずっと保ち続けた。そのことはリクールが『他としての自己自身』をヴァールに献呈していることからもうかがわれる。

ジャン・グレーシュのリクール書『*Paul Ricoeur. L'itinérance du sens*』(二〇〇一年)のなかで、巻頭の著作引用略号一覧においてなぜか唯一『解釈について』には略号が設定されていないことの理由は、こうした事情によるものである。

ちなみにリクールの哲学的思索の特徴は、志向的意識の彼方や手前に安易に飛躍しないことに存している。彼にとって「現象学」や「解釈学」ということの意味に含まれているのは、そうした踏みとどまりの姿勢であった。しかしそうした彼の思考に特有の方法論と、記憶を論じるために必要と思われる方法論とは、うまくなじむだろうか？　もしリクールが〝二流〟の哲学者であればそのように悩むこともなかっただろう。〈背後にまわる〉[6]種類の論をなにげなく、しかし方法論は不明確なままにのびのびと展開したことであろう。

だがリクールはさすがというべきか、そういうあいまいな仕事を世に出しはしなかった。記憶の問題はいわば慎重に保留されてきた……。

記憶の志向的な現象学

ところがリクールは、どういうきっかけがあったのか一九九〇年前後になって、あるひとつの哲学的記憶論のかたちが構築可能であるとの考えを得たと思われる。ブレイクスルーが起こったのだ。それはどういうかたちの記憶論か。すなわち、記憶の内容についての意識を志向的意識としてとらえる現象学的記憶論である。少し細かいテクニカルな頭の体操のような感じになって恐縮だが、そのリクールのブレイクスルー以前以後のありようを簡潔に再構成してみよう。——

記憶なるものを論じることとは、意識の〈背後に〉まわろうとすることである、と考えられる面がある。いわば意識の裏側に積み重なるようななにか、意識を裏側から縛りあやつるようななにか（強迫観念、トラウマ、隠蔽記憶、等々……）というように。そういう面があることは否定できない。（たとえば食べ物の好みのような些細な事象でさえ、幼児期からの記憶と抑圧の途方もなく複雑な積み重なりによって成り立っていると考えられる。）だからそれが「……についての意識」、つまり遠心的な志向的意識として意識をとらえるという現象学的な論点設定とはうまく噛み合わないように思われるのだ。ここに、紛糾の種がある。記憶は普通には取り扱えない、普通の哲学にはならないという印象が決定的になってくる（＝これがブレイクスルー以前の状態）。

いずれにしても、〈背後に〉まわる、というようなとらえ方をいったん開始すると、いろいろと困難が生じてくる。記憶をしっかり意識しようとすると、それは〈記憶の意識〉になる。しかしその記憶の意識も別のより古い記憶に由来を遡《さかのぼ》ると当然考えられる。そうすると、記憶は〈記憶の記憶の意識〉にならなければならない。そしてさらには〈記憶の記憶の記憶の……〉、〈記憶の記憶の記憶の記憶の……〉とどこまでも続き、無限遡行《そこう》になってしまう。無限遡行になるはずなのだ。

理論的には、まちがいなく、そうだ。

ところが私たちが日常経験している記憶事象はといえば、どうか？　そうはなっていない。〈記憶の記憶の記憶の……〉という、とどまる所を知らない無限遡行に陥って私の記憶意識はフリーズしたりはしない。ちゃんと、「……についての記憶」というところで止まっている。不思議なことではある。だがそもそもそうやってどこかで止まっているからこそ、無限遡行のようなことを考えるのも思考実験として可能になっているのだ（どこかに基準点がなければ、無際限に続くものをそういうものとして把握することさえできない

（6）　哲学における〈背後にまわる〉ことができない地点という問題についての練られた説明を参考までに挙げておくべきだろうか。参照、永井均『これがニーチェだ』、講談社現代新書、一九九八年。「ニーチェが知らないことは、その背後にまわってそれについてなにかを語ろうとすれば、そのことが知らぬ間に自分の首を絞めてしまうようなことがらが存在する、という事実なのである。背後にまわったつもりがまたその内部であらざるをえないという意味で、もはやその背後にまわれないものがある。背後にまわってその成り立ちを調べることがもはやできない最終地点があるのだ。それを超越論的な場と呼ぶなら、言語を携えたまま、その内外に自由に出入りができると思うのは哲学的に幼稚である」（133頁）。

はずだ）。もちろん〈止まっている〉場がそのまま〈根源的〉な場であるなどとはすぐにはいえない。そこは誤解してはならない。しかし〈根源的〉なものへと問いを進めていこうとするような場合にも、やはり出発点となるのは無限遡行的ではない遠心的志向的意識の場、「……についての記憶」という場なのである。――このことの再発見にいたって、リクールは記憶についての現象学を明晰かつ有意義に展開できるという確信を得たのであろう。無限遡行する理論的思弁はわきへ置いておこう。「……についての記憶」というそこに現に成立している現象を眼差し、記述することから始めればいい。ブレイクスルーの事情はこういうわけなのだ。

ひるがえってみるに、そもそもリクールは『イデーンI』の仏訳者である（第二次大戦下の数年をドイツ軍の

〈記憶〉に面する　記憶をオブジェクタールに志向する

オブジェクタールな遠心的志向

記憶（過去の表象）

〈記憶〉に面することは、「記憶の記憶の記憶の……」というような無限遡行のかたちでは通常は経験されていない。それは理論や理屈による後づけの設定である。あくまで「……の記憶に面する」という現場の状態を、（自己回帰的ではなく）遠心的な志向性の現-状況を、その手前や彼方をいう以前に、とりおさえることこそが一次的なのだ。それが「記憶の現象学」のアルファにしてオメガなのだ。

捕虜収容所という厳しい環境で過ごすなか、ドイツ語書物だけが所持を許されたので『イデーンⅠ』ドイツ語原書の欄外に小さくびっしりフランス語試訳を書き込んでいた）。だからリクールは『イデーンⅠ』でフッサールが「想起」の「準現前化」について、「知覚」や「想像」とともに論じていたことを熟知している。フッサールの論が錯綜している諸々の箇所について、それらを明瞭に分節化する訳者注を数多くほどこしていたほどだ。そうした仏訳者注を渡邊二郎（一九三一―二〇〇八）が高く評価し、彼の『イデーンⅠ』邦訳（一九七九年、一九八四年）においてあわせてことごとく訳出紹介したことは、日本でよく知られているとおりである。

こうしてブレイクスルーを経た二〇〇〇年のリクールは、記憶という特殊な事象についてもそれを志向的相関の分析、すなわち「**オブジェクタール**」（objectal, -e）な分析という枠組みにおいて取扱うことができる、という発想をわがものとした。そしてそれを『記憶、歴史、忘却』という書物に具体化したのだ。ちなみに「オブジェクタール」というのはリクールが一九六〇年の『過ちやすき人間』以来使ってきた彼独自の方法論的概念／語彙である。自然主義的客観性との連係が強い「客観的《オブジェクティフ》」（objectif, -ve）という概念とは区別された意味での、〈対象へとかかわる〉〈対象に面する〉という遠心的な志向的関係をいうための語彙なのだ[7]。

記憶のオブジェクタールな現象学。これが、記憶を研究するための哲学的な方法論にかんするリクールの答

（7）「objectal」というフランス語は、辞書類によると、発達心理学・精神分析学において、乳幼児が対象へとかかわる遠心的な意識（自他未分的ではもはやないが、関心や愛着の対象たる限りにおいて《客観的》ではないかかわり方）を記述するために一九二〇年代に造語された、という由来のものらしい。そうした分析・造語に際して、現象学の思想受容がなんらかの役割を果たしたと推測できるが、事実経緯は詳らかにしない。ともあれそうした由来を持つ語が、フロイト的精神分析から分離されえ、かつそれと敵対せず両立しうる「記憶の現象学」を二〇〇〇年のリクールが構想した際に、その方法論を表示する役目を担うことになったのは、まったくの偶然ではないことになろう。

えである。オブジェクタールな分析。それが『記憶、歴史、忘却』の記憶論が手にした秘訣だ。

とはいえ、記憶の現象学が取扱う表象は、任意の表象ではない。「過去の表象」だ。この「過去の」（du passé）―― τοῦ γενομένου ―― という困惑させる、謎めいた存在身分。記憶の哲学は、もうどこにも存在しないということの考察と、時間的過去ということについての考察とを、同時に含まざるをえないこと。この「過去の」という謎が、『記憶、歴史、忘却』第一部の記憶の現象学に固有の意義を与え、同時に固有の困難をも用意することになる。その面で記憶の現象学は、やはりなんらか特殊な現象学であらざるをえない。

2◆一九四九年――黎明期フランス現代思想と「歴史」の問題

小さな一脚注

記憶と表象の問題の概観的コメントの次には、〈歴史〉の問題系について言及するのが順序であろう。私としては〈歴史〉をめぐる三人の大物たちの因縁について触れておきたい。哲学のリクール、文化人類学のレヴィ＝ストロース、歴史学のブローデルというこの三人についてだ。

前節とはがらりと話を変えて、ここでは、一九四九年のレヴィ＝ストロースの論文と、同じく一九四九年のリクールの論文とを比較参照して、フランス現代思想における〈歴史〉の扱われ方の変遷を少しばかり思想史的に振り返ってみたい。ちなみに歴史家ブローデルは今後本書中で何度も言及するように『記憶、歴史、忘却』でもまた以前の『時間と物語』でも、リクール歴史論にとっての重要な仮想論敵になっている。リクール対ブローデルというその構図に、ここでレヴィ＝ストロースというもうひとつの補助線を引いておく。

『記憶、歴史、忘却』のある注のなかで、レヴィ＝ストロースの「歴史学と民族学」という一九四九年の論文の名が挙げられている（MHO244n）。それはリクールが歴史家ブローデルについて論じている箇所で、ほんの通りすがりにあるだけの注であり、一見して特別重要とは思われない。しかし、この注はある意味で、四九年から『記憶、歴史、忘却』刊行の二〇〇〇年までの間にわたる、フランスの人文社会科学界における「歴史」をめぐる議論のひとつの起源を指し示しているとも解されるのだ。

(i) レヴィ＝ストロース「歴史学と民族学」――〈証言を越えた次元〉

「進化主義」でも「伝播主義」でもなく――構造主義へ向けて

一九四九年のこと。フランスのもっとも代表的な哲学系雑誌のひとつ『形而上学道徳雑誌』が、「歴史（学）の諸問題 LES PROBLÈMES DE L'HISTOIRE」という題目の特集を組んだ。8編の論稿が掲載された。巻頭には哲学者のではなく、『アナール』誌創始者である大歴史家リュシアン・フェーヴルの論稿が位置している。フェーヴルの論稿は、この年に刊行された歴史学関係の2冊の書物、すなわちマルク・ブロックの遺著となった歴史学理論書『歴史（学）のための弁明――歴史家の仕事場』と、フェルナン・ブローデルの記念碑的新刊歴史書『地中海』とを紹介する書評体裁のものであった。他はドミニク・パロディら当時の哲学界のベテランの原稿が半数を占めたが、まだ無名の若手たちによる同誌へのデビュー作も複数まじっていた(8)。クロード・レヴィ＝ストロースによる論稿「歴史学と民族学」はそうした若手デビュー作のなかのひとつだ。

「歴史学と民族学」は、約一〇年後の一九五八年に論文集『構造人類学』の「序論」として再録される。「構造主義」の語をフランス国内外で爆発的に人口に膾炙させるきっかけとなる『構造人類学』の冒頭に置かれたことからも、著者自身にとって年月を経ても価値を減じない論文であったのがわかる。入念に執筆された、彼のもっとも重要な理論的論稿のひとつとされる。では、内容を見てみよう。

さて、その論文中で若きレヴィ＝ストロースは、民族学[9]を長らく支配してきた、歴史学とも無縁ではない二大解釈枠組である「進化主義」(évolutionnisme)の立場と「伝播主義」(diffusionnisme)の立場とを、ともに断固として却下する。一方の進化主義は「民族学における、生物学的進化論の直接的反映物だ」。それによれば「西洋文明」が人間社会の一番進化した形態とみなされる。今現存する原始的諸集団《グループ》は「先行段階の《残存》として」扱われる。ではあとは時代順序に対応させて各段階をロジカルに分類すれば一丁上がりなのか。

> そんな単純なわけがない。エスキモーは偉大な技術者だが、社会学者としては貧弱だ。しかるにオーストラリアでは、事態はその逆。このような例は、いくらでも出すことができる。（「歴史学と民族学[10]」）

他方、伝播主義的解釈はどうか。もちろんなんらかの文化事象について発生中心と伝播経路という仮説を立てること自体は正当である。だが、本当の問題はそんなことでは全然ない。

> 進化主義的解釈や伝播主義的解釈の研究が失望させるのは、そうした研究が、個人的・集合的な具体的経験へと翻訳されている、意識的そして無意識的な諸プロセス(les processus conscients et inconscients)についてなにひとつわれわれに教えてはくれないからだ。まさにそうしたプロセスによって、ある制度を持っていなかった人間たちが、発明創意によってか、既存制度の変形でか、あるいは外部からの受容によって、その制度を獲得するにいた

54e Année, Nos 3-4. Juillet-Octobre 1949.

Revue de Métaphysique et de Morale

Fondateurs : **XAVIER LEON - ÉLIE HALÉVY**
Directeur : **DOMINIQUE PARODI**
Comité de Direction
R. ARON, G. BACHELARD, R. BAYER, G. GUSDORF, J. HYPPOLITE, VL. JANKÉLÉVITCH, A. KOYRÉ, M. MERLEAU-PONTY, JEAN WAHL
Secrétaire de la Rédaction : **G. SPIRE**

SOMMAIRE

LES PROBLÈMES DE L'HISTOIRE

Revue publiée avec le concours du Centre National de la Recherche scientifique.

La *Revue* paraît tous les trois mois. — Le numéro de l'Année courante... 180 fr.
ABONNEMENT : Un an (4 numéros) : France et Union française.......... 650 fr.
Étranger.......... 750 fr.
(Les abonnements partent du 1er janvier.)
Années parues. — Chaque Année.......... 650 fr.
Le numéro des Années parues : 180 fr.
Table générale des articles contenus dans les 30 premiers volumes (1893-1923). In-8°, broché.... 90 fr.

『形而上学道徳雑誌』1949年7–10月号の表紙・目次

るのだ。このことの研究こそが逆に、歴史家にとってと同様、民族誌家にとっての本質的な目的であると思われるのだ。

（「歴史学と民族学」p. 9）

かくして「社会的生の無意識的要素」、「無意識的構造」こそが探求されなければならないと主張するレヴィ＝ストロース。彼は、さらに大胆に歩を進める。

進化主義者や伝播主義者の「マクロ歴史学」(macrohistoire) は結局、ある文化が形成獲得される無意識的過程《プロセス》についてなにも認識することができない。同様に、良心的な民族学者が資料たりうるものを可能な限り細かく網羅的に収集したところで、そうして構成された歴史はしょせん「逃れゆく瞬間」にすぎない。その「ミクロ歴史学」(microhistoire)[11] もやはり、文化形成の構造を洞察するにはいたらない。このようにレヴィ＝ストロースは、「(理論構築的) マクロ歴史学」と「(資料収集的) ミクロ歴史学」との双方の限界を、厳しく断じるのだ。実際、フィールドワーカーが多くの場合、《先祖代々こうしている》、《どの村でもそうしている》というような回答に直面して、行き詰まってしまうこと。現地人に説明を求めても、得られるものは事後的な合理化・こじつけの説明でしかないということ。たしかに。そうした民族学にとってごく一般的に見出される、実地的かつ理論的な困難にある意味でとても素直に即した仕方で、新進研究者レヴィ＝ストロースは、無意識的構造の探求というスタンスへの態度変更を要請するのだ。

〈証言を越えた次元〉

結論として、若きレヴィ＝ストロースはこう宣言する。

われわれは、諸々の王朝や戦争を、二次的な合理化や再解釈という糸に年代記的＝年代順《クロノロジックマン》に並べ通していくことで満足するような、〈政治史〉の時代にはもはやいない。経済史は、大きくいえば、無意識的諸操作の歴史なのだ。

（「歴史学と民族学」p. 31）

そして、この論文の題名でもある「歴史学と民族学」との関係についてのひとつの解答を述べるべく、レヴィ＝ストロースは歴史家フェーヴルのラブレー論を引き合いに出す。

さらに、あらゆる優れた歴史書には —— その偉大な一冊を引用するとしよう —— 民族学が浸透している。『ラブレーの宗教』においてフェーヴル氏は、たえず諸々の心理学的態度や論理的構造に論拠を求めているが、しかるにそれらは、原住民の諸テクストの研究からの場合と同じく、史料（documents）の研究からはただ間接的にしか到達されえないものだ。なぜならそうした態度や構造は、語る者たち・書く者たちの意識からはつねに逃れていくものだから。分類名称の不在、基準尺度の不在、不正確な時間表象、複数の技術に共通する性格、等々。これらの指標はすべて、歴史学的であると同じく民族学的である。というのも、これらの指標は諸々の証言（témoignages）

（8）他には、チャン・デュク・タオの論文、そしてレイモン・アロンの論稿も掲載されていた。

（9）いまなら「文化人類学」などの呼称のほうが一般的だが、この論文では「民族学」となっている。

（10）Lévi-Strauss, *Anthropologie structurale*, p. 6.

（11）Lévi-Strauss, *Anthropologie structurale*, p. 13. もちろん、この一九四九年の時点では、「マクロ歴史学」は同年に刊行のブローデル『地中海』のことを指しているわけではありえない。また一九八〇年代のミクロ歴史学についても同様。だからここでいわれている「マクロ歴史学」「ミクロ歴史学」はやや矮小化されているともいうべき余地があろうが、とはいえレヴィ＝ストロース自身は後になっても、自分の考え＝構造主義を修正する必要は感じないだろう。また私たちとしても、この四九年時点のレヴィ＝ストロースの「マクロ歴史学」「ミクロ歴史学」への批判を、いまなお有意義なものとしてとらえたい。

を超越しているからであり、けっして —— 当然なことであるが —— いかなる証言もこの次元に位置づけられることはないのだ。

（「歴史学と民族学」p. 31）

文化事象のなかで、それを慣習実践している人々による表立った説明が欠落している要素。不明確さが維持され続けている制度要素。そうした〈証言を越えた次元〉を考察するものこそが、すぐれた民族学でありすぐれた歴史学である。そう宣言するレヴィ＝ストロース。一九四九年という早さを考えると、まさに圧巻という感の宣言である。くわえてこの宣言の見解にもとづいて彼は、政治や政治的出来事よりも、社会や心性を記述する歴史学を志したアナール学派創始者フェーヴルの仕事を、みずからの立場に近しいものとして称揚するわけだ。「われわれは……〈政治史〉の時代にはもはやいない」というレヴィ＝ストロースの発言が、フェーヴルらのアナール派歴史学と強く共鳴しあうことは、明らかだった。

しかしながら、レヴィ＝ストロースの「しばしばテロリスト的な反歴史主義」（J・ルヴェル：《l'antihistorisme parfois terroriste》; MHO246）との関係はそれ以後、実際のところは、アナール派の歴史家たちにとって、近親憎悪的な強い緊張をはらんだものとなるだろう。

先に見たように、「歴史学と民族学」が掲載された同じ号の巻頭で、アナール派第一世代の代表者フェーヴルは、その後第二世代のボスとなるフェルナン・ブローデルの著作『地中海』を、歴史学の新たな姿を切り拓くものとして紹介したわけであった。なるほど、遠くトゥキディデス以来綿々と続いてきた《事件史的政治史こそが歴史記述の根幹》とする歴史観に決定的な否《ノン》を突きつける自負をもって、〈事件史〉たる限りでの〈政治史〉の視界の狭さを批判し、むしろ、一個々人ないし一世代の視界や経験を越える「長期持続」（la longue durée）を最重視するブローデル的歴史学。それが、レヴィ＝ストロースの構造主義と近さをもたないはずがない。[12] レヴィ＝ストロースが関心を向けた、婚姻制度やテーブル・マナーのような、根拠理由を問われても当事者らにはなにも答えようのない文化構造の、ほとんど不変な深く長い持続も、まさに〈事件史〉ではとらえられないものであろう。

だが、地理的条件や貨幣流通の歴史といったものを詳しく扱う、経済史重視のブローデル史学とレヴィ＝ストロースとのあいだには、わずかとはいえない決定的なずれもある。人口増減や価格変動、交通発達などの要因をほとんど無視して、さまざまなレヴェルでの経済的条件や地理的気候的条件の作用影響をも無視して、「経済史とは無意識的操作の歴史である」といい放つレヴィ＝ストロースのこの端的な無歴史主義！ 洞察の深さにおいて緻密複雑だが、切り捨てているものの多さにおいて単純化的な構造主義。[13] これにたいしては、ブローデルらは決定的に反発をする。[14] いずれまた言及するが、たとえば社会学者ピエール・ブルデューもレヴィ＝ス

---

(12) そのため最近では、そもそもブローデルという存在を〝ブロック・フェーヴルの後継者〟として通時的に性格づけるよりも、〝構造主義の同時代者〟として共時的に性格づけるほうが妥当であるとされる場合も少なくない。

(13) もちろん、レヴィ＝ストロースの〝単純な〟構造主義を、ラカンの構造主義と同一視してはならない。ラカンは『精神分析の四基本概念』（一九六四年）においてリクールの解釈学について、それが自分の精神分析思想に近いところがあると一定に評価しつつも、解釈学なるものは「記号〔言葉〕の進歩」(progrès des signes) によって人間や社会の歩みを説明しようとしているようだが、そうした種類の態度では、物事を一般化して論じることしかできず、ラカンなど精神分析家が大事にしている個々人の人生における一回的出来事というものを適確にとらええないのではないか、と批判していた。

このラカンが一九六四年のセミネールにおいてリクールに言及したくだりは、『解釈について』刊行以前の時点におけるリクールの仕事へのラカンの評価の内実を把握するうえでの数少ない貴重な資料なのだが、ただしその文面はJ＝A・ミレール編のスイユ社版と、Association freudienne internationale 編の海賊版とでは、かなりの異同が存在している（セミネールの日付さえ異なる）。厄介な問題性を孕んだ論点だが、いつかくわしく論じてみたいと個人的には思っている。

トロースを批判し、ブローデルを支持する側につくことになる(15)。

脚注に隠された仕掛け?――リクールの一九四九年

以上で、四九年のレヴィ=ストロースの話は終えるとしよう。

さて、ところで、『記憶、歴史、忘却』が「歴史学と民族学」を挙げている注では、それにたいする反応として有名なブローデルの論文もあわせて挙げられている(MHO244n)。しかしちょっと目を引くのはその年代。ブローデルが一九五八年に『アナール』誌に掲載したその論稿は、その同じ一九五八年に『構造人類学』が出版されたことに際して書かれたものだ。だから「歴史学と民族学」初出の、一九四九年時点のものではない。とすると、リクールが『構造人類学』の序論「歴史学と民族学」を、わざわざ初出時点の一九四九年の論文として挙げる必要はなかったのでは? なにか別に理由はあったのか。

じつは一九四九年の『形而上学道徳雑誌』のこの号には、「フッサールと歴史の意味 «Husserl et le sens de l'histoire»」と題する、ジャン・イポリットの後任としてストラスブール大学助教授に着任したばかりの若手、ポール・リクールによる論文もまた、掲載されていた。これもやはりレヴィ=ストロースにとってと同様リクールにとっては主要雑誌への初の掲載論文であった。そう、だから『記憶、歴史、忘却』の当該の注は、リクールにとって彼のキャリアの本格的開始点をひそやかに回顧するものであり、また同時に、戦後フランス思想の流れにおいて「歴史」の問題を彼ら抜きにしては語ることのできない重要人物となる者たち、すなわちブローデル、レヴィ=ストロース、そしてリクールという三者が、この四九年の『形而上学道徳雑誌』において気鋭の若手として並び立っていたことを、回顧するものであったのだ。

二〇〇〇年のリクールにとっては、つまり歴史を中心主題として取扱う書物を自身の最後の主著作となす

ことを決断した老哲学者にとっては、この一九四九年の『形而上学道徳雑誌』を黎明期フランス現代思想の大

(14) Braudel, «Histoire et science sociale. La longue durée», *Annales*, 10 décembre 1958, reproduit in: Braudel, *Écrits sur l'histoire*, Flammarion, 1969. (cf. MHO244n.)「諸々のモデルというのは仮説にすぎないのであり、等式や関数という形式に即して強固に結びついた諸説明からなる体系にすぎないのである。これはあれと等しい、これがあれを規定する、と。……
入念に確立されたモデルは、観察された社会環境（milieu social observé）――そこから出発して当のモデルの概要が創られたところの――の外部で、時空を横切って、他の同種の社会環境についても適用されうる。これはモデルの再帰的価値である。だがこうした説明体系というものは、それの使用者たちの気質や、算出方法や目的に応じて、際限なく変様するものである。単純あるいは複雑、質的あるいは量的、静的あるいは動的、機械論的（méchanique）あるいは統計論的（statistique）。この最後に挙げた区別を私はレヴィ＝ストロースにあてはめてみよう。モデルが直接的に観察される現実、すなわち人間達の微小な諸グループ（つまり民族学者たちが諸々の原始社会において調査するような）にしか関係しない小さい次元の現実にかかわるものである場合、そのモデルは機械論的である。多大な数量が介入してくる、巨大な社会にかかわる場合には、諸々の平均値（moyennes）の算出が不可欠となる。巨大な社会は統計論的モデルへと導くのである。まあしかしこうした定義はどうでもいい、しばしば議論の余地があるのだから！　私にとって本質的なのは、社会諸科学の共通プログラムのようなものを確立する以前に、少なからぬ第一人者たちが濫用的拡大の危険をおかしている、モデルの役割と限界を明確化することなのだ。そこからモデルを持続（durée）の観念と突き合わせる必然性が出てくる。というのも、各々のモデルが暗に含意している持続に、モデルの意義と説明としての価値はきわめて深く依存していると私には思われる」（p. 64. 強調引用者）

(15) P. Bourdieu, *Choses dites*, Minuit, 1987.「ハビトゥスとか、実践感覚とか、戦略といった観念は、主観主義（subjectisme）に陥ることなしに構造主義的客観主義（objectivisme structuraliste）から脱するための努力と結びついている。……本質的なことは、レヴィ＝ストロースが、長らく主観主義と客観主義との二者択一のうちに囚われているために、この二者択一を乗り越えようとする諸々の試みを、主観主義への退歩としてしか捉えられないでいるということだ。他の大勢の人たちと同様に、個人と社会、自由と必然性、等々の二者択一の囚人たる彼は、構造主義的《パラダイム》から手を切ろうとする試みすべてを個人主義的主観主義への回帰、それゆえ非合理主義への回帰であるとしか見ることができていない」（pp. 77–78.）

いなる一エピソードとして回顧することに、ある種の納得が感じられていたということか。その静かに熱く秘められた感慨と意気込みを、この小さな注という隠れた仕掛《プロット》けとしてリクールは記しておいたのであろう。

(ii)「フッサールと歴史の意味」――〈責任ある存在たちの複数性〉

『危機』書と『デカルト的省察』から、複数性の哲学へ

では一九四九年『道徳形而上学雑誌』掲載のリクールの論文のほうも、私たちは一瞥するとしよう（少しフッサール用語が多く並んでしまうが、ご了承いただきたい）。

若きリクールの論文「フッサールと歴史の意味」は、自分のオリジナルな思想を中心的に展開するというものではなく、基本的には後期フッサール哲学についての研究論文であった(16)。もちろん論文の水準は、雑誌当該号の他の執筆者には申し訳ないが、レヴィ＝ストロースのそれと並んで群を抜いており、四九年に書かれたというのが信じられないのも同様である。ただやはりリクールの論文は、すでに自身の思想全体をおおむね固めそれをもっぱら展開したレヴィ＝ストロースのとは事情は少々異なる。独自の一思想家としてという意味では、リクールはまだ模索期にあった。

とはいえ「フッサールと歴史の意味」の最終節は、後期フッサールについての批判的コメントという形をとっていて、リクールの自身の考えがそこでいくらか述べられている。

後期フッサールは、一方で『デカルト的省察』（一九三一年）で特に前面に出てきていた自我論と、他方『ヨーロッパ的諸学の危機と超越論的現象学』（一九三六年）で主題的に語られた歴史論《ゲシヒテ》、「理性の目的論」との、

二つのレヴェルに引き裂かれていた。そして、両次元を再統合する術をなかなか見出せずに苦闘せざるをえなかった。若きリクールはそう見て取る。「文化の歴史的性格、人間存在を陶冶する文化の力能の歴史的性格を真剣に受けとめるために」、デカルト－ヒューム的な「独我論からいかにして逃れるか」。かつ同時に、デカルトの第一・第二省察がなした自己存在についての「転覆的発見に忠実であり続けるために、一つの絶対的歴史というヘーゲル的罠からいかにして身を守るか」[17]。誤解してはならないが、フッサールが明解な回答を用意できなかったからといって、その点で彼を非難すべきだということでは全然ない。逆に、「少なくともフッサールは、真の問題の輪郭がなんたるかを見分けていた」(EP57)。

ということは、独我論と歴史とのアポリアに捕らえられた後期フッサールが、あの困難でそしてぎこちない、「他我構成」をめぐる有名な考察に向かい労を費やしたことは、偶然ではない。フッサールの超越論的観念論がヒューム的な懐疑主義的観念論と異なるのは、それが「志向的観念論」(idéalisme intentionnel; EP56) であることにおいてだ。ところで、「歴史と主観性とを同時に基づけうる《理念 Idée》は、ひとつの《作用 Acte》でもなければならない」(EP51)。理念への志向は、それが作用として賦活されることを必要とする。すなわち、理念への「責任」を果たす主体とその作用＝行為とを必要とするのだ。だが理念へと責任を持ちうる存在、作用を行使しうる存在は、ひとつの「私」だけではないということを、「他我構成」ないし「感情移入」の現象学は教えているのではないか？

(16) そして、途中でフッサールを見限ってハイデガーに乗り換えてしまうレヴィナス『フッサール現象学の直観理論』とも、また「生活世界」をもっぱら強調するメルロ＝ポンティの受容・解釈とも異なり、後期フッサールの「歴史」や「理念」にかんする取組みを、フランス(語)ではじめて高い正確さにおいて紹介する論文となったのである。

(17) ここに、三〇年後の『時間と物語』での「ヘーゲルを断念する Renoncer à Hegel」のモチーフがすでに登場している。

1949年に現われていた3つの〈歴史観〉

レヴィ＝ストロース
無意識的構造が文化･社会を支えている
⇒根本的には無歴史的
「進化」や「伝播」では説明不可能

ブローデル
地理的構造を中心とする物質文明の〈長期持続〉
⇒その大きくゆっくりとしたうねりが中期・短期の歴史事象という「表面のさざ波」を根底で動かしている

リクール
「責任ある存在たち」の「複数性」
⇒意志をもつ複数の人間存在が歴史を生き、行為を展開してゆく

こうして、作用すなわち「思惟することの出来事」(événement du penser) がまさにそのつど出来事《エヴェヌマン》たる限りにおいて歴史的であることと、歴史をつくりなすのが「責任ある存在たちの複数性」(pluralité des êtres responsables; EP53) であることとが、明らかになる。——これが、若きリクールが後期フッサールから引き出す暫定的結論だ。「責任ある存在たちの複数性」という概念のなかの「責任ある」というのは、フッサールの文脈に近づければ理性の目的論的理念への責任ということであるが、より一般化していえば、人間存在が企図や目的や道徳規範や約束といったものを受けとり・思い描き・判断し・実行する能力と自由を有する存在である、という事柄を指す（むろんそれには、裏側として、判断の誤り、不決断、約束の破棄、動機づけの悪無限による自縛状態といった事柄が含まれる）。

以上のようにして四九年のリクールは、自我論と理念的歴史論とのあいだに、諸人間主体の複数性《プリュラリテ》における作用=行為《アクト》の哲学を模索するという、残された新たな課題を見出した。「**責任ある存在たちの複数性**」。歴史の哲学というものがもしありうるとすれば、それはこうした行為と複数性 —— のちにリクールがアーレントの仕事に共感することをすでに予期させる語だ —— の哲学と表裏一体のものでなければならない……。

「歴史家の歴史」

こうして、かりにまとめるとすれば、歴史についての三つの立場が並ぶことになる。一つに無意識的構造を重視するレヴィ＝ストロースの立場。一つに地理的・経済的な長期持続を重視するブローデル。もう一つに、責任ある自由な行為主体の複数性を重視するリクールの立場。一九四九年、フランス現代思想黎明期の知的高揚の一端が熱く現われ出ている。

三者は三様に、歴史というもののエッセンスを鋭くえぐり出している。三者の論はひたすら対立をして矛盾の火花だけを散らしているわけでもない。かといって相互に有機的な連関をつけるのはどうやら相当に難しそう。カジュアルないい方をすれば、じゃんけんのような関係がそこにある。個人の行為に意味をおくのはリクールだが、レヴィ＝ストロースは興味を示さない。それに比すれば、ブローデルは何十年以上の長期持続に重点をおきつつも、まだ個人の行為が視野に入っている点でリクールにある程度近い。しかし他方で、物質文明にもっぱら依拠するマテリアリスティクなブローデル史観に比するならば、レヴィ＝ストロースの人類学は文化や精神・思考の意義を明確に認めており（それが「野生の思考」や「無意識的プロセス」であるにしても）、その意味ではレヴィ＝ストロースのほうがリクール哲学のスタンスに近いともいいうる……。

一九四九年時点のリクールが「歴史」について語っているのは、おおむね以上に紹介したことに尽きる。その論の道具立てにおいては、たしかに歴史が問題として浮上してはいるが、しかし歴史というものをどう考えるかという問い自体が決定的な中心軸に位置づけられているわけでもなかった。むしろたとえば〈デカルト vs. ヘーゲル〉という哲学的対立設定が、中心的関心であり、軸にして原動力のひとつとなっている。[18] おそらく当

（18） かつそこには、一方にマルシァル・ゲルーらデカルト研究者の大きな業績がなされつつあり、他方ではヘーゲル研究者イ

時のリクールにとっては、歴史論は一番コアな位置にあるものではなかった。当時すでに歴史が彼にとって最重要の関心事だったとまでいったら、少しいいすぎになる。

ただし、では「フッサールと歴史の意味」のリクールはまだ『時間と物語』や『記憶、歴史、忘却』の巨匠リクールとはいわばまったく別人で、「歴史学」や「歴史家」は全然視野の端にも入ってさえいなかったかといえば、いや、それもまたいいすぎだろう。というのも同論文において若きリクールは、フッサールの理念的歴史論が「歴史家の歴史〔学〕」(histoire des historiens)とつねに対峙せざるをえないはずだということを、数度にわたって指摘していたからだ。——だがまさかその半世紀後に、最後の大著においてまさに歴史家の営みについての哲学をここまで大々的に繰り広げることになるとは、誰が想像しえたであろうか！

二〇〇〇年のリクールは、四九年のレヴィ＝ストロース・ブローデル・リクールの三者が掲げていた歴史論をヴァージョン・アップして、彼の最後の成熟の仕事を編み上げることになるのだ。

3◆表象の歴史学、表象の実践哲学

一九八七年のリクール・コロック

さて、『記憶、歴史、忘却』においてヴァージョン・アップされた歴史論をリクールが構築しえたこと。それは、ロジェ・シャルチエ(Roger Chartier, 1945–)という異色の歴史家の存在なしには語れない。

しかし、ここにひとついわば特別なからくりがある。説明しよう。

ロジェ・シャルチエの歴史学理論が『記憶、歴史、忘却』全体の論をさまざまにサポートしていることは、特殊な予備知識なしにいわば素手で『記憶、歴史、忘却』をそのまま読んだだけでは、おそらくほとんど分からない。『記憶、歴史、忘却』第二部の歴史記述論がある意味で難解なのは、基本的にはリクールの書き方が哲学と歴史学の両方の知識・理解を読者に要求していることによるが、それだけではない。くわえて、そこでリクールが陰に陽に参照しているロジェ・シャルチエという歴史家の仕事が、従来の伝統的な歴史学のスタンスとかなり異なるものであると把握することが私たち読者に求められているのだ。このからくりをクリアに表示していない点で、リクールの書き方が不親切でないとはとてもいえない。要するに不親切だ。またそういうわけだから当然、『記憶、歴史、忘却』をフランス語から他国語に訳出するに際しては、その不親切さをどう処理するか訳者の力量・理解力が問われる。これに関連して、個人的には、日本語訳書については若干コメントすべき点があると思う。

いずれにしても、『記憶、歴史、忘却』を論じる本書が、シャルチエについて詳しく触れないわけには、いかない。本書がジャンル上は哲学書だという面ではやや異例の注釈という印象をおもちになる読者もあるかもしれないが、ここ第3節では歴史家ロジェ・シャルチエの仕事について、紹介解説をすることにしたい。

一九八〇年代から話をはじめよう。

『時間と物語』全三巻の刊行を受けて、一九八七年六月二五—二七日に、ポンピドゥー・センターを会場とし

ポリットがフランスにおけるドイツ哲学研究の新たな一時代を画していたという思想状況のなかで、フッサール・ヤスパース研究から出発したリクールが自分自身の進むべき探求の道のなんたるかを、模索しているありさまも見て取れる。

て大規模のリクール・コロックが開催された。そこでは十を超える主題別のシンポジウムやラウンドテーブルが催され、その記録は翌八八年の『エスプリ』誌七‐八月号に掲載された。

この記録を見ると、さまざまな人物が『時間と物語』をめぐって報告発表や質疑をものしている。そのなかに、あるラウンドテーブルで、ロジェ・シャルチエの発言が見出される。紙面を一見しただけでおわかりいただけるのだが、シャルチエ氏のラウンドテーブルでの発言は、例外的に長い。異様に長い。

どうもシャルチエはラウンドテーブルの枠を越えてしまうような、ほとんど単独の講演発表に近いほどの長いまとまったプレゼンテーションを確信犯的に（？）準備してきていたかのようだ。かつこのプレゼンは、『時間と物語』の内容についての明晰な理解において、他の諸報告の水準から群を抜いている。少なくとも私の知る限り、『時間と物語』の哲学的エッセンスについてこれだけの水準で指摘と要約をなした論考は、各国の哲学専門家たちの論文を含めても、このシャルチエの報告以上のものは、いまだ他には見当たらないように思われる。『時間と物語』の論全体にかかわる重要な鍵のひとつである、ブローデル流の歴史記述にたいするリクールの批判の哲学的射程は今日まで、歴史家たちにも哲学研究者たちにも全部が的確に理解されてきたわけでないが、八七年のシャルチエはまさしくそこにぐさりと的中する理解を早くもすでに提示していたのだ。

ほかならぬちょうどこの時期、シャルチエは主著『読書と読者　アンシャン・レジーム期フランスにおける』（一九八七年）を世に問わんとしていた頃であった。また理論的な論稿において彼の「アプロプリアシオンの歴史学」の方法論を提示することを準備してもいた。まさにそうした時期に、ベテラン哲学者リクールの新著『時間と物語』は、シャルチエの仕事にシンクロするかのように並行的に現われて、願ってもない仕方で彼の歴史学理論・歴史記述実践を補強し援護しうる論だと受けとめられたのであろう。

知的誠実さをクールに貫きつつも、相当大胆な仕方で歴史学の領域にざくざくと足を踏み込んでいった哲学の大家リクールと、フランス歴史学界の気鋭の異端児とが、じつに面白いことに、こうして出会ったのだ。

思索的歴史家

四五年生まれのシャルチエは、『読書と読者』などの仕事で知られる、アナール学派の流れに属する歴史家である。歴史学の方法論・認識論《エピステモロジー》についてのメタレヴェルの考察にすぐれた資質を有することで際立つ存在である。

寡作な学究肌の中世史家アルフォンス・デュプロン（Alphonse Dupront, 1905–1990）[19]に師事して歴史学の道を進んだ。研究キャリアの当初よりアナール学派先行世代の思考枠組からは一定の距離をとっていたとみられる。また、フーコーやブルデューから多くを吸収しつつもそれらの不十分な点をも適宜指摘できるというのが、後続世代としてのメリットをうまく活用した、彼の立ち位置だ。ブローデルとは人間関係的にも学説的にもあまり結びつきはなかったようだ。むしろ歴史学という狭義の学科《ディシプリン》の周縁・境界線上に位置するルイ・マラン、ピエール・ブルデュー、ミシェル・ド＝セルトーといった異才の人物たちとのかかわりが深かった。のちにシャルチエ自身の仕事も、学科横断的に、広く評価・受容されていくこととなる。

ただ歴史学界の内部においてはいまでも、シャルチエの仕事はあまりに抽象的、思索的、観念論的にすぎると感じる人々も少なからずある。敬遠や、批判の対象とされる場合もおよそまれではない。実際、たとえば彼の主著のひとつ『フランス革命の文化的起源』（一九九〇年）は、一定の分量をハーバーマスの『公共性の構造

（19）　中世〜近世における「異端」等に関するデュプロンの諸研究論稿を、セルトーも頻繁に自著のなかで引用している。セルトーはソルボンヌで何年かデュプロンのもとで学んでおり、その点でもシャルチエとは縁があった。

転換』の批判的検討に費やしているなど、《歴史書》としては異色かもしれない。日本でもおそらく非アカデミックな一般的知名度はほとんどない。人文社会諸科学の基礎理論に携わる種類の学者たちの一部に、いうなら玄人受けする仕方で受容されている存在、という感がある。(20) もっとも(グリーンブラットやセルトーと同様に)間接的な影響を含めるならば、その影響範囲はむしろ薄く広く、きわめて大きいというべきか。

では以下この節では、シャルチエの提唱した〈**表象史**〉、そしてその鍵概念「アプロプリアシオン」について、ごく簡単に概観をおこなう(詳しくは本書第3章で取扱われる)。

(i) 〈心性史〉から〈表象史〉へ?

心性史の隆盛

シャルチエはアナール派**第四世代**にあたるが、先輩世代である第二・第三世代のことに、軽く触れておこう。リクールが『時間と物語』を執筆していた七〇年代後半。ジョルジュ・デュビー(Georges Duby, 1919–1996)の『三身分 —— 封建主義の想像界』(一九七八年)やジャック・ル゠ゴフ(Jacques Le Goff, 1924–)の『煉獄の誕生』(一九八四年)などに代表される、〈**心性史**〉(histoire des mentalités)というジャンルが盛期をなしていた。

アナール学派第二世代に君臨したフェルナン・ブローデル(一九〇二—一九八五)のあとをうけてそうしたジャンルの仕事が出てきたわけなのだが、この学派第三世代の〈心性史〉の仕事を、第二世代のそれの延長と見るか、そこに明確な世代間断絶があると見るかは、やや見解の分かれるところだ。(21) つまり〈心性史〉が、ブローデル主義の延長線上にあるのか、それともブローデル主義からの離脱であるのかに、両義性がある。ちなみに『時間と物語』(一九八三–八五年)では第三世代の脱ブローデル的動きがポイントになっていて、第三世代そのものを批判的に分析することはさほど主題的ではなかった。だが二〇〇〇年の『記憶、歴史、忘却』では、この点での第三世代の両義性について、相当に批判的に突っ込んで論じられることになる。

ブローデルの主著『地中海』については、リクールは『時間と物語』でかなり詳しく扱っていた（本書補章も参照。『記憶、歴史、忘却』での『地中海』をめぐる論は本書第3章で紹介）。『時間と物語』における歴史論の、重要な仮想論敵のひとつとして設定されていた存在であった。

ブローデルのしばしばあまりに〈経済〉偏重の歴史観・説明様式は、〈文化〉や〈社会〉のありようを正当にとらえていない、という不満・批判が、彼の弟子にあたる世代のなかで七〇年代頃に徐々に高まってきた。たとえばブローデルの、民族・宗教紛争を「食糧不足」によって「説明」してしまうような傾向。ブローデルはじつに見事に説明する。小麦の価格の変化。船の数。香辛料の輸送。人口の増減。銀の価値の変遷。多くの人がその圧倒的な説得力に感嘆したのだった。しかしながら視点を変えてみると、その説得力自体を問題にすることもできる。回顧的に見るに、マルクス主義にせよアンチ・マルクス主義にせよ、それは経済史観こそが歴史観だという一九五〇年代的思考特有の産物であったという面はなかったか。じつはそうしたマテリアリスティクな説明に心底説得される読者もじわりと減ってきているのではないか？　ブローデルの偉大な仕事の意義を矮小化するものではないが、物質的繁栄ということにたいするやや単純な肯定感がなかったかどうか（と

(20)　たとえば日本では北田暁大が、メディア史学の重要思想家としてシャルチエを位置づけ高く評価している。参照、北田暁大『〈意味〉への抗い　メディエーションの文化政治学』、せりか書房、二〇〇四年．

(21)　二〇〇八年の渡辺和行の論稿では、アナール学派を四期に分け、第一期を一九二九–五六年（フェーヴルの死去まで）、ブローデルが主導した第二期を一九五六–六九年、第三期を一九六九–八九年、第四期を一九八九年以降としている。参照、渡辺和行「ポストモダンの社会史と『アナール』」、『思想』二〇〇八年八月号、31頁。

アナール学派四つの世代の変遷図

第一世代　〈社会史〉

リュシアン・フェーヴル(1878–1956)　マルク・ブロック(1886–1944)

一九二九年に当時ストラスブール大学の教授だった二人は共に雑誌『アナール（経済社会史年報）』を立ち上げた。歴史学界の主流だった政治史に対抗して、より広い視野での〈社会史〉の展開を企図した。第二次大戦下でブロックは対独レジスタンスに加わり一九四四年にナチスに銃殺されるが 、フェーヴルは戦後も『アナール』を育て 、ブローデルに引き継いだ。フェーヴルの主著は『マルティン・ルター』(1928年)、『ラブレーの宗教』(1942年)、『書物の出現』(1958年)など。ブロックの主著は『王の奇跡』(1924年)、『封建社会』(1939–40年)、『歴史のための弁明』(1949年)など。

↓

第二世代　〈長期持続〉〈経済史〉〈数量史〉

フェルナン・ブローデル(1902–1985)

「長期持続」の歴史学。地理学に接近し、「ほとんど動かない」環境・構造描き出すスケールの大きいマクロ歴史学を構想。〈経済史〉を重視し、物質文明という形で人間社会を分析。「短期」的な出来事を扱う〈事件史〉は軽視。政治・外交も、経済や環境の長期波動的変化に従属するものとみなした。若いうちは無名だったが、のちにフェーヴルにかわいがられ、戦後一躍頭角を現わした。リクールと同様に第二次大戦時にはドイツの捕虜収容所で数年を過ごし、記憶に頼って『地中海』の草稿断片を書き進めていた。フェーヴルの後任としてのコレージュ・ド・フランス教授と、アナール派の牙城となる高等研究院第六部門長とを兼任し、五〇–六〇年代の歴史学界に君臨した。

エルネスト・ラブルース(1895–1988)

一九六〇年代にブローデルとともに、統計的手法による〈価格変動史〉などの数量経済史をおし進めた。ソルボンヌ大学でのブロックの後任教授となった。

↓

第三世代　〈心性史〉〈ミクロ歴史学〉

ジャック・ル＝ゴフ (1924–)

中世史を〈心性史〉・〈歴史人類学〉という角度から新たに叙述。長期的なものの重視ではブローデルと共通するものの、経済史偏重のブローデル主義から、心的現象や民衆文化の重視へと明確に舵を切った第三世代の代表者の一人。1972年にアナール派の牙城であるパリの高等研究院第六部門（のちパリ社会科学高等研究院）部長のポストをブローデルから引き継いだ。

エマニュエル・ル＝ロワ＝ラデュリ (1929–)

当初、『気候の歴史』（1967年）といういわば超長期持続の地理構造史の仕事をしていた。ところが1975年の『モンタイユー』では一転、人類学的手法による微に入り細を穿つ〈ミクロ歴史学〉にとりくみ、世界的名声を得た。アナール派の栄光・動揺・変遷をある意味で自分一人の内部で象徴している奇才。仕事は手広いが、方法論的論議はあまり好まないのか。1973年にコレージュ・ド・フランスでブローデルの後任に就く。

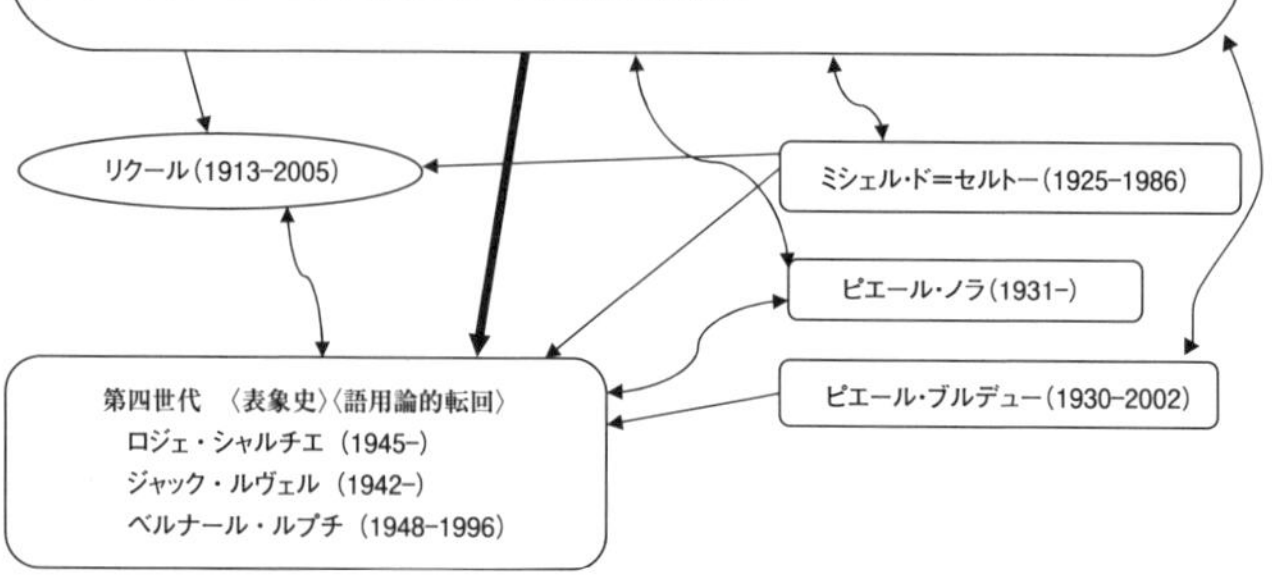

もすれば〝安ければ客は買う〟というような単純な人間観・社会観・消費者観？）。穀物やマネーの動向の純粋に数値的な数量経済史を描くことだけでは、ある文化《カルチャー》の伸長・爛熟・衰退を記述したり分析したりすることにはつながらないはずだ――これが後続世代に広がってきた不満であり、批判であった。

ではそうした反ブローデル主義の具現化が、〈心性史〉なのか。微妙。たしかに内容の雰囲気は違う。とはいえ長期持続というスパン設定の点ではどうか。〈心性〉は長期持続の一種類ではないのか。瞬発的な「出来事」の過大評価を拒否し、経済・地理における「**長期持続**」（la longue durée）を重視するブローデル主義の枠内にやはり広義ではとどまりつつ、社会共同体が長期的に共有した心性《マンタリテ》を記述するというのが〈心性史〉だという面もある。ブローデルが〈経済史〉の観点において近代的市場経済の始まりを十六世紀よりもずっと以前にまで遡る見方を提示したことと、ル＝ゴフが〈心性史〉ないし〈文化史〉の観点において、ルネサンスという時代区分を認めずそれを中世の延長とみなしたこととのあいだの、相異と類似。

だから、さらにもっと新しい考え方を採ろうとする歴史学者たちからは、潜在的には七〇年代から、また八〇年代には明確に表立って、第三世代の〈心性史〉の静態性にたいして厳しい批判が向けられるようになる。

> 一九七〇年代……ちょうど心性史関係の書物がもっとも売行きを伸ばしている頃であった。それと時を同じくして、リュシアン・フェーヴルに依拠するそのような文化史が、歴史を極端に静的なものとしてしまったという告発が強まってきた。
> （アラン・コルバン[22]）

〈心性史〉系の歴史書がたいへんな商業的成功をおさめ、大衆的人気さえをも博したこと。みんなが読んで、

（22） アラン・コルバン「「自分史」からみたフランス歴史学の歩み」、『思想』一九九四年二月号、平野千果子訳、六頁。

コラム・アナール学派の歴史書①

フェルナン・ブローデル（一九〇二―一九八五）

『地中海――フェリペ2世時代の地中海と地中海世界 *La Méditerranée et le Monde Méditerranéen a l'époque de Philippe II*』（一九四九年初版、その後数回改訂）

「私は地中海を情熱的に愛した。たぶん北部の出身（＝ロレーヌ地方出身）だからだろう。そういう人は他にも多くいるし、過去にも多くいた。私は歓びをもって研究の長い年月を地中海にささげた――私の場合、青春時代よりもずっと長い期間をだ。……地中海の巨大な現前を再現すること、それができる限り私が努めたことである……。

人間の縮尺からすればなおさら、十六世紀の地中海は今日のそれよりもはるかに大きかった。地中海という登場人物（personnage）は、複雑で、嵩張って、地中海という登場人物はわれわれの尺度やカテゴリーからのがれてしまうのだ。……」

（t. 1, p. 10. 強調引用者）

「……私が一九二三年に着手した当初は、この研究はフェリペ二世の地中海政策という古典的な形のもの、間違いなくより慎重なものだった。当時私の先生たちはじつにその研究を称賛したものだった。先生たちはこの研究を〈外交史 histoire diplomatique〉の枠組みに列するものというふうに見ていたのだ。地理学での収穫にはまったく無関心で、経済や社会問題にはほとんど関心をもたない（外交という営み自体がしばしばそうであったわけだが）、そういう〈外交史〉に。……

……どうして〈経済社会史 histoire économique et sociale〉のほうに向かわずにいられることができただろうか。かの革命的な〈経済社会史〉は、フランスでも小規模な研究者グループがその促進と地位確立に努めていて、ドイツ、イギリス、アメリカ、さらにはポーランドおよびその隣国のベルギーでも、すでに地位を得つつあった。地中海の歴史をその複合的な塊のままにとらえることとはそのまま、経済社会史家たちの助言にしたがうこと、彼らの経験の庇護をうけることであり、また彼らを助け、歴史学の新形態のために戦うことであった。……地中海という規格外の登場人物をとりあげて、その巨大な塊を研究しようとすると現われてくる諸々の要求・抵抗・罠そして奔流を活用すること、それは、われわれの先生たちが教えていたのとは異なる歴史学の建設を試みるには、まさに好適な機会ではないか。……

本書は三つの部に分かれ、それぞれの部がひとつの全体を説明する論になっている。

第一部はほとんど動かない歴史（histoire quasi immobile）を扱う。それは人間を囲む環境と人間とのあいだの関係の歴史である。ゆるやかに流れ、ゆっくりと変化し、執拗な回帰によって織りなされ、絶えざる再開によって循環していく歴史。私はこの歴史、ほとんど時間の外にあり、無機物との接触のもとにあるこの歴史を無視したくなかった。ただ慣習的に多くの歴史書の冒頭に、無駄な仕方で地理的導入として置かれている、そういうやり方だけですませたくなかったのだ。……

この不動の歴史のうえに、緩慢なリズムをもつ歴史が姿をあらわす。この表現が本来の意味からずれないで受けとられるのならば、私はこの歴史をすすんで〈社会史〉と呼びたい。……第二部で私は経済、国家、社会、文明を順に研究し、最終的には私の歴史観をよりよく明確化するために、戦争という複雑な領域においてそれらの深いところで動く力すべてがどのように働いているかを示すことに努める。というのも戦争とは、われわれがよく知っているように、純然たる個々人の責任の領域ではないものだからだ。

最後に第三部では、伝統的な歴史を扱う。……深い潮がその力強い動きで引き起こす表面のざめき、表面の諸々の波である。短期で、つかの間の、神経質な揺れ動きの歴史。……われわれはこのような危険な歴史には警戒しよう。かつて十六世紀に同時代の人々が、われわれと同じく短い人生というもののリズムにあわせて、感じ、記述し、体験したようなそういう歴史には、警戒しよう。……派手な出来事は多くの場合瞬間的なものでしかなく、深層にある大いなる宿命の現われでしかなく、またそうした大いなる宿命のほうからしか説明されることができないものなのだ。

こうしてわれわれは、歴史を段階づけられた各層に分解したわけだ。あるいは、いいかえるならば、歴史の時間のなかに、地理的時間 (temps géographique)、社会的時間 (temps social)、個人の時間 (temps individuel) という区別を設定するにいたったのだ」(t. 1, pp. 12-14. 強調引用者)

「まずは、十六世紀の尺度、経済の規模を見出す必要がある。ここでのわれわれの狙いはリュシアン・フェーヴルが『ラブレー』の最後の章で、……十六世紀の心性の道具 (outillage mental) の在庫目録を作ろうと試みたときのそれと同じである。……十六世紀の経済の道具立てと人間の力量の限界がどのようでありえたかを、概観的に記しづけておくことには利益があろう」(t. 1, p. 326)

「今日では、われわれにとって空間 (espace) は不足していて、われわれの周りで空間は狭まっている。十六世紀には、空間はみち溢れていた。この空間の豊富さは、恩恵でありまた同時に障害でもあった。……この点を納得するには、自身の生活と格闘している人々の苦情に耳を傾けるだけで事足りる。手紙を書く人たちは、郵便が届くまでの長い期間のことを考えると、いつも苦々しい思いを感じずにはいられなかった。……カルヴァンは、返信が遅くなってしまったデル・ヴィーコへの手紙のなかで、こう白状していた。「……

私の手紙が運ばれる道中にどれだけの時間とどまり続けるかということを考えて、返信の義務をどうやって履行すればよいのか何度も惑いました」。……ある手紙が速く着いたら着いたで、受取人のほうはそのことに驚くのだ。……政治家や大使たちには壮大な考えがあるとついついひとは考えてしまうが、彼らがしばしば関心を向けているのは、郵便の到着あるいは遅延である。……

実際、十六世紀の人間たちはあらゆる緩慢さを、あきらめて甘受している。スペインからイタリアへ送られる一通の書簡は、ボルドー―リヨン経由のこともあれば、モンペリエ―ニース経由のこともある。一六〇一年四月に駐ヴェネツィア大使ド・ヴィリエからアンリ四世宛てに送られた手紙は、ブリュッセルを経由してフォンテーヌブローに届いた。一五五〇―六〇年代のあいだ、ローマからの手紙をポルトガル大使たちはしばしばアントワープ経由で発送していた。なぜかというと、郵便行程の所要時間は、距離の長さに比例する関数ではなく、郵便輸送の質と頻度によって規定される関数だったからだ。……」（t. 1, pp. 326-8.）

「われわれが作業のベースにできる数字・統計は、それぞれかなり異なっている。くわえて、それらの数字が均質な系列をなしていることはほとんどない。やむをえず、例外的に速い航海が海の最短距離を示していると想定することで、理論値としての距離をわれわれは把握することができよう。

船の最高速度は一日二〇〇キロかそれ以上だが、ただしこれが海上で実現可能なのは、天気が良好で、しかもよく鍛えられた漕ぎ手を擁するガレー船の場合のみである。つまりたとえば、ドン・ファン・デ・アウストリア（＝フェリペ二世の異母弟、レパントの海戦を指揮）が一五七二年六月に、メッシーナを急遽出発して、カタルーニャ沿岸（パラモス）まで六日間で到着した場合がそうだ。これは劇的な航海だった。……

陸路では、例外的な場合は別にすると、高速での移動というのは非常に少ないが、しかし海路よりも規則正しい運行であったため、郵便輸送にかんして陸路は、海路よりも割高なのだが、好んでもちいられた。ヨーロッパでの最高速度はおそらく、チロル経由のイタリア‐ブリュッセル路線で、ガブリエル・デ・タシスの郵便組織が実現していた。……すなわち、一日約一三九キロ。海上の例外的速度には遠くおよばないが、陸路の普通の速度は遥かに越えている。例を挙げると、パリからマドリードへの道のりを、サン・バルテルミーの虐殺（一五七二年八月二十四日）というセンセーショナルなニュースでさえ、一日に一〇〇キロもの速度では伝わらない。このニュースがバルセロナに届くのは九月三日であり、さらにスペインの首都マドリードには七日の夕方になってやっと知られたのだ」 (t. 1, pp. 329-330)

「……トルコが行動を仕掛けない理由は、一五六六年のハンガリー遠征できわめて大きな損失を蒙ったことによるとか、ないしは、戦争や遠征にほとんど興味を示さないセリム二世が即位した（一五六六年九月にオスマン帝国のスレイマン一世が死去、無能な皇子がセリム二世として後を継いだ）ことによると、説明すべきだろうか？　当時の人々はそう語っていたし、後代の歴史家たちもそう考えている。たぶんそうした説明は正しいが、ただし、メフメト・ソコルルのことを忘れてはならない。ハウトラウプの言い方ではスレイマンの「不肖の後継者」、Ｌ・ランケの表現では「怠惰なスルタンたち」の最初の一人たるそのセリム二世の背後には、実質的な権限を振るっていた、驚くべき有能な第一宰相メフメト・ソコルルがいたのであり、彼の存在が偉大なるスレイマン時代を引き継いでいたのだ。おそらくは、一五六七年、六八年というこのアクセントのない二年間は、ヴェネツィアを叩いてあらかじめ孤立させておこうとするという隠れた意図のもとにあったと、考える必要があろう。一五六七年の秋には実際、キプロス島に面するカラマニアに要塞が建設されているという複数の報告があり、他方で内陸部では道路が整備されている。そこから考えれば、キプロス島への攻撃が近々あるはずだという推論はすでに成り立っていたのだ。……

同様に確実なことだが、油断ならぬ深刻な凶作が、トルコを繰り返し襲っていた。一五六六年二月に、ヴェネツィアは小麦をもとめてフェリペ二世に書簡を送っていた。その時にはすでに地中海東部の困難が始まっていたわけだ。「信用できる」ある報告によると、四月にエジプトとシリアで餓死者が出ている。そうした逼迫した経済状況があったから、アラブ社会で同時発生的に騒乱が起こったのだと説明すべきではなかろうか？さて、六六年夏の収穫はといえば、地中海東部盆地、ギリシア、そしてコンスタンティノープルからアルバニアにいたる地域で、きわめて厳しいものとなった。……六七年の収穫だけでは状況の立て直しには十分でなく、翌六八年まで飢饉が続いた。ナポリ副王の諜報員はコンスタンティノープルでの、パンのぞっとするような価格高騰を報告している。……

ともあれトルコとスペインはこの数年間を互いに様子をうかがいながら過ごした。軍事行動は起こさないといずれも決めており、だからデマ情報をできる限り流すことに奔走し、お互いに相手の威嚇に成功していた。……こうした影の戦争、神経戦が遂行されていくことで、双方の国が戦闘への予防策を講じざるをえなくなる。このことが地中海世界全体に重くのしかかっていくのである。……」

(t. 2, pp. 346–7.)

「二つの艦隊は、互いを捜していた。不意に、一五七一年十月七日、予期せずして両者は相対峙した。昇りつつある太陽のもと、レパント湾の入り口で。キリスト教国側艦隊はすぐさま敵艦隊を取り囲む態勢をとった（これは戦術的にきわめて有利なこととなった）。向かい合って、キリスト教徒軍とイスラム教徒軍とはそのとき、互いに不意打ちを受けた驚きを抱きつつ、相手の戦力を数え上げることができた。トルコの戦艦二三〇隻、キリスト教国連合の戦艦二〇六隻。……

経過はともかく、キリスト教国側の勝利は大きかった。トルコのガレー船は三〇隻しか帰還できなかった。……衝突でトルコ軍は三〇〇〇〇人以上の死傷者を出し、三〇〇〇人が捕虜となった。一五〇〇〇人の徒刑囚（＝ガレー船漕手）が解放された。キリスト教徒側も一〇隻のガレー船を失い、八〇〇〇人の死者、二一〇〇〇人の負傷者を出した。勝利の値段は高くつき、人的被害は大きく、兵力の過半数が負傷し戦線離脱した。海、この戦闘の場は突如、闘う者たちの眼に、人間の赤い血に染まって見えた」

(t. 2, pp. 395-6)

読みやすく面白い歴史書。しかし第三世代のこのいわばバブル景気は、アナール派歴史学の成熟に伴う光と影とをまざまざと表わし出すものでもあった。こうした経緯について詳しくは本書第3章にゆずろう。

そうした時期に、新世代シャルチエが提出したのが、〈表象史〉という新しい歴史学のスタンスであった。

「心性」と「表象」の違い

ここで私たちはひとつ確認しておいたほうがよいであろう。〈心性〉と〈表象〉との違いについてだ。

フランス語でもそうなのだが、日本語においても、「心性《マンタリテ》」という語彙／概念と「表象《ルプレザンタシオン》」という語彙／概念との差異は、一見してそれほど大きいものとはちょっと感じられない。そうなると〈心性史〉はダメで〈表象史〉にするべきだという主張が出されてきても、両者のなにがどう違うのかよくわからない感じになってくる。いや、そうした印象はまったく自然だ。ヴォキャブラリーの印象は普通そうなる。

アナール派の日本への紹介に役割を果たした歴史家である二宮宏之（一九三二―二〇〇六）が、シャルチエの重要論稿「表象としての世界」にコメントする文章のなかで、この点をわかりやすく述べていた。

シャルチエは、アナール学派のマンタリテ〔心性〕論が果たした積極的な役割は認めながらも、マンタリテの歴史学には、その発想にある偏りがあるという。……

シャルチエのマンタリテ批判に、ぼくはいささか意外な感じを受けた。というのも、ぼく自身は、マンタリテなるものを、たんに受身の存在であるとか、初発から集合的なものであるとは考えてこなかったからである。たしかにマンタリテは、日々の生活のなかで育まれる、ものの感じ方、考え方であるから、簡単には変化しないものではあるけれども……。また、マンタリテの集合的性格についても、それをただちに社会階級に結びつけたり、さらには、ある時代の特徴へと短絡的に結びつけることもしてもいなかった。あらかじめ存在している社会集団——階級であれ民族であれ——によって特定のマンタリテが生み出されるというよりは、むしろ逆に、日常的な営みのなかで育まれるマンタリテを通じて、多様な社会的結合（sociabilités）が形成されるのだと考えてきたからである。

その点では、シャルチエがルプレザンタシオン〔表象〕という概念でとらえようとしているものと近いものを、ぼくは、マンタリテという概念で考えていたことになる。しかし、シャルチエが、能動性や個別性をよりよくとらえるために、マンタリテの概念よりも、ルプレザンタシオンの概念のほうが有効だというのならば、筆者はそれに賛同してもよい。représentation とは、se représenter する（みずからのうちに想い描く）ことであり、そこには「想い描く」という能動的な側面と、「みずからのうちに」という行為の原点の個別性が含意されているからである。[23]

二宮のこの文は、フランスに留学してアナール派第二世代ラブルースのもとに学び、第三世代とも交友のあっ

(23) 二宮宏之「読解の歴史学、その後」、『思想』一九九二年二月号、二―三頁。

た、そんな歴史学の大家の二宮氏にとってさえ、若きシャルチエによって新たに提起された「心性《マンタリテ》」と「表象《ルプレザンタシオン》」との区別なるものはいささか繊細微妙に感じられた、ということを教えてくれている（かつて私自身これを読んで、やっぱりそうだったかと思わずひざを打ったことを告白しておこう）。また同時に二宮の文章は、その区別から出発するシャルチエの〈表象史〉の賭け金がなにに存するかについての基本点を平明に要約してくれてもいる。すなわち「表象」には、「表象すること」という行為性格・能動性と、表象する「行為者《エージェント》（動作主）」のリアルでアクチュアルな存在への参照とが、含意されているのだ。そうした点をふまえるならば、〈心性〉と〈表象〉とのあいだには、一見わずかにみえるがやはり決定的な隔たりが存している。

上の二宮宏之による簡潔な解説では、「représenter」にはさらに「代表する・代理する」という意味もあること、政治や文化の場面において個別性と集合性とを連絡する契機をも指示していることなどには、触れていない。そういう詳しいことは本書第3章で、『記憶、歴史、忘却』のリクールと共に立ち入って論じるとしよう。いずれにしても、こうした〈表象史〉のとらえるところの「表象」が、先に見たフッサールなどの観念論的主観性の認識論においていわれる種類の感覚知覚モデルの「表象」とは事柄として一定に共通しつつも、しかしそこからさまざまな方向へとはみ出してゆく、かなり異なる趣きと幅を備えていることは明白である。

(ii)　表象とアプロプリアシオン ――「語用論的理性批判」

「アプロプリアシオン」

シャルチエの「表象の歴史学」にはもうひとつ重要キーワードがある。「**アプロプリアシオン**」である。「アプロプリアシオン」について、二宮宏之は先の文章の続きの箇所でこう述べている。

注目すべきはシャルチエが、プラティーク〔慣習行動〕と並び、それを補足するものとしてアプロプリアシオンというもうひとつの概念を提起していることである。この場合 appropriation とは s'approprier する（みずからのものとする）ことであり、そこには、相手に積極的にかかわっていく能動性が含意されている。シャルチエは、読書のプラティークを論じつつ、読者は、テクストをたんに受動的に受け入れるのではなく、読むという日常的な行為を通じて、テクストをみずからのものとする、つまりは、みずからに固有の意味をテクストに与えるのだという。ここには、先にマンタリテに代えてルプレザンタシオンの概念を提起したのと同様の考え方を見てとることができよう。このようなシャルチエの考え方は、歴史が、ルプレザンタシオンにせよ、アプロプリアシオンにせよ、意味を生み出す行為の網の目から成り立っているという認識に連なる。(24)

そう、シャルチエが〈表象史〉において提起するのは、「アプロプリアシオン」という「積極的にかかわっていく能動性」の契機への着目なのだ。

アプロプリアシオン概念は重層的なものだが、その含意を簡単にいえば、こうだ。まずひとつに、中央や権力者といったものからの指令や圧力にたいして、地方や被支配者たちがそれを実際にどのようにして受けとめ、受け入れ、あるいは受け流すかという事象。またもうひとつには、より広義に、流通する書物や言葉や挿絵といったものは、同一のものでありながらその読者・受け手・消費者がそれを自分なりの流儀で《使用する》ないし《わがものとする》仕方によって、まったく多種多様な異なる経験を生み出すという事象。それらの事象のことを、アプロプリアシオンという語で取り押さえようということなのだ。ちなみにアプロプリアシオンは、アメリカの文化理論の流れのひとつニュー・ヒストリシズム（新歴史主義）でいう

---

(24) 二宮宏之「読解の歴史学、その後」、3–4頁。

「交渉《ネゴシエイション》」とほぼ等しい概念として言及されることもある。[25]

アプロプリアシオン事象への着目は、簡略にいえば、かつてフーコーやマクルーハンのような論者たちが、動かし難い構造ないし権力的発信・支配の枠組にのみ眼差しを向けすぎ、大衆あるいは被支配者らを無名の受動的多数としかみなさなかったという一面性へのアンチテーゼである。本書では私たちはそうしたフーコー主義的一面性を〈封蝋の隠喩〉と呼んで批判することになるであろう。他方、アナール派内部での議論により特化していえば、アプロプリアシオンという問題提起は、ブローデル・ラブルース以来の〈数量史〉〈系列史〉の統計学的手法の暗黙の前提を厳しく問いただすものである。

例を出しておこう。たとえばあなたが何百年後かの未来の歴史家で、二十一世紀初頭の日本の経済・文化を研究していたとする。あなたは当時の誰かがルイ・ヴィトンのバッグという高級品を所有していることから、その人がきわめて経済的に富裕であると推論するだろうか？　そんなことをしたら歴史家失格、物笑いの種であろう。二十一世紀の日本列島ではヴィトンのバッグは社会階層等々にかかわらず広く一般に所持されている物品であるからだ。そのくらいの洞察なら簡単だ、と思われるかもしれない。だが他方で――これは『フランス革命の文化的起源』でシャルチエが提出した問いである――現代の私たちは十八世紀フランスの人々について、こんなことを思ってはいないだろうか。十八世紀には啓蒙思想書が流布していた。人々はそれを読んだ。啓蒙思想書を読んだ人々は、したがって啓蒙思想的人間になった。そして革命的人間にもなった……というように。しかし、いましがたの推論の前提になっている《啓蒙思想書を読めば、判で押したように啓蒙思想が読者の脳裏に刻み込まれる》という理屈は、歴史理解としてははたして妥当なのか？　――シャルチエの〈表象史〉、アプロプリアシオンの歴史学は、たとえばこのようにして過去の歴史への問い直しを進めていく。

リクールとシャルチエの相互影響

ところで、こうしたシャルチエの発想が解釈学的哲学と共通点を有することは、容易に予感できる。シャルチエは自身の「アプロプリアシオン」概念が、八〇年代リクールのテクスト解釈学、特に『テクストから行為へ』収録の諸論文が用いていた「アプロプリアシオン」概念とどう共通するかを、よく把握していた。リクール・コロックに参加した翌八九年に『アナール』誌に発表した〈表象史〉のマニフェストと目される有名な論文「表象としての世界 *Le monde comme représentation*」のなかで、シャルチエは次のように述べた。

> このアプロプリアシオンという概念は……再定式化されなければならない。この再定式化は、テクストの用い方や理解の仕方の複数性（pluralité）を強調し、テクストも規範もけっして拘束できない動作主《エージェント》たちの創造的自由 —— たとえその自由が規則化しているとしても —— に力点を置くものだ。
>
> その点で、第一に、ミシェル・フーコーがこの概念に与える意味とは距離をとる。フーコーは「諸言説《ディスクール》の社会的アプロプリアシオン」を、言説の排他的コントロールを掌握した個人や制度によって言説が従属化させられひ

(25) S. Greenblatt, "Towards a Poetics of Culture", in: *Learning to curse. Essays in Early Modern Culture*, 1990.「芸術作品は、それ自体、われわれの諸々の推測の源泉にあたるところに横たわっているひとつの純粋な炎であるわけではない。芸術作品はむしろそれ自体、一連の操作手順による産物であり、操作のうちのいくらかはわれわれ自身が行うものであり（これが際立つのは、もともと「芸術」とみなされてはいない諸作品の場合である —— 奉納物、プロパガンダ〔布教宣伝〕、祈祷文句、等々）、他の多くの操作はオリジナルな作品の構成において行われる。つまり芸術作品とは、共有される諸々の規約（conventions）のレパートリーの集積を身につけた創造者または創造者階級と、社会の諸々の制度や慣習行動（practices）との、交渉（nogociation）の産物なのである。この交渉を達成するために芸術家達は、意義ある互恵的交換において流通可能となるような、通貨を創造しなければならない。こうした交渉の過程にはアプロプリエイション（appropriation）だけでなく交換も含まれているのだと強調するのが肝要であろう」(p. 158)

とり占めにされる、主潮的過程のひとつとみなしているからだ。第二にそれは、〔八〇年代リクールの〕解釈学がアプロプリアシオンなる語に与える意味からも距離がある。解釈学はこの概念を、個別の物語的コンフィギュラシオンの、読者が置かれている状況への「適用」が、読者の自己と世界の理解、つまり読者の現象学的経験を再形象化すること、と考えている。

それにたいして、われわれがいおうとしているアプロプリアシオンは、テクストの用い方や解釈の仕方を、それらを規定している基本的諸要因と関連づけ、また、それらを産出する特有な慣習行動《プラティーク》のうちに位置づけつつ検討する〈社会史〉を志向しているのだ。……旧来の思想史に反して、知解力も思想も脱受肉化（désincarnés）されたものではないということを、そして普遍的なものに向かおうとする諸思想に反して、不変とされている諸々の所与のカテゴリーも――哲学的なものであれ現象学的なものであれ――歴史的な諸軌跡の非連続性のうちで構成されるべきものなのだということを、再確認しよう。(26)

さすがにこのときにはまだシャルチエにも少し気負いがあったのか、やや硬い文章になっている。だが、哲学の素養のある読者の眼を通せば、歴史家シャルチエの哲学（書）にたいする理解が並一通りでないことはすぐに読み取れよう。シャルチエは、フーコー的ないわば構造主義と(27)、リクール的解釈学のスタンスとを、対立させて終えるのではなく、差異化しつつも双方を突き合わせ化学反応《ケミストリー》させて、両方を貪欲かつスマートに摂取してしまう。より若い世代ならではの柔軟な新展開のかたちだ。フーコーのように権力を握る審級による排他的コントロールがなされているとばかり強調するのでもない。八〇年代リクールのように言語テクストというものをやや純粋に文字と知的意味というあり方だけに限定するのでもない。生身の人間が言葉や情報を自分なりに咀嚼《そしゃく》するプロセスのダイナミクスのことを、アプロプリアシオンとシャルチエは呼ぶ。

同様にして、のちに『記憶、歴史、忘却』の老大家リクールもまた、このシャルチエ表象史の意味での「アプロプリアシオン」の発想を、彼の独自な概念「歴史家的表象《ルプレザンタシオン・イストリエンヌ》」の練成に際して、おおいに取り込むのである……。八〇年代の『時間と物語』では狭義の「テクスト」だけに集中していた論が、『記憶、歴史、忘却』では書き手と読み手の生きた在《あ》り方の諸層へと広がっていくのだ。

さてシャルチエ的〈表象史〉のアプロプリアシオン概念は、歴史的過去の社会における名もなき民衆の行為や感性や創意に目を向けることを要素のひとつとしている。そうした着想の由来には、ブルデュー――彼はブローデルと近しく、(28) レヴィ＝ストロースに批判的であった――から吸収したものがある。また広義のカルチュラル・スタディーズ的な発想との共通性も見出される。つまり〈消費者〉は受身ではない、と。この点にかんしてはフランスで最初にカルチュラル・スタディーズ的文化論を実践した人物と目されるセルトー――彼にはカリフォルニア大学での同僚だったニュー・ヒストリシズムの代表的な論客S・グリーンブラット（Stephen Greenblatt, 1943–）との交友と影響関係がある(29)――からシャルチエが学んだ面が少なくない。

他方リクールはといえば、一般に「社会学主義《ソシオロジスム》」（sociologisme; SA234）にたいしてはやや批判的なスタンスで従来のぞんできたのであったが、九〇年代にかけて、一部の社会学に少なくとも道具立てにかんして自分の哲

---

(26) Roger Chartier, «Le monde comme representation», *Annales E. S. C.*, nov. -déc. 1989, reproduit in: Chartier [1998], pp. 73–74.（邦訳：ロジェ・シャルチエ「表象としての世界」、二宮宏之訳、『思想』一九九二年二月号、5–24頁。）

(27) シャルチエの文中でのフーコーの意味での「アプロプリアシオン」は、権力者だけが世に流通する言説の意味を《専有し》他の者は自分で意味を生産することはできず、権力者のそれに振り回され従っているだけの状態、というほどの意。

(28) むろん、人間関係的な近さと学説的な近さとは一致するとは限らない。やや複雑だが、シャルチエはブローデル的路線には直接のシンパシーはなかったが、ブルデューとは親しく、諸々の術語に見られるように多くを吸収している。

(29) セルトーの文化史・宗教史・民衆史にまたがる代表作の一つ『ルーダンの憑依 *La Possession de Loudun*』と、グリーンブラットの主著の一つ『シェイクスピアにおける交渉 *Shakespearean Negociations*』とは、テーマを多く共通に有している。

学的仕事に有益に取り込みうるものがあると、次第に深く認識していったようだ。それは、アナール派の仕事が提示する諸々の社会観や文化観と自分の哲学的議論とをより良く噛み合わせようとする努力からの、副産物というにはあまりに豊かな果実であった。その結果が、従前のリクールには見られなかった、『記憶、歴史、忘却』における「ハビトゥス」等のブルデュー的概念の積極的利用などに表われている。

またそこには、リクールの知的キャリアが長くなり、彼の著作にヒントを得た社会学がどんどん現われていたという事情もある。

二十世紀後半のアメリカを代表する文化人類学者クリフォード・ギアーツが、その主著『文化の解釈学』（一九七三年）でリクールを引用したことは非常に大きな意味と影響をもっている。[30] ギアーツがカルチュラル・スタディーズの理論的先導者の一人とみなされているのならば、私たちはリクールの現象学的解釈学もまたその理論的先駆であったといわねばなるまい。そうして生まれてきた新しい文化理論をリクールはある面、知らずしらずに過去の自分の仕事を逆輸入している形で学んだ面が少なくはないのだ。

「語用論的理性批判」――歴史学・社会学・哲学のインターフェイス

ところで「ハビトゥス」「プラティーク」といったブルデュー的術語系《ターミノロジー》にしても、社会学者たちが社会集団・階層についてたんにデータ収集的な分析をするために用いられるような際のそれらは、リクールの眼にはあまり魅力的とは映らなかったであろう。これこれの階層の人間はこれこれの振る舞いをする、といった紋切り型が前提されてしまうばかりになるから。しかしそうした術語系が、歴史のなかの個々人をまさに「行為し受苦する人間」（l'homme agissant et souffrant）としてありありととらえるポテンシャルをもあわせて有していることを、シャルチエの仕事などを通して、いつしかリクールは発見した。少なくとも、共同体の無意識的構造を実体化してそのつどの社会や行為者《エージェント》の動きのダイナミクスを切って捨てるレヴィ＝ストロース的構造主義への批判において、リクール的発想とブルデューの術語系が意外にも噛み合う地点がある。

二〇〇二年の『*Le Débat*』誌上で、『記憶、歴史、忘却』についての特集があった。シャルチエ、ピエール・ノラ、クシシトフ・ポミアン、アレクサンドル・エスキュディエという四名の歴史学関係の論者による質問の論稿と、リクールによるそれぞれへの回答を掲載した特集である。この特集は本書にとってもっとも重要な二次文献のひとつだ。

さて、そのなかのエスキュディエへの回答においてリクールは次のようなことを述べている。

> 表象の歴史学と行為の社会学（sociologie de l'action）との同盟関係は、いささか顧みられることが少ないように私には思えます。まさにこの同盟関係というアングルから見れば、社会的諸表象は社会的諸プラティークのうちに数え入れられるものとして現れてくる。そして社会的諸プラティークは、ひとつの語用論的《プラグマティック》理性批判（critique de la raison pragmatique）に属しうるものなのです。（Débat50）

リクールは、いわば保守的な歴史家よりも、シャルチエらのように狭義の歴史学という学科の手法から進んで

（30） Clifford Geertz, *Interpretation of Cultures*, "Thick Descriprion: Toward an Interpretive Theory of Culture", p. 19: «"What," Paul Ricoeur, from whom this whole idea of the inscription of action is borrowed and somewhat twisted, asks, "what does writing fix»

Not the event of speaking, but the "said" of speaking, where we understand by the "said" of speaking that intentional exteriorization constitutive of the aim of discourse thanks to which the sagen—the saying—wants to become Aus-sage—the enunciation, the enunciated. In short, what we write is the noema of the speaking. It is the meaning of the speech event, not the event as event.»

（ギアーツは出典注を付けそこねているが、フランス語原文は TA207–208 である。）

越境していき、歴史のなかの社会的行為・プラティークの諸相をもっと豊かに眺めたいという傾きのある人を支持したいという、「ポストブローデル学派への私の好み」(Débat50)を表明する。そのまとめとして「語用論的理性批判」という表現を出してくるのは興味深い。リクールはなにか(具体的な論に先行する)理念とか原理としてこの表現を掲げたわけではない。あくまで、事柄の領域を(いわば事後的に)ひと言でネーミングするならば、というかたちでのことである。とはいえその表現の含意は一考に値する。

ここでリクールが「語用論的《プラグマティク》」といっているのは、一次的にはJ・L・オースティン以来の英米言語哲学および言語学でいう「語用論的」という意である。[31] 後期ヴィトゲンシュタインの「言語ゲーム」や「規則」論とも関連する。他方で類似しつつも別のニュアンスとして、義務や倫理をたんに論じる(狭義の実践哲学)だけでない、より幅広く人間たちのさまざまな実際的《プラグマティク》な生活・行為のありようについて考察するプラグマティズム的批判哲学という含意も読み取られる。[32] さらに、シャルチエやベルナール・ルプチがアナール派歴史学の「語用論的転回」の遂行者と形容されることがあるという点も加わる。つまり、いわゆる「言語論的転回」(linguistic turn / tournant linguistique)という思想トレンドの成果を一定に引き継ぎつつも、その狭さを乗り越え再転換させるものとしての「語用論的転回」(tournant pragmatique)ということだ。

そういう事情から、語用論ということには、アプロプリアシオン事象の密接な連関がある。すなわち、たとえば同一の文書・同一の語彙表現が、隠喩、隠語、皮肉、あるいは挑発、嘲笑、といった言語遂行的契機——つまり意味論《セマンティク》ではなく語用論《プラグマティク》のレヴェルに属する契機——を付与されることで、権力関係や人間関係においてさまざまに流用・読み替え・換骨奪胎されることがありうるということなのだ。[33]

(隠喩ということをいったので、少し脱線して注釈しておく。リクールの『生きた隠喩』(一九七五年)と、そこでリクールが批判も含めて言及したデリダの論文「白けた神話」(一九七一年)とのあいだの一論争は、七〇〜八〇年代のアメリカにおけるテクスト理論・文化理論・歴史理論のダイナミックな展開期に、豊かに受容吸収された。一方でデリダのいう、〈隠喩的／字義通り〉という二項対立がつねに逆転や流動化の可能性をはらんでおり、社会関係や権力関係の言説においてさまざまな効果を及ぼしていること、また過去のテクストからそうした効果を読み取る必要があることについての「脱構築」的な指摘の起爆力が、賛同を持って受け入れられる。[34] 他方でリクールのいう、隠喩が非言語的ないし言語外の実在を指示する「第二度の指示」(référence de second rang; MV386) の契機についての指摘は、歴史記述や過去の

(31) cf. SA135.

(32) したがって一時期のハーバーマスが提示した「普遍的語用論」の「形式主義」(cf. SA325) からはむしろ、まったく離れている。リクールは『他としての自己自身』の第九研究で、ハーバーマス・アーペルの形式主義に、Ch・テイラー・サンデルらの共同体主義《コミュニタリアニズム》・文脈主義を対置させ、普遍性と歴史性との矛盾・葛藤を引き受けることこそが課題だと指摘する。

(33) デリダの九〇年代のテクストのなかでもこうした意味で解されるべきものとして「アプロプリアシオン」という語が用いられている例が見出される。たとえば『死を与える』(Derrida, *Donner la mort. L'éthique du don. Jacques Derrida et la pensée du don*, Métailié-Transition, 1992; 邦訳書『死を与える』、廣瀬浩司訳、ちくま学芸文庫) の第3章の有名な重要箇所。

「三つの一神教はずっと前から、そして現在はかつてないほどに争い合って、戦火と流血の場を作り出している。それぞれがこの場の裁量権を要求し、メシアニズムとイサクの犠牲とのオリジナルな歴史的-政治的解釈を求めている。イサクの犠牲の読解と解釈と伝統はそれ自体血にまみれた犠牲、ホロコースト的犠牲となっている。イサクの犠牲は毎日続いている。惜しみなく死を与える兵器が、前線なき戦争を仕掛けている。責任と無責任とのあいだに前線があるのではなく、一つの犠牲をめぐる諸々のアプロプリアシオン (appropriations) のあいだにこそ前線があるのだ。」(pp. 69–70)

(34) そうしてアメリカで〈脱構築批評〉なるものが隆盛をみることになり、その代表格の一人となるのがポール・ド゠マンであるが、テクスト解釈理論としてのスタンスではポール・ド゠マンはリクールに近いともいわれる。ただ両者自身はおそらく互いの仕事をほとんど知らなかったように見える。じつは、ド゠マンの叔父ヘンドリック (アンリ)・ド゠マンの主著『社会主義の心理学――マルクス主義を越えて』(一九二八年) を、戦間期の若きリクールは熱心に熟読していたのだが。

時代の文学作品に含まれる隠喩的諸表現と歴史的・社会的諸実在とのリアルな関係をどうとらえ読み解くかということにかんしての、核心的な指摘と受けとめられた。リクールは、ニュー・クリティシズム的-構造主義的なものからニュー・ヒストリシズム的なものへのパラダイム転換に、半ば意図せずして寄与したわけだ。)

リクールはもちろん、一般に社会学主義が〝上空飛行的に〟おちいりうる傾向のある、経済構造や社会環境《ミリュー》によって個々人の生はすべからく拘束されてしまっているとする理論上の宿命論・決定論にはノンの立場だ。しかし行為する人間の社会学にならば、積極的にウイというのが『記憶、歴史、忘却』のリクールなのである。社会学を援用した「語用論的理性批判」の場は、『記憶、歴史、忘却』第二部において歴史学と哲学との「インターフェイス」となる(そして表象研究と反-表象主義とのインターフェイスでもある)。

なお、「アプロプリアシオン」に着目することが、過去の庶民たちを「行為し受苦する人間」としてとらえ直すことであるとすれば、その含意は、たんに過去の人間の生活や感情を〝生きいきと記述する〟というような心暖まることだけにとどまるものではけっしてありえない。それはある角度において、たとえば第二次大戦期のドイツや日本またヴィシー政権下フランスの〝庶民〟たちを、ファシズム政権の支配の受動的な〝被害者〟として免罪しつつ歴史記述するだけではなく、むしろ、半-受動的だったにせよ、しかし黙認といった仕方でのなんらかの程度〝共犯者〟たるものとして歴史学的に認識し、その個人的・集合的関与のありようを多層的に記述する観点を示唆するものだ。

そうした意味で、「アプロプリアシオンの歴史学」および「語用論的理性批判」というスタンス設定に含まれうる政治学的射程もまた、私たちは把握すべきである。「行為し受苦する人間」とは、責任を問われうるものとしての人間たちでもある。問題となるのは——四九年の「フッサールと歴史の意味」の言葉を再度持ち出せば——やはり「責任ある存在たち」とその「複数性」なのだ。

翻訳の問題について

シャルチエの〈表象史〉についての紹介は以上で終える。第3章でさらに詳しい論をおこなう。

さて、話は変わるが、ここで「アプロプリアシオン」にかんして特殊な話題を私たちはひとつ取扱わざるをえない。翻訳の問題である。端的にいおう。「アプロプリアシオン」を、日本語に訳す際にどう処理するのかだ。残念ながらこの点で『記憶、歴史、忘却』邦訳書には不十分なところがある。

リクールの著作を翻訳することには他の哲学者の著作とは種類の異なる難しさがある。周知のように、リクールはじつにさまざまな分野領域の諸著作を大量に引用・援用してくるからである。

そうした点で対照的な一例を挙げるとすれば、たとえばハイデガーの『存在と時間』では、重要で登場頻度の高い語彙はほとんどすべて、ハイデガー的な文脈のなかでかなり独自に意味を確定されているものである(Zuhandensein, Bewandnis, tatsächlich, Verfallen, usw...)。それゆえ極端にいえば翻訳者は、その語がドイツ語圏の日常会話や新聞記事等でどのような用法・意味で用いられているかをあまり考えなくてもよく、語学的訓練の必要度という観点にてらすとそれを逐語的に翻訳することは――内容理解を度外視すれば――いわば相対的に容易なほうですらある。同様のことはたとえばレヴィナスのテクストについてもいえよう。

それに比べるとリクールの、とりわけ七〇年代以降の著作は厄介である。なぜか。まず狭義の哲学の範囲内でも、自身のオリジナルな術語をほとんど作ることをせず、他者の術語を解釈することによって自分の考えを提出するから。リクールのフランス語原書の読者は、少なくとも『純粋理性批判』や『イデーン』『存在と時間』あたりのドイツ語の術語系、そしてそれらの書のなかで研究解釈上論争の種になる箇所はどこどこであるかということを把握していないと、リクールの論展開にはちょっとついていけない。いや哲学ならまだしも、さらにリクールは哲学以外の諸分野の、しばしば当該分野の最先端に位置しまだ一般には流布していない難解な見解すら、どんどん引用し（それらはドイツ語でも英語でもありうる）援用してしまう。あるひとつの語を見てもそれがなにかの分野の専門用語であるのかどうか、誰のどういう見解を踏まえていっているのか、それともじつはリクールの独自な用語使用なのか、判断に迷わされる。同一著作のなかでも、引用参照している分野・文脈がそのつど変われば、ひとつの語がつねに同じ含意で用いられるとは限らない……。

たとえば『時間と物語』において論じられる時間性と物語性との関係についてごく基本的なことを把握しようとするだけでも、カントの「三重の総合」やフッサールの「内的時間意識」等々についての理解とH・ホワイトやF・カーモードのナラティヴ論についての知識とを両方とも持っていることが要求される。だがそれだけの準備のできている人がどこにいるであろうか？　部分的援用にはまことに使いやすいリクールの著作だが、包括的な〝リクール研究〟の遂行は大変にハードルが高いゆえんである。

そうした事情のためリクールの書物を翻訳することには、基本的に、第一級の哲学書一般に共通する翻訳の難しさや煩雑さに加えて、膨大な引用文献・引用文脈にさまざまに対応しなければならないという別のハードさが含まれている。特に日本語への翻訳者の苦労は大きい。というのも、とりわけ英語への翻訳の場合には文脈や出典分野をよく理解できなくても同じアルファベット綴りの語彙でそのまま訳出（?）して逃げを打つことができるからだ。だから、私はリクールの著作の既存の諸邦訳書にたいして、その多大な労力と忍耐にたいして、最大限の敬意を表することにやぶさかでない。

あくまで以上を踏まえたうえでの話と受けとめていただきたいが、やはり既存のリクールの著作の邦訳書にはさまざまに改善・修正すべき点が見出されることもまた事実だ。本書では『記憶、歴史、忘却』の邦訳書について、それをおおいに参考にし多くを学んだことをここに明記したうえでだが、その不十分と思われる点についてはは若干の指摘を行うことがある（リクールもその翻訳論でいうように、完全言語が存在しない限り、唯一の中立的な翻訳というものはなく、ひとはただもうひとつ別の翻訳を提案することで議論や理解を深めていくことができるのみなのであるから）。

ではアプロプリアシオンに話を戻そう。『記憶、歴史、忘却』邦訳書においてアプロプリアシオンが「適合」「適合化」と訳出されていることは、私たちは遺憾とせざるをえない。「appropriation」はもともと日本語の一語彙に対応をさせにくい語である。悩ましいことは痛いほどわかる。いわゆる哲学の用語としても「固有化」「わがものとすること」「我有化」「自己化」などとおよそ定まらない[35]。

ただ、シャルチエの〈表象史〉の文脈ないしそれを踏まえた文脈でいわれる場合には、「appropriation」の訳出はことさらに行為主体の能動的・利害判断的・感情的な関与を強調した語彙が当てられるのが通例となっている。多く見られる訳語は「流用」、または「領有」「横領」、ないしは「読み替え」（谷川稔）といった語。シャルチエの『フランス革命の文化的起源』の邦訳書では説明的に「独自の摂取＝利用」と訳出されている。ひとつの見識であろう。カタカナ書きにしておかれることも少なくない。本書では基本的にカタカナ書きとする。一見して特別な用語と分かるというメリットがあるからだ。

このアプロプリアシオンを「適合」というどこか「受身」の受容、対応、忍従というニュアンスのほうに傾いた語で訳出したことは、いくつかの問題を惹き起こす。第一に読者にとってはその語だけをもってしての内容理解は困難だ。それが重要な術語であるらしいとすら把握しづらいのが実情であろう[36]。第二に「適合」とい

（35）「appropriation」は、ハイデガー『存在と時間』でも登場しているように、通例ドイツ語では「Aneignung」と対応する。ただ、特殊な例としては、後期ハイデガーの「Ereignis」の訳語となる場合もある。

（36）一例を挙げれば、たとえば第二部第二章第四節の次のような箇所：「……社会では、支配的な行動モデルが及ぼす圧力と、メッセージの受容というより適合化との間に、きわめて複雑な錯綜が現出するのが見られる」（邦訳書上巻332頁）。しかしこ

う語ではそれが「appropriation」の訳語であると哲学や歴史学の専門家であっても思い当たらない可能性が高い。かつ邦訳書では「ajustement」(MHO284)に「適合」、「inadaptaton」(MHO291)にも「不適合」との訳語が振られている。そして第三にそのようにアプロプリアシオンが訳文の前面に出ないことによって、シャルチエらの〈表象史〉と『記憶、歴史、忘却』の認識論・行為論・存在論とがとりもつ学的関連は見えなくされてしまう。そのことで邦訳書は『記憶、歴史、忘却』という書物が持ちうる射程の広さを日本語圏の読者に理解せしめられず、結果として日本における同書およびリクール哲学にたいする評価を不要に低減させてしまったという非難が仮に向けられたとしても、しかたのない面もあるのではなかろうか?

アプロプリアシオンという事柄について理解する材料がそれなりにプロヴァイドされていなければ、第二部の鍵概念「歴史家的表象」(représentation historienne)の事象内実が理解不可能におちいることはおそらく避けられない。やや厳しく指摘すれば『記憶、歴史、忘却』邦訳書の第二部は読者にそうした事態を用意してしまっている。

とはいえ、繰り返しになるがリクール自身、たとえばアプロプリアシオンを山括弧に入れて専門的術語であることを注意喚起してさえいない。フランス語のネイティヴスピーカー(一般読者であれ、哲学の訓練を受けてきた人であれ)が同書の原書を読んだとしても、やはりスムーズかつスピーディな理解というのは望むべくもない。それをましてや日本語に置き移すにはほとんど無際限な配慮が求められる。そうした配慮は、結局訳者の努力にかかわらず、程度問題にとどまらざるをえないということは重ねて申し上げておく。(37)

4◆冷戦以後の世界で

ここまで『記憶、歴史、忘却』の方法論的な側面にかかわる事柄について序論的コメントをしてきた。ところで『記憶、歴史、忘却』のなかで登場する、倫理的-政治的なアクチュアルな問題系についての序論的なかたちでの概観は、どうすべきか？

そろそろ述べるべきタイミングであろう。では、各々の政治的問題にかんしての詳細は本論（第4章「歴史家と裁判官」、第5章「困難な赦し」）にゆずるとして、ここでは九〇年代の東欧の混乱、シラク演説、「歴史家論争」等について概要的にチェックを行う。

の邦訳版の読者は、「受容」と「適合化」とがどう違うのか理解できるであろうか。そして、「というより適合化」（原語：ou mieux appropriation）という短い言い回しを見て、従来の歴史学とは異なる〈表象史〉の観点・思想が宣言されていることに気づくというようなことができるであろうか。原文は次の通り：「... on voit se tracer dans sociétés ... des enchvêtrements d'une grande complexité entre la pression exercée par les modèles de comportements perçus comme dominants et la réception, ou mieux l'appropriation, des messages reçus.」（MHO281）

(37)「アプロプリアシオン」や「交渉」に着目してなされる歴史記述は、ローカル性の強い物事について記述することを伴うことがある。とりわけ近代以前の西洋の民衆文化についての記述などは、学術的研究という形で専門知識取得をしない限り、アクセスが難しい場合もある。日本人研究者による日本についてのすぐれた書物としては、たとえば、池上良正『死者の救済史―供養と憑依の宗教学』（角川選書、二〇〇三年）がある。特に第5章「憑依再考」は必読である。いわゆる靖国問題についても、民衆史および宗教学の見地から深い視座が提示されている。

記憶の過剰、忘却の過剰

リクールは一九八六年のエディンバラ大学ギフォード・レクチャーで講演した内容をもとにして倫理学的著作『他としての自己自身』をまとめ、一九九〇年に刊行をした。だが、この八六年から九〇年までのタイムラグの間に、既存の倫理学や政治学の問題枠組を、吹き飛ばしかねない事態が勃発した。いうまでもない。一九八九年のベルリンの壁崩壊、中東欧の大激動、およびその世界的余波である。一九八九年という世界歴史上の大きな区切りは、新しい時代の到来を告げるものであった。しかしそれは冷戦構造によって数十年間いわば凍結されていた、ネイション・民族をめぐる旧来の諸対立を解凍し、再燃させるものでもあった。九〇年代は、東欧およびその他の地域において二十世紀中葉までに形成蓄積されていた、モダンの時代の負の遺産が再浮上する時代になった。それは旧東側諸国においては現実の戦闘・戦争といった流血の形で現われ、のみならず西側の諸国においても、第二次大戦下の負の記憶・負の歴史の封印を解くという動揺効果をもたらした。既存の過去表象がぐらつく。現行の国家・国民の枠組みは不確かに感じられるようになり、かえって、数十年前の屈辱や虐殺の集合的記憶が甦る。過去の勝利や屈辱についての記念顕彰《コメモラシオン》(commémoration)が盛んにがやがやと実施遂行される。「記憶の義務」が叫ばれ、個々人と共同体との内面的関係が、想起と忘却のダイナミズムによって、時として強制的に再構成され、抹消され、上書きされる。

そうした光景のなかで、『記憶、歴史、忘却』の序言においてリクールは次のように記す。

> 私は不安にさせる光景を前にして困惑したままである。そちらでは記憶の過剰があり、またあちらでは忘却の過剰がある、という光景に。いうまでもなくそこには諸々の記念顕彰《コメモラシオン》からの影響が存しており、記憶の――そして忘却の――濫用(abus)による影響が存している。こうした事柄にかんして、公正な記憶(juste mémoire)につい[38]

てのひとつの政治学を考えることは、市民としての私が公言する課題の一つである（un de mes thème civiques avoués）。（MHO I）

ここで出てくる「**公正《ジュスト》な記憶**」ということでリクールはどういうことをいおうとしているのか？　それは『記憶、歴史、忘却』という書の全体にかかわる問題だ。読者は、「公正な」記憶ないし歴史記述をめぐる重層的なリクールの論を、狭義の哲学的認識論の平面で読み解いていくこともできるし、あるいはたとえば九〇年代におけるEU統合過程が抱えていたリアルな政治的・文化的葛藤へのコメントとして受けとることもできる。

さて、そうした二十世紀末・世紀転換期の世界における〈記憶〉と〈歴史〉をめぐるさまざまな混乱のなかでも『記憶、歴史、忘却』のリクールの問題意識に特に執拗にまとわりついてくるのは、やはり、フランスにおける諸々の事態だ。二十世紀前半の記憶と歴史の書き換えを迫る諸々の動きは、フランス国家の内部でもさまざまな波風を立てずにはおかなかった。そんな波風のなかで、個人や集団等々についてしきりにいわれるようになった「アイデンティティ」という語が、政治的-社会的な重みと偏りを強く帯びていくことに、リクールは複雑な態度でもって面することを余儀なくされる。

（本書第5章を参照。『記憶、歴史、忘却』ではリクールは、『時間と物語』と『他としての自己自身』における重要概念であった「物語的自己同一性《アイデンティティ》」ということをほとんどいわなくなる。事柄的には『記憶、歴史、忘却』の中心概念のひとつ「記憶の作業」と「物語的自己同一性」とは重なるものと考えられるのだが、やはり「アイデンティティ」という語への警戒がそこには強く見て取られる。）

（38）　原文：«pour ne rien dire de l'influence des ...» 邦訳書ではこれを「……影響はさておいても……」と訳出、というより誤訳している。邦訳書版読者はその最初の1ページ目から、内容不明確な文章という印象を抱かなければならないのか。

一九九五年七月のシラク演説

ここで触れなければならないことがある。一九九五年七月、フランス大統領に就任して間もないジャック・シラク（Jacques Chirac, 1932–）が、ヴィシー政権時代の一九四二年七月にナチスドイツの人員ではなくフランス警察の人員による国内のユダヤ人の連行・強制収容所行き列車への送致の事実があったことを、フランス国家が犯した誤りとして初めて認める演説を行った。以下はその冒頭の抜粋である。

Mesdames, Messieurs,

Il est, dans la vie d'une nation, des moments qui blessent la mémoire, et l'idée que l'on se fait de son pays.

Ces moments, il est difficile de les évoquer, parce que l'on ne sait pas toujours trouver les mots justes pour rappeler l'horreur, pour dire le chagrin de celles et ceux qui ont vécu la tragédie. Celles et ceux qui sont marqués à jamais dans leur âme et dans leur chair par le souvenir de ces journées de larmes et de honte.

Il est difficile de les évoquer, aussi, parce que ces heures noires souillent à jamais notre histoire, et sont une injure à notre passé et à nos traditions. Oui, la folie criminelle de l'occupant a été secondée par des Français, par l'Etat français.

Il y a cinquante-trois ans, le 16 juillet 1942, 450 policiers et gendarmes français, sous l'autorité de leurs chefs, répondaient aux exigences des nazis. [...]

La France, patrie des Lumières et des Droits de l'Homme, terre d'accueil et d'asile, la France, ce jour-là, accomplissait l'irréparable. [...][39]

皆さん、

国民の来歴のなかに、記憶を傷つける時節が、ひとが自分の国について持つ観念を傷つける時節がある。

それらの時節を想い起こすことは困難である、なぜならひとは恐怖を想い起こすための言葉を、悲劇を生きた男女たちの苦しみをいうための言葉を、つねに見出しうるわけではないからである。彼彼女らは、その魂に、その肉体に、かの涙と恥辱の日々の記憶によるいつまでも残る痕跡を印された。

それらの時節を想い起こすことは困難である、なぜならそれら暗黒の時はいつまでもわれわれの歴史を汚したままだからである、それらは、われわれの過去とわれわれの伝統の、不名誉である。そう、占領軍の犯罪的狂気は、フランス人たちによって、フランス国家によって、補佐されていた。

五三年前、一九四二年七月一六日、四五〇〇人のフランスの警察官と憲兵が彼らの上司の指揮下で、ナチスの要求に応じた。……

フランス、啓蒙と人権の祖国、もてなしと安住の大地、フランスは、かの日、償うことのできない過ちを遂行した。……

演説の文章は相応に格調高いものとなっている。だがフランス国民にとっての誇りや対外的国益を傷つけるよりもむしろ高める効果を狙ったものでもあり、単純に肯定するべきでない。とはいえ、語るもおぞましい事実についてのフランス国家の責任を大統領が語り認めたことは、当初激しく賛否あったものの、のちにはおおむね、大きな歴史的な意義を有するものとして受けとめられた(40)。『記憶、歴史、忘却』のなかで直接触れられる

---

(39) «Allocution de M. Jacques CHIRAC, Président de la République, prononcée lors des cérémonies commémorant la grande rafle des 16 et 17 juillet 1942.»

(40) 左派たる社会党の前大統領ミッテラン（François Mitterrand, 1916–1996）でも、ヴィシー政権は正統なフランス政府ではなかったとして、ヴィシー時代における国家の責任を認めることはしなかった。もっとも、知られているように、ミッテランという個人が〈左翼〉であったのかどうか、かりにそうだとしていつからいつまでそうであったのかは問題的である。

ことはないが、同書の前提となる同時代的コンテクストのうちに、この演説が刻み込まれている。ところが、この演説後の事態の成り行きは、かなりの屈折を孕んでいた。

それ以後フランスでは、アウシュヴィッツという出来事の存在を否定する〈否定主義《ネガシオニスム》〉の言説を罰する法律や、また他方で、フランスによる植民地支配の肯定的側面を学校の歴史の授業で教えることを定める法律といった、諸々のいわゆる〈記憶法〉の制定が加速をしていった。そしてそのつど激しく複雑な賛否の論を呼び、今日に至っている（日本でもそうだが、第二次大戦期の記憶を持つ人々が徐々に世を退き、その〈記憶〉が〈歴史〉となってゆく時期を迎えたことと無関係ではない）。もちろん〈否定主義〉的な言葉を吐く人物たちがちらほら目立ってきたことが背景にある。だが、〈否定主義〉の言説がいかに論外のものであるとしても、国家権力が法によって無理に《歴史観》を定めていいのか？　そのことの危険がはたして〈否定主義〉の言説がいわれることの危険と比べてより少ない危険なのかどうかを測ることも、当然、議論の対象とならざるをえなくなる。

リクールはそうした、「ディセンサス（見解の不一致）」を許容しないような、国家権力ないし感情的世論による「記憶の義務」の名の下での、新たな種類の「検閲」的風潮にたいして、深い懸念を表明する。

私の仕事が貢献しようと望むのは、《記憶の圧政 tyrannie》にたいしてではない。（MHO111）

ヴィシー、アウシュヴィッツ、〈否定主義〉と『記憶、歴史、忘却』

九〇年代に噴出した記憶と歴史の問題には、前史がある。六〇年代前半までのフランスでは、報道の内容は相当に統制されていた。野党の政権批判の言論すらなかなかテレビには流されない（八四年までフランスではテレビは国営放送のみ）状況があった。（一部知識人の自由な言動がフランス国全体の雰囲気を表わしているとイメージするのは、かならずしも当を得ない。）ましてやヴィシー時代の対独協力の記憶・記録は公の場ではタブー。過去の記憶の「抑圧」、「悪魔祓い」があったのだ（本書第5章参照）。それが六八年の〝革命〟とド＝ゴール死去を経て、また東西冷戦構造の緊張緩和に伴って、七〇年代にじわりと状況が変わりだした。ド＝ゴール派と共産党との奇妙な見解一致によって守られてきた対独レジスタンスの伝説は脱神話化をされた。そして「ヴィシー時代のフランスの暗黒の記憶」が、「抑圧されたものの回帰」という様相を呈しつつ、強迫的に書物や芸術表現のうちで表象されだす。

八〇年代には、ヴィシー時代のフランスが国家として犯した過ちが表立って問題として語られるようになっていた。一九八五年はクロード・ランズマンの映画『ショアー』が公開された。(41) アンリ・ルッソの著作『ヴィシー・シンドローム』（一九八七年）のような、ナチス占領下時代の記憶と歴史を問い直す作業が取り組まれ、フランス社会に、その各世代に波紋を投げかけた。あわせてそこには七〇年代以降旧植民地等からのいわゆる「移民」が増加しその存在感が高まり、フランスという国家の「アイデンティティ」が輪郭を不明瞭にすることへの不安に基づく、ナショナルな記憶の統合・再明確化への欲求も動因として働いてくる……。

（41）参照、高橋哲哉『記憶のエチカ　戦争・哲学・アウシュヴィッツ』、岩波書店、一九九五年。「映画『ショアー』は、上映時間九時間半の大半をあげてこの種の〔奇跡的に生き延びた数少ない人物たちの〕証言の聴取にあてる。だがフェルマンの言うように、「この映画の最も深く決定的な主題」が「証言の不可能性」にあるとするなら、この一大証言集がヘウムノに帰還したスレブニクの証言から始まっていることはけっして偶然ではないだろう。「それを物語ること（erzählen / raconter）はできない」。「だれもここで起こったことを想像すること（bringen zum Besinnen / se représenter）〔表象＝再-現前化すること〕はできない」。「そんなことは不可能だ」。「だれもそのことを理解できない」。「わたし自身、いまではもう……」。『ショアー』の冒頭にどうしてもこれらの発言が来なければならなかった」（22頁）

またドイツでは八六年に、エルンスト・ノルテが新聞に掲載した論稿への哲学者ハーバーマスの激烈な批判によっていわゆる「**歴史家論争**」(Historikerstreit)が起こる。〝ドイツ国民〟のアイデンティティの戦前戦後(アウシュヴィッツ以前以後)における連続性いかんといった問題にかかわる、危うい議論の応酬が展開された。そこでは歴史記述・歴史認識における「比較」という作業の妥当性が論点として浮上することにもなった。「歴史家論争」は大新聞の紙上というアカデミズムの枠をはみでた場において繰り広げられたのであったが、学術的な領野においては、その後の九〇年のソール・フリードランダーが主催したシンポジウム『アウシュヴィッツと表象の限界』が重要な道標である。そこでは、修正主義ないし否定主義言説の軽薄な流通にたいする憤りのようなものと、歴史的過去についての認識ないし言語的記述が本質的に含む諸々の理論的困難についての踏み込んだ議論とが交錯する、〈アウシュヴィッツ〉を語ることあるいは〈**表象の限界**〉ということをめぐる、容易にほぐしがたい問題性が露わにされたのだ。

以上のような背景のもとで、『記憶、歴史、忘却』のリクールは、論の各段階において、「表象の限界」(本書第3章)、「歴史家論争」(第4章)、「ヴィシー・シンドローム」(第5章)について、それぞれに分量を割いて論究を展開する。リクール自身は第二次大戦に出征し、レヴィナスやブローデルと同じく数年間をドイツ軍の捕虜収容所で過ごす苦難の経験を耐え抜いた。その彼がアウシュヴィッツやヴィシーについて主題的に論じるという機会は、じつはこの『記憶、歴史、忘却』が最初で最後であったように思われる。その意味は重い。

しかしリクールは『記憶、歴史、忘却』において、あくまで哲学的なアーティキュレイションを、そして論の段階区分を維持しつつ、慎重に事柄を論じるという姿勢を終始崩さないだろう。その透徹ぶりは、場合によっては読者を驚かせさえするかもしれない。あくまで歴史記述論の延長に、アウシュヴィッツ論がある(したがって、たとえばG・アガンベンの著作のような、方法論の曖昧なものとはまったく異なる)。

「記憶の義務」(devoir de mémoire) という考え方にたいしてリクールが向ける厳しい批判の姿勢は、そうした哲学的透徹さの表われのひとつである。私たちはリクールがそのつど設定する認識論的・方法論的な鋭さを見逃すことなく把握しつつ、彼の論を読み解いてゆかねばならない。

5 ◆ アルシーヴ ― セルトーとの一度きりの対話から

セルトーとリクール

私たちの序論も終盤になった。この第5節では二十世紀後半のフランス・アメリカの思想界において独自で多彩な足跡を残した人物、ミシェル・ド＝セルトーを取り上げる。彼とリクールとの唯一の公開の場での学術討論という挿話を一瞥し、『時間と物語』の枠組みから『記憶、歴史、忘却』の枠組みへの移行をリクールに促すきっかけの一部分となった「**アルシーヴ**」などのセルトー的モチーフをいくらか確認しよう。

『記憶、歴史、忘却』の鍵概念のひとつに「歴史記述操作」(opération historiographique) というものがある。これはセルトーが彼の主著『歴史のエクリチュール』で用いた用語であった。つまり、文書庫《アルシーヴ》の諸史料《ドキュメント》を読み解き、そこから歴史家が自身の歴史記述を構成する、という作業のことを指していうもの。これは明らかに『時間と物語』では主題とならなかった次元の契機だ。『記憶、歴史、忘却』を見る限り、リクールの論がセルトーにさまざまな面で多くを負っていることは瞭然である。『時間と物語』の道具立てから『記憶、歴史、忘却』のそれへの移行には、ひとつにはセルトーの仕事からの影響があったのだ。

ただ、実際のリクールとセルトーとの出会い、交流は、どうもスムーズなものではなかった。

一九八三年の気まずい対談

両者は七〇年代から一応面識があったようである。が、公開の場で二人を共にパネリストとして討論会が催されたのは、一九八三年一一月二日のときが唯一だったようだ（Dosse569）。

それは、『時間と物語』第I巻の出版を受けて、パリのイエズス会大学（Centre Sèvres-Facultés jésuites de Paris）を会場として開催された。パネリストはリクール、セルトー、主催者の同大学哲学部長J・P・ラバリエール（Pierre-Jean Labarrière, 1931-：ヘーゲルの研究・仏訳で知られる）、そしてジャン・グレーシュの4人であった。リクールとセルトーとに挟まれて座ったラバリエールは両者のあいだにある沈黙、緊張、気まずさに即座に気がついた。

二人は、ある意味ではきわめて遠く、しかしある意味では近すぎた。まず遠さのほうをいえば、セルトーは六八年的ないし六八年以後的な精神をよろこんで歓迎しわがものとした人物であり（デリダなどは六八年の騒乱に辟易したが、セルトーはリオタールなどと同じく大歓迎の側）、かつラカン派に属する一人としてポスト構造主義の新しい学術動向の流れに軽やかに乗っかってきた人物であった。しかるにリクールはといえば、六〇年代には構造主義派との論戦で名を上げる以上に自分自身もさんざん叩かれたが、この『時間と物語』第I巻の刊行によって雌伏の十数年間から完全に脱し、独自な大哲学者としての世界的評価を不動のものとしつつあった。他方で近すぎる面はといえば、両者は共にキリスト教界へのかかわりをなんらかもっている人物であること（セルトーはイエズス会カトリック、リクールはカルヴァン派プロテスタントという違いはあれ）、そしてセルトーはカリフォルニア大学サンディエゴ校で、リクールはシカゴ大学でと共にアメリカで教授活動を行っており、アメリカでの知名度や評価を得ていることにおいて、共通点というよりは競合点が見出されざるをえなかった。この日二人は互いに、

「自分が今日の主役であり、相手は自分の本のことを話すために来たのだろうと思って」

（Dosse569; ラバリエールの回顧的証言）

やってきたにちがいなかった。一触即発。気の毒なラバリエール氏は胃が痛くなったにちがいない。決定的なのは、歴史という事柄にたいするアプローチの角度の違いであった。セルトーは徹底的な中世研究の文献学の訓練を受けた学者だ。リクールはある意味では、やはり歴史学的な史料の取り扱いについては門外漢の哲学者である。だが両者はいずれも自身の受けてきた学科訓練に飽き足らずそこから越境をしてゆく人物である。それがいま交叉、いやむしろ衝突、激突しようとしていた。セルトーはどちらかといえばミクロ歴史学的な、アトム化し散逸した断片のような歴史を好む。そして彼は「不在」(absence)「喪失」(perte)「脱所有〔剥奪〕」(dépossession) といった観念を偏愛する。だがまさにそれらネガティヴな語彙はリクールが――孤児としての彼の生い立ちにかかわる深いなにかによってか、どこか感情的なまでに――拒否するものだ。むしろこのときのリクールは歴史を「死者との対話」ではなく「過去の生者との対話」とみなすことに傾く。ただし、フランソワ・ドッスも指摘するように (Dosse [2006], 15)、両者はたとえば、ブローデル的〈全体史〉の企てが主張する、歴史学における「出来事の没落」という発想に反対であることでは、深く一致していた。かつまた、歴史記述とそれによる歴史認識において、文体・ナラティヴの問題が還元不可能であるということにかんしても、完全に方向性を同じくしていたはずだ。……しかし結局、こうした遠さと近さの危険な雰囲気は、このシンポジウムを、和やかで（その点でラバリエールはほっとしたそうだが）、表面的な儀式にとどめるこ

となった。それゆえ各人の本格的な自己主張は一切控えられたということだ。さもありなん。

「言われざるもの」——制度としての歴史学

とはいえそのパネルの席でセルトーがリクールにたいして投げかけた問いのうちには、両者の隔たりをちらりと鋭く明るみに出すものもあった。すなわち、歴史学のなされる「場」(lieu)、ないし「制度としての歴史学」(institution historique)についての、メタ歴史学的ないし知識社会学的な問題提起である。

それはセルトーが一九七四年にJ・ル＝ゴフとピエール・ノラ編の論文集『*Faire de l'histoire*』に寄稿した論文「L'opération historique」[42]で展開し、さらに洗練させた形で翌年の自著『歴史のエクリチュール』第一部第二章において掲げた問題であった。ポスト・ブローデル世代の「新しい歴史学」のひとつのマニフェスト的書物であった『*Faire de l'histoire*』の巻頭に当の論文が掲載されていたことも示しているように、セルトーにとって少なからぬ自負のある問題提起であった。

歴史学者はただひとりでアルシーヴ〔アーカイヴ、アルヒーフ〕に赴き、史料に向き合い過去を認識し、自分の言葉だけで書物を作成する、……というわけではない。歴史学はそもそも大学などの「制度」に依拠して成立している。歴史家は学会誌に論文を投稿する。そこでは記述や論証の作法が制度・共同体の流儀にかなうことが求められる。書物として出版された歴史書が信頼を置かれるのは、その著者の大学教授等としての肩書きによってである。しかるに、そうした制度や流儀、「規約」(convention)[43]は、歴史書の歴史記述そのもののうちには書かれていないもの、「言われざるもの non-dit」である。現行の暗黙の規約にそぐわない主題・対象が排除されたり無視されたりすることで歴史学はそのつど形を取っているのだと、セルトーは指摘する。また——セルトーはハーバーマスとフーコーを援用しながらいう——そうしたアカデミックな共同体が、一般社会から絶縁したものだととらえることもできない。たとえば戦間期に、アナール学派第一世代のブロック・フェーヴルの〈社会史〉から第二世代ブローデルらの〈経済史〉へのテーマの移行が起こったことは、「一九二九年の世界恐慌」という世間の事情と無関係であるか？　それにアルシーヴというものは誰が運営しているのか。アルシーヴは往々にして、そのつどの政権にとって都合の良い史料のみを収集保存し、政権に差し支えない史料のみをアクセス可能とするという、すぐれて政治的な「場」であり続けてきたのではないのか？

こうした歴史学自体がもつ歴史性、歴史学が学として規定される際の「バイアス」、「先入見」もまた、歴史学の研究的吟味の「対象」となるべきだ……。と、セルトーは彼の論稿において指摘していた。

さて、リクールはセルトーのそうした論の次元、いかにも六八年以後的な、一種の左翼的な反権威志向を帯びた、アカデミズムの〈脱構築〉の時流に沿った雰囲気のある論の次元に、正面からの関心を示さなかった。明らかにセルトーが提起した問題系はいまの『時間と物語』のリクールにはなかった。当時のリクールからすればそれは一種の社会学主義に見えた。シンポジウムが険悪になりかねないところを、セルトーが話題を切り換えた。歴史学はしばしば無意識的にみずからの文体の規約を利用しているが、歴史記述において文体・物語性は重要な一契機である、と、リクールと近い結論のほうへと —— 実際リクールは『時間と物語Ⅰ』で物語派歴史学に論及する箇所でごく通りすがりにだが『歴史のエクリチュール』を引用していた —— セルトーが話を持っていったため、場はひとまず丸く収まった。しかし、両者の隔たりは明白であった。

（42）　この1974年の論文の段階では「opération historique」と言われていたものは、最終的に『歴史のエクリチュール』では「opération historiographique」となった。『記憶、歴史、忘却』でリクールもこの点注記している（MHO163）。

（43）　Michel de Certeau, *L'écriture de l'histoire*, Gallimard, 1975, p. 72.

リクールは「制度」の問題系にかんして、「痕跡」(trace)の概念を用いつつ、次のように返答の発言をした。「痕跡は、まさに制度化されえない(ne peut pas être institutionnalisé)なにものかである。それはたぶん不意打ち(surprise)という要素、抵抗するなにものかなのです[44]」。

アルシーヴと「痕跡」の位置づけ

セルトーとリクールとの気まずい公開討論は、かくして終わった。リクールはその約一年後に出した『時間と物語』第Ⅲ巻でもセルトーの論に少し言及をしたが、内容的に大きく踏み込んだものではなかった。

ところが、この第Ⅲ巻の出た一九八五年、セルトーが急逝した。まだ六〇歳を過ぎたばかりであった。前年に病に伏したセルトーはごく親しいわずかな数の人物にしか自分の病状を知らせないようにしていた。そのため世間は、リクールも含めて、この訃報によって虚を衝かれたかのようとなった。その頃リクールはセルトーの仕事の固有の意義を徐々に深く理解しつつあり、いずれは両者に新たな対談の日が来るであろうという予期を抱いていたと推測される。だが、その再びの対談は、実現しなかった。

以後九〇年代にかけて新たに歴史論や記憶論を論文や講演のかたちで公にし始めたリクールは、セルトーの論をむしろ積極的に援用するようになっていくだろう。歴史学界の内部においても、まさにリクールの『時間と物語』の登場が機縁となって、ドキュメント・アルシーヴの〝実証性〟や歴史記述の言語性なるものをドラスティックに問いただすセルトーの理論を、改めて真剣に受けとめようとする気運が新旧世代の歴史家たちのもとで生じていった(そこで新世代ロジェ・シャルチエが果たした役割についてここで繰り返す必要はない[45])。

そうして二〇〇〇年の『記憶、歴史、忘却』には、『時間と物語』にはまったく現われていなかった契機、すなわち歴史家が実際にアルシーヴに赴き資料研究をし、論文や書物を書き公にするという、一連の「歴史記述操作」の契機が、明確な位置づけを与えられて登場するのである。

さてそうなると、先に引用したような、『時間と物語』の頃のリクールが重視し固有の位置を与えていた過去の「痕跡」という事柄は、セルトーの議論枠組みを受け入れるようになった後のリクールにおいては、その位置づけないし意味を維持し続けることができるのか。できないだろう。先の八三年の対談の際にはリクールは痕跡とは「制度化されえないもの」だと述べていた。しかし二〇〇〇年のリクールは、もはやそのように語ることはしない。『記憶、歴史、忘却』においては、「痕跡」の概念は明白にその重要度を減じられている。より正確にいえば、痕跡概念は、ベルクソン的な記憶保存の形而上学的学説に対比される、大脳皮質における物質的「痕跡」という意味と、プラトンが記憶事象をたとえる例として持ち出した、書簡の封に蝋で押す「刻印」という、いずれにおいても明確に物質的な痕跡の意味でしか、基本的には用いられなくなるのだ（こうした「痕跡」概念の多義性については、MHO15–18で説明される）。むしろ『記憶、歴史、忘却』のリクールは「痕跡」が、アルシーヴという社会的かつ物質的な（史料のモノ性や書庫の空間性において）場において見出されるものであるということを、認める。

S・フリードランダー主催の〈表象の限界〉討論が示したように、たんに「痕跡」という語彙／概念を持ち

---

(44) «Débat autour du licre de Paul Ricoeur Temps et Récit», in *Confrontations*, 1984, p. 17.; cité in Dosse570.

(45) 渡辺和行「ポストモダンの社会史と『アナール』」、36–7頁。「フランスからアメリカに輸出されたポストモダニズムは、言語論的転回としてアメリカからヨーロッパに逆輸出されたが、フランスでは一九八〇年代まで、イギリスでの論争に見られたほどのインパクトはなかったようである。その頃まで、ヘイドン・ホワイトの歴史批判の内容はフランスの歴史家に知られておらず、フーコーやミシェル・ド＝セルトーのディスクール論や歴史の科学性を否定するポール・ヴェーヌの歴史論も、歴史家のプラチックを哲学的に論じたリクールの『時間と物語』が出版されるまで真剣に考慮されなかった」。

出すだけでは、過去の出来事の〝実在性〟をめぐる先鋭化した歴史学的認識の議論に参入するには、もはや不十分である。それに連関して『記憶、歴史、忘却』のリクールは、『時間と物語』のときにはかなり重視していたレヴィナス的「痕跡」概念について、その曖昧さが孕む理論的なデメリットのほうをより意識する。「痕跡」のみならず、「顔」「糧」「皮膚」「裸性」といった主要諸語彙において、感覚性と超越性とを巧みにショートカットさせるレヴィナス的道具立ては、きわめて反‐歴史記述的である。いわゆる西洋哲学は総じていえば感覚性と超越性とのあいだの次元に踏みとどまりそこで考察の労を費やしてきたのであったと考えられるが、それを逆手にとったようなレヴィナスの感覚的＝煽動的《センセーショナル》なスタイルを、哲学的な名人芸《ク・ド・メートル》と呼ぶべきなのかそれとも素人芸と呼ぶべきなのかは、ここでは私は敢えて問わない。ともかく、二十世紀の負の歴史の生き証人でもあるレヴィナスの倫理学には〈歴史〉にたいする厳しい批判というモチーフが存しているが、これを職業歴史家らによる過去認識についての真剣な議論のレヴェルと噛み合せることは、なかなか難しい。『時間と物語Ⅲ』においてはリクールは、マルク・ブロックが歴史学的認識にとって史料がもつ身分をいうために用いた「痕跡」という語を、レヴィナス特有の「痕跡」概念――その概念の過剰に「モラリスト」（TR III 226）的な性格に留保を付していたとはいえ――とすぐに重ね合わせていたのだが、そのことは二〇〇〇年のリクールの眼からするならば、いささか性急な手さばきであったと映ることになろう。

『記憶、歴史、忘却』では、よく知られているようにレヴィナスが他者の他性を損ね遮蔽するものとして繰り返し非難していた「表象」が、まさに歴史的過去という他性への通路としてむしろ明確に重視されるようになる。そしてレヴィナス的な思想スタンスとはねじれの位置にあると思われる、セルトーの歴史学の社会学が、アルヴァクスの集合的記憶論やブルデュー社会学の諸概念と共に、積極的に利用されるのだ。そしてその歴史記述論におけるひとつの要となるのが、セルトーが指摘したところの、制度としての歴史学と共同体の政治的・

社会的諸要因とが交錯する場として成立する「アルシーヴ」の契機なのである。痕跡概念から、「表象」と「アルシーヴ」へ。セルトーという触媒を経て、リクール歴史論はそのように変貌したのだ。

6 ◆ 本書の射程とその範囲について

本書の射程と限界

『記憶、歴史、忘却』を理解するために前もって見ておくのがいいであろう背景・文脈材料として、序論で提供すべき内容は以上であった。

では最後に、各論ではなく総論として、本書の論の射程範囲について二つのコメントをしよう。一つには、本書が〈リクール論〉としてなにがいえてなにがいえないか。もう一つには、本書が〈記憶〉と〈歴史〉との関係についてなにがいえてなにがいえないか。この二点である。

一点目。もし『記憶、歴史、忘却』が、これまでのリクールの諸々の仕事が取り扱ってきた話題・議論にかんする総決算をもっぱら行っている書物であったならば、なんの厄介な問題もなかった。しかしそうではないのだ。周知の通りリクールの諸著作はそれぞれに異なる問題をそのつど扱っているという傾向が強い。じつに多種多彩なジャンルの話題をリクールはその哲学的キャリアにおいて論じてきたから、もし或る研究者がそのなかの一つないしいくつかをピックアップして〝これこそがリクールの中心テーマだ〟といったとすると、即座に〝では他のテーマはどうなるのか〟という反論が他の研究者から出されること請け合いである。どの著作をもってリクールの第一の主著とみなすか、これも定まっていない。さしあたりリクールの仕事を三つに時期区分して整理を行う習慣がおおむね研究上共有されているが、この区分線がどこに引かれるのかも、特に六〇～七〇年代をどう見るかについて、定まらないのが実情だ。

そもそも九〇年代において、ひとは『他としての自己自身』がリクールの最後の主著作だと思っていた。時間や言語についての理論的な頂点が『時間と物語』であり、その倫理学的適用が『他としての自己自身』、この二著がリクールのいわば集大成をなした、と。佐藤啓介の言葉を借りれば、「ほとんどの研究者はそうした了解のもと、〝時間論や物語論を媒介・経由した自己同一性の議論こそが、リクールの最後の到達地点である〟と目的論的シナリオを描いていたのだった」(Rpf 29)。ところが『記憶、歴史、忘却』の刊行によって、そうした「シナリオ」は当の思想家自身によって打ち崩されてしまったのだ。

こういった事態のことを形容するのに嬉しい悲鳴というような表現を用いるのかわからないけれども、よりにもよって『記憶、歴史、忘却』は内容の充実した書物であった。しかしこのように充実した書物が刊行されてしまったことで、『時間と物語』と『他としての自己自身』という書物の位置づけ・存在意義が影響を受けないわけにはいかなくなった[46]。

あわせて諸二次文献の位置づけも非常に難しくなっている。リクールについての研究書は、特に九〇年代、量的に多くのものが出現し、質的にも以前に比してよいものが現われるようになった。代表的なものを挙げれば、スリジー・ラ・サールでのコロックの記録『*Paul Ricœur: les métamorphoses de la raison herméneutique*』(一九九一年)、オリヴィエ・モンジャン『*Paul Ricœur*』(邦題:ポール・リクールの哲学)(一九九八年)、杉村靖彦『ポール・リクールの思想』(一九九八年)、そしてフランソワ・ドッスによる伝記『*Paul Ricœur. Les sens d'une vie*』(一九九七年)。最初のものは『他としての自己自身』刊行より以前のものだが、他のものはいずれも、当然『他としての自己自身』をリクール哲学の到達点としつつ論を展開している。それからジャン・グレーシュの『*Paul Ricœur. L'itinérance du sens*』は二〇〇一年刊であるが、これも内容は二、三の章を除いて基本的には『記憶、歴史、忘却』の出た二〇〇〇年より以前に学術誌等に初出のあった論稿の再録である。

こうした九〇年代の『記憶、歴史、忘却』の登場を想定していない諸二次文献の取扱いは、現時点では、単純にテクニカルな事情として非常に難しい。また話をさらに複雑にさせているのは、その主題系において『記憶、歴史、忘却』が、『他としての自己自身』よりも『時間と物語』のほうに直接に連絡しているようにも見えることだ。これまでは、先の佐藤啓介の言明にも示唆されていたように、『時間と物語』は『他としての自己自身』へ向かうための準備段階であったとみなす目的論的・発展史的解釈はそれなりに可能で自然なものと思われていた。ただ、今となると『他としての自己自身』は、たとえば『時間と物語』から『記憶、歴史、忘却』へ向かうまでの間の寄り道と位置づけられる仕方があっても、不思議ではないかのような状況だ。[47] もともと著作ごとに扱うテーマが大きく変わるため発展史的な研究アプローチの難しいタイプの著者ではあったのだ

(46) それまでに各国の研究者たちが考えそれぞれに意見を提出していた、六〇～七〇年代のリクールの仕事をどこで時期区分するかという問題は未解決の問題として残る。しかし『記憶、歴史、忘却』との関連という点に限定していえば、六〇～七〇年代のどこに線を引いたところで解釈上のたいした帰結が望めるわけではない。

(47) リクールは『他としての自己自身』の「序論」で、この書をM・リーデルの表現を借りて、「第二哲学」(philosophie seconde)としての実践哲学の書、として性格づけていた(SA31)。ここを強く読み込むならば、『他としての自己自身』が遂行する「第二哲学」こそがリクールの目指すものであったということになる。ところが、『記憶、歴史、忘却』が刊行される。グレーシュは、そのリクール書の第9章において、いかに第二哲学の企図が魅力的なものとはいえ、しかし「第一哲学への参照があってこそ、第二哲学という呼称が意味をなすのではないのか?」(Greisch [2001], 286)と述べて、『記憶、歴史、忘却』が刊行されることの必然性が以前からあったのだという解釈が可能であると示唆している。

が、『記憶、歴史、忘却』の登場はまた一つ、〈リクール研究〉というものがどうありうるのかについて、込み入った事情を提供することになった。

そのような状況であるから、まだ現在の段階では『記憶、歴史、忘却』自体の研究をまず進展させ、同書の内容をしっかり消化することが先決であると判断しても、的外れではないと私には思われた。リクールがその生涯を終えたことによって〈包括的リクール研究〉への機が熟したかといえば、それにはまだ当分、時間がかかるというべきだろう。今後そうした研究がよりよく進められるためにも、本書は『記憶、歴史、忘却』単独の研究に専念するモノグラフィーとしてみずからを限定した。それが本書の〈リクール論〉としての射程範囲である。将来の包括的研究の登場のための可能的な踏み台・叩き台として、本書は提供されるものである。

「記憶は歴史の matrice である」？

二点目。序論を締めくくるにあたって、最後に――リクールの諸々の著作間の関係を考察する難しさとは別に――『記憶、歴史、忘却』の内部における各部のあいだの関係が孕む緊張について、言及しておくべきだろう。それはそのまま〈記憶〉と〈歴史〉との緊張にかかわる。

『記憶、歴史、忘却』は、第一部・記憶の現象学、第二部・歴史の認識論、第三部・歴史の批判哲学および歴史的条件の存在論、そしてエピローグ「困難な赦し」によって構成されている。ところで二〇〇二年の『*Le Débat*』誌上での『記憶、歴史、忘却』についての特集においても、また二〇〇八年三月の日仏哲学会でのリクール・シンポジウムにおいても問題となったことがあった。それは、第一部の記憶論と、第二部・第三部の歴史論とのあいだの関係についてであった。『記憶、歴史、忘却』のなかで何度か述べられている「記憶は歴史の matrice である」（MHO182, etc.）という言明が疑問の対象となった。〈記憶〉と〈歴史〉とを連続的ないし地続き的なものとしてとらえ、かつ〈歴史〉を〈記憶〉からのいわば派生によって構成されるものとしてとらえる考え方が、そこでは表明されているようにも見える。『記憶、歴史、忘却』の論はどこか「記憶に優位を置き、歴史叙述をその二次的な展開にすぎないとみなすような図式」(Rpf 48)を連想させはしないか? という問いが投げかけられたのだ。たとえば職業歴史家からすれば、歴史(歴史的考証、歴史記述)というものの固有の次元を記憶へと還元してしまおうとするいささか無理筋な発想・身振りに見えかねない、と。

さて、そうした疑問・懸念はどのくらい当たっているだろうか。

少し心配しすぎではないか、と指摘すべきように思われる。というのも第一に、「記憶は歴史の matrice である」という言明はなるほど数回は登場する。けれども、議論の決定的な箇所で重大な意味を帯びていわれているかといえば、そうではない。また、日仏哲学会シンポジウムのパネリストの一人であったフランス史家の長井伸仁も指摘しているように、「matrice」という語 ―― 邦訳書は「母胎」と訳出しているが ―― の意味するところがなんであるのかも一考の余地がある。長井は、リクールが他の論稿で使っていた用例「第二次大戦は現在の matrice である」に言及し、文脈からして「出発点」「原点」というほどの意味であろう、と指摘している[48]。妥当な指摘だろう。私はといえば長井の指摘と同様の趣旨で、「matrice」という語を用いた理由として、「起源 origine」や「源泉 source」といった語を回避している面を見るべきではないかと思う。そういうわけだから、「記憶は歴史の matrice である」といういい回しひとつをとって、リクールは歴史をたんに記憶からの二次的・

(48)「一九九三年に刊行された論集『現代史を書く』に寄せた論稿でリクールは、現在史の出発点と位置づけられる第二次世界大戦に言及しながら、「最終解決」をはじめ多くの恐るべき出来事をもたらした二次大戦は、現在の“matrice”であり、“function inaugural ou générationnelle”を有すると述べている。その限りでは、「原点」ないし「出発点」という意味が念頭にあるのだろう」(Rpf 42)

派生的産物とみなそうとしているのではないか、とまで懸念するのは杞憂だ[49]。

もっとも、だからといって、『記憶、歴史、忘却』において〈記憶〉と〈歴史〉との関係はではどうなっているのか？ そう再度問われれば、端的に回答するのは、およそ容易ではない。

このことは、根源的なレヴェルでいえば、**〈記憶〉の次元と〈歴史〉の次元とを同時に見晴らせるような高次の立脚点というものは、認識論的にも存在論的にも、人間にとっては存在しない**、ということの反映である。しかし人間存在たちはこの両次元を、止揚できないままに、往復しながらその生を生きている。

ではそのことに忠実であるためには、私たちはどのようにそれを論じればよいのか？ この困難な課題への取組みが、いかなる程度に成功しているかはともかくとしても、『記憶、歴史、忘却』という書をなしているのだと解するべきであろう。とくにリクールがそうした〈記憶〉と〈歴史〉とのアポリア的関係を尊重しつつも、それに「証言」(témoignage)、「代表象化」(représentance)、「歴史的特異性」(singularité historique) 等といった名をつけて論究的に指示しようとするとき、おそらく、この困難はもっとも険しさを極めることとなる。

『記憶、歴史、忘却』をよりよく読み解けるかどうかは、リクールがそうした困難に直面しそれに苦闘する場所を私たち自身がより鋭く的確に見定めることができるかどうかにかかっていよう。したがって、〈記憶〉と〈歴史〉との関係について、単純明快な解答は本書のなかでも提示されることはない。哲学思想の価値というものは、なだらかな論理的整合性や力強い前進だけではなく、その躓きや立ち止まりにも、見て取られなければならないからである。

(49) ル＝ロワ＝ラデュリは、二〇〇二年五月に行われた、アナール派の変遷をテーマとしたあるインタビューのなかで、『記憶、歴史、忘却』第二部（本書第3章第3節）でリクールが扱ったベルナール・ルプチの歴史的時間論への批評・反論を込めつつ、〝人間なしの出来事〟、〝記憶なしの出来事〟を擁護する自身の〝科学主義的〟歴史観から、次のように述べていた。「私はあの〔ルプチの〕議論にはあまり関心が持てませんでした。ただこれだけはいえます。出来事の重要性にひとははっきり気づいている。明々白々な事実ですからね。きわめて長い長期持続においてもそうです。そして歴史は遥かな昔まで遡ることができることも間違いない。ビッグバンまでね。結局あれだっておそらく歴史の一部ですから。それからたとえば地球の形成 —— これは本当の意味での出来事ではなくて、むしろ四五億年前の太陽系と地球の一種の論理です。これにたいして本当の意味での出来事というものもある。たとえば恐竜を襲った隕石、これは出来事です。つまり生命の歴史というものがある。それをリクールにいったことがあるんですが、こう切り返されました。「その頃の記憶がないじゃないか！」。でもこうした記憶の崇拝はばかげていると思います。歴史はある。記憶は想像力の一部にすぎません。歴史に制御されていない限り記憶などたいしたものではない。あるいは政治的になる。つまりあれこれの社会集団にとっての真実になってしまうわけです」（I・フランドロワ編『「アナール」とは何か』、藤原書店、二〇〇三年、155頁）多くの職人仕事的な傑作をものしてきたル＝ロワ＝ラデュリのこうした発言が、理論的には相当にナイーヴなものであることは、ある意味驚かされる。ともあれこのような点を踏まえていくと、第四世代による先行世代への不満表明のポイントがどこにあるのかはよく見えてくる。

第1章　記憶の現象学

「記憶とは過去についてのものである」

——アリストテレス『記憶と想起について』

「私は暗誦用課題を勉強する……」

——ベルクソン『物質と記憶』

「想像力。それは人間のなかのあの支配的な部分のことである。あの誤謬と虚偽の女主人、つねに狡猾とは限らないだけになおさら狡猾なやつである。というのも、もし想像力が嘘についての不可謬な規則であったとするならば、それは真実についての不可謬な規則となりえたであろうから」

——パスカル『パンセ』(1)

本章の構成

さあ、スタートだ。本章では『記憶、歴史、忘却』第一部を取扱う。まず、プラトンとアリストテレスによる記憶事象の輪郭づけ（第1節）。記憶の現象学的素描（第2節）。記憶と想像という問題系（第3節）。最後に、個人的記憶と集合的記憶（第4節）。

『記憶、歴史、忘却』第一部は、「現象学的」なスタイルを採っている。論証的というより記述的ということだ。ゆえにここでは順に前へと進んでゆく前進的な展開感はかならずしも主調的ではない。蝶が花々を舞いわたるように、一つひとつの現象に立ち寄っては記述し、立ち寄っては記述していく。一話完結的でとても読みやすいが、ときには少々じれったい印象も与えるかも。いずれにしてもそれらの潤沢な記述を通底しているのは〈過去のもの＝不在のものの現在的表象〉という事柄だ。

導入◆《オブジェクタール》な分析からの出発

記憶（力）と想像（力）

〈記憶とはなにか?〉と大上段に問いを振り上げると、うまくいかない。そうすると記憶の哲学は偉そうな一般論しかいえないか、込み入った事象の迷宮で迷子になってしまうかどちらかだろう。ユージュアルな目線で、ありきたりのことからはじめよう。〈記憶されるのはなにか?〉という問いからスタートしよう。

『記憶、歴史、忘却』第一部は〈記憶の現象学〉だ。「記憶」という事象にかんして、「なにが」記憶されるのかという契機と、「誰が」記憶するのかという契機とを「フッサール現象学の精神において」（MHO3）記述していくのである。このように現象学的な角度から事柄に着手する箇所を最初に置く論構成は、リクール的哲学の手法としては以前から馴染みのものだ。**記述**ということがポイントである。記述とは、論証や説明ではなく、とりあえずありのままの現象を記述するということ。〈なぜそうなっているのか〉の説明や〈どうあるべきか〉という論証はひとまず留保《エポケー》。そのうえで単純に淡々と〈なにが〉や〈……ということ〉を記述していく。この手順設定がリクールのテクニックなのだ!

第一部のなかでもその第一章「記憶（力）と想像（力）Mémoire et imagination」が『記憶、歴史、忘却』全体にたいしてもつ役割は、見た目以上に小さからぬものだ。

記憶は、「過去について」の表象であることにおいて独自で特権的な事象である。たしかに。しかし同時に記憶は「不在のものについての表象」であることにおいては、想像との類縁性ないし区別不可能性をつねになんらかの程度に孕んでいないか。記憶と想像とを区別できるのか？　この単純明快な問いが第一章の通奏低音になる。いや、のみならずこの問いは『記憶、歴史、忘却』全体を貫く問いのひとつでもある。なぜ記憶と想像をめぐる問いはそんなにも逃れがたいのだろう。このことの根底には「過去のもの」「不在のもの」にかかわるということの、根本的な困難が横たわっている。

前置き――「フッサール現象学」と「オブジェクタール」

少しだけまた、テクニカルな前置きをお許しいただきたい。記憶の「現象学」という名称に関連して。リクールの「現象学的」ないし「志向的」分析について、フッサール現象学の文献学的に忠実な読解を企図する研究者らの立場から、それはリクール流の自由な応用をほどこされた「現象学」であって、もはや「フッサール現象学の精神」とはさほど関係がない、という苦情が出てくることがある。いかにリクールがかつて五〇～六〇年代にフランスのフッサール研究でリーディング・パーソンであったとしても。いかに後輩にあたるリオタール（クセジュ文庫『現象学』一九六四年）やデリダ（『「幾何学の起源」序説』一九六一年）らのフッサール研究の仕事のなかで引用され高く評価されていたとしても……ということのようだ。

まず確認しておこう。フッサール現象学の〝応用〟は今日、なんでもありというほどに多種多様に拡散している。その事実を踏まえたならば、『記憶、歴史、忘却』第一部での「記憶の現象学」は、記憶事象の志向性分析（ノエシス－ノエマ相関）やある種の「括弧入れ」というフッサール的な方法論を使用していることにおい

（1）「支配的な dominante」。有力な異本「まやかしの décevante」。ブランシュヴィク版は後者を採っている。

て、「フッサール現象学の精神」の恣意的でない応用であるということは、むしろ普通に妥当であろう。

リクールは長年来、ノエシス-ノエマ相関を飛び越えて「生活世界」や「肉」に「性急に」(EP61) 赴く種類の現象学(メルロ=ポンティなど)にたいしては、方法論の点でやや懐疑的である。また対象や世界についての「記述」たることを止め、志向性の遠心的性格を度外視してしまう、観念論化した「自我論」に終始する種類の現象学(アンリなど)にたいしても批判的だ。[2] ゆえにそうした両極端の「現象学」ジャンルからやってくる〈リクールは物足りない〉といった苦情は、逆にリクールの態度の妥当性をクリアに示してくれるかのようだ。付言すればもうひとつの「現象学」ジャンル、つまり現象学を神学的思弁に直結させようと試みる思想の流れ(マリオン、レヴィナスなど)とも、リクールは截然と一線を画している。こうして見ると、たしかに意外な感じはするが、リクールの位置取りはじつはかなりオーセンティックである。

オブジェクタール(objectal)なノエマからはじめる現象学。ここに含意されているのは、現象学的記述は心理主義的ないし自然主義的な「内観」(introspection ; VI13etc.)とは区別される、ということだ(先の序論46頁の図も参照のこと)。心のナカをのぞいてみよう、などという話ではないのだ。志向性とは外へ向かう遠心的なものである。だから、遠心的に志向されているノエマの記述・分析からまずはじめる。次いでそこからある仕方で折り返す――リクールはよく「跳ね返り」(choc en retour)と表現する――ことによって、ノエシス的な志向作用そのものへの「反省」(réflexion)が初めて的確に遂行されうる。反省は「内観」ではない。これは、志向性についての現象学的学説の一基本命題であろう。リクールはこの命題を維持するスタンスを取る。

こうした事情について、杉村靖彦は次のようにまとめている。


リクールは一貫して、「現象学そのもの」と「フッサールによる現象学の観念論的解釈」とを区別し、後者を排除したうえで現象学との関係を結ぼうとする。……ただ、リクールの場合、「現象学そのもの」といっても、現象が現象することの本質へと問いを遡行させていくような、現象学的精神の徹底ともいうべき方向性が考えられているわけではない。リクールの関心を引くのは、なによりもまず、現象学的記述というアプローチがもつ開放性と豊かさである。……

……現象学の開放性とは、厳密にはなにを指すのであろうか。リクールの答えは驚くほど簡単である。すなわち、それは志向性の概念であり、志向的分析というアプローチだというのである。「意識とは……についての意識である」という志向性のテーゼは、本性的に遠心的なあり方をした意識の実践的生にこそふさわしい。……ノエマ的意味を「手引き」として、実践的生はノエシスとしてのみずからの営みを反省することができる。……

このような観点から、行為し受苦する人間の反省哲学を現象学的なノエマ的反省へと展開していくリクールの道程に固有の意義を見定めることができる。……『記憶、歴史、忘却』における「記憶の現象学」は、リクールが切り開いたこのような道程の到達点である。

（杉村［2008a］, 536–540. 強調引用者）[3]

だからもちろん、ノエシス–ノエマ相関を究極的事象とか絶対的真理のごときものとみなすかどうかが問題なのではない。そういうことではない。ノエシス–ノエマ相関への事象範囲設定という「手引き」のもつ有効性、記述という方法論の「開放性と豊かさ」を高く評価し活用することが一番のポイントなのである。

（2） それゆえリクールは『デカルト的省察』については、方法論的後退として批判すべき点と、探求の徹底性として評価すべき点とを、切り分けて読まなければならないという姿勢をつねに取ってきていた。

（3） この記述においてはいずれもリクール哲学の源泉である、フランス反省哲学（ラシュリエ、ラニョー、ナベール）と現象学とを交差させつつ説明している点も重要である。本書では残念ながら、リクール哲学におけるフランス反省哲学的なものについて哲学的・哲学史的に論及することは、分量の都合上断念されざるをえなかった。

ここで特に指摘すべきは、ノエマからはじめるということに、思弁の恣意的なメタ遡行をチェックし警告を発する機能があるということだ。私の印象ではリクールが志向性分析という手順に見出している最大の哲学的メリットは、それだ。なるほどなんらかのメタ遡行なしに哲学というものはない。たしかに。しかし恣意的なメタ遡行は哲学の自己破綻である。「どこかで止まらなければならない」(ἀνάγκη στῆναι; アリストテレス『形而上学』: VI379)。概して第一級の哲学者と目される人々とは、哲学的な考察分析がどこで踏みとどまらねばならないかについて、みずからの見識とメソッドを見出した人々である。〝表面にとどまる〟ないしは〝深みへと赴く〟、そういったことがいわれるとき、そもそもそれらはどこからいわれているのか。その〈どこから〉を見定めることに労力を費やすことを知っている人々。しっかり間合いをとる人々。リクールの長年の仕事が第一級のものとして評価される理由のひとつは、その論が多様な論者の多様な論をそのうちで交叉させつつも、メタ遡行の安易な発動にたいしてつねに敏感に警戒をしていたことに、求められるのではないか。[4]

そして『記憶、歴史、忘却』でのリクールもまた、事象分析の明晰化と恣意的なメタ遡行のチェック機能とをあわせ持つ、〈ノエマの記述から出発する〉という方法を遂行する。ノエマが基準軸。「なにを」すなわちノエマから出発してのちに、「どのようにして」すなわちノエシスへ跳ね返る。もし自我とか自己とか主観性を論じたいのだとしても、それはこの手順を済ませてからやるべきことだ。〈リンゴを-知覚する-私〉、〈リンゴを-記憶する-私〉という具体的なノエマ的現象のかたまりがまずあるのだ。そこを一足飛びに飛び越して《私》のみや《記憶する》のみについて抽象的に理屈を弄したら、事象という足場を失うだけであろう。

良質な現象学の学説においては、自我論的《エゴロジック》な問い——自我 *ego* がなにを意味するのであれ——は、志向的な問いの後に来るべきなのだ。そして志向的な問いとは、すべからく、志向作用(「ノエシス」)と志向される相関者

（「ノエマ」）との相関《コレラシオン》についての問いである。　（MHO3）

むろんリクールが自分固有のスタイルとしてしまっているのなら、もはやその方法論をフッサールの名のもとに語る必要はないじゃないかと思う人もいよう。たとえば上の引用箇所でリクールが「ノエシス」と「ノエマ」に引用括弧を付しているのは微妙なところだ。フッサールについての細かい知識を要求しているわけではない、という読者への合図と取れる。だがリクール自身がそれをフッサールから学ばせてもらったものだととらえていて、そう表明することをよしとしているわけなのだ。つまりそれは、後継者ではないが後輩であり、先輩に敬意を表する姿勢である。以上、「記憶の現象学」が「現象学」と名乗ることへの前置きであった。

「西洋哲学と同じだけ古い」

さて以下私たちは、第一部「記憶の現象学」の内実を見ていこう。それは先にも触れたように〈記憶力〉と〈想像力〉という二項性によってリズムを与えられる。ただそのリズムは、第一部が論証的ではなく記述的で

（4）　〝メタ遡行〟というのは私の表現であるが、リクール哲学のそうした性格に関して、杉村靖彦は次のように述べている。「志向性の手前の「受動的」としかいえないような諸作用に分け入っていこうとする現象学の苦闘（フッサールの諸草稿に典型的に見られる）を知る者には、このような「〔リクールの方法論的〕賭け」は深みを欠いたものに見えるであろう。また、内的働きがノエマ化によって歪曲されてしまうという危険に敏感な反省哲学者は、リクールが志向的分析に寄せる信頼は楽天的にすぎると感じられるかもしれない。だが、志向性概念を問い直して「現われないものの現象学」へと尖鋭化するような試み（M・アンリ、J＝L・マリオンなど）も、現われたものを手引きとすることをやめれば独断的になってしまう。また、悪の問いを機縁として内的働きに目覚めようとする反省哲学も、内的働きと実際の行為、悪の問いとあれこれの過ちや苦しみとの結びつきが見て取られなければ空転してしまうであろう」（杉村［2008a］539–540）

あるゆえに、ぐいぐい前に進んでいく前進性はかならずしも強くないタイプのものだ。むしろ、蝶が花々をひらりと飛びわたっていくときのように、一つひとつの現象に立ち寄っては記述し、立ち寄っては記述するという、そういうリズムである。

もちろん「ノエマ」から「ノエシス」へ、という進行順序はつねに遵守される。「ノエマ」たる記憶される内容へとまず遠心的に眼差しを向けること。次いでそのことが、なんらかの程度にそのつど、遠心的志向の反射ないし逆流によって、「ノエシス」の側の契機を照射する。そうして最終的には、記憶力的な作用と想像力的な作用という二つの「ノエシス」の類似と相異が、本格的に問題化されてくることになるのである。

それにしても、想像（力）をめぐる問題は、西洋哲学の長い伝統におけるまさに基礎的な問題であり続けてきた。肯定的にであれ、否定的にであれ。それに比すると、記憶の問題はその取扱いの難しさもあって、少し中心から外れた場所に位置づけられることも多かったように見える。リクールが記憶の問題をまさに想像の問題との関連において「現象学的」考察の対象としたことは、記憶という事象の特異性と、哲学的問題としての根本性との双方を同時に浮き上がらせる巧みな着眼であったといえる。だからリクールはこう語る。

記憶と想像との紛糾によって立てられる問題は、西洋哲学と同じだけ古い。（MHO7）

1◆「エイコーン」としての記憶――ギリシアの遺産から

記憶の現象学という、容易に方向感を失って事象の藪の中に迷い込まされかねない考察を開始するにあたって、私たちはなにを取っかかりとすることができるか。

リクールは、ギリシアの賢人たち、つまりはプラトンとアリストテレスの記憶についての分析にまず耳を傾けることを選ぶ。いや、なにも、むずかしい理論をいきなり拝聴したいからではない。ギリシアの賢人、とくにプラトンの対話篇のなかでのソクラテスが、魅力的な話術や、とぼけたふりをするという彼一流の誘導術で、ひとがふだん記憶ということをどうイメージしているのかについて、ありのままのかたちを見事に手際よく引き出してくれるからだ……。その現象学的な手腕に最初の導きをお願いしよう。話の出発点になるのは、『記憶、歴史、忘却』の以後の論全体へのひとつの暗示をあたえるようなモチーフ、〈封蝋の隠喩〉である。

(i) プラトン――〈封蝋〉と〈絵師〉が表わす非-存在

『テアイテトス』と「封蝋」

プラトンの対話篇において記憶が話題にされるときには、似像《エイコーン》 εἰκών なるものが、対話内容のポイントとして言及されることが多い。記憶とは似像である。たしかに。

『テアイテトス』では記憶というものが、書簡に封をするときの封蠟に押される印形《いんぎょう》――現代人には馴染みがないが、ギリシア人にとっては日常的でごく身近なもの ―― にたとえて語られる。要するにハンコのようなものだ。さて、ソクラテスが提案する〈封蝋の隠喩〉とは次のようなものだ。

ソクラテス「じゃあ、言論をすすめるために、どうか次のことを想定してくれたまえ。われわれの魂のなかに軟らかい蝋のかたまりがあるとしよう。それはひとによって大きいものもあれば、比較的小さいものもあり、きれいなものもあれば、比較的きたないものもあり、またひとによって硬いものもあれば、比較的軟らかいものもあり、ほどよい中間のものもあるとしようよ」

テアイテトス「はい、そうしましょう」

ソクラテス「では、それを詩歌の女神ムーサたちの母神ムネモシュネー〔=記念、記憶〕の賜物だといおう。そして、ちょうど指輪の印形を押すときのように、ぼくたちが見たものであれ、聞いたものであれ、思いついたものであれ、記憶しようとするものの感覚や思いつきを、その蝋のかたまりにあてがって刻印するのだとしよう。そしてひとたび刻印されたものは、その形像（εἴδωλον）がそこに存する限り、われわれはそれを記憶し、知識としてもつのだとしよう。また消し去られたり刻印できなかったりしたら、われわれはそれを忘却したり、知識としてもたなかったりするのだとしよう」

(191d: MHO10)

ソクラテスは、さすがたとえがうまい。私たちの魂のなかに、軟らかい蝋のかたまりがある。指輪によって蝋に形が押されるようにして、私たちは記憶という似像をえる。たしかに私たちは記憶というものをそういうふうにイメージしている気がする。そして物覚えのいい人もいれば、忘れっぽい人もいる。時間が隔たるにつれて記憶印象は、ちょうど蝋の型や足跡といったものが薄れていくように、薄れていったりもする。なるほど。それがソクラテスが〈封蝋の隠喩〉でじつに巧みに示していることである。

この「蝋の比喩は、記憶の問題系と忘却の問題系を結合させている」(MHO10) 点でも、有効なたとえだ。ソクラテスはさらに刻印(τύπος)の比喩による類比的議論を進めていって、印された型に誤ったもの(誤った意見、誤った感覚)を嵌《は》めこんでしまう可能性を同様に指摘する。あれ、シカだと思ったら馬だった、というような。かくして、印がちゃんと刻まれても、それに後から適切に当て嵌まるものを嵌め込むかどうかという問題があることがわかる。つまり、記憶を想起することの正確性、いいかえれば思い違いの可能性、ということだ。

ところで、正しく当て嵌まる/嵌まらないなどという以前に、そもそも、指輪で蝋に押された印は、どう考えても指輪そのものではない。凹みは凹みであって、指輪とは別ものだ。指輪が高価なジュエリーでできていたとしても、まさか凹みに宝石の値打ちはない。蝋に刻まれた形というのは、だとするといかなる存在身分のものであるのか? 重大な問いである。この問いへの答えは、『テアイテトス』のなかの対話を見るだけでは出てこないかもしれない。刻まれた形すなわち「似像」の問題について、さらに立ち入った分析を提示してくれるのは、もうひとつ別の対話篇『ソピステス』だ。

『ソピステス』――「似たもの」としての記憶の非-存在

さて、『ソピステス』で蝋の隠喩に代わって登場するのは、「肖像」である。

対話篇の登場人物「ソフィスト」と「エレアからの客人」は、ソフィストとはなにか、と語り合っているうちに、事実や真実をまねるとはどういうことか、という話題にたどり着く。まねる・物まねということはこの話の文脈では、肖像画作製の技術や「真実を語っているかのように思わせる」(234c)[5] 言語の技術までを含めていわれている。ここでいかにもプラトン的な分割の方法が提案される。一方に、正確忠実な「似姿」(μιμήματα)

を製作しようとする「模写物《エイコーン》をつくる技術 τέχνη εἰκαστική」[6]がある。他方に、見せかけだけのもの、偽造品がある。フランス語でいえば「まがい物《シミュラークル》」(simulacre)。プラトンはこれに「ファンタスマ φάντασμα」という語をあてる。なるほどこれで、忠実な肖像たるエイコーンと、全然似ていない贋物たるファンタスマとの差異が明確になった。しかしながら、現実には両者はどうやって区別されうるのか？ いやそもそもエイコーンやファンタスマという「形像」は、どういう存在身分のものなのか？ わからない。アポリアが到来する。対話者たちはみな困惑。

「お客人よ、形像（εἴδωλον）というものは、真実のものに似せた、似たような別のものだと呼ぶ以外に、どんないいようがありうるでしょうか」 (240a)

「だとすると、きみがいう似たもの《エイコナ》（εἰκόνα）とは、本当には存在しない非-存在なのだね」 (240b; MHO13-14)

こうして、肖像画のような「似たもの」という「存在しないものが、なんらかの仕方で存在することを、無理に認め」(240c; MHO14) ることでとりあえず納得するしかないことになる。

肖像画は描かれた人物そのものではない。指輪で押された形は、指輪という存在ではない。でも全然似てもいない「まがい物」ではなくて、ちゃんと人物や指輪に「似たもの」。実在する本物ではないが、なんでもない無でもない、「似たもの」という非-存在《メー・オン》。それが記憶……？ この非-存在という事象の確認は、ひとつの深遠な到達点ではある（のみならず『ソピステス』における「非-存在 μὴ ὄν」についての議論が、西洋哲学史上の偉大なる最高峰の一つでもあることはいうに及ばない）。とはいえこの確認の影で、せっかく見出された先のもともとの問題、つまり「エイコーン的なものとファンタスマ的なものとの、一種の現象学的な差異」(MHO14) は、じつは対話者たちが他のことをあれこれしゃべっているうちに、よくわからなくなってしまう……。

『ピレボス』と〈絵師〉モデル

以上のように、リクールはプラトンの論をまとめる。記憶という似像《エイコーン》とその非-存在というアポリア的契機への直面が、その暫定的結論であった。

『ソピステス』の論が、似像を作る技術と見かけだけのものを作る技術とを区別すべきであるという洞察と、記憶に伴う誤謬の認識論的・存在論的身分についての示唆を私たちに与えてくれたことは、さっそくの成果だ。これは、目下の記憶の現象学という範囲のみならず『記憶、歴史、忘却』という書物の先々の議論すべてに材料を提供するものだ。では以上で、プラトン対話篇からの手がかりの取得を終えてよいだろうか？

いや、まだ早い。ここでリクールは重大な疑問を提起する。「過去との関係は、ミメーシス〔模倣〕[7]の一様態でしかありえないのか。この当惑がわれわれにどこまでもついてくる」（MHO15）。問題は、「忠実な類似」という観念である。というのも、記憶の忠実さというのは、蝋の印形や足跡のように、最初の刻印の時がそうであると考えられるところの、〈刻印するもの／刻印されるもの〉の両者をぴったり嵌めこみ合致させられるような、そういう事態だけのことなのだろうか。記憶とは、私たちの心なり脳なりに鳥が足でぺたぺたと足跡を押していくようにして、そうした痕跡として形成されるものなのか。「こうした疑念が当たっているとすると、

（5）原語「εἴδωλα λεγόμενα」。リクールは、これがフランスの古代哲学研究者ディエスによる一九二五年の訳では「語られるフィクション fictions parlées」と興味深い仕方で訳出されていることを注記している（MHO13）。

（6）「τέχνη εἰκαστική」はディエス訳では「コピーする技術 art de copier」、とリクールは丸括弧で注記（MHO13）。

（7）リクールはこの前後の箇所で、『時間と物語』での「ミメーシス」概念に言及している。『時間と物語』では「ミメーシス」は、たとえば歴史上の出来事が演劇に移し変えられる際のように、たんなるコピーや模倣では全然なく、むしろ意味の増大や変革を伴いうるものであるとされた。この論点については「歴史家的表象」の契機を取扱う際にまた振り返る。

2つのプラトン的記憶モデル

記憶の〈封蝋モデル〉	記憶の〈絵師モデル〉
刻印的（足跡？）	**描画的**（足を描いた絵？）

エイコーン作製的技術に固有の《忠実な類似》という観念は、記憶力の真理検証的次元を探究するうえで、中継点というより、遮蔽になってしまったかもしれない」（MHO15．傍点引用者）。

先に登場した例についていま一度反省してみよう。蝋の刻印と肖像画作製との間にある相異は、なんだろうか。蝋に刻印することは、絵画作製という模倣技術と比すれば、ある意味ずっと原始的。押せばよいだけだ。しかるに似像を作るには、作製のための技術が必要であり、また作製の作業が必要となるのではないか。

リクールはこうした点を補足するために、対話篇『ピレボス』を参照する。

ソクラテス「そういうとき、われわれの魂はなにか紙に似ているとぼくは思う」（38e）
プロタルコス「どんなふうにですか？」
ソクラテス「記憶力が諸々の感覚と出くわして一緒になり、感情状態を付随させつつ、それらがわれわれの魂に言葉をいわば書き込む《グラペイン》（γράφειν）のだ。そしてそれらが真実を書き込むなら、そこから真なる考えが生じ、言葉も真なる言葉が生じることになる。だけどももしわれわれのうちにいる筆記者（γραμματεύς）が偽なることを書き込む場合には、真実とは反対のものが帰結として生じることになる」（39a）

なるほど。魂という紙への記入。こうして「書き込み」ないし「内なる筆記者」という契機が見えてくる。さらにソクラテスは、書かれたものの別種である、絵を例に出す。

ソクラテス「もう一人別の職人《デミウルゴス》（δημιουργός）がわれわれの魂の中にそのとき登場するのも、承認してくれるかい」

プロタルコス「それはなんの職人ですか」

ソクラテス「絵師（ζωγράφος）だよ。筆記者の次に、いわれていることの似像を魂に描く（γράφειν）わけだ」（39b; MHO17）

魂の中には絵師もいる……。ひとが事物や出来事の印象を記憶する際にはたんにその感覚知覚が押印や足跡のようにして〝痕跡〟として残るだけではなく、ひとの「魂の中」ではそのとき、印象によって惹き起こされたイメージが（共に）書き込まれるのではないか。そう『ピレボス』のソクラテスは比喩的に指摘しているわけなのだ。実際肖像画を描く際に画家は、外的な写実のみでなく、描かれ模写される当の人物がもつ雰囲気、会う者に与える「印象＝情感」（MHO18）をも「絵」のうちに描き込むではないか？　こうした書き込み・描き込みの契機は、「忠実な類似」という観念でむしろ覆い隠れてしまっていたのだった。

記憶事象をたとえるものとしての封蝋の印形モデル（約二千年後のデカルト『精神指導の規則』第Ⅻ規則にまでそのまま受け継がれるセンス・データ的モデル）には決定的に欠けていた諸契機が、こうして浮かび上がる。記憶するということは、たんに感覚受容的・受動的なことなのではない。「われわれのうちにいる筆記者」や「絵師」が働きをなすことが記憶には伴っているのだ。そして書き込み・描き込みという作業が加わることにおいて、記憶＝似像《エイコーン》はたんなる「コピー」であるにはとどまらず、ある側面においてはいわばその原型《オリジナル》より以上の剰余を有する。しかしまさにそのことが同時に、でたらめな偽なる書き込みや書き込み損ねといった、誤謬な

（8）　補足すると、『ピレボス』のこの文脈においては、たとえばひとは誤った情報・刺激によって快ないし苦を感じることがありうるが、だからといって惹き起こされた快・苦そのものを〝偽〟とはいいえない、といった問題が扱われている。

いし虚偽の余地を必然的に生み出すのである。(8) また本章のずっと後のほうで私たちはこの問題に、記憶と想像との混合というかたちでフッサールやベルクソンと共に再び出会うだろう……。

この『ピレボス』で提示された絵師モデルを、プラトン的な記憶の現象学のひとつの到達点としておこう。もちろん、内なる筆記者・絵師という契機への気づきを得たからといって、似像《エイコーン》なるものの身分の不確かさ、非-存在性という困惑させる問題が解消されるわけではまったくない。むしろ、ひとが記憶をなんらかの事物のエイコーンとしてとらえており、似像を似像とみなしていること、この記憶事象におけるいわばもっとも当たり前のことの根拠がどこに存するのかは、ひとつの謎として残る。

(ii) アリストテレス —— 時間、探求、参照指示

「記憶とは過去のものである」

師プラトンが示した記憶事象の分節化においては挙げられていなかった事柄を、弟子アリストテレスが提示している。アリストテレスも、これまた古代の賢人ならではのズバリというわかりやすさで述べてくれる。アリストテレスの記憶論のポイントはリクールの整理によれば二つ。一つは、記憶ということに含まれる時間的過去性と時間間隔の契機。もう一つはファンタスマという語彙／事象についてのまたプラトンとは別のとらえ方である。この二点に集中する仕方で、以下、アリストテレスの記憶論に私たちは耳を傾けよう。

当のアリストテレスの論考は、『自然学小品集』と呼ばれてきた論文集のなかの一編「記憶と想起について *De memoria et reminiscentia*」である。

そこでアリストテレスは、「記憶とは過去の〔過去に属する、過去についての〕ものである」（449b15 ἡ μνήμη

τοῦ γενομένου»; MHO19《La mémoire est du passé》）と、いわば定義する。このアリストテレスの命題をどう翻訳するか。リクールは幾人かの古代哲学研究者の見解を注で挙げたうえで、ほぼ直訳的なフランス語の「du passé」という表現を採用し、その一義的でないニュアンスの幅をそのままに活用する方向をとる。英語のアリストテレス研究文献でも伝統的に「The memory is of the past」と訳されることが多い。『記憶、歴史、忘却』ドイツ語訳書では独自に „Das Gedächtnis ist mit Vergangenem verbunden"〔記憶は過去のものに結びつけられている〕と説明的な翻訳を行っている。

以後、『記憶、歴史、忘却』のなかでリクールは、この「記憶とは過去のものである」というアリストテレスのベーシックな命題 —— 簡潔だが、本質的な緊張や困難が鋭く要約された命題 —— を繰り返し持ち出すことになる。記憶をなんらかの現在的知覚やなんらかの理論的知識などから区別する最も根本的なメルクマールが、この命題にある「過去の」ということなのだ。

さて、ごく単純な記憶力についていては、ヒトとある種の動物たちとは共通に保有していると見られる。しかし「時間の感覚《アイステーシス》」（449b29; MHO19）を行使する能力を持っているかどうかは別の話。ヒトがヒトであることにこの「時間の感覚」が深くかかわっていることは、たしかだろう。

記憶を過去についてのものとしてとらえうるためには、「かつて……だった」という時間的過去の徴しを、「魂の中でいう」ことができなければならない。記憶というものは、「時間が経過したとき」（πρὶν χροισθῆναι）に、さらに簡潔にいえば「時間と共に」あるのだと強調しなければならない。しかるに「《前に》や《後に》は時間のうちに存する」（449b23）。運動を知覚しうるのみでなく、さらにその運動を「前」と「後」に切り離すすべを知っているからこそ、私たちは時間というものを把握する。なるほどここでのアリストテレスの記憶論は、彼の『自然学』第Ⅳ巻の有名な時間論と合致したものとして、提示されているわけだ。

諸々の記憶を想起すること、正確に想起しようとすること、などにおいては、時間間隔（intervalles）の認識がひとつの重要なファクターだとアリストテレスは指摘する。より大きい、ないし、より小さい、時間的距離（distance）の把握。記憶・想起をなしうる存在者は、時間間隔を区別し比較する能力というものを備えている。また、こうした距離の把握に「比例」の事柄という側面をも見て取るならば、想起という「探求《ゼーテーシス》」（ζήτησις）は「一種の推論《シュロギスモス》（συλλογισμός）」（453a13–14; MHO23）という合理的な性格を持つ場合もあることになる。

エイコーン、ファンタスマ、「外的原因」

記憶と時間のかかわりを分析した後には、やはり記憶の〈過去の現在〔現前〕〉としての性格についてアリストテレス氏に触れてもらわないわけにはいかない。

さてアリストテレスは、記憶の「過去について〔に属する〕」ということを、推測や期待の未来、そして感覚〔知覚〕の現在とのコントラストにおいて性格づける。そうすると当然、記憶においては「〔過去に知覚した〕事物は不在であるのに、情感《パトス》（πάθος）は現前している」という特異な事態を見出さざるをえない。事物は不在なのに、いま現前している情感。アリストテレスは、魂において感覚が生み出す情感、感覚刺激印象は一種の「絵画〔肖像〕」（ζωγράφημα）[10]であるとみなし、「それをわれわれは記憶と呼んでいる」（450a29）[9]のだとする。でも現前する「情感」は、過去に知覚した事物そのものではない。記憶を生じさせた「外的原因」そのものではないのである。では想起するとき、ひとは情感を想起するのか、事物を想起するのか？

アリストテレスはこのアポリアを巧妙に解決してしまう。たとえばひとつの動物を描いた画があったとする。これは二重に読まれうる。すなわち一方では、一枚の紙に書〔描〕かれたものそのものとして。他方では似像《エイコーン》としてである。書くこと・書き込み（γραφή, inscription）[11]は、書くことそれ自体であり、またなにかを表象することでもある。「この点でアリストテレスの用語法は精密である。彼はファンタスマという語を書き込みそれ自体を指す語として保持する。そして、書かれているものとは他なるものへの参照《レフェランス》に、エイコーンの語を用いる」（MHO21）。先に見たプラトンにおける用法では、ファンタスマは見かけだけの贋物という意味を与えられていたわけだったのだが、いまアリストテレスの文脈においてのファンタスマは、一般的に心的像（想像・記憶に共通の）というほどのことを広く指している。そしてその像がなにかを表象＝代理し参照指示することの契機をエイコーンと呼ぶわけだ。（こうしたギリシア語の「ファンタスマ」の二義性はそのまま近代語の「ファンタジー」「想像」へと流れ込んでいく。本章第3節の『フッセリアーナ』第二三巻をめぐる論も参照。）

なるほど、エイコーンの本質は参照指示《レフェランス》にある、というのは、アポリアの巧みな回避だ。その場合「類似の忠実さ」いかんを過度に怖れる必要はなくなる。多少似ていなくてもたとえばキリンがキリンとわかればよいわけだ。馬ではなくキリンとわかればよいわけだ。あのキリンではなくこのキリンだとわかればよいわけだ。

こうしてアリストテレスの巧みな分節化によって、私たちは先にプラトンとともに出くわしたような紛糾に巻き込まれる状況からのがれることができたのだろうか？ いや、そんなことはない。ここで私たちがぶつかるのは「新たなアポリア」だ。

リクールは新たなアポリアのありかとして、アリストテレスのテクストのうちに含まれている、封蝋と絵画という「二つのモデル間の競合」（MHO21）を指摘する。[12] 先に挙げたように、アリストテレスは受け取られた

（9）原文（450a25）が文法的に難読箇所。リクールは複数の専門家の見解を注記している。もちろん文法的問題が哲学的問題になる。つまり、「魂」と「感覚」とのどちらに主導権があるという形なのかは、判然としないようである。

（10）「ζωγράφημα」という語は、基本的には〝人物や動物をモデルとして〟描くことを含意している。

（11）リクールは先の ζωγράφημα が語基《ラディカル》に γραφή を含んでいることを注記（MHO21n）。邦訳書はおかしなことを書いている。

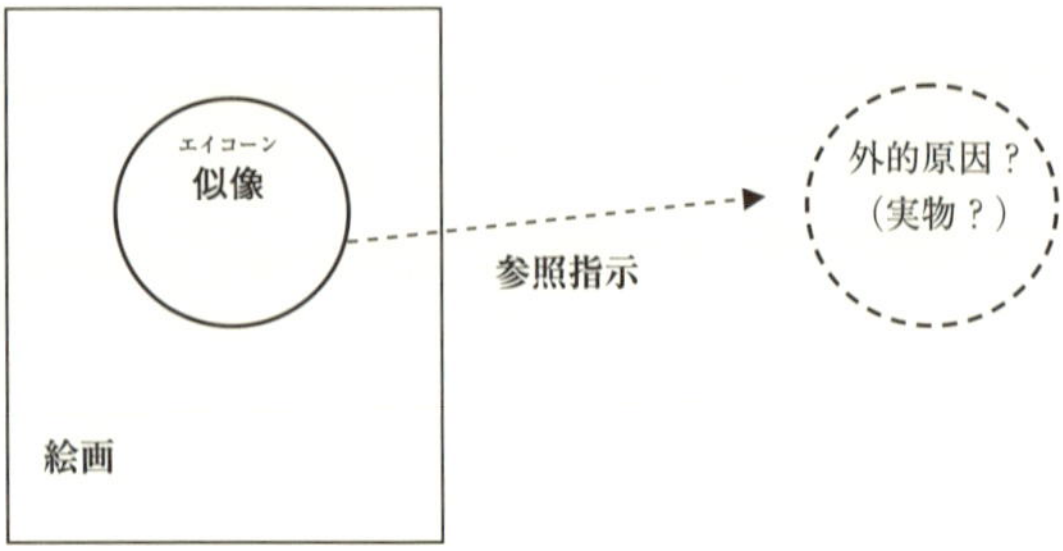

絵は絵それ自体でもあり、
「なにかを描いた絵」でもある。

感覚印象の記憶というものを、なにか描かれた「絵画」のようなものだと述べていたのであったが、じつはその際すぐ続けて、「ひとが印形を刻印する場合のように」(450a30) とも述べていたのであった。[13] 古代哲学研究者らが指摘してきたように、師匠プラトンの記憶論を明らかに意識しての発言と見られる。だが、プラトンの論を「自然化」したアリストテレスの考察にとっては、外的原因を感覚《アイステーシス》を通しての受容することによる記憶の発生は、いわば自明の事象とみなされている。そして、それが刻印的であるか描画的であるかという差異については、アリストテレスは無頓着なのである。だからこそアリストテレスは「エイコーン」の観念を拡大できたのであるが、その裏側で「エイコーン」という一語のうちに孕まれる封蝋モデルと絵画モデルとの競合・ギャップをそのままにとどめてしまったのだ。現実にはしばしば起こる、外的原因をもたない覚え違い、ありもしなかったことをあったと思い違うことは、アリストテレスの論ではうまく扱えないのだった。

記憶とは、足跡なのか、足を描いた絵なのか。

「外的原因」と内的情感の成立との関係を、一義的に取り押さえることがはたしてできるだろうか。この点は、アリストテレスの記憶論においても未消化なまま、深い謎としてとどまっているのだ（だから、最初の知覚印象と、後に想起された記憶像《イマージュ》・情感との身分的差異も、未分節にとどまっている）。

とはいえ、この謎がとどまり続けるのは、おそらく記憶の現象学の全範囲においてである。その意味で、なにかたんにアリストテレスの考察が不十分なのだというようにみなしてはならない。「〔外的〕刺激と、〔内的〕類似との関連は、われわれにとって、記憶のあらゆる問題系における十字架であり続けるだろう」（MHO21）。それは突き詰めれば理論的には解決不可能なアポリアにとどまるものかもしれない。しかし、にもかかわらず、実践においては、つねにすでに外的原因と内的状態との関連づけはなさ

（12）リクールによるアリストテレスの「エイコーン」論の読解に近しい話題が、文脈は異なるが、ハイデガーの『カントと形而上学の問題』に登場していた。『カント書』第二〇節でのハイデガーの論は、以下のようなもの。

「Bild像」には、カントの用法では三つの意味がある。第一に、たんになんらかの存在者の見え（Anblick）。第二には、或るものの模像・コピー（Abbild）という意味。もはやないものの複製像（Nachbild）ないしまだないものの予像（Vorbild）も含まれうる。そして第三には、見え一般ということ。見え（直接的な）は、個別的な〝ここのこれ〟（Dies-da）の見えでも、風景（Landschaft）でもありうるが、模像、たとえば写真（Photographie）は、直接的な見えに比すればその転写（Abschreibung）でしかない。第二の意味での像、模像には、たとえばデスマスク（Totenmaske）があるが、ひとはさらに、デスマスクの写真を撮ることもできる。それは模像の複製像（Nachbild eines Abbildes）ということになる。デスマスクの写真はデスマスクと同じ〝直接性〟で死者の顔を模写しているわけではない。だが、デスマスクとその写真とはいずれも、当の故人の見えを示すということにおいては、同一の模像機能を有している。

こうしたハイデガーの論を目下の文脈に引きつければ、デスマスクは〈刻印・足跡モデル〉、写真は〈絵画モデル〉に対応している。ハイデガーの例示のなかで興味深い点は、模像的なものについてさらにその写真を撮るという事例の提示であろう。一見ややこしい二重化にみえる事例だが、ある意味では逆に、模像の模像性・指示性をシンプルに露見させる。ただ、その後ただちにハイデガーは「Einbildungskraft」のより根源的な次元――時間性――へと性急に押し進んでいってしまうため、想像力が模像的なものの次元にかかわるという側面は、置き去りにされてしまうのだが。

（13）続けてアリストテレスは次のように解説する。「若すぎる者も年寄りすぎる者も記憶が鈍い。前者は成長のゆえに、後者は老いの衰えのゆえに安定を欠いているから。同様にあまりに機敏な人も、あまりに鈍重な人もいずれも記憶がよくないことは明らかだ。なぜなら前者は過度に湿気があり〔柔らかく〕、後者は〔乾燥して〕堅いに過ぎるから」（450b5–9）

れてしまっている。だってそうしてひとは記憶を想起したり、記憶について語り合ったりしているのだから。理論的には謎は越えられない壁。実践的には謎はつねにすでに飛び越えられてしまっていてその所在がつかめない。しかし、おそらくは、そうして理論的角度と実践的角度とを「ジグザグ」(フッサール『ヨーロッパ諸学の危機と超越論的現象学』)に往復することこそが、謎に迫っていくためには回避できない、ひとつの道なのであろう。

2◆記憶の現象学的素描

現象学的素描——4つの二極性

プラトンとアリストテレスに示唆してもらった記憶事象の輪郭。これを取っかかりにして、熟練の記述者リクールは記憶の「現象学的素描」(esquisse phénoménologique)に着手する。「素描《エスキス》」というのはスケッチ、下図、計画というようなことを意味する。フランス語特有ともいえる語彙である。なぜリクールは自分の当面の作業をあえてこのように名づけるのか? その理由はやはり、記憶という事象が、たとえば判明な知覚事象を取扱うようには、ダイレクトな接近を許さないからだ。

一見すると、記憶という語が指し示す意味論的領野を整理する、というつつましくすらある試みはしかしどれもこれも、多義性によってくじかれてしまうように見える。(MHO27)

だが、記憶事象の多義性・多面性・ざらつきにただ困惑するだけでなく、それにうまく面していくことで、
分散はしているが、まったくバラバラになっているわけでもない現象学を素描することは、可能である。(MHO27)

さて「その現象学においては、時間との関係が最後に残った唯一の導きということになる」。要するに、アリストテレスの「記憶は過去のものである」という命題に即する仕方で、「過去の」というしるしを帯びていること(のみ?)を共通点とする、多種多様な諸事象の森になんとか接近し、それを記述していくということだ。地道で愚直だが、期待できる作業だ。この記述を丹念に遂行してゆくならば、それが全体としては ── いわばドビュッシーの『海』のように ── 記憶事象の現象学的素描という姿をなすようになることは、正当に期待することが許されるであろう。シャープで鮮明な描線のものではないとしても。

記憶の現象学的素描が、現象学的素描であるということの主眼はもうひとつある。それは「記憶を《首尾よく》実現する諸能力〔なしうること〕(*capacité*)という観点から、記憶現象の記述を始めること」(MHO25–6)である。つまり、「記憶の欠陥、さらには機能不全から出発して記憶事象に取りかかろうとする多くの著者たちの傾向にたいして、一線を画す」という意図がそこには含まれている。

なるほどたしかに、記憶についての論究というのはほぼすべからく、記憶のあてにならなさ、事後的な修正・歪曲、等々といった、「病理学的」要素に重心をおいて語られるものである。そうした側面はむろん、しかるべき議論の次元・段階において、しかるべく取扱われるべきである(後の本書第5章参照)。だがリクールは、まず、いわば単純に首尾よく遂行されている契機についての記述を確保する。歪曲の可能性、病理学的側面等はひとまず〈括弧に入れられる〉のだ。こうした手順設定で、記憶事象の森のなかで迷子になることを有効に防ぐことができる。「記憶のオブジェクタールな性格、すなわち、《ひとは……を想起する》」(MHO27)という

基本構造に一度踏みとどまろう。[14] そうすることで記憶の「なにを？」について素描を試みよう。

記憶の「なにを？」という局面（「認知的」局面）と、記憶したり想起したりするという作用・作業・行為という局面（「語用論的」局面）との分節化については、老哲学者リクールが一種の自虐的ユーモアとしてよく持ち出すいい回しがあるのでここでそれを引いておこう。――「老人は記憶力（mémoire）は少なくなっているが、想い出（souvenirs）は若者よりずっと多い」（MHO27）。

「現象学的素描」は具体的には、4つの「二極性」（polarité）を記述するというかたちをとる。すなわち(i)習慣／記憶、(ii)単純喚起／探求、(iii)過去把持／再生、(iv)反省性／世界性の4組である。知る人ぞ知るリクール哲学の十八番である、「二極性」分析の登場だ！

(i) 習慣／記憶――暗記、身体運動、ハビトゥス

最初の組は、「習慣」（habitude）と「記憶」。

これは「現代の哲学での一般教養においては」、『物質と記憶』のベルクソンが提案した「**習慣‐記憶**」（habitude-mémoire）と「**想い出‐記憶**」[15]（souvenir-mémoire）との有名な区別によって例証される。ベルクソンのこの「二分法」の「形而上学的前提」については、いまは「括弧に入れて」おこう。[16] 現象学的素描の観点においてまず見出されるのは、「習慣と記憶とは、記憶現象のひとつの系列の二つの両極（deux pôles）をなしている」（MHO30）ということである。習慣／記憶の二項は、相容れない対立をなして位置しているのではなく、〈現在における過去〉の具体的様態としてグラデーションをなす、連続的系列の二極なのだ。

「習慣‐記憶」については、あのよく知られた、ベルクソンの「私は暗誦用課題を勉強する……」（J'étudie une

leçon ...）という例が手がかりになる。このベルクソンによる例示は、日常的なありふれたことがらへの卓抜な着眼だったのか。あるいは、西洋文化において古代・中世・ルネサンスを経て脈々と続いてきた「暗誦」の「記憶術」（ars memoriae）の伝統[17]から示唆されてのものだったのか。それは、ここでは措《お》くとしよう。

私は学校で渡された課題を何度も読む。……いつしか、すっかりそらで覚えてしまうにいたる。私はいまや暗記した内容を声に出して暗誦することができる……。

ところで、私が記憶しているのは当の課題だけだ。それを何度も繰り返し読んだその一度一度について、日付や時刻をかならずしも覚えているわけではない。まあたいていは、全然覚えていないだろう。こうした暗記された学課のようなものが、習慣-記憶である。それは「歩くことや、書くことの私の習慣と同じ資格で、私の現在の一部となっている」のである。「それは表象されるというより、生きられ、《働かせられ》るのだ」（『物

(14) 記憶の現象学的素描は、記憶の包括的学ではないことをよく自覚したものでもある。現象学的アプローチの有効性はその射程内にかぎられる。記憶現象を構成する諸々の「前言語的体験」と、それを言語化し記述しさらには解釈することとのあいだには、どこまでもずれがある。記憶現象はそれ自体、他の種類の諸事象にもまして、すべてを透明化し統御しようと自負する「全体的反省（réflexion totale）という驕《ヒュブリス》りにはもっとも執拗に抵抗する」（MHO32）ものである。

(15) 本書では「souvenir」が、ベルクソンの用語として登場する場合には、「想い出」と訳語を当てることがある。他の一般的な場合には、「記憶内容」、「記憶像」、「記憶」（=「mémoire」と特に区別されない）等の訳語をそのつど当てた。

(16) 本格的に検討すれば、ベルクソンの「二分法」（dichotomie）とリクールの「二極性」は相容れない可能性もあるが、ここではあくまで現象学的素描という限定された目的に即して、限定的に引き合いに出されるわけである。リクールもこの点は注記している。「現象学的次元においては、二分法ではなく、二極性が扱われるのだ」（MHO32）。

(17) この「記憶術」の西洋的伝統の変遷――キケロ、アウグスティヌス、トマス、ブルーノ、ダンテ、デカルト等々における――を、リクールは第一部第二章第一節で概観している（MHO69-82）。

習慣／記憶の二極性分析

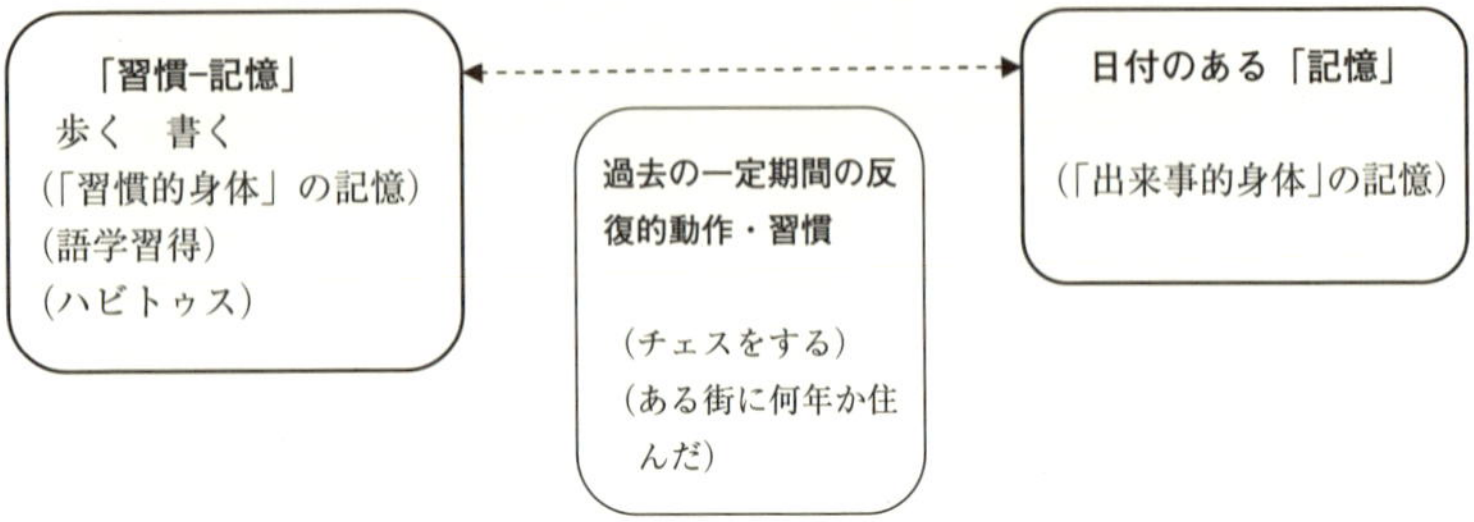

質と記憶』227/85; MHO31）。

むろん場合によっては、課題を勉強していた時のある一局面について、記憶〔想い出〕を持つことだってある。それは「本質からして、日付（date）を持ち、それゆえ反復されえない」（『物質と記憶』228/84; MHO31）。（この「日付」へのベルクソンの言及は後で別途焦点となる。）そうした固有の日付や場所をもつ想い出-記憶は、「習慣としてのいかなる性質も」もたない。私が-暗記した-学課は現在において「働かせられ」るものであったのにたいし、日付ある想い出-記憶は、イマージュとして「表象される」。勉強していた-あの日の-記憶。その場合ひとは現在ではなく、過去のほうに向かう。「ある種のイマージュを探し求めて、われわれは自分の過去の生（notre vie passée）への道をたどる」。つまり、「諸々のイマージュというかたちで過去を喚起するためには、現在的《アクチュエル》行為から身を離すことができねばならない。……おそらく人間だけがこの種の努力をなすことができる」（『物質と記憶』228/85; MHO31）。

それから中間的な事柄も挙げておくのがいいだろう。つまり過去の一時期における反復というような記憶である。たとえば、なわ跳びの練習をした一回一回のことを私は覚えていない。しかしそれが小学生時代という時期の記憶であることはわかる。またそれが一度や二度ではなかったことも記憶している。このような時期の幅のある記憶は、「習慣-記憶」と「想い出-記憶」との二極間の中間事象、ということになろう。

ベルクソンの分析から得られる示唆をまとめよう。

第一には、習慣-記憶の特性たる、「歩くことや書くことの私の習慣」との類縁性。それは身体行為能力、ノウハウといった事象と密接に結びついている。他方もう一つには、習慣-記憶の現在的行使と、想い出-記憶を想起することとがいずれも、それぞれの仕方で「私はなしうる」(je peux)のカテゴリーに属するということ、がある。私はもう三年自転車に乗っていないが、乗り「うる」し、乗ればこぎ方を即座に体で「思い出す」だろう。これは記憶事象を一定の側面において行為のカテゴリーのもとに見ることができるということを意味している。そして――当面の現象学の範囲を越えるが――「なしうる人間」(homme capable)としての私が私の記憶や習慣について責任を帰されうるという、倫理学上の指摘をも含んでいる。

記憶力の現象学という範囲内では、あまりにあれこれの多様な習慣的事象[18]へと関連づけを拡大・拡散させすぎるのは有益ではなかろう。とはいえ一点リクールが付言しているのは、習慣-記憶のジャンルのうちに「社会的慣習、風習、そして共同的生のハビトゥス(habitus)すべてを付け加えるべき」(MHO32)ということだ。たしかにこれらは、場合によっては個々人の習慣とは認識されないかたちで、習得され行使されている類いのものである。社会的慣習・ハビトゥスには、記憶され習得される記憶の「なにを」に相当するだけでなく、なにが記憶されるべきでなにがことさら記憶に値しない(忘却してもよい)かという、記憶の「いかにして」を暗黙に規定するという性格が含まれているということは重要であろう。たとえば二十一世紀の東京に生きる人は、

(18) 〝自転車に乗ることができる〟くらいならともかく、先にベルクソンの例にあった〝歩くこと〟などになると、そもそもそれをどういう意味で〝覚えようとした〟のかという点について、別種の論が必要となる。さらに基礎的な〝手を伸ばす〟とか〝眼を動かす〟ということになると、〝習得〟ということの意味も別に問い直さざるをえなくなる。後の注(20)も参照。

電車のなかで他の人が使っている小さな金属機械の機種を容易に見分け記憶するかもしれない。だが、羊の顔は見分けられない。中世フランスの村の羊飼いは、自分の羊たちの顔を一頭一頭覚えていたかもしれない……。そういうことだ。しかし集合的記憶の問題や記憶と歴史の相互交錯については、のちにしかるべき機会に立ち返ろう。いまは、それらが習慣‐記憶の延長線上に見出されることを確認するにとどめておこう。

(ii) 単純喚起／探求――「瞬間的な想起」と「骨の折れる想起」

第2の二極性は、喚起／探求の対だ。

「単純喚起」（évocation simple）というのは聴き慣れない言葉だけれども、心配いらない。特になにかの専門用語ではない。便宜上リクールはここで、アリストテレスがパトス〔情感、受動〕としての記憶《ムネーメー》を性格づけたように、記憶がふと、突然、すっと想い起こされることを、「単純喚起」ないし「喚起」と呼ぶ。

「喚起」という事象は、もちろんありふれたものだ。ひとはあることをなにかの拍子にぱっと想い出す。またすぐ忘れる。そのうちにまたふと想い出す。また忘れる。等々……。

しかし「喚起」事象は、「かつて知覚され、蒙られ、習得された不在のもの（l'absent）の今における現前（présence）という謎を、重荷として担っている」（MHO32）。というのも記憶の喚起が起こる前には、その記憶は「忘れられて」いたのであるからだ。ここには記憶の現象学の範囲では手におえない、存在論的な難題がひそんでいる。これこれの記憶内容・想い出が「忘れられて」いるといっても、なにかの拍子にそれが想い起こされることがありうるというのであれば、それならこの場合「忘れられる」ということが意味するのは〝表立って喚起ないし想起されないが、どこかで記憶され保存されている〟ということでなければならないことに

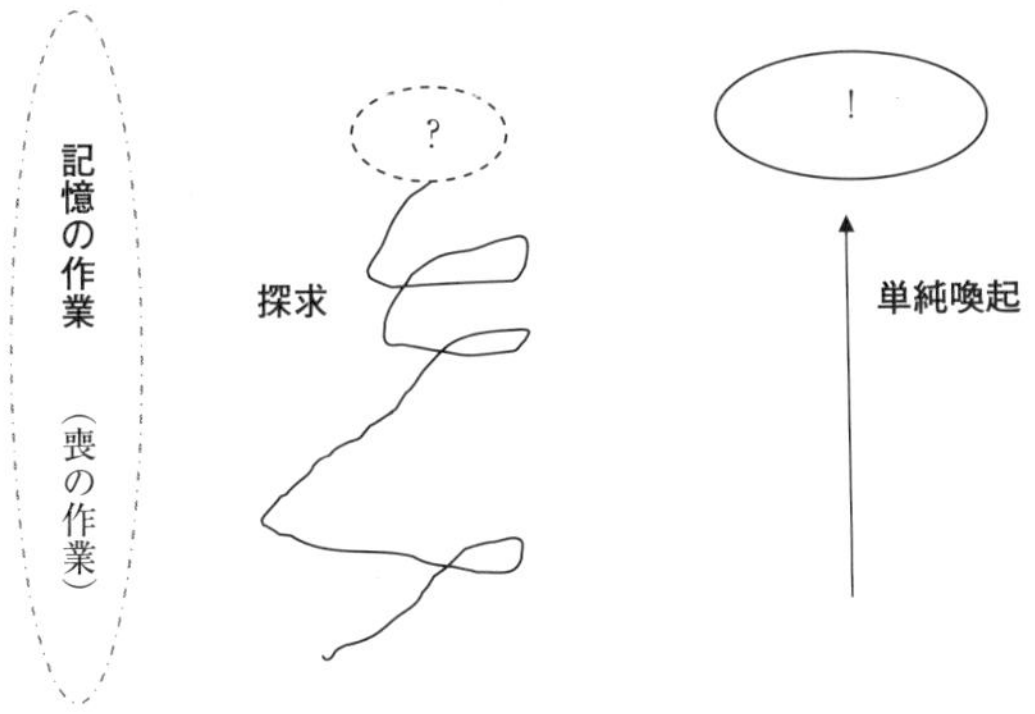

なる。存在しないのに存在している。ないのに、ある。ありふれた日常的な物事のうちに、なんという深い逆説、存在論的パラドクスがあることか！

　アウグスティヌスもいっていた。「少なくともそれを忘れたことを覚えているなら、われわれはまだそのことを完全に忘れてはいない」（『告白』X, XX, 28; MHO120）わけだ。ところで、しかしそうした浅い忘却の先にはさらに、根本的な忘却、つまりもはや記憶されないということ、記憶の根本的消失ということがあるのではないか。――現時点での現象学的分析の視野を逃れゆく「忘却」の問題については、いまは括弧に入れたままとして、またずっと後で別途取扱うのが妥当だろう（本書終章）。

　喚起／探求の対のもう一方の極に向かおう。

　アリストテレスは想起《アナムネーシス》は一種の「探求《ゼーテーシス》」（ζήτησις）であると語っていた。なるほどアリストテレスは、彼の先生プラトンよりも地に足をつけたスタンスを好んで「想起を自然化し」（MHO33）、記憶事象に神話的・超自然的なものを読み込むことをしなかった。だがそうだとしても、（たんなる喚起ではない）想起の営みをひとつの探求、作業・行為とみなすかぎりにおいて、プラトン先生の「アナムネーシス」とやはり完全には断絶してしまってはいないわけである。アリストテレスとプラトンは、記憶の作業的性格をともによく把握していた。

　知られているように、プラトン的アナムネーシスとは「ある種の生まれつきの忘却によって、忘却されたものの再学習というかたちをとらされた、探求」(MHO33)のことだ。「呼び覚ましの努力」(effort de rappel)は、「レーテー川の流れに対抗して」仕事をしなければならない。ほうっておくと流されて忘れてしまう。こうして、想起の探求とはひとつの努力、ひとつの作業である。

ところで探求においては、「探し求める者が、かならず見出すとは、かぎらない」(MHO34)。このことも指摘されねばなるまい。探究は、徒労に終わることもある。だからプラトン的観点においても、忘却の二義性、つまり〝どこかに記憶されているが見つけられない〟のか完全に消失してしまっている〟のかの区別という問題が見え隠れする……。重要な問題だが、今は確認するにとどめる。

こうして私たちは記憶を想い出すことのありようを、喚起と探求という二つの極に分かれるもの、より正確には、二つの極の間で程度のグラデーションをなすものとして見出す。

さてリクールは、ベルクソンの『精神のエネルギー』所収の論稿「知的努力 Effort intellectuel」を引き合いに出して、さらにそのグラデーションにかんして補足的分析をくわえる。

その論稿でベルクソンは、「骨の折れる想起」と「瞬間的想起」との区別を提出していた。「一方は緊張の態度、他方は弛緩の態度であり、両者は努力感が現前するか不在であるかによって主として区別される」(*Œuvres* p. 930; MHO34–35)。この小論の主眼は題名の示すとおり知的努力の諸相の研究であるが、「《再生〔再産出〕(reproduction)》というもっとも容易なことから、産出ないし発明というもっとも難しいことまでの》グラデーションが、想起においてもっともよく判明になる」(MHO35)かぎりにおいて、想起は知的努力というものを考察するうえでの不可欠の範例とみなされる。

わかりやすい例を挙げよう。チェス盤を眼で見ることなく、かつ複数の相手と同時に戦うことのできるチェス・プレイヤーのことを考えてみる。そのときチェス・プレイヤーの精神においては、記憶することの努力と、次の指し手を生み出す創造的な知的作用とが作動している。また裏側を見ればそこには発明創出と習慣行使とのせめぎあい、ためらい・難渋・時間的遅滞、知的努力と感情的不安（ベルクソンは「身体の不安 inquiétude du corps」という）との葛藤、といったものがあわせて見出される。殺気立つ緊張感。あせり。それはチェスという知的ゲームの数理的側面というより感情的側面だ。アリストテレスは想起の探求は時間間隔を測ることにおいて推論という論理《ロゴス》的様相をもちうると述べていたが、その他方で、探求がその不確実さに伴う不安という感情《パトス》的次元をも有していることもまた、チェスなどの事例をとおして、確認されるのだ。

いまは覚えていても明日には忘れてしまうのではないかという恐れや、想い出せないということにおける不安。それから、想い出したくないという感情。こうした感情的次元もまた記憶事象の中心部に存している要素である。とりわけ、想い出したくない、想い出すのがつらいという感情とのかかわりを、どう折り合いをつけていくか。それは、記憶という事柄の実践的・感情的な次元における核心的な事象である。

『記憶、歴史、忘却』のリクールは、ひとが時間をかけてみずからの過去をとらえ直し・語り直してゆく過程のことを「**記憶の作業**」（travail de mémoire）と呼ぶ。『記憶、歴史、忘却』の最重要概念のひとつである。「記憶の作業」は、喪失の記憶、悲しみの記憶といったものにかかわる際には、記憶の「喪の作業」（travail de deuil）とも呼ばれうる。「記憶の作業」および「喪の作業」の努力が（概して容易には乗り越え難い）抵抗として出会うのは、一方で想い出したくない、想い出すのがつらいという種類の感情であり、他方で想い出そうとしなくても、想い出したくなくても喚起されてしまう「強迫観念」（hantise）である。苦痛の記憶も美化された記憶も、ひとの現在を捕らえ込み、未来への開けを封鎖するものだ……。

「記憶の作業」と「喪の作業」は、記憶の現象学だけでなく『記憶、歴史、忘却』の以後の論全般において、重要主題として、固有の重みを持ち続けることになる。特にそれが一人称複数的な集合的記憶にも当てはまる事象であることにおいて。たださしあたり苦痛や悲しみや恨みの感情、さらにはそこへの政治的な事象の絡み込みは、まだ記憶の現象学においては括弧に入れられている。

(iii) 過去把持／再生――「彗星の尾」

３つめの二極性は、専門用語的な趣の強い概念で提示される。「過去把持」。フッサールの言葉だ。でも内容はものすごくわかりやすい。音・音声を聴き取るというありふれた事象に含まれている、時間の幅ないし近接過去性をもつ知覚と、一定以上の時間が経ってからの知覚の想起すなわち再生との、二極性だ。

過去把持（一次記憶）と、再生（二次記憶）との区別は、フッサール『内的時間意識の現象学』で取扱われていた。細かくいうと、その一九〇五年版第二章と、一九〇五―一〇年執筆の付論第一部で。リクールは、『内的時間意識の現象学』の主眼である時間問題の文脈――時間意識の「自己構成」――は括弧に入れる（あとで別の機会に言及する）。ここでは、オブジェクタールな記憶の現象学的素描に益するものとして、知覚と記憶の対象にかかわる分析だけを独立させて取り上げる。フッサールの分析が狭義の知覚に限定されており、かつ知覚論としてもいささか射程が狭いことに留保をつけつつも（MHO40）、リクールはこの過去把持の現象学という仕事を、記憶の現象学的素描に加えないわけにはゆかないと判断するのだ。

> 音が鳴るとき、私はそれを現在として聴く。しかしその音は鳴り続けるあいだに、たえず新しい現在を獲得し、先行する現在はそのつど過去へと変わっていく。
> （『内的時間意識の現象学』§7; MHO39）

鳴り続ける音を、鳴り「続ける」ものと知覚し、同一の音と把握すること。そこに「過去把持《レテンツィオーン》」（Retention）

がある。知覚は瞬間的・点的なものではなく、時間の〝幅〟を持っているのだ。知覚は、持続する。そうした契機をフッサールは好んで「彗星の尾」などという。それは「変様」したもののなお知覚であり続けている。「《顕在的な今の瞬間》が遠ざかっていくことは、なお知覚の一現象である。想像による現象ではない」（MHO41）。――むろんこうした分析は、「現在」（Gegenwart）というものをそもそもどうとらえるかについて根本的な存在論的紛糾を帰結せずにはおかないが、いまはフッサールの記述を是とするにとどめておこう。

言葉を音声において聴き取るようなこともあまりに自明の現象のように思えるが、その際の時間的契機のことをひとはふつう自覚していない。もしかりに知覚が瞬間的・点的・断片的なものでしかなかったとすれば、言葉を聴き取るなどということはまったく不可能であることになろう。たとえばクロワッサン（あるいはcroissant）という語を音声にしていう。「クロワッサン」の発音し始めから発音し終わりまでにゼロコンマ何秒かの時間の持続があるはずなことは、私たちはなんとなく理解している。しかし「ワ」とか「ロ」については、どうだろう。私たちはそれを持続なき点的な一瞬としてついとらえがちだ。でも音が無時間で鳴るなんてことがあるだろうか。いやない。音が音として聞こえる、聞きとられるためには、持続が必要である。そして持続を持続として認識する能力が聞く人間の側に必要である。そういえば日本語の小さい「ッ」は、その微小な持続をよく教えてくれる。「ッ」はその前後の音との関係においてしか成り立たないからだ。あるいは音符を考えてみてもよい。三二分音符だろうが、一二八分音符だろうが、スタカッティシモだろうが、音が無音ではない以上、それはゼロではない持続を有している。そこに私たちの聴覚知覚の不思議さがあり、幅のある現在というフッサールの発見の興味深さがある。

とはいえ、時間の幅がとても長くなっていけば……、把持される過去もいつかは、「過去の深みのうちへと沈退する」。

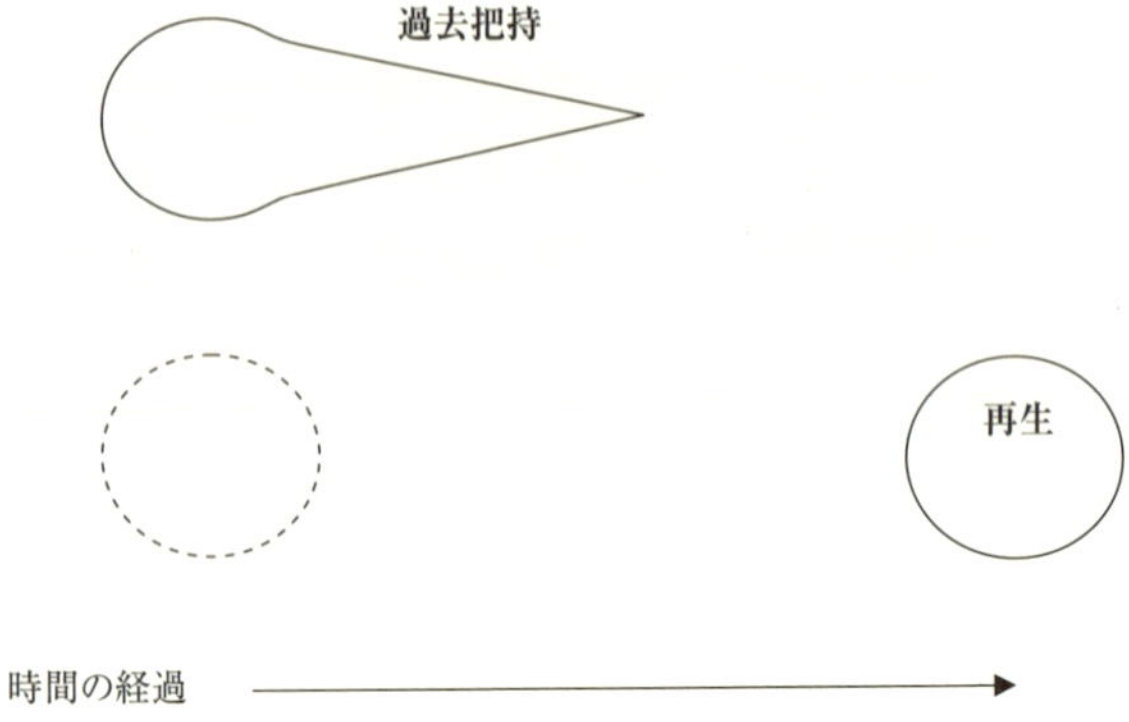

過去把持は知覚である、というのが『内的時間意識の現象学』が提示するテーゼである。他方、知覚がまったく消失した後に想起することすなわち「再生」(Reproduktion)は、もはや現前的知覚ではない。それは再現前化である。かつて過去に〝ありありと〟聴いたメロディーが、いま時を越えて思い出され、再-現前化される。(だから「再生」という語のニュアンスは、もちろん、音楽再生機器のことを連想していただいてよい。)

それに加えて、さきほど想い出したばかりの……というように、再生の過去把持ということもなされうる。それは把持/再生の中間事象であろう。

『内的時間意識』ではフッサールは再生という再-現前化を「想像力」(Einbildungskraft)の様態として位置づけている。そうすると「残される問題は、定立する想像力と非現実化する想像力とを区別すること」(MHO43)となる。不在にかかわるという面では、過去の想起は空想的想像と共通している。だが、現実存在として定立することと非現実化することとは方向として正反対ともいえる。かといって、想起(再生)における「定立」は、現在的知覚ないし過去把持における定立とまったく同一の性格のものとは考えられない。もしかして過去把持と再生とは、二極的グラデーションをなすというよりも、断絶の深淵によって分け隔てられている面のほうが強いのか? かくしてフッサールによる過去把持/再生についての分析もまた、想起と想像という問題系に直面し、記憶の非-存在性という闇に包まれる……。

(iv) 反省性/世界性 —— Reminding / Reminiscing / Recognizing

反省性と世界性、〈in Mind〉と〈beyond Mind〉

リクールが取り上げる最後の二極性は、「反省性」(réflexivité) と「世界性」(mondanéité) との二極性である。反省性と世界性？

ちょっと聞かない語彙である。どこかしらぎこちない。ただ記述される事柄との対応という点では結局は適切なものとすぐにわかる。この第4の二極性の記述は少しだけ長めのものになる。なぜかというとここにリクールは先の3つの二極性についての要約反復をも含め入れているからだ。

ひとは想起するとき、見ている、体験している、学習している、そういう自己を想起するだけでなく、ひとがそこにおいて見た、体験した、学習したところの世界の諸状況〔周囲環境〕(des situations mondaines) も想起する。(MHO44)

想起には、過去の自分だけでなく、過去の自分の周りの世界についての想起が伴う。ただしそうした想起がもつ周囲的要素と内面的要素との割合には、程度の差がある。そこに、記憶における反省性と世界性の二極性が出現するのだ。ちなみにこの二極性はおのずと、さまざまな記憶事象において身体がそのつど受けもつ位置についてのヴァリエーションを提示するものともなる。

またちょっとだけ、フッサール現象学関連の注釈をいたしたい。ノエマを記述しようとする現象学にとっての「エポケー」は――フッサールの流儀に忠実にいうならば――世界性というようなカテゴリーに属するものどもを前もって除外しているのではないか、と思う人がいるだろう。リクールはこの点について、「前提無しに自己構成する」という観念論的「前提」が、フッサール的現象学の視界において「世界性」を不当に遠ざけ、意識なるものの範囲を必要以上に縮減しているのでは、と指摘する（MHO44）[19]。そうした考えでリクールは以下、「世界性」をも含めた記憶の現象学を遂行するわけだ。私たちから見て興味深いのは、リクールがやはり「身体」や「生活世界」や「肉」の一元論に飛躍するのではなく、あくまで繊細にバランスをとり続けてノエマ的なものの場にとどまっているという、方法論的なしなやかさだ。

さてリクールは世界性／反省性の記述の手がかりとして、アメリカの現象学者エドワード・ケイシーの『*Remembering. A phenomenological study*』を参照する。そこでのキーワードは「Mind」だ。

ケイシーは、まず大きく記憶についての考察を「Keeping memory in Mind〔記憶をマインドのうちに保存すること〕」と「Pursuing memory beyond mind〔記憶をマインドの外部に捜し求めること〕」との二つに分ける。そして、この両者の間に、「Reminding / Reminiscing / Recognizing」〔リマインディング／レミニシング／レコグナイジング〕の三区別を挿入する。「in Mind」〔心の中〕と「beyond Mind」〔心の外〕との二極的相補性のあり方を、三つの様態で記述するということなのである。この「Mind」というきわめて英語的で翻訳しにくい語彙／概念については、リクールはそのまま英語で使用する。ところで目利きのリクールがケイシーの記述を高く評価した理由は、なにか。ケイシーの記述が「Mind」という、容易に「現象学の主要主題たる志向性についての、観念論的解釈」（MHO45）を強く印しづけかねない語彙／概念を、いわば逆手にとって巧妙に使いこなし、そうして逆に記憶現象における世界性の極というものを鮮やかに分節してみせていたから、だ。

そういう事情なので、どちらかというと反省性の側の極については、ここでとくに新しいことがいくつも出てくるわけではない。とはいえ、先にすでに見た諸々の二極性における諸要素を反省性の名のもとにとり集めて再度整理すると、どうなるか。

習慣／記憶の二極性では、「習慣の側は、反省性にかんしてはもっとも無標（le moins marqué）である。ひとはあるノウハウを[20]、それと気づくことなく、注意を払うことなく、つまりマインドフル *mindful* であることなく、実行する」（MHO45）。首尾よく実行される場合には顕在的に意識されないというのが習慣-記憶の特性だ。スプーンの持ち方。靴下の履き方。自動車のハンドルの回し方。しかるに、「遂行に故障があると、ひとは注意を呼びかけられる。マインド・ユア・ステップ！ *Mind your step!*」（MHO45）。

他方、喚起／想起の組においては、むろん想起の能動的努力において反省性は高度に顕在化する。そのとき「反省性は、努力に伴う労力感（sentiment de pénibilité）によって際立たせられる」。逆に、「プルーストの『失われた時を求めて』の読者たちにはよく知られた、自発的で非意志的な喚起のような場合には、反省性の不在が有標となっている」（MHO46）。ふと口にしたお菓子の香りが失われた過去をたちまちに私のまわりに甦らせ

（19）「フッサールによる現象学の観念論的解釈」を退けることについては、先の杉村靖彦のコメントも参照（108頁）。リクールは超越論的還元という発想自体を端的に退ける立場・解釈をとるわけではない。ただフッサールの還元が、たんにムンダンなものどもと、深く根本的に還元不可能なものどもとを区別する術をもちえないという不可避の限界を、指摘してきたのである。この論点を扱ったリクールの論稿としては、『イデーンI』仏訳者序文や、一九五五年の「カントとフッサール」（EP 227-250）などがある。後者はデリダが『「幾何学の起源」序説』で引用・援用したことでもよく知られている。

（20）「ノウハウ」（savoir-faire）という語彙／概念は、『意志的なものと非意志的なもの』第二部を想起させる。そこでは、「ノウハウ」は「習慣」とは次元を区別されて、乳児が極めて基礎的な身体運動を習得するというような事柄を指した。メルロ＝ポンティ全盛期のフランス哲学界の話題、という感がある。六〇年代以降のリクールはこの辺りのトピックにはほとんど取り組んでこなかったが、数十年を経た『記憶、歴史、忘却』になって新たな形で回帰した／回顧された、という雰囲気だ。

記憶の〈反省性／世界性〉の二極性分析

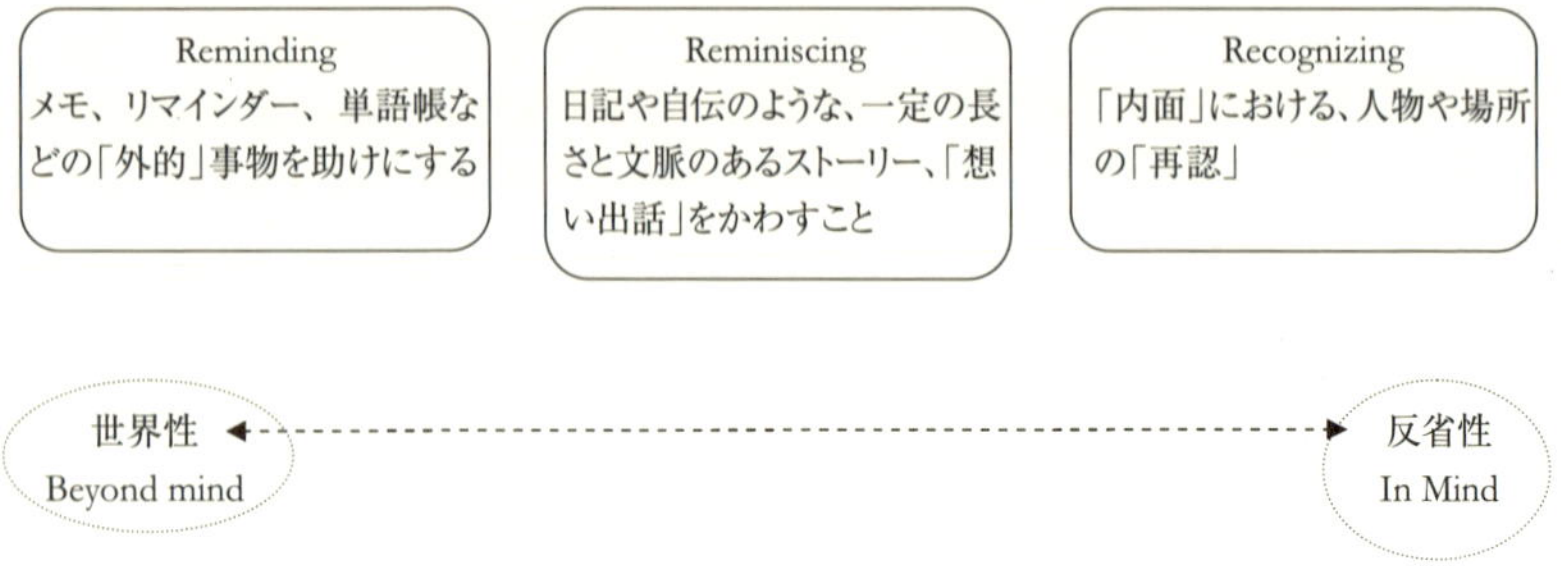
Reminding
メモ、リマインダー、単語帳などの「外的」事物を助けにする
Reminiscing
日記や自伝のような、一定の長さと文脈のあるストーリー、「想い出話」をかわすこと
Recognizing
「内面」における、人物や場所の「再認」
世界性
Beyond mind
反省性
In Mind

る……。プルーストのそうした半ば幸福な非反省性はともかくとしよう。フロイトがよく知っていた、外傷的《トラウマ》な記憶の強迫的な出現・反復の場合においては、どうか。反復強迫においてはもはや記憶は「たんに体験されるのではなく、蒙《こうむ》られる（subi）」。努力や意志による能動的統御はおよばず、記憶事象は、記憶する主体にとってひたすらに「受動的に」（passif）苦しみと共に蒙られるものとなる。いや、受動的というだけでは十分ではない――特にこの事象を指し示すために『記憶、歴史、忘却』のリクールは「受苦＝パトス的《パティーク》」（pathique）という語彙を用いる。

　他方、世界性の極のほうにずうっと進んでゆけば、なにがあるだろうか。そちらでは、ある場所、行事、記念碑《モニュメント》といったものによって空間的に繰り広げられつなぎとめられるところの「コメモラシオン〔記念顕彰〕」という事象に出くわすことになろう。それは「記憶の場」（lieux de mémoire）なのである。

　世界性／反省性という二極性のイメージが、だんだんできてきただろうか。さて、「Reminding / Reminiscing / Recognizing」の三様態の区別・分節に移ろう。この三様態はいずれも、記憶事象におけるたんに「認知的《コグニティヴ》」にとどまらない、行為的、「語用論的《プラグマティク》」（pragmatique）な側面をも、よく浮かび上がらせる。

〈Reminding〉

Remindingは、名詞「Reminder《リマインダー》〔注意書き、記念品、催促状〕」の用法からもわかるように、「beyond Mind」のほうにある諸事物とのかかわりが端的で明解だ。ただフランス語では動詞「rappeler」と名詞「rappel」のいくつかの用法ぐらいしかRemindingにうまく対応する語はないとリクールは注釈する（MHO46）。「Reminder」、たとえばメモ帳、受験勉強用の単語帳（aide-mémoire）備忘録（pense-bête）等々。《猫に食事をあげること！[21]》。あるいは受領控、レシート、写真等々。これらは忘却しないよう私たちが防御をしておくための印である。それを見れば半ば「機械的に」想起することができるという「内的」な面と、その物があることによって時間的に先の将来になっても記憶を「外的」に守ることができるという面とが、当の現象の二面をなしている。たしかに。メモ書きを見て-あっと-思い出す。記憶は私たちが漠然とイメージしていたほどに「内面」的なばかりのものではないということを、Remindingのありふれた日常事象は教えている。

〈Reminiscing〉

次はReminiscingである。

これは、名詞「reminiscence(s)」が一般に「想い出話」、また著名人等の「回顧録」を指すように、口頭での会話というかたちに範例化されるような記憶・想起の様態をいっている。

（21）リクールが記しているのとは別に、グレーシュはもう一つRemindingの例を挙げているがそれは、写真か地図を見るような状況であろうか、「高い山の上の、この避難小屋で、一夜を明かしたことがあった」（Greisch [2001], 290）というものである。しかるにこれはRemindingとReminiscingとの中間的様態、とでも呼ぶべき種類のものになろうか？

「ねえ、きみは……きみが……私たちが……したときのことを、覚えているでしょう?」
(MHO47)

こうしてRemindingにおいては、会話において話が他の話へと連なっていくように、ある想い出が他の想い出と連なり、喚起しあう。

想い出が他の諸々の想い出へと連なりゆくプロセス。それは日記、回想録、自伝といった(先のRemindingにおける単発的なメモや単語帳とは違って)文脈と内省性を有するかたちのものとして内面化され、または書かれて物質化される。このようなRemindingの含意に対応するフランス語はどうも見当たらない。リクールはドイツ語のGedächtnisがひょっとすると比較的よく対応するかもしれないと語っている(MHO46)。

〈Recognition〉

最後の様態は「Recognition 再認=承認」である。フランス語の「reconnaissance」、ドイツ語の「Anerkennen」だ。これは、哲学史的に重い含意を背負った語でもある。

再認という概念が指示するのは、現在想い出された記憶内容(想い出)と、かつて過去に思念された最初の印象という別々のものが、同一のものとみなされるという事態である。ああなつかしいあの人だ、と。この再認という事態は、先のRemindingにはなかった。ゆえに事例によってはRemindingを補完する契機のように見えることもあるだろう(MHO47)[22]。再認されるとは、「現在とは他なるもの」(autre que le présent)たるかつて出くわし記憶された過去の事柄と、「現前とは他なるもの」(autre que la présence)つまり知覚のように現前するわけではないが今想い出され思い浮かべられているものとが、「同一である」とみなされるということだ。「再認される《事柄》は、二回、他なるものである」(MHO47)。ところが他方で、再認において、再認されるものの「他性」は再認する者にとってしばしば「親密さの感情において、ほぼゼロとなる」（MHO47）。

> 再認という小さな奇跡《プチ・ミラクル》は、過ぎ去ったものの他性を現前の衣で包む。まさに再認においてはre-という接頭辞の「後に」と「再び」との二重の意味で、想起は再-現前化＝表象（re-présentation）なのだ。（MHO47）

再認は二重に、過去と現在とを結びつける。再認が妨げられることなく成就されるかぎりにおいて、そう、ひとは安心感のようなものを得る。安心感としての既視感《デジャヴュ》。「生き返った過去を享受することにおいて、ひとは自分をそこに再び見出し、くつろぎ、ホームにいる（chez soi, *heimlich*）と感じる」（MHO47）。だとすると反省性／世界性の二極性ということでは、再認は反省性のほうにずっと近づいたものだというべきか？

いや、そうみなすのはやや性急だ。ここでリクールはある意味では当面の記憶の現象学を越えて『記憶、歴史、忘却』の論全体にまでおよぶ、重要な指摘をする。

> この再認という小さな奇跡は同時に、現象学的分析にとっての大いなる罠（grand piège）でもある。この再-現前化（re-présentation）は、われわれの頭のなかに、つまり《in the Mind》にあるとみなされる表象（représentation）という不可視の囲いの内部に、反省を再び閉じ込めてしまいかねないからだ。（MHO47）

再認が、過去に出会った人物や出来事を、ひとの内面において（《in the Mind》）確認させてくれることは、反省性の勝利というよりは、反省性と世界性との直結・短絡というべきだ。この直結が、記憶を世界のほうへとダイレクトにつなぐものであるのか、それとも世界との連絡を遮断してしまうものであるのか。それは、アプ

（22）リクールの文章は「un complément important du rappel」、すなわち「rappel の重要な補完」。この「rappel」は目下の文脈からして先の Reminding をフランス語でいったもの。邦訳書は「想起の重要な補完」（上巻78頁）と訳出、わかりにくい。

リオリに決定されてはいない。そのつどの状況が、再認の実質をアポステリオリに左右する。再認の安心感と罠とは裏表である。日常言語の次元でいえば、そこには錯覚・思い違い・思い込みの可能性が不可避に孕まれている。(23) 理論哲学的にいえば、(24) そこには自己円環をなす主観性の観念論の罠があると指摘されよう。それは「記憶の作業」が育む果実なのか、それとも作業の停滞・沈殿なのか。

「再認」という事象は、記憶＝表象＝再現前化をめぐる、さまざまな困難の交錯点のようなものだ。人間存在がこの世界を生きてゆくなかでの、深く、重いなにかだ。

身体性および空間性の記憶の諸様態

以上、「in Mind」と「beyond Mind」とのあいだの「途中路」(mi-chemin) にケイシーが分節化した記憶事象の三様態「Reminding / Reminiscing / Recognizing」を私たちは確認した。リクールは、次いでそれらに、記憶の身体性および空間性の様態についての彼オリジナルのごく短い記述素描を付け加える。

身体性の現象学というと、もはや志向性等々といった契機に頓着しない種類の「現象学」がただちに連想されるかもしれない。だがリクールいわく、「私見では、これらの現象は志向性の領域を去ることはない。ただ、その反省的でない次元を開示するのだ」(MHO48)。私たちはケイシーによるいくつもの分節化を見たばかりであるから、現象記述を一元論的な平板さに陥らせる危険から身を守る術を心得ているはずだ。

さて身体的記憶は、先の習慣／記憶の二極性と重ね合わせてみるなら、「習慣的身体」から「出来事的身体」(corps événementiel) へのグラデーションをなすものとして現われてくる (先の130ページの図も参照)。典型的な習慣的身体とは、「私が乗り慣れた自動車を運転する習慣のように、《働かされ》うる」(MHO48) 身体である。あるいは、習慣性に近接するが、運動性とイマージュ性をあわせ持つような記憶様態もある。「私は、ある町のある家に長く住んだことを、記憶している。世界のこれこれの場所に旅行したことを、記憶している」。ミシガン湖畔の街並み。パリ郊外を走るRER。私の身体的記憶が場所の記憶でもあるがゆえにこそ、たとえば「警察の捜査のための証人のように、それらの場所について私は《そこに私はいた j'y étais》[25] ということができる」。

もちろん身体は、なんらかの場所・時期と結びつけられた、感情とともに記憶される。

私は、過去の人生のあれこれの時期に私の肉体で享受したこと、苦しんだことを、想い出す。(MHO48)

身体的記憶には「なじみ」(familialité) と「よそよそしさ」(étrangeté)[26] とのグラデーションや交錯がある。過去の人生上の「試練の時期、病、負傷、心的外傷」。艱難《かんなん》辛苦の記憶は、場合によっては当の特定の日付や場所へと憑依するようにして私を苦しめるが、そのぶんかえっていっそう私の存在の一部ともなっていく。持病、苦痛。身体の傷と肌理。それらとの距離の取り難さは、私の過去と現在をつなぐ物語的関係を硬直させたり、揺

(23) グレーシュは、ここでいう再認が、オブジェクタールな現象学の範囲内にあることによって、たんに物事の過去性を「中立化」(neutraliser) された自明に実在論的・客観的に把握される事実とみなすような態度から守られているからこそ、こうした危険、「罠」もまた的確に見出されると指摘 (Greisch [2003], 97–98)。妥当な指摘であろう。

(24) リクールは、再認の問題が複雑であることは、この問題が〝記憶論〟の範疇において扱われることと〝知覚論〟の範疇において扱われることとの両方があるという「奇妙な運命」(MHO47) にも表われていると指摘している。『純粋理性批判』A版の演繹の「三重の総合」での「Rekognition」の登場の仕方がきわめて緊張を孕んだものであったことを想起すべきだ。

(25) 証人の「そこに私はいた j'y étais」は、また後で「証言」論に関連してゆく（本書第2章第3節）。

(26) 「よそよそしさ étrangeté」という観念をリクールは、ずっと後で第三部で刑事裁判の場を取り上げるときに、過去の犯罪的出来事（の記憶）というものを形容する際に用いる（本書第4章第2節）。

さぶったりし続けるだろう。「記憶の作業」の必要性と困難がそこに存している。その他方で、

諸々の幸福な記憶も、とくにエロティックな記憶は、過ぎ去った過去における特定の場所への参照をもっており、かつ、その記憶のうちに匿われた反復の約束も忘れられない。（MHO48–49）

受苦や幸福の記憶は、出来事的身体と習慣的身体の二極性にして重層化として、「in Mind」と「beyond Mind」のあいだに織り重ねられていく。

〈日付〉という次元

ところで、身体的場所的記憶の記述は、空間・場所や日付といった、客観的《オブジェクティヴ》な地理学的・歴史学的、ないしは幾何学的要素とみなされるものどもを知らず知らずのうちに借用してきているのでは、とも思われないか。最後にこの点について、少々補足検討しておくのがいいだろう（あとの本書第2章204頁の図も参照）。

記憶における「日付決定」（dation）と「場所決定」（localisation）の身分いかんは、日常実践的にはなんのつまずきも引き起こさない。なんのむずかしさもない。

だが、哲学的には難問だ。

「日付決定と場所決定の現象学は、どこまで幾何学的空間——ユークリッド的ないしデカルト的な——の客観的《オブジェクティヴ》認識と、物理的運動によって分節化される年代順序的時間の客観的認識から借用をすることなしに、構成されることができるのか」（MHO49–50）。なるほど「身体的記憶と場所の記憶との間の絆」を第一に確認できるのは、現象学的記述の功績であろう。ひとは幾何学的数値的な空間把握を中心にして場所を記憶しているわけではない。「身体は一次的な場所、〝ここ〟を構成するものであり、〝ここ〟との関係において他の諸々の

場所が〝そこ〟になるのである」。だが、「いつまでも客観化された（objectivé）時間と空間を宙吊りにして留保しておくことができるだろうか。中立的な場所のシステムを引き合いに出すことなしに、私の〝ここ〟を他人の身体が境界づける〝そこ〟に結びつけずに済むように、できるだろうか」（MHO51）。思うに、自然主義から奪還された「生活世界」（*Lebenswelt*）への帰還とは、街の地図や家の間取り図という「幾何学的」なものがなにを意味するのかさえおよそ理解できなくなる、というようなことでは、ないはずであろう。

時間のほうにかんしてはたとえば、そういえば、

ベルクソンは、空間的カテゴリーによって持続の純粋経験が汚染されることの危険にあれほど警戒していたのでありながら、彼自身、習慣–記憶に対置される、想い出–記憶を日付（datation）の現象によって特徴づけることを禁じなかった。（MHO50）。

リクールによるこの指摘は、（社会的事象との連関が明示されていないことで読者・研究者を長らく困惑させてきた）『物質と記憶』の論旨のなかの暗黙の前提を、非常に興味深い仕方でシャープに突いている。きっとベルクソン哲学に詳しい読者の方はいろいろな感想をお持ちになるだろう。ベルクソンは記憶を説明するために日付を引き合いに出した。しかし日付なるものが彼の論にとっていかなる位置づけを有しうる契機であるのかは、示してはいなかった。おそらくは、日付の位置づけを考察するような種類の論を『物質と記憶』の枠内に持ち込もうとすれば、さまざまな困難・齟齬を惹き起こしかねなかったであろう。だが、そうだとしても、暦法的日付の問題は、あらゆる哲学的記憶論にとって、看過できないものである。「日付」の介入は、ベルクソンの理論的不徹底というよりも、事柄の要求する必然であったと見るべきだ。記憶とは、日付や場所による客観化という〝汚染〟を免れうるほどに、純粋に内面的なものなどではない。

観光地への旅行で、ひとは日付ある想い出をもつ。ミュンヘンの-市庁舎の前を-あるいた-夏の-あの日。このことに含まれているのは、（理論的には総合不可能なアポリアの関係にある）現象学的な時間と物理的客観的な時間とを、暦法的時間《カレンダー》によって実践的に交叉統合化することである。記憶の日付可能性は、世界性と反省性とのそうした交叉によって成り立っている。体験的なものと客観的なものとの「脱包含」（désimplication）と相互「再包含」（réimplication）の「止揚不可能な弁証法的運動」（mouvement dialectique indépassable）[27]のうちで、「場所の記憶の現象学」は動いているのだ（MHO51）。

記憶の現象学的素描の最後に、リクールが客観的空間・時間についての補足を付した理由は、ひとつには〝もっぱら身体論的な現象学〟から明白に一線を画するためであるが、それだけではない。狭義の記憶の現象学というよりも、諸々の記憶がなんらかの仕方で記録や史料と転じていって、当の記憶を記憶していたのではない人々によって記録や史料が読み解かれその日付や場所が確定される作業、要するに歴史記述の作業をも、念頭においていたからだろう。ここですでに〈記憶と歴史との境界線上に位置するような事柄〉をどういうスタンス・方法論で取扱うかが、大きな問題のひとつとなっていくことが示唆されているのだ。この点はまた後に〈歴史〉についての考察においてあらためて本格的に取り上げられるべきである。

ひとまず記憶事象とそこに潜む諸問題についての現象学的素描は、これで終了する。――リクールのいい方では「私は記憶の現象学の素描を、完成する（achève）というより、中断する（interromps）」（MHO53）。

3 ◆ 記憶とイマージュ

蝶が花々をわたるような素描を経たあと、記憶の現象学の次の課題はなにか。単純明快。第二のステップ、ノエマ的なもの（＝なにを記憶するのか）からノエシス的なもの（＝どのようにして記憶するのか）へと反省的折り返しを敢行することである。想像（力）と記憶（力）との共通性と差異という核心にぐっと踏み込むことだ。

ここでの論は『フッセリアーナ第二三巻』の解釈を中心とする（フッサール用語が飛びかうことをご容赦いただきたい）。くわえて次にベルクソンの実在論的な記憶論とサルトルの反実在論的な想像論とを二極配置させるという順序をとる。フッサールとベルクソンを論じるのはリクールにとっては昔取った杵柄で腕が鳴るところ。少々の気負いも感じられるが、さすがは論は手慣れたもので軽快かつ濃密だ。

(i) 像、準現前化、定立──『フッセリアーナ第二三巻』

表象、現前化、準現前化

「当惑させる問題はこれだ。記憶は一種のイマージュ（image）であるのかどうか。もしそうなら、どのようなイマージュなのか」（MHO53）。このようにリクールは問いを掲げる。

---

(27)「indépassable」は邦訳書のようにたんに「越えられない」ではなく、「止揚〔揚棄〕されえない」と訳出するほうが妥当。

「どうやって両者の紛糾、さらには混同を説明すればいいだろう。それはたんに言語表現のレヴェルにおいてだけではなく、生きられる経験のなかにも存している」。というのも、日常言語においてひとは「ひとが過去について形成するイマージュとしての想い出」についてつねにすでに語っているからだ。〝記憶は一種のイメージだ〟。なるほどそうだろう。自明すぎてその手前にも彼方にも行くことは難しい。

基本に立ち返ろう。

まず、「想像力と記憶力の共通の特徴は、不在のものの現前（présence de l'absent）ということ」である。そして、「両者の相異は、前者は実在のあらゆる定立（position）を宙吊りにするもの（suspension）、非実在（un irréel）のヴィジョンであり、後者はかつての実在的なものの定立である、ということ」（MHO53-54）に存している。共通と相異。だから必要なのは次のような手続きになる。まずは想像と記憶を分離して分析する。その後に、両者が結びつかねばならない必然性がどこに存しているのかを取り押さえる。そういう順序の手続きだ。[28]

想像的イマージュと記憶（想い出）との「形相的諸差異」（différences éidetiques）を分析するための水先案内人は誰だろう。やはりフッサールである。さて『フッセリアーナ第二三巻』は、さまざまな未刊草稿を集めた巻で、校訂注などを除いても六〇〇ページは下らない大部の書物だ。「表象《フォアシュテルング》・像《ビルト》・想像《ファンタジー》 *Vorstellung, Bild, Phantasie* (*1898-1925*)」と題してフッサールの二五年以上にわたる諸々の断片的分析を集成している。この草稿集のなかには先に「素描」の際に取り上げた『内的時間意識の現象学』第1・2章（一九〇五年）との問題設定の並行性もあるもよう。未刊草稿のなかに、公刊著作にはない発想が隠れていないだろうか？

ひとが『フッセリアーナ第二三巻』に見出すのは、さまざまな特異な意識作用《ノエシス》をそれにとっての相関対象《ノエマ》たる「ゲーゲンシュテントリッヒなもの」（Gegensändlichen）によって、つまりリクール的にいえば「オブジェクタールな相関者」（corrélats objectaux）によって見分け区別する、という探求の歩みである。

ここで取扱われる事象の記述はすんなりとは進まない。理由は諸相関者の錯綜のみでなく、術語の混乱にもある。紹介しよう。やはり第一に挙がるのは、厄介な伝統を背負った「Vorstellung 表象」。これがフランス語では「義務的に、また遺憾なことに «représentation» と訳される」(MHO55) ことで混乱は増幅する。フッサールは知覚における対象の現前のことを「現前化 Gegenwärtigung」と呼ぶとして、その他の想像などにおける契機のことを「準現前化 Vergegenwärtigung」と呼び分けた。この「準現前化」はフランス語においては「présentification」と訳されることもあるが、Vorstellung と混同される余地をもちつつ、分綴ハイフンを用いて「re-présentation」と訳される場合がある。またサルトルが『想像力の問題 *L'imaginaire*』のなかで術語として用いていた「準-観察 quasi-observation」もある意味での「Vergegenwärtigung」の訳語の一つといえる。(29)

Bild と Phantasie

さて、「Bild と Phantasie との区別はフッサールを、当草稿群の最初の時期（1898–1906）から、つまり『論理学研究』の時期から困惑させていた」(MHO56)。

「Bild 像」ということで現象学者フッサールが念頭においているのは、間接的な描写としての準現前化にあたるものどもだ。たとえば肖像、絵画、彫像、写真など。これは先にリクールが整理確認したアリストテレス

---

(28) 邦訳書上巻86頁の「……想像力とイマージュの結合をいったん外して……」という箇所のなかでの「イマージュ」という語は、「記憶力 la mémoire」(MHO54) の誤りである。

(29) 「quasi-」という語彙でこうした表象・準現前化の事象を指し示す仕方は、サルトルというよりフッサール自身もしばしば行っていたことなのだが、その後の時代では、あまり使われなくなった。しかしさらに時を経て、リクールは『時間と物語』で「準-出来事」「準-筋立て」といった語彙／概念をまさに論の鍵として用いることとなった。本書補章も参照。

『フッセリアーナ第二三巻』での概念区別

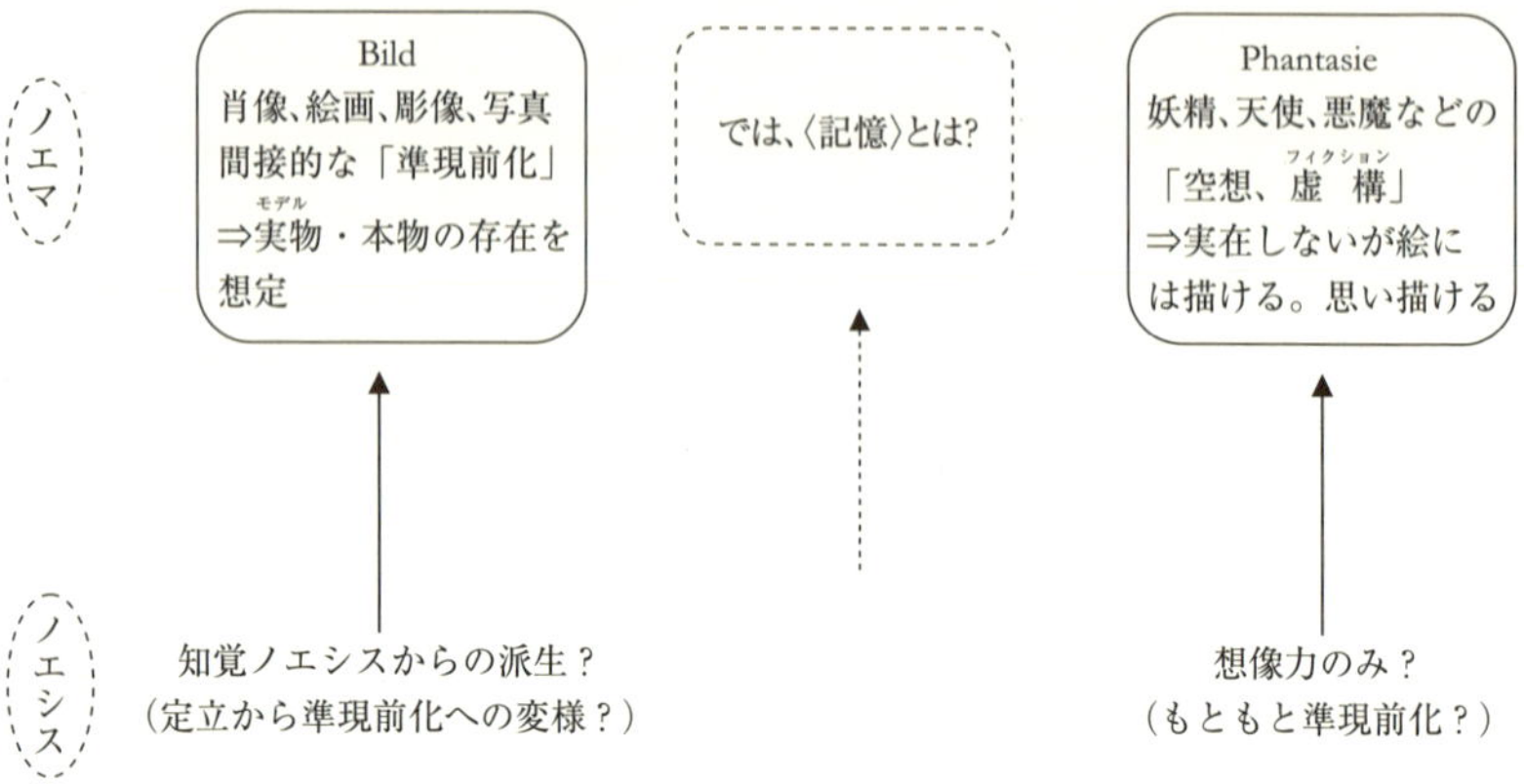
ノエマ
Bild
肖像、絵画、彫像、写真
間接的な「準現前化」
⇒実物《モデル》・本物の存在を
想定
では、〈記憶〉とは?
Phantasie
妖精、天使、悪魔などの
「空想、虚構《フィクション》」
⇒実在しないが絵に
は描ける。思い描ける
ノエシス
知覚ノエシスからの派生？
（定立から準現前化への変様？）
想像力のみ？
（もともと準現前化？）

の意味でのエイコーンということができる。つまり、絵は絵それ自体であり、かつそれが描いたモデルを指示するものでもある。二重の意味でそれはイメージ〔イマージュ〕である。この二重性が良くも悪くも直感的に渾然一体となった仕方で、日常言語のレヴェルでは〝この絵はなにを描いているのか〟、〝この写真に写っているのは誰か〟というようなことがいわれる。たしかに。そうした〝描き指し示す〟という意味を汲んで、「Bild」に「dépiction 写像〔画像化〕」[30]と訳語を当てることも一選択肢である。

それにたいして、「Phantasie〔想像（力）、空想〕」の語にはフッサールは、妖精、天使、悪魔などといった伝説上の存在のイメージを割り当てている。場合によっては「Fiktum 虚構《フィクション》」といいかえ可能。「フッサールがそれらの空想《ファンタジー》＝虚構に関心を持つのは、信憑〔信念〕という事象の一性質である自発性とそれらとが、結びついているからだ」(MHO56)。

ところで『イデーン』期のフッサールは、Phantasie の固有の中立性の様態に強く着目するようになるのだが、同時に、Phantasie が有体的現前や個体性という契機からは極端に遠いものになってしまうことに、悩むことになる。「そうなると

Phantasie は、イギリス経験論でいうところの impression との対置において、idea が受けもつ領域すべてを占めることになる」(MHO57)。これは悩ましい。つまり一般化をして Vorstellung と同義のようになってくるということだ。そうなると「悪魔物語だけでなく、文学的フィクション一般やその他のものどもも問題に入ってくる」。しかしここで逆に露わとなるのは、やはり idea 一般にはないような Phantasie 特有の性質契機だ。神話的動物ないしは創作上の架空の人物・土地等々の Phantasie がもつ性質としての、実在しないが想像において思い描いたりあるいは絵に描いてみたりすることはできるということ。すなわち、有体的知覚的直観とは異なる「現前提示しない直観性」[31](intuitivié non présentante; MHO57) の契機である。

「以上のような区分・細分化のうちに、記憶の現象学が内包されている」。だが、「フッサールの果てしのない分析」は、諸契機が「相互侵蝕しあう」なかで攻めあぐねつつのリサーチの歩みとならざるをえない。「Bild」すなわちイメージと空想的「Phantasie」とは、実物(あるとして)の現前を見るのとは異なる、「現前提示しない直観性」[32]という契機において共通している。この両者では定立ないし信憑は当然「宙づりに」(en suspens: *aufgehoben*) なっている。ところで記憶とはたんなる空想ではないから、どちらかというなら「Bild」と

---

(30) 英語「depiction」の直接転用と思われる語で、フランス語としては普通の辞書には載っていない語彙だが、美学などのジャンルでは、写真・肖像画・漫画などにおける視覚的要素のみを特化させていうときなどに用いられるようである。中立性・事実報告性・表層性・視覚的判明性といった含意。リクールは『イデーンⅠ』仏訳では、名詞「Bild」を「image」と訳し、訳しにくい動詞「bilden」を「dépeindre」と訳出していた。したがって「dépiction」は「dépeindre」の名詞化ということになる。「dépiction」の日本語への一義的訳出は難しいが、『記憶、歴史、忘却』邦訳書が採っている「描写」はいささか一般性が強く読者の理解を難しくさせる。渡邊二郎の『イデーンⅠ』邦訳では「Bild」は「写像」と訳されている。

(31) リクールは「présentant(e)」というあまり見かけない形容詞ないし分詞を用いている。連想されるのはホワイトヘッド『過程と実在 *Process and reality*』の術語「presentational immediacy」であるが、これは「現示的直接性」などと訳される。

密接に結びついているはずだ。では記憶–Bildと空想《ファンタジー》とはどう区別されるか？ ここでもし、かつて実在した事象についてであるという「記憶内容への存在信憑」（Seinsglaube an das Erinnerte; MHO57）の性質を基準とするならば、それなら記憶と空想《ファンタジー》との区別は —— 少なくとも理論上では —— 明確に成立しうる。

空想には、再産出された過去が現在することの《あたかも……のように comme si》が欠けている　（MHO57）

からだ、と。空想は直観を欠く。それにたいし、かつて実在したものの「写像されたもの」たる記憶像《ビルト》は、想起されることにおいて「直観的準現前化」（présentification intuitive）をされうるものである。そしてそのような準現前化が可能であるからこそ、「写真で親しい人物を再認する」ことも可能となっている。

このような意味において記憶は像《ビルト》＝イマージュである面を有するのだとするならば、記憶は、知覚のそれと異なりつつも近しい「定立的次元」（dimention positionnelle; MHO58）つまり現実存在だとして定立することを含むということになる。ちなみに『イデーンI』第百十一節「中立性変容と想像」では、「記憶はひとつのきわめて特別な定立的体験である」（... ist die Erinnerung ein ganz spezielles setzendes Erlebnis.）と述べられる。かくして「定立的次元」が表立ってくる。「定立的次元」の事柄によって区別をおこなうことは、像・空想・記憶をめぐる問題へのひとつの解答提出ではある。これで無事解決ですか？ いやいや。それは別の錯綜の始まりでもある、とリクールは見て取る。

定立＝信憑〔信念〕という主観性のノエシス的な契機に事柄を支える立脚点が移動してゆくことは、オブジェクタールな相関者のほうから分析がいつしか切り離され、独我論的な観念論という危険に接近することをも意味している。『イデーンI』という書物の歩みを偉大なものとしまた困難にもしているのは、まさにこの危うさの綱渡りであった。年代的なことを注釈すれば、「『イデーンI』〔一九一三年刊〕以降の諸テクストにおいては、定立性を基準にすることがどんどん強められていく」（MHO60）のだが。

定立、現前、現在

フッサールの仕事の時期を戻して、いま一度、記憶と定立にかんして一九〇五年の『内的時間意識の現象学』の論を再確認すると、どうだろうか。

第一次想起＝過去把持は、まだ現在的知覚に引っかかっている以上、明確に定立的である。そして記憶＝第二次想起は、それが知覚されたときの現在からはもはや離れてしまっているが、過去把持からの「変様」である限りにおいて、やはりある種の定立性格を有している、とみなされる。だがその後フッサールの考察は時間の流れの自己構成、「原《ウア》意識」（Urbewusstsein）へと、諸々の契機を究極的に収斂させようとする。

そのとき、記憶＝第二次想起は、二重の意味で位置付けを見失ってしまうのである。第一には、（生きいきとした）現在の自己構成のうちには、過去把持の近接過去は場所を持ちえても、記憶に固有の遠く隔たった時間的過去は真正な位置づけを与えられえない、ということにおいて。そして第二には「もはや背後に、それが意識されるような意識をもたない」（das hinter sich kein Bewusstsein mehr hat, in dem es bewusst wäre; §42）ところの自己構成的意識の内向きな「ad intra」（MHO61）な現象学が、遠心的な「ad extra な志向性」の現象学からみずからを切り離してしまうことにおいて。そうして記憶には、自己構成する意識の埒外に放り出されるか、あるいは現在的意識の優位のもとで過去把持の範疇のうちにおしなべて吸収されてしまう――「過去把持の独裁」（MHO141）――か、という二者択一しか残されていないかのようになってしまう……。準現前化は「非-現在

（32） *Husserliana* XXIII, pp. 245–246.; MHO59.

化」(non-présentation)であるという否定性が強調されていくことになる。こうして、自己定立の確実性を追い求めることは、準現前化的定立にかかわるものどもをすべからく派生的なものとして排除することに止みかねない。

しかるにこうして自己構成という「極端な主観主義」への収束に傾いていく、『内的時間意識の現象学』の論がフッサール的な記憶論の収斂するべき場所なのだろうか？

かならずしも、そうではない。

じつは『内的時間意識の現象学』とは異なる方向性が『フッセリアーナ第二三巻』の考察には独自に見出されうるとリクールは指摘する。両書の論には「アプローチの相異」があるのではないか、と。

すなわち『フッセリアーナ第二三巻』においては、諸々の準現前化の種類を含めて「現前化」(Gegenwärtigung / présentation)の契機は、「今」(Jetzt / maintenant)としての「時間的現在」(présent temporel)とは区別されている、とリクールは指摘するのだ。かつそこでは「記憶のオブジェクタールな分析にとって差し障りない仕方で、〈今〉という主題が不在のままとなっている」(MHO60)と。この『フッセリアーナ第二三巻』のスタンスをリクールは固有の意義を有するものとして評価する。そしてまさに『フッセリアーナ第二三巻』で行われているように、思い浮かべる・表象するという(準)現前化と、時間的今・現在の非主観主義的リアリティとは、分節され区別されるべきではないのか、とリクールは提言するのだ(MHO60–61)[33]。

なるほどかりに知覚をもっぱら範例として考慮すると、現在と現前はあまりに密接なため区別しづらい。このことが「現前の形而上学」を非難する人たちにとってもそうでない人たちにとっても[34]現在と現前との区別可能性を遮蔽しうる。しかしやはり、それを基準として時間的距離が測られ過去と未来が指示されるものとしての今・現在(présent)と、想像・記憶・空想といった契機が持つオブジェクタールな現前(présence)・準現前化

（présentification）の契機とは、原理的には位相を異にしている。「現在」と「現前」とは異なる。現前は現われであり、現在は行為の現在時である。まさにこの区別を維持することによってこそ、〈過去の記憶を-現在において-想起すること〉に固有の身分を確保することができる。想起するとは、現在において-（準）現前させようとすること、なのだ。

以上、ここでのリクールのフッサール読解・分析は、締めくくりとして現在と現前の問題をぴしりと指摘したわけだった。像・想像等の問題からピントを合わせる場所が若干途中でずれた締めくくりという感も、私の印象では少々なくはないのだが。とはいえ敷衍していま一度まとめれば次のようになろう。

現在的自己構成（の自己現前）へと依拠することでもってして、そこから記憶・想像の準現前化の事柄が演繹

（33） この内容の原文は「Ne doit-on pas conclure qu'il ne faut pas séparer le present, le maintenant – notion sur laquelle se règle la suite des indicateurs de temporalité – de l'idée de présentation sur laquelle se repèrent les variétés de présentification?」(MHO60–61)。「ne doit-on pas conclure que ...」は、文法的には否定疑問、「以下のように結論づけてはいけないだろうか……?」という、反語的な仕方での肯定文、要するに「以下のように結論づけるべきであろう」という意味で用いられるのが通例である。だが今回の場合、一つ前の文で「時間的現在（今）」と「現前化」とを「区別」することが「差し障りない sans dommage」とされている内容面をかんがみるならば、当該の文は、反語的肯定（「結論づけるべきではないだろうか」）ではなく、疑問文（「結論づけないべきではないだろうか」）と解さなければ、文脈がつながらない。英訳は〝直訳〟で役に立たないが、ドイツ語訳は文頭を疑問文的に倒置しつつも、文末はクエスチョンマークではなくピリオドで終えるという処理を行っている。二重否定（疑問形を加えれば或る意味では三重否定）的な文章で、リクールがやや勢いで書いてしまったか。

（34） リクールはここでの『内的時間意識の現象学』読解に際して、ルドルフ・ベルネ Rudolf Bernet による諸論稿、すなわち『フッセリアーナ第一〇巻』への序文（一九八五年）、論文 „Die ungegenwärtige Gegenwart, Anwesenheit und Abwesenheit in Husserls Analysis des *Zeitbewusstseins*“ (in *Phänomenologische Forschungen*, éd. par E. W. Orth, 1983) をおおいに参照していると述べ、またその解釈手法は強引なところも多いが、主張はおおむね同意できると評価している（MHO141n–142n）。

的に導出されることはありえない。『内的時間意識の現象学』と『フッセリアーナ第二三巻』との対比を通してリクールは、記憶と想像の問題を考察するには遠心的な「ad extra」の現象学の水準に踏みとどまることが求められるのだと指摘する。なぜか。記憶と想像はいずれも準現前化作用としてオブジェクタールな相関者を捨象しえない事象だからだ。準現前という身分がいかにとらえどころのない、不確かなものと思われようとも、考察の眼差しをそこに踏みとどまらせ、準現前にしかるべき固有の位置を与える努力を回避してはいけないのだ。そのことによってのみ、作用＝行為＝信憑としての想起することと・想像することの時間的現在の尊重と、記憶の過去性の尊重とが適切に両立しうる。「記憶と像《イマージュ》との類縁性」（MHO61）が、哲学的記憶論の眼差しを戸惑わせると同時に、その導きの糸でもあるという二面性を私たちは正当に見て取らねばなるまい。

フッサールの「迷路」（dédale）[35]的な分析に同伴しつつのリクールによる現象学的考察からの、現前と現在との区別というこの慎ましい成果。これは、〈過去の記憶を想起しつつ−現在時を生きつつあること〉というベーシックな事象を、観念論と実在論の二者択一に陥らせないための、ひとつの重要な手がかりたりうる[36]。

(ii)「純粋想い出」と「幻覚」——ベルクソンとサルトルを二極配置する

先のフッサールとの歩みにおいて、記憶と想像との区別という論点は、次第にオブジェクタールなレヴェルの事象分節から「定立」についてのいわばノエシス的な区別へと移行していった。それはひとつの回答であると同時に、別の難題、すなわち観念論の危険を提示するものでもあると私たちは確認した。

もし記憶力と想像力という二能力を実体的に立てて、両能力の実体的区別によって対象としての記憶されたものと想像されたものとの区別が明確になるのであれば、ちっとも問題はない。たとえるなら、青のペンと赤のペンが（ノエシスとして）あって、青のペンは青色の図を、赤のペンは赤色の図を（ノエマとして）描くと完全にあらかじめ決まっている、というように。しかしながら哲学的には、概してそうした能力心理学的な論証は〈説明されるべきもの〉《エクスプリカンドゥム》と〈説明の原理〉《エクスプリカンス》との転倒ないし混同を前提してしまっている。たとえば目の前に紫色が現われている。このことが先にあったのであって、それを後から青と赤とに分離してみたところで、最初の紫色の現われという現象を説明することにはならない。どうして？　青のペンと赤のペンで描いたものが混ざったのではなく、もともと紫のペンだったかもしれないでしょう。――そういうわけで、考察において事象に即するということがこの場合記憶と想像との区別を堅持することであるのか、それとも区別し難さそのものを堅持することであるのかを、事前に決めてかかるわけにはいかないのである。

定立性格のノエシス的な違いにおいて記憶事象と想像事象とを判明に二分することは、少なくともあるレヴェルでは可能である。そのことは確認しておこう。そう確認したうえでリクールは改めて記憶と想像＝イマージュとの区別し難さについての記述を試みる。どう記述するのか？　記憶と想像とを二極性として位置づけて、記述してみるのだ。またお馴染みの仕方である。その二極性としての取扱い方を辣腕リクールはやや大胆にも、ベルクソンとサルトルという対をつくって獲得する[37]。

(35)　リクールはこのフッサールに同伴しつつの分析考察が、若干煩雑だったことについて、やや弁解めいたことを記している。「フッサールに同伴してのこの旅は、諸々の交錯の迷路のなかで、困難な遍歴となったが……」（MHO61）。

(36)　現前と現在との区別ということは、じつは『時間と物語Ⅲ』でも登場していたテーマであった。後の本書補章も参照。

(37)　ベルクソンとサルトルは、いずれもリクールの仕事では、最初の『意志的なものと非意志的なもの』で少し登場したきり、以後名前も見ることがなかった存在であり、『記憶、歴史、忘却』においてこのように彼らの姿が見えることは、興味深い。しかし、ベルクソンとリクールのあいだの齟齬が生み出す創造性と困難との双方を、着実に見て取る必要がある。

ベルクソン『物質と記憶』――「純粋想い出」と「イマージュ-想い出」

まず記憶論の古典『物質と記憶』の「純粋想い出〔純粋記憶〕」という概念を、一極として見てみよう。いま意識的に想い出されてはいないのだが、しかし消滅してしまったのではなく、完全なかたちでどこかに保存されている記憶、それが「純粋想い出」（souveniv pur）である。

そして「私は作業仮説として、《純粋想い出》から《イマージュ-想い出》への移行というベルクソンの概念化を採用する」（MHO61）。ここで「作業仮説」と断る必要があるのは、『物質と記憶』の有名な論から一側面のみを抽出するためだ。つまりリクールは、ベルクソンの論における「身体と脳の役割にかんする、そして帰結として記憶の非物質性を主張するものである〔語の強く高貴な意味での〕形而上学的テーゼ（thèse métaphysique）を、心理学的〔現象学的〕記述から分離して別に置いておくという配慮」（MHO61）のもとで、ここでは「記憶の非物質性」テーゼを括弧に入れる（もし像的なものと区別された「純粋想い出」というものを端的に設定することができるならば、プラトンのように「エイコーン」をめぐる諸々の紛らわしい比喩を駆使する記憶論のわずらわしさからひとは見事に解放されることになろう。しかし実際にはその場合も、今度は純粋想い出の非物質性という、イデア論とどこかで類似した困難に出くわさざるをえない）。つまり、「純粋想い出」が保存されているのはどこなのか（脳に？ 魂に？ 閻魔帳に？）ということはいまは問わないでおこう、ということだ。ちなみにこの「記憶の非物質性」という形而上学的テーゼは『記憶、歴史、忘却』の一番最後の箇所で、まったく別の枠組みにおいて少しだけ触れられるかもしれない（本書では終章）。ともあれそうして括弧入れをしたうえでここでは、純粋想い出のイマージュ-想い出への移行についてのベルクソンの記述を、抽出し、参照しよう。

というわけで、

いまだイマージュ化〔映像化〕(mis en images)[38] されないでいる《純粋想い出》というようななにものかが存在すると仮定しよう。(MHO62)

さて、広義の知覚ないし経験においてひとがおぼえることがある「既視感《デジャヴュ》」(sentiment de «déjà vu») が一般に告げているのは、なにか。それはイマージュ‐想い出と知覚との混合、二重化という現象である。ひとはそれを「再認」(reconaissance) とも呼ぶ。しかしいまは、「純粋想い出」がイマージュ化する移行過程をその根っこで取り押さえるために、再認事象とはひとつ別のものとして、「想起の作業」そのものに着目しよう(ここでリクールは『物質と記憶』の独特な「再認」論への深入りを繊細に回避している[39])。

想起の作業、つまり「純粋想い出」がそれとは本性を異にするとされる「イマージュ」になるという事態。

このありきたりにして不可思議な事態については、

---

(38) リクールがこの箇所などでしばしば述べている「mettre / la mise en images」といういい方は、おそらくベルクソン自身は用いていないのだろう。二〇〇〇年時点の一般的語感からすると、「映像化」「映画化」という意味で使用される表現。

(39) 『物質と記憶』における「知覚」「想起」「再認」そして「イマージュ」という諸契機の重なり合いと差異はきわめて複雑であり、かつ解釈の材料となるテクストは限られているため、紛糾は避けられない。「われわれは純粋思い出、イマージュ‐想い出、知覚という三つの項を区別したが、ただしこれらのいずれも実際には、孤立して現われることはないのである」(*Matière et mémoire*, p. 147/276.)。リクールはそうした点を意識して注意を払っている。最近の、専門家による秀逸に整理されたこの論点にかんする解釈としては、参照、杉山直樹『ベルクソン　聴診する経験論』:「『物質と記憶』の「イマージュ」概念は、多くの困惑と共に、種々の冒険的な解釈を喚起したものである。……確かにいいうるのは、特に知覚という経験においては、ひとはまず非人称的な層から出発していることを認めざるを得ないと〔一九〇五年のジェイムズ宛書簡で〕ベルクソンが述べている、ただそのことである。それ以上のことはさしあたりいわれていない。『物質と記憶』においても「イマージュ」の根本的な「非人称性」が繰り返し述べられてはいる。しかし、それを超えて、そこからのみ「私」という人称性までもが導出されるという議論を、ベルクソンは行っていない。」(122―124頁)

潜在的なものから現勢的なものへの移行として、あるいは星雲上のもの（nébuleuse）の濃縮ないしはエーテル的現象の物質化としてしか、ひとは語ることができない。（MHO63）

他にもベルクソンは「深みから表面へ、暗がりから光へ、緊張から弛緩へ、心的生の高みから最下層へ」といった隠喩をつかって、この「働いている記憶力の運動それ自体」をいい表わそうとする。さて、

この運動は、ある仕方で、想い出を知覚のそれと類似した現前（présence）の圏域へと導く（MHO63）

ことになる。ここで私たちはベルクソンのイマージュ論の特徴をよく把握しておく必要がある。すなわち、イマージュ化の運動において「動員される想像力＝イマージュ化能力（imagination）は、どんな種類のものでもよいわけではない」（MHO63）。というのも『物質と記憶』のいうイマージュは、空想・フィクション化・非実在化などとしての想像作用とは次元を明らかに別にしているのだった。『物質と記憶』の「イマージュ」は、先の『フッセリアーナ第二三巻』の言葉でいえば「Phantasie」ではありえず、「Bild」なのだ[40]。リクールいわく「まさに視覚化する機能（fonction visualisante）、見さしめる仕方が、ここで称揚される」。これはアリストテレス『詩学』における「光景 ὄψις」、さらにいえば『修辞学』の「眼前に髣髴させる πρὸ ὀμμάτων」にあたる、とリクールは（『時間と物語』でのアリストテレス論を喚起しつつ）付け加える。

少し脇道にそれるが注釈を付そう。『物質と記憶』の独自な術語としての「イマージュ」に、視覚像というニュアンスはどの程度あったのか。あるとして「イマージュ」という事柄にとって一次的・本質的であるのか、あるいは視覚像というニュアンスは二次的として退けるべきなのか……。こういった点は一〇〇年以上にわたって、ベルクソン解釈者たちを煩悶させる難問であり続けてきた[41]。むろんリクールもそうした点は十分承

知している。ともかくここでのポイントは、ベルクソンにおいては「イマージュ」は実在的・現実的なものと解されるという点である。そしてそれを踏まえたうえでリクールは「視覚化」を語っている（だからここでのポイントは〝聴覚的でない〟というようなことではない）。

さて、実際、ベルクソンは次のようにも述べている。

「本質からして潜在的なものである過去がわれわれによって過去としてとらえられうるのはただ、過去が現在的諸イマージュ（images pérsentes）へと開花する運動、暗がりから白昼へと出現する当の運動をわれわれが追跡し、その運動に倣《なら》うという場合のみである」（『物質と記憶』150/278; MHO63）

また、

「純粋想い出は、なるほど権利上は独立しているのだが、それが現われるのは通常ただ、想い出を開示＝現像する（révèle）色鮮やかで生きいきとしたイマージュ（image colorée et vivante）においてのみである」

（『物質と記憶』147/276）

（40）ベルクソン『物質と記憶』の「イマージュ」は通例ドイツ語訳されると「Bild」である。ハイデガーも知っていたはず。

（41）杉山直樹は「現われ」と「存在」との分離不可能性ということがベルクソンの「イマージュ」概念には込められていると解釈している。前掲書、132頁。「第七版以降の序文で、ベルクソンは確認していた――「要するに、われわれは物質を、その存在（existence）とその現われ（apparence）とに分けるという観念論と実在論が行った分離以前において考察するのである」（2/162）。この言明は、文面通り受けとめなければならない。……ベルクソンのいう「イマージュ」とは、もの自体と、観察者としての私との間に置かれる曖昧な媒介物ではなく、現出ないし自己呈示をみずからの本性として含んだ存在そのものの名称なのである。「イマージュ」概念の本質的な賭金はここにある」。

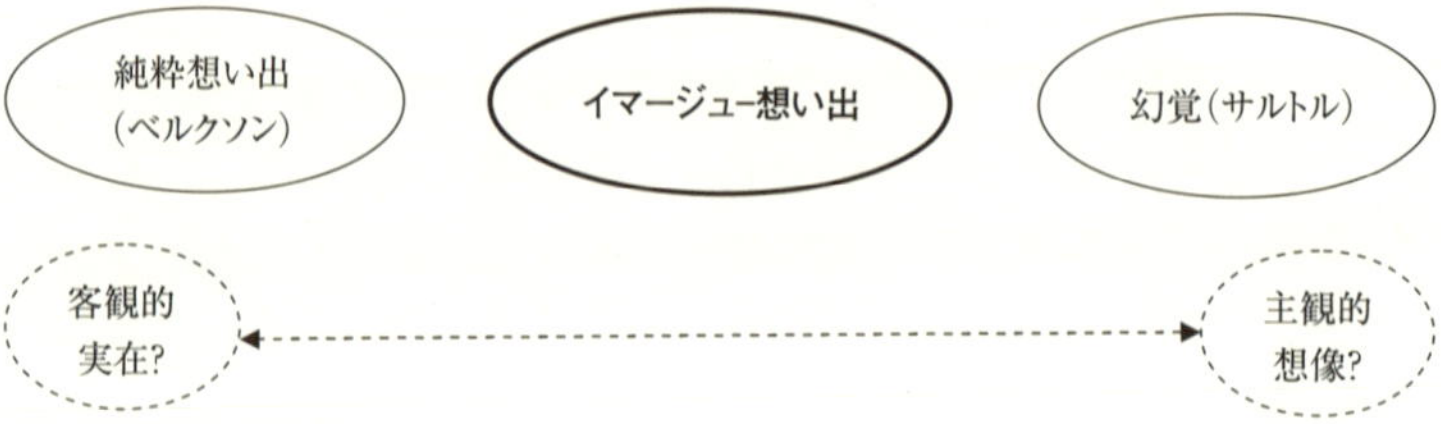

とも。イマージュの現在性・現実性・現前性を強調しそこに定位することは、同時に、純粋想い出のほうに潜在性・過去性・不可視性というそれ固有の身分をはっきりと与え返すことにもなる。かくしてベルクソンの論の威力は、純粋想い出とイマージュとを「スペクトルの両端」（MHO63）として対照的に区別しつつも、かつ両者を結びつけてしまうことにある。

> 「〔たんなる〕想像《イメージ》すること（imaginer）は、想起すること（se souvenir）ではない。なるほど想い出は、それが現実化する（s'actualise）に応じて、イマージュのうちで生きるようになる。しかし逆は真ではない。純然たるイマージュがもし私を過去へと関係づけるとすれば、それはただ過去のうちへと私がイマージュを捜しにゆく場合、それゆえイマージュを暗がりから光へと連れ出した連続的進行を追跡しにゆくような場合のみである」
> （『物質と記憶』150/278; MHO63–64.）

サルトル『想像力の問題』――幻覚、魔術的作用、強迫観念

だが読者は次のような疑問をもつかもしれない。「純粋想い出」が「イマージュ–想い出」へと向かうこの「傾斜」（pente; MHO64）は、『物質と記憶』の論を越えてさらにその先へ、もっと彼方に下っていく余地がじつはあるのではないのか?

たしかに。だからここでリクールは、なんとジャン＝ポール・サルトルを傾斜のもう一方の側の極に持ち出す。すなわち「幻覚」（hallucination）の極にである。[42]

幻覚の極におもむくことによって、われわれは、記憶力にとっての想像的なものの罠（*piège de l'imaginaire*）を構成するところのものを露出させよう。（MHO64：強調はリクール）。

デカルト・スピノザ以来の近世・近代の合理主義哲学において批判の的となっていたのは、まさにそうした想像力の幻覚的側面の、そしてまた幻覚的記憶の、信頼の置けなさであった。それを、いま一度、私たちは現象学的に見てみようではないか。

サルトルの『想像力の問題 *L'imaginaire*』は、記憶論を主眼とする著作ではないが、記憶と想像の区別についていまひとつ別の角度からのとらえ方を提供してくれる。というのも、同書は「非実在（l'irréel）の現象学を弁護することから始まる」（MHO64）のである。

「イメージする意識（conscience imageante）の定立作用（thèse）は、実在化する（réalisante）意識の定立作用とは根本的に異なる。つまり、イメージされる対象の現実存在の型《タイプ》は、イメージされるもの（*image*）たる限りにおいて、実在としてとらえられる対象の現実存在の型とは本性を異にする。……イメージされる対象に本質的なこの無（néant）が、それと知覚対象とを十分に区別する」　（『想像力の問題』p. 346; MHO64）

はっきりしているのは、サルトルはここで「イメージすること」「イマージュ」というものを、『物質と記憶』のベルクソンとは反対に、非実在、非現実存在（さらには「無」）として定義していることだ。そして、実在性

（42）リクールは『時間と物語』における「フィクション」の概念とここでの「幻覚」との違いについて、少々込み入った説明を付している（MHO64）。「フィクション」は『時間と物語』の狭義の文脈に即せば小説物語ないしそのナラティヴとしての形式のことである。それゆえそれが「虚構」であるということは、それが誤謬であるとか不合理であるということを意味するのではない。しかるに「幻覚」とは、誤謬であったり不合理であったりするような種類のなにごとかである。

の定立ということをかんがみる限りにおいては、記憶は過去の実在にかかわるものとして、知覚と同種の型に属する。「想い出（souvenir）の定立作用とイマージュの定立作用との間には、本質的な差異が……存する。私が私の過去の生のひとつの出来事を想起するとき、私はそれを想像するのではなく想起する。いいかえれば、私はそれを不在として与えられたもの（*donné-absent*）として定立するのではなく、まさに過去において現在として与えられたもの（*donné-présent*）として定立するのである」（『想像力の問題』）。

他方、実在性や現前性の範疇にある知覚や想起にたいして、想像力はまったく性格を異にしている。それはサルトルいわく、

「魔術的な作用（acte magique）である。想像力はひとつの呪術であり、ひとが思惟する対象、欲望する対象を現出させ、それをすっかり所有できるようにする」（『想像力の問題』p. 239; MHO65）

想像される対象が「そこにはない」という不在・非実在の空隙は、魔術的操作のもたらす「準-現前《カジプレザンス》」（quasi-présence; MHO65）によって、充実をされてしまっているのだ。つまり非実在が、「非実在に面してのダンス」と、共謀関係に入っている。魔術的ダンスとしての想像、イマージュ。これはベルクソン的実在的「イマージュ」とはもはや無関係だろうか？　いやそうではない、とリクールは指摘する。この非実在の準-現前は「じつのところ、イマージュ-想い出にとって構成的なイマージュ化・上演化がそれに存するところの《眼前に髣髴させること》において、すでに萌芽状態にあった」（MHO65）というほうがいい。つまり現在の知覚のうちに別のものが嵌め込まれる、という点においてだ。

さてここでサルトルと共に私たちが考慮すべきは、「強迫的思考」をめぐる「想像力の病理学」（pathologie de l'imagination）であろう。

「そのことはもう考えない」ようにしよう。考えないようにしよう……とする努力は、おのずから「強迫的思考」へと転化してしまう。なぜかまた思い出してしまう。その考えがとり憑《つ》いて離れない……。「禁止」による逃避やあるいは禁止への抵抗が、非実在的なものの幻覚に実在的なものに比するほどの力を付与することがある。また、喪の作業を撥《は》ねつけ埋葬を拒む、繰り返し戦慄させ恐怖させるゾンビのごときそうした「強迫観念」(hantise)の現象は、まさに集合的記憶の平面の事柄をも呼び出さずにはおかない。そうリクールは述べ添える(後の第三部、本書では第5章で、集合的「強迫観念」「過ぎ去ろうとしない過去」の事象は改めて取り扱われる)。「集合的記憶にとっての強迫観念は、私的記憶にとっての幻覚に相当する」。

ベルクソンの枠組みと対立させていえば、サルトル的幻覚はまず、非実在であることにおいて純粋想い出と対極にある。しかし同時に、純粋な潜在性にとどまっている純粋想い出とは比較にならない、強烈な〈リアリティ〉を幻覚は有している。[43] ベルクソンがどう考えていたかはともかく、記憶とはかならずしも人畜無害なものではない……。また、別の視角からいうならば、幻覚は「習慣-記憶」とも対極的(二極的?)である。ベルクソンは習慣-記憶について、それは現在に住みつき現在を「働かせる」ものだと述べていた。これにたいして、幻覚は「現在にとりつく、つまり現在を苛《さいな》む」のだ。「無害な習慣-記憶は、現在のただなかへの過去の嵌め込みの病理学的様態と、対をなすのである」(MHO65)。

---

(43) リクールは『意志的なものと非意志的なもの』のなかでサルトルの論に触れ、「純然たる不在の表象」である「想像的表象」(VI195)は、人間的行為の動因を牽引するひとつの還元不可能な契機だと記述していた。顧みると、こうしてとくに「想像力」との関係において、「表象」なるものの固有の身分がポジティヴに語られる場面がリクールの過去の著作群のうちに散見されることはたしかである。そうした点に着目して〈通時的リクール研究〉をなす観点もありえよう。ただし八〇年代以降ではシャルチエらによるインパクトが加わってくる点で、それ以前の「表象」とはひとつ概念的断絶はある。

混合的なものとしての記憶 ― 現象学的記述からの一結論

こうして、サルトルの魔術的想像力とベルクソンの純粋思い出が二極配置された。そこから帰結してくるのは、なんであろうか。結論的にいえばそれは、想起における

「想像の《眼前髣髴させる》機能は、まさに混合形態（forme mixte）として語られねばならない」（MHO66）

ということである。これが、リクールと私たちの現象学的記述の最終的到達点だ。

敷衍しよう。サルトルは非実在の想像を指して「イマージュ」といい、フッサールは「Phantasie」といった。ベルクソンは保存されているがイメージ化されていない記憶なるものを「純粋想い出」と呼んだ。では、表象され準–現前する想起された記憶のことをなんと呼ぶか？　一語で「Bild」などと呼ぶよりも、むしろたとえば「イマージュ–想い出」というような文字通り混合的な表現こそが、結局のところ ― ただしイマージュについてのベルクソンの実在論的諸前提は捨象したうえで ― 記憶の想起という事象の混合形態性をすぐれてよく表わしているのだ。記憶力というひとつのモノがあり、記憶という単層的事象をなす、というわけではないのである。ひとつの単一的な本質がないということ。つねに混合的でしかありえないということ。そのことが、あえていえば、記憶事象の本質なき本質なのだ。これがリクールの記憶の現象学の一結論である。

あわせてもうひとつの結論をリクールは述べる。それは記憶の「信頼性」（MHO66）のことだ。

記憶について「真実性」（vérité）ということが語られうるとすれば、それはすべからく「信頼性」（fiabilité）の事柄となる。そこに記憶というものの認識論的な固有の身分が存しており、記憶についての真実性要求が取らざるをえない形が表われている。〈信じる〉ことと〈想像する〉こととの複雑な絡み合いなしには、記憶 ― 自分の記憶であれ他者の記憶であれ ― の「真実性」について語ることはできない。おそらくは想像なしに〈記

憶〉はない。そして想像と不可分であるがゆえに記憶は、少なくとも一定の仕方で、伝達可能である。そしてまた同じ根拠において、可塑的であり、虚構《フィクション》的であり、さらには幻覚的でありうる。これらすべてのことと、記憶が〈真に〉過去を表象するものであると自己証言する「誠実性」(fidélité)とは、どこまでも力動的な緊張関係——それをたんに論理学的〝矛盾〟と静態的にとらえてはならない——にあり続ける。

リクールが明示的に語っているのはここまでだ。だが、私としてはもう一歩、おそらくは現象学者リクールが意図的に示唆にとどめたのであろうことを、踏み込んで述べたいような気もする。——一つひとつの記憶を信頼するかどうかという次元(記憶内容への存在信憑)にとどまらず、そもそも記憶という事象、記憶事象一般の存在を私たちがなにゆえにか信じているということ。人や空間や物に過去の層が、それゆえ記憶の層が重なっているということを私たちが信じていること。それは現象学の用語でいえば、原信憑《ウア》、ウアドクサであることになろう。しかし複雑にもそのウアドクサが、おそらくは、根源的に混合的なものなのである。

4 ◆ 個人的記憶、集合的記憶

集合的記憶という事象

『記憶、歴史、忘却』第一部第三章は、「個人的記憶、集合的記憶 Mémoire personnelle, mémoire collective」と題される。第一部最後の章である。記憶の現象学は、ここで一種のギアシフトを迎える。

記憶の「なにを」「どのようにして」を経て、いま一度私たちは、ひと呼吸して視点を設定し直そう。今度は、記憶の「誰が」記憶するのかについての分析が新しくスタートされる。でも、もっぱら自我論的な主観の個人的記憶を取扱うのではない。一人称複数の集合的記憶をも取扱う。この点が第三章の論の大きな特徴だ。集合的記憶がとりわけここ十数年来、人文社会科学において注目を高めてきたトピックであることは私たちもよく知っているとおりだ。とはいえそれを老大家リクールが自在機敏に取扱うさまは、意外の念を読者に惹き起こすものかもしれない。

ところで、個人的記憶だけでなく集合的記憶をも取り扱うという、そうした論展開を設定することには、当の論をひと続きの記憶論を締めくくる完結部となすというよりは、むしろ記憶の問題系を集合的記憶という事象をとおして〈歴史〉の問題系へと開き曝《さら》す、開口部となす面がある。そうだとするとこの章は——次の第二部第一章と同じく——ある意味で〈記憶〉と〈歴史〉とのいわば中間のトランジションの場所、狭間の場所を取扱う章という位置づけになる。

中間的な事柄を取扱うことを試みる論述は、一般的にいえば、具体性に富む豊かな論述となることが期待される。しかし裏返していえば、事象の錯綜のうちに埋没してしまい、恣意的な言述に陥る可能性もある。「集合的記憶」という事象が持っている多義性、幅の広さをかんがみるならば、狭義の記憶の現象学という方法論の枠は容易にはみ出しそうだ。方法というプロクルステスのベッドから事柄が溢れ出てしまうのだ……。

リクールは第一部第三章の時点では、アプローチとしては禁欲的に現象学的分析のうちにとどまる。たぶん、この章の論は他の章に比して比較的あっさりしているように読者には見えるだろう。理由は、リクールが集合的記憶が歴史の次元や政治の次元と交錯することについての論を、第二部以降の章節へと意図的に先送りするよう気を配っているからだ。記憶と歴史との分節は緻密に維持する。生々しいポリティークやライデンシャフトはまだいましばらく括弧に入れたままにする……。そういうわけで、ここではあくまで集合的記憶の現象学がおこなわれ、集合的記憶の政治学や倫理学は、また後で別におこなわれるのだ。なお、「現象学的社会学」については、この章でちらっと登場するかもしれない。

帰属＝割当て、人称

さて、リクールはやはりここでも、記憶の〈主体〉は誰か、という問題に直ちに向かおうとする種類の記憶論の「性急さ」にひとまずブレーキをかけることを提案する。この主体とかあの主体ということを特定する以前に、そうした記憶の「帰属＝割当て」（attribution）があてはまる範囲を確認すべきだ、と。

『記憶、歴史、忘却』のリクールは、記憶の帰属という事象は「文法的人称すべてに（そしてさらに非人称にも：ひと、誰か、各人）開かれている」（MHO113）とさらりと指摘する。いやいや、これはいわゆる主観性の哲学や自我論の現象学の立場からみれば、驚くべきオピニオンと見えるはずだ。しかしリクールが単純な飛躍を行おうとしているのではまったくないことは、すぐ明らかになる。

一人称の側と、三人称の側とから、相互に考察を出発させてみるという手法をリクールはこの章で試みる。いいかえればそれは、記憶についての「内的眼差し」（regard intérieur）から出発する論の側と、「外的眼差し」（regard extérieur）から出発する論の側の双方からということである。「内的眼差しの伝統」に属する思想家の代表としてはアウグスティヌス・ロック・フッサールが取り上げられる。他方、「外的眼差しの伝統」の側には（人数的に不均等なのがやや気になるが、先に述べたような論順序の事情によるのだろう）、昨今再評価の気運高まっているモーリス・アルヴァクス（Maurice Halbwachs, 1877–1945）が登場をする。

(i) 内的眼差し① アウグスティヌス —— 内面性としての記憶

アウグスティヌスは西洋思想史上で「内面性を創出した」人物だと位置づけておおむね異論はなかろう。これはポリスと個人という古代ギリシア的事象の平面だけでは見えてこない、深い内面性の発見だった。しかし、現代の私たちは直ちにいわなければならない。「アウグスティヌスは内面的人間を知っていたが、自己同一性＝自己＝記憶という方程式については、知らなかった」（MHO116）。そこにはカント以後的な超越論的主観性というようなものはないのである。またもちろん、あわせて指摘しておこう、

> アウグスティヌスに、彼のものでない問い、すなわち記憶と歴史（学）的認識との可能的関係についての問いの解決を、要求するべきではない。（MHO460）

たしかに。歴史学というものがそれ自体近代的な思考パラダイムときわめて密接に成立している学科であることを省みるならば、アウグスティヌスの論に直接に〈記憶〉と〈歴史〉の関係という問題系をぶつけることは、たんに無益であろう。というわけで、アウグスティヌスが記述するのは「まだ意識や自己ではなく、主体でもないが、すでにみずから自身を想起している内面的な人間」（MHO117）であるということになる。

まずリクールは『告白』のアウグスティヌス的人間、すなわち内面的記憶の人間を表す典型的な箇所を引用する。これはハイデガーの『存在と時間』で引用された箇所としても有名だ。ただハイデガーが引用したよりもここでのリクールはもう少し後まで引用を続けているのが味噌。すなわち、

> 主よ、私はといえば、じっさいこの問題で骨を折り、しかも自分自身の問題で骨を折っています。私にとってま

さにこの自分自身が、多くの困難と汗を要する大地となってしまったのです。そうです、われわれが今測ろうとしているのは、もはや天界ではなく、星と星との間の距離でもなく、精神です。記憶するのは私です。精神としての私です(Ego sum, qui memini, ego animus)。(*Confessiones*, X, XVI; MHO117)

こうして内面性を出来合いの説明済みの事柄としてではなく、まさに探求されるべき課題として見出したのは、アウグスティヌスの不滅の業績だ。だが、他方、そこでの告白体という独自なコンテクストと不可分であることを尊重すべきであるとしても、やはりその論のスタイルにおいて前提されてしまっている「記憶と自己への現前とを一挙に結びつける反省の契機」(MHO117)は、近現代の哲学思想における事柄分節の慣習からすれば、いくつもの論点を飛び越えてしまっている。いささか歩幅が大きい歩みと見えることは否めない。

ところで「記憶がコギトに匹敵する」(MHO119)ような内面の探求としてのアウグスティヌスの記憶論は、時間測定の問題をまっすぐに精神のうちへと結びつけるというところに、その独自性と同時に限界づけを有していた。「お前のうちにおいて、私の精神よ、私は時間を測るのである」(*Confessiones*, XI, XXVII; MHO121)。時間論という観点でいえば、この「瞑想的反省によって確証される推移」として内面的時間から時間を考察することは、『時間と物語』でのリクールの指摘を受ければ、アリストテレス『自然学』が扱ったような「世界の時間」「宇宙論的時間」から時間を説明することと、アポリア的対立の関係にある。これを目下の個人的記憶と集合的記憶の問題系の水準に置き移すならば、アウグスティヌスの記憶論はもっぱら個人的記憶のカテゴリーのうちだけにとどまるものということになる。——彼が内面をさらに内へと越えていった先のところ、内なる他者を探求しようとした歩みについては、ここで取扱いうる範囲のものではなかろう。

なるほどアウグスティヌスは内面的記憶論の創始者であった。ただ、個人的記憶と集合的記憶という問題系において、アウグスティヌス的射程とはまた少し別のテーマをリクールと私たちは引き出してみたいところだ。それはしばらく後の時代、近世のジョン・ロックにおいて、はっきりと現われてくる。

(ii) 内的眼差し② ロック――自己へ、他人へ、他人から

ロックの主著『人間知性論』(一六九〇年)のなかで記憶・自己同一性にかかわる論としてつとに知られるのは、第二版から付け加わった第二巻第27章「自己同一性と差異について On Identity and Diversity」だ。その新しい仏訳書の訳者であるE・バリバールが強調するように、ロックは「アイデンティティ identity、意識 consciousness、自己 self という3つの観念、およびこれらが一連のものとしてなすシークエンスの発明者である」(MHO123)。デカルト『省察』が確実性の哲学であり、懐疑との闘いにおける勝利としてコギトが現われるのに比して、ロックの self は多様性・差異にたいする同一性の勝利であることに特徴を有する。

ロックは、たんに《同一の人間《マン》 man である》ということと、同一の人格的自己《セルフ》 self であるということとに区別を設けた。人格的自己とは、「自己自身を自己自身としてみなすことのできる、異なる時間と場所においても同一である思惟する物(the same thinking thing in different times and places)」(『人間知性論』§9; MHO125)である(「思惟する物」という語彙にデカルトへの参照が見受けられる)。しかるにロックのいう「人格的自己同一性」(personal identity)とは、意識・自己・記憶の一種の循環によって構成されるなにものかである。「人格の自己同一性は、この意識が回顧的に(backwards)あらゆる過去の行為や思考にたどりつくことができるのと同じだけ、拡がりうる。それはかつてと同一の今の自己であり、かつて或る行為を遂行した自己は、今その行為について反省している自己と同一である」(§9; MHO126)。ただし、ロックの議論におけるこうした循環性は、「バリバー

ルが指摘するように、当の理論の論理的悪循環ではない」。むしろそれは、実体を還元するためにロックが発明した理論なのだ。忘却や睡眠といった意識の中断・間歇性が反論として出されても、self の自己同一性のために実体性を持ち出す必要はない。人格的自己同一性については、記憶がその sameness を担っているのだ。

さて、以上のようなロックの論にかんして、リクールは、そこで「同一の意識」ということがいわれる際に、「他の意識ではない」ということがいわれる点に注意を喚起する。

> 「というのも意識にはつねに思惟が伴っており（consciousness always accompanies thinking）、意識とは各人が自己と呼ぶところのものをなすものであり、かつ意識はあらゆる他の思惟する物から（from all other thinking things）思惟を区別するものなのである」
>
> （『人間知性論』§9; MHO126）

これは、自己の意識において、同一性以外のもののたんなる排除のみでなく、まさに「他のなにか」への間接的思念がつねにすでに存している、とロックが示唆していると読むこともできる。微妙な線である。しかしロック自身はこの線から他者性の方向へとは踏み込まないだろう。

ところで、ロックの記憶論において「人格」という語彙は、法廷《フォレンシク》（forensic(k)）用語として、自己がその物事に「責任がある《アカウンタブル》」という意味での accountable という事柄にも密接に関係している。このことは、よく知られているとおりだ。

そうした法廷的・倫理的文脈において人格と自己とが同義語となるのは、自己が意識にたいしてみずからの（過去の）諸行為の所有権を認めるということにおいてである。その行為をかつてなしたのはこの私である、というふうに。こうして「帰責する impute」「説明責任がある accountable」「私有・専有《アプロプリエイション》 appropriation」といった諸表現／概念が連結した系列をなす。ただし「appropriation という語の意味論的幅広さが、その司法的文脈における用法だけへと、切り詰められてはならない」（MHO153）。つまり「appropriation」に含まれる《動産・不動産の取得》・《専有》・《横領》といった司法的語義のことだが。リクールはかつて『他としての自己自身』第四研究において「appropriation」という語に「行為（action）とその動作主（agents）との間の関係」（MHO153）を指し示す概念としての射程を与えることを試みていた。この「行為」ということには「パトス〔受動〕とプラクシス〔能動〕」との二面が含まれると補足しておこう。しかるにそれを目下の『記憶、歴史、忘却』第一部の個人的・集合的記憶論の枠組みにおいて料理し直すならば、「appropriation の観念を行為の理論から記憶の理論へと拡張すること」ができる。英語においてはこの「appropriation」は、「行為」や「記憶」を述べる表現に添えられる「own《オウン》」という語 ―― 形容詞でありまた動詞でもある ―― によって適確に表明される。「own」がどの人称にも用いられうることも付言しておこう。マイ・オウン、ユア・オウン、ゼア・オウン……。なるほど。かくして「帰責」や「説明責任」は、「appropriation」の契機を介しての、行為と記憶と人称の接合点である。

そういうわけで、ロックの論の「法廷」的文脈をはしごにして、記憶について「われわれは二重の読解が可能な領域に達する」のだ、とリクールは述べる。すなわち、「自己からと、他人からと」（MHO129）という二重の方向からの読み方である。[44] これはロック自身の論から内在的に出てくる読み方ではおそらくない、と断ったうえで、リクールは特に帰責（imputer, imputation）[45] の事象に特に焦点を絞り、次のように解釈を加えつつ指摘する。

誰が割当てるのか。誰が自分のものであると認めるのか。誰が帰責するのか。ひとが説明するのは、おそらくまず最初に他人にたいしてではないのか。そして誰が罰し、誰が償うのか。（MHO129）

ロックの「own」

⇒どの人称にも用いられうる

私自身の記憶、あなた自身の記憶、

彼彼女ら自身の記憶、etc……

（→個人的記憶と集合的記憶の共通線？）

そこには他人へと向かうモーメント、そして他人から向かってくるモーメントがある。ひとはみずからの過去の行為について他者から責任を問われる。〈あなたのせいではないのか〉。そしてみずから《オウン》の行為を、記憶と意識によってとり纏《まと》められた自身の自己同一性に依拠しつつ、他人へと説明するという責任を果たす。〈そのとき私は……あの人は……〉。また、法廷における帰責は、他の個々人のみならず、さらに社会集団の平面へと関連を開いてゆくモーメントをも有している。

　別の著書『統治二論』第二部でロックが繰り広げた、権力とそれのかかわる所有や暴力や刑罰や補償をめぐっての議論は、まさに「アーレントが人間の複数性と好んで呼んだところのもののただなかへと、読者を一挙に置き移す」(MHO130) ものである。こうして見ると、ロックは自己同一性と意識にかかわる個人的記憶の事象を、集合的記憶の平面へと接続することをも、首尾よく遂行したとみなすべきだろうか？ ちょっと待て。かならずしもそうではない、とリクールは判断する。というのも、『統治二論』の論における諸語彙が『人間知性論』のそれと共通していたとしても、後者で「自己《セルフ》の哲学」に根をおろしていたものは、前者では「人間《マン》」の世界に適用されている。自然状態や戦争状態にいるのは「人間であって、自己ではない」(MHO131)。この「人間」は外から

(44) リクールはこの議論を、『他としての自己自身』でのロック批判を修正し再精密化したものだと注記（MHO129n）。

(45) ちなみに五〇年前の『意志的なものと非意志的なもの』においては、リクールは「帰責」(imputation) を直ちに一人称単数の私による私への帰責としてしまい、再帰動詞についてもそれを三人称にまで開くということをしていなかった。

眺められたモノのようなものだ。「自己」はそこには欠けている。

ロックの論をとおして、責任・帰責という法廷的事象を転換軸として自己の記憶から他人によって指示される記憶という二人称的・三人称的な事象への移行が記述された。「own」という英語特有の語がそのことをよく表わしてくれた。というわけなのだけれども、そこで社会性や複数性へともう一歩を進めることは、「自己」の固有の問題系を「人間」の問題系へといつのまにかすべり落としてしまうことを伴うのがわかった。その一歩がまたぐところ、そこに、内面性と外部性とのあいだの深淵がある。『人間知性論』と『統治二論』との論のレヴェルの差異は、現代風にいえば、現象学的記憶論と社会学的記憶論とのすれ違いのさまを示し、また同時に、交差可能性をわずかに垣間見させるものともなっている、とまとめておこう。深淵を埋めることはできないが、それを飛びまたぐことはたとえば法廷〔用語〕において、つねにすでに行われているのだ……。

(iii) 内的眼差し③　フッサール――『デカルト的省察』の感情移入論

フッサールの過去把持・再生をめぐる記憶論については、すでに見た。今回ここで内的眼差しからの論者として引き合いに出されるフッサールは、もはやオブジェクタールな現象学のフッサールではなく、自我論のフッサールである。そこにロックにはなかったものを見出せるとすれば、なんだろうか。

ここでリクールが着目するのは『デカルト的省察』の第五省察だ。いわゆる感情移入論。つまり、後期フッサールの考察がもっとも自我論的で観念論的な深みにはまっていく場所であると同時に、逆説的に「間主観的共同性」の問題が主題的に浮上してくる場所である。

「ロックは志向性というカテゴリーを手中にしていなかったので、記憶力と想い出〔記憶内容〕とのあいだに区別はなかった」(MHO128)。それにたいして、作用と対象の区別(ノエシスとノエマとの区別)を方法論的道具立てとしてわがものとしているフッサールは、主観性の作用についての超越論的観念論を弱めることなく、他者経験を構成することの道筋を見出す。

「まさに〔主観性の〕固有領域の《うちで》、異他的なるものとしての他者経験は構成される」(MHO144)。しかしこの ad intra とも ad extra ともつかぬ「対化」(Paarung / appariement)の現象は、「シビアな競合」を孕んでいる。というのも「異他的なものとして、つまり非-我として、他者は構成されるのだが、しかし同時に、他者が構成されるのは、まさしく自我の《うちで》なのだ」(MHO144)から。「付帯現前化」(Appräsentation / apprésentation)の概念も同様の二重的競合を提示せずにはおかない。ロックの語彙でいえば、〝人間〟の水準ではなく self の水準にとどまったまま同じく self である限りの他者を見出す、ということの歩みの困難がここに現われている。ストローソンならある現象が self-ascribable であることと other-ascribable であることとの等価性と非対称性をめぐる問題と考えるだろう。いずれにしても、対化や付帯現前化といった一揃いの概念は、「現象学的社会学と呼びうるものの閾へと導く」(MHO144)。その現象学的社会学を、フッサール自身は展開しなかったが。

専門研究者らによって頻繁に論じられる有名なものであると同時に、さまざまな批判も長らく向けられてきた『デカルト的省察』のフッサールの他我構成論(感情移入論)。批判はしばしば、alter ego をただ ego との類比関係においてのみとらえるという発想の、他者論としての不十分さに向けられていた。他者の他性を十分にえぐりだせていない、と。この論点についてはリクールも長いキャリアのなかで何度か論じてきていた。(46)

(46) 五〇~六〇年代のリクールはフッサールの他者論を、『実践理性批判』の「尊敬」と突き合わせることを試みていた。

だが、読者をびっくりさせるかもしれない仕方でここ『記憶、歴史、忘却』では、感情移入論に向けられてきたそうした批判を逆手にとった解釈を、記憶論との関連においてリクールは提示する。すなわち、

類比的転移のおかげでもって、われわれは複数形における一人称を用いることを認可され、またひとつの〈われわれ〉――その呼称保持者が誰であれ――へと記憶の特質のすべてを、つまり私性《わたしせい》(mienneté)、継続性、過去-未来の二極性を、割り当てることを認可されるのだ。(MHO145)

他たる限りの他性をほんとうには許容していない、自分との類比性に基づく閉じた共同性しか調達できない他者構成論としてしばしば非難されてきたフッサールの論に、ここで老練なリクールはやや大胆に解釈をほどこす。それを、かならずしもどこまでも(たとえば《人類》などまでに)普遍化されることを要しない、なんらかの規模の共同性への帰属意識(村、国、会社、学校……)に典型を見るような一人称複数の「われわれ」(nous)の構成としてとらえることができるのではないか。そうリクールは提案をするのだ。なるほど。一人称のまま、単数から複数へと数的に移行する。「記憶の私性を類比的に、われわれによるわれわれの集合的記憶の所有という観念へと拡大することを、禁じるものはない」(MHO145-146)。

もちろん、「それがひとえに類比によるものであることを忘れてはならない」(MHO145)。あくまでそのうえで、類比の方法論的・存在論的な不確かさを疑問に付して考察を止めてしまうのではなく、あえてその現実における効力を積極的に認知することで、たとえば集合的記憶が「祭、儀式、公的祝賀の機会において共通の記憶を上演する(mettre en scène)力」を、現象学的に記述する可能性を開拓することができる。ただそうした共通の記憶の上演、いいかえれば「われわれ」のアイデンティティの記念顕彰《コメモラシオン》ということに孕まれている、同質の人間たちのみによって構成される共同体――村、民族、国民等々――のもちうる閉鎖性・排他性といっ

た政治的モーメントは、いまはまだ括弧に入れられている。

一人称の想起する作用は、複数形でもありうるということ。フッサールからリクールがここで引き出すものは、この〈われわれ〉の記憶の現象学なるものの可能性ということに、ひとまず収斂する。

(iv) 外的眼差し　アルヴァクス――社会環境、学校、名前

以上に見てきた内的眼差しからの記憶論においては、一人称単数の記憶がまずあり、次いで、そこから他の人称の記憶、複数人称の記憶がどのようにして「派生」してくるかが問われる、という構えになっていた。

しかるに今度は、外的眼差しから出発する記憶論においては、「派生の順序は逆だ」(MHO147)。外的眼差しからの記憶論が指摘するのは、私の記憶というのは、さまざまな人々がいて言葉や影響で充ちた場所が先にあって、そこから私にいわばレディ・メイドで送られてきたものなのではないか、ということである。

昨今、思いがけないほどの大きな反響と再評価を集めてきているM・アルヴァクス『集合的記憶』(一九五〇年)の論は、「最初から、独我論のテーゼを思考仮説としてすら退けている」(MHO147)。「現実には、われわれはけっして孤立して(seuls)あるのではない」ということを確認し、そのことが記憶事象においてつねにすでに果たしている内実を追究し、明らかにしなければならない。

アルヴァクスの論が断念を要求するのは、「諸記憶の整合性を基礎づけるのは、意識の内的統一性である」[47]という発想だ(この発想はディルタイには馴染みのものだが、アルヴァクスはディルタイの仕事を知らなかったよう

(47) Maurice Halbwachs, *La Mémoire collective*, Albin Michel, 1997, p. 83; MHO149.

だとリクールは注釈）。たしかに、私たちはそうした整合性を自分の内面に見出すことができると信じているものだ。それはひとつの事実である。だがその事実が本当のところ示しているのは、「われわれはそのことにおいて、じつに自然〔当然〕な錯覚（illusion assez naturelle）の犠牲者なのである[83]」ということだ。

この錯覚は、自分（の内面）にたいする社会環境の影響がいつしか感じられなくなっていくという事態が転じて生じたものとして説明される。リクールにとっても馴染みの、フランス哲学の伝統のひとつである習慣論の観点がそこに見て取られる。記憶の確保・習慣の習得が首尾よく成し遂げられていくと、逆説的にも、記憶や習慣は忘却に似てくる。ハイデガー流にいえば、物事が自明化するということはじつはその忘却なのだということか。重要な一例としては「名前」もそうであるとリクールは付け加える（MHO158）。

名前？

当然ながら名前は自分が自分に付けたものではありえない。名前は他者から付けられ、私は自分の名を他者からの言葉で呼ばれて《記憶》していったはずなのだ。人間は成長するにつれ、社会の構造や圧力に慣れてゆく。その結果、事後的に、自分の信念やイメージや記憶の原作者・著者は自分なのだと信じるようになる。

そういうふうにして、われわれがもっとも頻繁に従っているところの社会的諸影響（influences sociales）の大半について、われわれは気づかない＝統覚できない（inaperçues）ままにとどまる。（Halbwachs p. 90; MHO150-151.）

さて、幼年時代の記憶というものを参照すれば、そうした錯覚は錯覚として顕在化される。庭、家、地下室といったG・バシュラールが好んで記述したような諸々の有標な場所は、想い出がそこへとつなぎとめられる場所といってもよいが、むしろ、想い出がそこから出発して立ち現われてくるところの場所なのだというべきであろう。「子供にとっての世界は、人間たちで充ちていないということはけっしてない。そこはためになる影響や悪質な影響で充ちている」。こうした「社会的」な物事の配置《コンフィギュラシオン》や影響のダイナミクスが記憶というものの一次的源泉であるとすると、感性的直観による印象を記憶の源泉とする感覚主義のテーゼは退けられることになる（じつはアルヴァクスの論はこの点にかんして揺れを含んでいるが、そこには深入りしない）。

集合的記憶という観点からすれば、純然たる感覚主義的な記憶というものは、そもそも発見不可能かつ想定不可能な代物である。たとえば、「学校のクラス」のような場所。空間的構造のみでなく、そこにおける他者たちが占める位置、そしてそこにおける眼差しの移動が、そのクラスという集団《グループ》の記憶として形成され、保存される。そうした記憶は集団の記憶力によって維持されてゆくが、たとえばひとがその集団に所属をしなくなると、外的支えがなくなるために、当の個人における記憶は徐々に減退していくものである（先の現象学的素描での「Reminiscing」を参照）。ゆえに「ポートレートのなかに一人の友人を再認することは、われわれがその人と会った社会環境《ミリュー》のうちに自分を置き戻すことだ」（MHO149）。社会環境、「住まわれる空間」（後の第2章204頁を参照）というものは、じつは個人的記憶と集合的記憶がつねにすでに交じり合っている場なのだ。

「学校」という場に着目するアルヴァクスは、むろん、歴史の授業とその教科書によって「教えられる記憶」（mémoire enseignée; MHO104）という事象とそこに含まれる問題性を深く把握していた。この事象にはアルヴァクスは、もうひとつ別のカテゴリー、すなわち集合的記憶と重なるところが多くありつつもなんらかそれから区別されうる「**歴史的記憶**」（mémoire historique; MHO512）という別のカテゴリーを用意していた。アルヴァクスがそうした区別・分節化が必要だととらえていたことからも分かるように、「教えられる記憶」の問題は、〈記憶〉の事柄と〈歴史〉の事柄とが混じり合う、複雑な次元に位置している。「教えられる記憶」とは、「**教科書的歴史**」（histoire scolaire; MHO515）である。それはまったく見たこともなく馴染みがないという意味で「不気味な」はずの遠い過去を、徐々に、いつのまにか、慣れ親しんだ記憶の一種として浸透させてゆくものである。

「集合的記憶」のさまざまな様態

学校のクラス
日々の学校生活で、集団的に形成される記憶。
卒業後は、想い出話をするといったことで維持されてゆく。
人間関係が薄くなっていくと、対応して、記憶も薄れる。

「歴史的記憶」
基本的には〈記憶〉ではなく〈歴史〉に分類される —— 現実上ではそうすっきりとは分けられない。
学校で「教えられる歴史」「教科書的歴史」はこれに含まれる。
しかし「歴史的記憶」の歴史というものがあり、そして「歴史的記憶」の記憶というものがある。

名前
私が自分で自分の名前を呼びだしたのでもなく、私が最初に記憶したのでもない。ある意味で名前は「集合的記憶」である。ところがひとは通常、それをきわめて個人的な記憶だと錯覚している。

なぜひとは何百年も前の武将や貴人に親しみを覚えられたりするのか。——これは記憶論の射程だけで考察できる事象ではもはやない。「歴史的記憶」というこの取扱要注意のカテゴリーについてはまた〈歴史〉論の際に立ち返る機会が出てくる（『記憶、歴史、忘却』第三部第二章、本書では第5章）。目下の記憶論の範囲ではそのカテゴリーの存在に言及するのみにとどめよう。

さて、以上のようなアルヴァクス的記憶論をひとまず総体として受け入れたとして、残る問題はないか？ もちろんある。たとえばロックが取り組んでいたような、自己ないし自我の統一感、統覚を、集合的記憶のほうから派生させることができるのかという問題だ。

なるほど、アルヴァクスが見て取るように、「世界の知覚を統率している整合性の諸論理《ロジック》を説明するためには、集合的諸表象のほうに向かわなければならない」（MHO150）。たしかに。だがそのつどそれぞれの社会的影響や集合的表象に振り回されながらも、各人の意識がその同一性ないし統一性を維持するのはどのようにしてなのか？ やはり、個人の意識の統一感を担うものとしての個人の諸記憶——その由来が集合的なものであるにしても——の整合性には、固有の身分が与えられるのでなければならないのではないか。

この点で、アルヴァクスが容易に妥協を見せないことは、彼の論述の限界でありまた同時に強靭さでもあると評価すべきであろう。一方で彼は、「われわれの行為は現実には一連の社会的影響から帰結生起してくるのであり、因果性の法則につねに支配されているということに、われわれは気づいていない」と、いささか単純な「驚くべき独断論」（MHO151）へと頑なに傾いてしまう。この単純化的な因果論的決定論は、やや平板の誹《そし》りをまぬがれない。生育環境が人生をあらかじめ因果的必然的に一挙手一投足まで決めてしまっている、というたぐいのドグマティクな決定論である。他方、別のところでは、アルヴァクスの記述はとても豊かな含蓄を見せる。つまりこうだ。「集団のメンバーとして想起をするのは、やはり諸個人である。われわれは進んでこういおう、おのおのの個人的記憶は集合的記憶へのひとつの観点（un point de vue）なのであり、この観点は私が占める位置に応じて変化し、またこの位置自体も私が他の諸社会環境《ミリュー》とともつ諸関係に応じて変化するのである、と」（p. 94–95; MHO151）。というようにアルヴァクスは、私という主体のなす視点移動や、私の経験の蓄積や重層化というものが（これらの事柄について私たちは後で歴史記述論の際に「縮尺のヴァリアシオン」の名のもとに再び出会うことになるだろう）、個人的記憶と集合的記憶との相互交渉的なかかわり方を成り立たしめていることを、示唆しているのだ。

(v) 個人的記憶と集合的記憶の交差、あるいは、現象学と社会学の交差

以上、内的眼差しからの記憶論と外的眼差しからの記憶論とを、双方見てきた。最後に個人的記憶と集合的記憶についてそこから引き出される帰結として、どういう示唆を私たちは受け取れるか。まず第一に否定的に確認できること。それは、両方向からの記憶論は、いずれも「一方が他方を派生させることに成功していない」（MHO152）という点だ。

だがその裏側で、肯定的に確認されたこともある。すなわち、まったく一人の個人にのみ帰属するような個

人的記憶（《私》）と、国や民族というようなかなり大きな規模の集合体がもつ集合的記憶（《彼ら》ないし《われわれ》）との間に、いわば中間的な、比較的に個人に近しい集団《グループ》というようなレヴェルの記憶の様態（《われわれ》）があるということだった。それはフッサールの「感情移入」論からの延長的帰結として引き出される「われわれ」の構成という契機によって、またアルヴァクスの展開した、家や学校といった中小規模の集団・周辺環境をめぐる記憶についての論によって、非対称的とはいえ、双方向から確認されたものであった。

　ある意味では、こうした個人的記憶と集合的記憶とについての分析のすれ違いと交差を、いわば「個人的記憶の現象学」と「集合的記憶の社会学」とのすれ違いと交差としてみなすこともできよう――やや図式的とも思われるが、リクールはそう表現する。しかるに学科《ディシプリン》の手法の噛み合わなさと思われるものは、先に見たように否定的な面だけでなく、肯定的な面も有しているのである。おそらく二学科の関係の複雑さは、個人的記憶と集合的記憶との事柄としての関係の複雑さを一定の程度に反映しているのであろう。

　今日でも評価は定まっていないようだが、後期フッサールの「生活世界」論を延長しヴェーバーの理解社会学をも引き継いだアルフレッド・シュッツ（一八九九―一九五九）の「現象学的社会学」を、ひとつの媒介的位置に存するものとして引き合いに出すこともできる。シュッツがいったところの「世代」、とりわけ「同世代」という現象は、まさに「われわれ」の記憶事象に当てはまる。「同時性あるいは準同時性」において、また「個性化と匿名性との程度をなす階層」（MHO160）の諸レヴェルにおいて、「共に老いる」同世代者としての「われわれ」のさまざまな様態が見出される。そうした諸様態は、たんに横から眺められた、客観化された社会学的事実ばかりなのではない。そこには実存的ななにかがある。いみじくもピエール・ノラがいうように、二〇周年や一〇〇周年を人間たちが記念顕彰《コメモラシオン》することには、社会制度や政治的意図には還元されえない、「実存的区切り」や「人間の生の長さ」（Nora [1992], 982）というものへの深い対応を有する面がある。

「社会学が現象学の方向へと向かい、平行して、現象学が社会学の方向へ向かう」(MHO160)という、実際に二十世紀から二十一世紀への変わり目にあたる最近の時期においてしばしば見出される学術上の動き。それは記憶論というものを、さらに大きな議論枠組、すなわち〈記憶〉と〈歴史〉との関係を論じるような論議枠組へと置き移すようなダイナミクスをもっている……。「世代」「われわれ」「記念顕彰」「学校」「責任」……。

いや、しかしながら、〈記憶〉と〈歴史〉とを、どのようにしてであれいったん分節し区別して考察することを意図するならば、記憶論としてはここでひとまず、踏みとどまるべきである。こうして、『記憶、歴史、忘却』第一部の記憶の現象学はその臨界点に達する。

第2章　アルシーヴに面する歴史家（I）

——アルシーヴ化

« J'ai passionément aimé la Méditerranée. »

— F. Braudel, *La Méditerranée et le Monde méditerranéen á l'époque de Philippe II*

« ... und daß ein Gott mir gab zu sagen, was ich leide, — nur dieses Erst und Letzte wird mir dann bleiben. »

— Thomas Mann, *Lotte in Weimar*

本章の構成

第2章では『記憶、歴史、忘却』第二部第一章を扱う。最初にこの章が同書の論構成において占める位置と機能を確認（第1節）。次に空間・時間についての「歴史家的置換」および「証言」という「アルシーヴ化」の契機の分析を見る（第2節）。最後に、アルシーヴについてのブロックとセルトーの論を見た後で、この第二部第一章の構成の批判的吟味をピエール・ノラの批評等を参照して行う（第3節）。

1 ◆〈記憶〉から〈歴史〉への移行？

アルシーヴの契機。それは歴史記述操作における、エクリチュールとなることとの契機だ。証言はもともとは口頭のもの。証言は聞かれ、理解される。他方アルシーヴはエクリチュールである。アルシーヴは読まれる。参照される。諸々のアルシーヴにおいて、職業歴史家はひとりの読者である。

（MHO209）

『記憶、歴史、忘却』第二部は「歴史（学）——認識論《エピステモロジー》」と題する。この第二部は、歴史家による過去についての歴史学的認識の営み、「歴史記述操作」（opération historiographique）の内実を考察する場である。アルシーヴに面して歴史家が史料を吟味する。説明／理解を構築する。みずから執筆した歴史書というかたちで読者に問う。こうした歴史学的過去認識作業の一連の契機を分節しつつ考察してゆくのだ。

第二部は三つの章に分かれる。アルシーヴ・史料《ドキュメント》の契機をめぐる「史料的局面」（phase documentaire）を扱う

第一章と、リクールが「歴史家的表象《ルプレザンタシオン・イストリエンヌ》」（représentation historienne）という概念でいい表わそうとする事柄を扱う第二章・第三章という構成だ。

この本書第2章では、アルシーヴとドキュメントを扱う第一章の論を、見ることにしよう。

歴史記述論、歴史の認識論

『時間と物語』がそうであったように、リクールの歴史論はここでも、いわゆる〝歴史哲学〟なのではない。ではなんなのか？　それは歴史記述論であり、歴史（学）的認識論なのだ。

『時間と物語』が同時代の職業歴史家たちに評価され広く関心を持たれたのも、リクールのスタンスが職業歴史家たちが往々にして忌み嫌っていた――たとえばフェーヴルも辛辣な言葉を吐いていた(1)――ところの〝歴史哲学〟とは位相を異にするものだったからである(2)。大文字の歴史をめぐる上空飛行的思弁ではなく。また同じく〈伝統〉をいかにして〝真正に〟受け継ぐかというようなことを実践的目標に据える（ガダマー的）歴史意識論なのでもなく。そうではなくリクールの論は、言語テクスト・エクリチュールを介するという必然的な間接性を真面目に受け取り、〈テクストに面する〉という事態（つまり〝背後にまわる〟のでも〝著者の意図にまで遡る〟のでもない）を還元不可能なものととらえる、歴史記述の作業論であり読解論なのだ。

史料というテクストに歴史家が面し、最終的に、歴史家が論文や歴史書を書きひとつの言語テクストとして世の閲覧にゆだねるまでのあいだに、どのような手続きが経られているのか？　そこで歴史家はなにをしているのか。過去の実在はどのように確保されえ、また伝達されうるのか。歴史書というテクストの読者ははたしてなにを受け取るのか。一連のプロセスにおいて歴史家的想像力はどこでどのように介入せざるをえず、また実際に介入しているのか……。こうしたさまざまな事柄への解釈学的スタンスからのアプローチの積み重ねが、リクールの非‐歴史哲学的〝歴史哲学〟のエッセンスを構成している。

第二部第一章の問題性

ところでこの第二部第一章は、読者にとって比較的読みやすい箇所である。読みやすい。本筋ではないこまごまとした点にも神経質にピリピリと気を使わねばならなかった現象学的記述を離れて、広大な風景、多様な歴史時代の使用許可がおりた感じ。リクールの筆も伸びやかに流麗に進んでいく雰囲気。なのだが、やや問題的な箇所でもある。つまりそれが『記憶、歴史、忘却』全体の論構成において占める位置・機能について、同書公刊後にさまざまな方面から寄せられた反響のなかで、時として少し問題視がされることのあった箇所でもあるのだ。

リクール自身はというと、杉村靖彦も指摘しているように（Rpf 49）そうした評言を受けてのちに、二〇〇三

（1） Lucien Febvre, *Combat pour l'histoire*, 1953, p. 4. « Je me le suis souvent laissé dire d'ailleurs, les historiens n'ont pas de très grands besoins philosophiques. »

（2）「概して歴史家たちは私の仕事〔＝『時間と物語』〕を、不信感という最初の局面を経た後で、どちらかといえば好意的に受け入れたのです。その不信感というのは私にたいしてではなく、むしろ歴史哲学（la philosophie de l'histoire）にたいして向けられたものだった。その不信の理屈というのは、哲学者が歴史に携わると、それは必然的に再びあの種の流儀の……

――ヘーゲルの、ですか？

いやいや、もっとまずいものということですよ！　トインビーとかシュペングラーとかの流儀をやり直すことにしかならない、と。しかし私は『時間と物語Ⅰ』において、歴史家の歴史（l'histoire des historiens）に関心を注いだわけです。そして私はそこでは、いわゆる歴史哲学のあらゆる問題系から、それがカント的であれヘーゲル的であれポストヘーゲル的であれ、全面的に距離をとった。私は歴史家たちの領野にとどまったのです」（CC130–131）

年にブダペストで講演され、二〇〇六年三-四月号の『エスプリ』に掲載された“Mémoire, Histoire, Oubli”という比較的短い論稿で、『記憶、歴史、忘却』についての一種の「批判的再読」(relecture critique)をみずから行っている。そこでリクールは『記憶、歴史、忘却』の論構成がやや「直線的」(linéaire)なリズムであったと認め、かならずしも事柄にフィットしていなかった箇所もあったと語っている。

「直線的」というのはどういうニュアンスか。二点指摘できる。

まず一つには、記憶から歴史記述へと向かうという方向が一方通行であり、逆に歴史的認識が記憶事象に影響を及ぼすということが十分にはフィーチャーされておらず、記憶と歴史との双方向的ないし循環的な関係があまり具体的に炙《あぶ》り出されていないかもしれないということ。記憶が先で歴史が後、というような見方だけが前面に出てしまった、と。またもう一つには、記憶から歴史記述への「直線的」な移行が、いささか連続的にスムーズに、なだらかに論述されていること。そのスムーズさのために、記憶と歴史とのあいだに存する断絶ないし飛躍という事象が、十分に強調されていないままにとどまっている、と。

以上の「直線的」構成にかんする二つの問題点のうち、目下の第二部第一章については、後者の、記憶が歴史になることにおける飛躍の問題が強くかかわってくる。当の章が『記憶、歴史、忘却』という書物のなかで実際にページ構成上、第一部の記憶論と第二部の歴史記述論との接触面に位置しているということも、無関係とはいえない。第二部第一章の題名「史料的局面 ── アルシーヴ化された記憶」における、「アルシーヴ化された記憶」(la mémoire archivée)という表現それ自体を、どう受け取るか。場合によってはその表現自体が、ちょっとした問題と化すのかもしれない。

もちろん〈記憶と歴史〉という問題設定図式は、リクールがそのように問題を立てたことで初めて成立した図式だ。だから、その図式はリクールが『記憶、歴史、忘却』という書を、第一部を記憶に割り当て第二部・

第三部を歴史に割り当てるという仕方で分節構成してみせたことに由来するのであって、そうした分節・構成の提案以前に〈記憶と歴史〉という問題がいわば即自的に存在していたとみなされるわけではない。この点は改めて確認されてしかるべき。もし仮に『記憶、歴史、忘却』が、記憶とも歴史ともつかぬ混合的事象から論を始めるわかりにくい構成をとっていたとすれば、別種のカオス的紛糾が生じただけかも……。

ともあれ『記憶、歴史、忘却』にかんしては、実際にこの通りの構成・問題設定で書かれているわけだから、私たちはそこに踏みとどまるしかない。しっかり踏みとどまったうえで、この第二部第一章にかんしては狭義の論内容だけでなく、論構成上の位置づけということも、私たちは問うていこう。

〈読みやすさ〉と〈飛躍〉？

第一章は下位区分として五つの節に分かれている。

そのうち後半の第四節「アルシーヴ」と第五節「史料的立証」は、歴史家が「アルシーヴ」――集積された記録・古文書のことと、文書庫・資料館という建築空間との両方を一語で表わしている[3]――に赴きそれに面して吟味を行うプロセスが分析される。この章の題「史料的局面」から直接に連想される内容である。

前半の第一〜三節はどうか。第一節「住まわれる空間」と第二節「歴史学的時間」は、過去を語る言葉「私はそこにいました」(j'y étais) に含まれる、空間的「そこ」(y) と時間的な過去時制 (étais) とを理解しようとする

（3）フランス語で「アルシーヴ」は辞書では「archives」というｓのついた複数形しか存在しない。しかしリクールは「archive」を主として用いる。近年歴史学者なども単数形を使う。フーコーが彼の術語として使っていたのも「archive」のほう。

『記憶、歴史、忘却』第二部第一章「史料的局面 —— アルシーヴ化された記憶」の構成

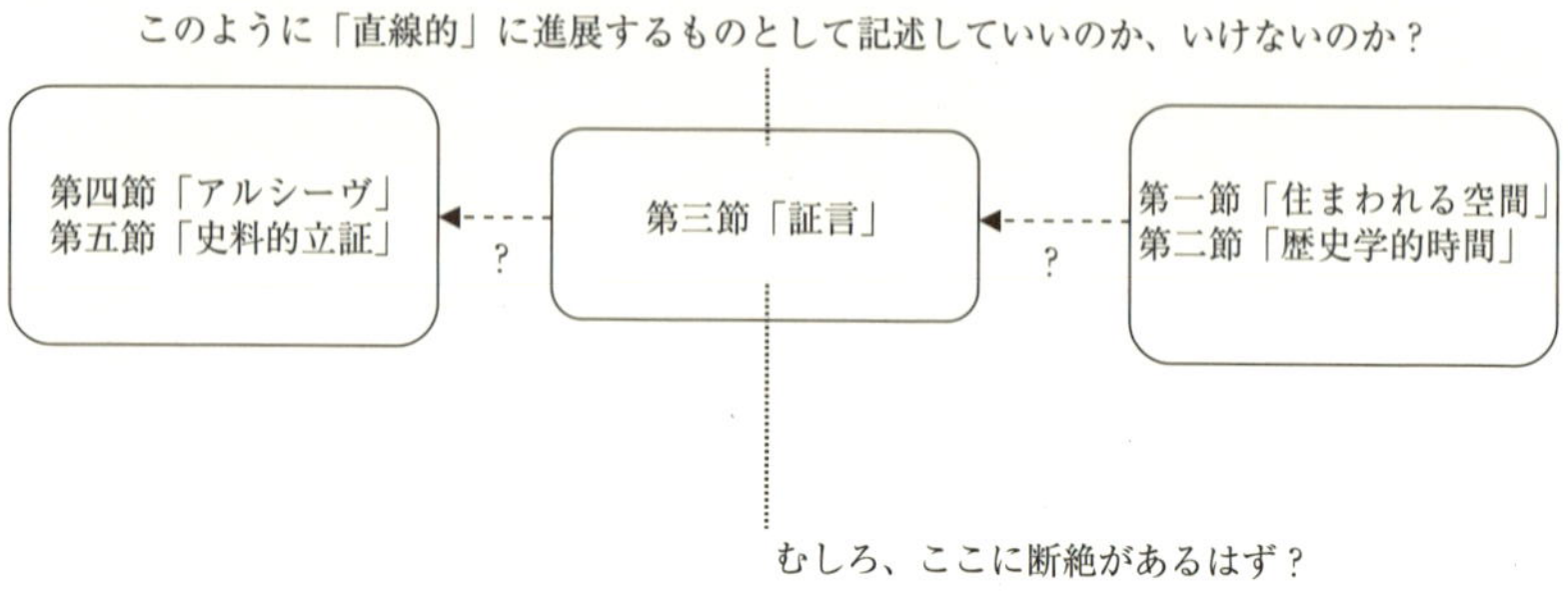

際に必要となる、歴史認識的時間空間把握の〈形式的条件〉を提示するものとされている。そして第三節「証言」は、まさに記憶が証人によって証言として語られ、それが記録者によって文書のかたちで書き込まれ記録となるという、記憶（経験ないし意識における）から史料（紙などの物質に記された文字としての）への転換・飛躍の事象そのものを分析記述する節となっている。

このように、なるほど第一〜三節はその内容がなにであるかはきわめて明快。わかりやすい。私たち読者がページを前から後へと読み進めていくうえでは、むしろこの書のなかでも相対的にかなり読みやすい流れになっている。読者を漸進的に、直接的な生ける記憶から、文字化されそのもとの所有者から離れていく史料のレヴェルへと徐々に置き移していく。その面ではこれらの節の記述は成功している。

しかしながら、研究的に仔細に検討するという観点からは別の面も見えてくる。この漸進的な読みやすさ自体が、ひるがえって、歴史（学）的なものと記憶的なものとのあいだに本来あるはずの断絶・飛躍の事象を裏切り、それを遮蔽してしまう結果となってしまってはいないかと、ひとは問うべきかもしれない。また節の題名にかんしても。第一〜三節に関しては、「史料的局面」という形容はいまひとつ当てはまらず、むしろそこでは〝前-史料的局面〟とでもいうべき次元が語られているようにも見える。どこか題と内容が合っていない感がある。そこではその移行的・中間的性格のゆえに、記憶の現象学

の方法論と歴史記述操作の認識論の方法論とが、入り混じっているというべきか、中間的真空状態というべきか、そのつどのリクールの論のスタンス・方法論が把捉しにくい。とりわけ第三節「証言」は、内容において関心を惹くものだが、他の章節との連関における位置づけを私たちが見定めるのは難しい。第三節は、記憶から史料への飛躍、〈言うこと〉から〈書かれたもの〉への飛躍という、どのような哲学的方法論を採ったとしても容易には語りえぬ事柄が扱われているのだが、しかし、やれやれ、いささか論の分量が少ない。その簡潔さが解釈上の難しさを惹き起こす。(この節の、数段落ごとに番号を振って論を整理する記述形式も、それ自体として見れば明晰だが、他の節と並べると異質で浮いて見える)。この第三節についてはとくに後でいくらかコメントする。

語彙のレヴェルで私が指摘しておくべきと感じたことがひとつある。「歴史家」(historien) という語についてである。後半第四・五節ではアルシーヴに面する者が「歴史家」であるのだが、前半第一〜三節では、証言などを書きとめる一次的記録者のことが「歴史家」と呼ばれる場合がある。これはまぎらわしい! なるほど両者いずれの人物も「歴史家」と呼ばれておかしくはない。ただ、両者の立つ場は認識論的にはまったく隔たっている。だから語彙のレヴェルだけを見ても、第三節と第四節とのあいだには、なにかしら論のフェイズの違いがあるというべきと思われる。

別途ひとつ外的な注釈を付そう。この第二部第一章の第四節・第五節にかんしては同章の導入部でもリクールが触れているように、その原型となる論稿(もちろん論旨の変化はある)が一九九四年に活字になっている。(4) そこから推測すると、『記憶、歴史、忘却』の構想・執筆の経緯においてもっとも早い段階で部分成立したも

---

(4) Ricœur, «Philosophie critique de l'histoire: recherche, explication, écriture», in: Guttorm Fløistad (ed.), *Philosophical Problems Today*, t. I.,

ののひとつと見受けられる。(5) またそもそも断片的には、ブロックの『歴史のための弁明』における「痕跡」「証人」にかんする論は『時間と物語Ⅲ』の第二篇第三章「歴史的過去の実在性」におけるやや長めの注で登場しており(TR III 254n-255n)、それが『記憶、歴史、忘却』では本文に昇格したのだと読むこともできる。その同じ章にセルトー『歴史のエクリチュール』の「歴史記述の社会学」についても一ページ弱ほどの簡単な言及があり(TR III 269)、これも『記憶、歴史、忘却』第二部第一章第四節の断片的原型とみなされる。

他方それにたいして第一～三節は、第一部に記憶論を置いて第二部に歴史記述論を配するという論展開の組立て構想がかなり固まってから、第一部の話題と第二部の話題とをうまくつなぐことを意識しながら、そして一般読者にとっての面白さ読みやすさをも多少配慮しながら、同書執筆の経緯における後のほうの段階で――私の推測では最後に近い段階で――書き足されたのではないかと思われる(第三節は社会学者 Renaud Dulong の一九九八年の著作から得るところが大きい、と明確に記されている)。前半第一～三節と後半第四・五節とに論のフェイズの一種の相異が、また文体の相異のようなものが見て取れるのは、こうした執筆事情も影響しているのかもしれない。

「mutation historienne」

予備的な考察はここまでにしよう。あとはこの第一章各節の内容に入り込んだうえで考えよう。まず前もって、前半第一～三節は要するになにをしている論なのか、大きくつかんでおくことはできないか？　リクールの論のうちに第一～三節の方向を示すキーワードとなるようなものは、見当たらないか。なくはない。それらの節でリクールは数回、「mutation historienne」(6) あるいはたんに「mutation(s)」という概念を使用している。突然出てくるうえとくに説明がないため、直ちにはそのいわんとするところは把握しづらい。とはいえリクールが第一～三節のスタンスを要約させてこの概念を語っていることはたしかだ。

『記憶、歴史、忘却』の英訳では「(historian's) mutation《ミューテイション》(s)」[7]と同じ綴りの語のままにしている。他方、ドイツ語訳書は形容詞「historien(ne)」を訳出することを原則断念しているが、ともかく「mutation」はやはり同じ綴りのまま「Mutation(en)《ムタツィオーン》」[8]としている。いずれも苦心の結果の選択なのであろうが、内容理解を表現する訳出にはなっていない。各国語版の読者がこの語をどう読んだのか……。日本語訳書ではといえば、「変動」と訳されている。それゆえ「la mutation historienne de l'espace et du temps」(MHO183) は、「歴史家の時間・空間の変動」(上巻233頁) と訳出される。率直にいって、読者には意味不明だろう。

「mutation」は英語でもドイツ語でも、一次的にはもちろん生物学概念として「突然変異」を意味する。また英語では広く「急変」「激変」といった意味で用いられうるが、いずれにしても〝緩やかな変化〟〝量的変化〟のことでは通例ない。質的に別ものになるような変化のこと。仏仏辞書でも錬金術師が「諸金属から黄金へのmutation」を試みる、などという例文が載っている。ところで、フランス語の「mutation」には英語やドイツ

1994, pp. 139–201. この論文を見る限り、セルトー『歴史のエクリチュール』とブロック『歴史のための弁明』を参照軸とし、アルシーヴ論を起点として三段階で「歴史記述操作」を考察する構想枠組がすでにできていたことがわかる。他方、〈表象史〉の諸見解は登場しておらず、同論文執筆時にはまだ〈表象史〉の仕事は未吸収か、吸収途中と考えられる。

(5) 他に早期のものとして、「エピローグ」の部分的原型といえる、Ricœur, «Quel éthos nouveau pour l'Europe?», in: *Imaginer l'Europe*, dir. par P. Koslowski, Seuil, 1992. が挙げられる。

(6) «... la mutation historienne de l'espace et du temps peut être tenue pour la condition formelle de possibilité du geste d'archivation.» (MHO183)

(7) "... the historian's mutation of space and time can be taken as the formal condition of possibility for this gesture of archiving." (MHOenglish148)

(8) "... kann die Mutation von Raum und Zeit als de formale Bedingung für die Möglichkeit der Archivierunggeste gelten." (MHOdeutsch225)

語にはまったくない意味用法がある。それは人事上の「転属」およびスポーツ選手等の「移籍」[9]という意味である。基本的にはリクールの「mutation historienne」はこの「移籍」の意味で解されるものであろう[10]。つまり歴史家による、記憶的なものの歴史（学）的な平面への置き写し・変換という操作のことだ。うまい日本語はかならずしも見当たらないのだが、仮に「歴史家的置換《ミュタシオン・イストリエンヌ》」と訳しておく[11]。

2◆「歴史家的置換」の諸相——空間、時間、証言

(i) 住まわれる空間

証人が過去の事柄を言葉にして証言する際に、その証言のうちに表明的にせよ非表明的にせよ必然的に含まれること。それは、「私はそこにいました」(j'y étais) だ。その「そこ」(y) を指示する言葉が発せられえ、かつその言葉が理解されうるための、カント的にいえば可能性の条件として、**「住まわれる空間」**(l'espace habité) というカテゴリーがあるのだとリクールは指摘する。このカテゴリーが、記憶から歴史への「歴史家的置換」が歴史家の思考・思念において遂行される際のひとつの形式的条件をなす。第一節はこの「住まわれる空間」についての記述と考察に当てられる。

ここでリクールは、先に第一部第二章の「記憶の現象学的素描」において、記憶事象の「反省性／世界性」の二極性に関連して参照したE・ケイシーの仕事からヒントをえる[12]。つまり「住まわれる空間」は、「反省性」

と「世界性」との中間に存するようななんらかの次元であるのだ。また「住まわれる空間」に、『時間と物語』の「時間」論を重ね合わせることもできる。『時間と物語』で論じられた、現象学的な時間（アウグスティヌス的な魂の時間）と物理学的な時間（アリストテレス自然学的な時間）との理論的には仲裁不可能なアポリアが、現実のレヴェルにおいては「第三の時間」という媒介的形態すなわち「暦法的時間《カレンダー》」として把握され生きられているという構造。この「暦法的時間」の**第三項的構造**と、「反省性」と「世界性」との中間に存する「住まわれる空間」の第三項的次元とは、まさに相似しているわけだ。

さて、まず私たちが身近に「身体的・環境的空間性」[13]として持つ、

（9）邦訳書上巻259頁では「mutation」を「移籍」と訳している。前後の箇所の原文は「le changement du statut du témoignage parlé à celui d'archive constitue la première mutation historienne de la mémoire vive.」（MHO212）であるが、邦訳書は「語られる証言の地位から記録文書の地位への変化は、……生きた記憶の、歴史家への最初の移籍となる」と訳しているけれども、それならば歴史家「への」ではなくて、歴史家〝による〟とすべきだ。

（10）セルトーが『歴史のエクリチュール』のなかで「La mutation des «préjugés» en objets d'étude」（Certeau, *L'écriture de l'histoire*, p. 44.）といういい回しをしているところからリクールが連想してきたのだろうか。セルトーの文脈は、過去の時代の歴史家たちが有していた「先入見」（préjugés）、すなわち時代の〝常識〟や当時の学術的手法の慣習自体が、歴史学的考察の「対象」（objets）へと「移籍＝変化」（mutation）してくるのでなければならない、という内容。

（11）グレーシュは「歴史家的置換」を、「偉大な歴史家となる人たちは、このことの秘訣＝秘密を所持している」（Greisch [2003], 90）、そういうものなのだと解釈・形容している。ただリクールの言述を文字通り受け取るならば、歴史家的置換はあくまで形式的条件・可能性の条件であって、それを行使するに「偉大な歴史家」である必要はない。むしろ『記憶、歴史、忘却』の概念系においては、グレーシュがいわんとしたものは「歴史家的表象」のほうに当たるのではないか。

（12）Edward S. Casey, *Getting Back into Place. Toward a Renewed Understanding of the Place-World*. Indiana University Press, 1993.

（13）ここでは、気候環境のような大きなものより、ハイデガー『存在と時間』の「Umwelt」が連想されてよい。

〈『記憶、歴史、忘却』第二部第一章〉

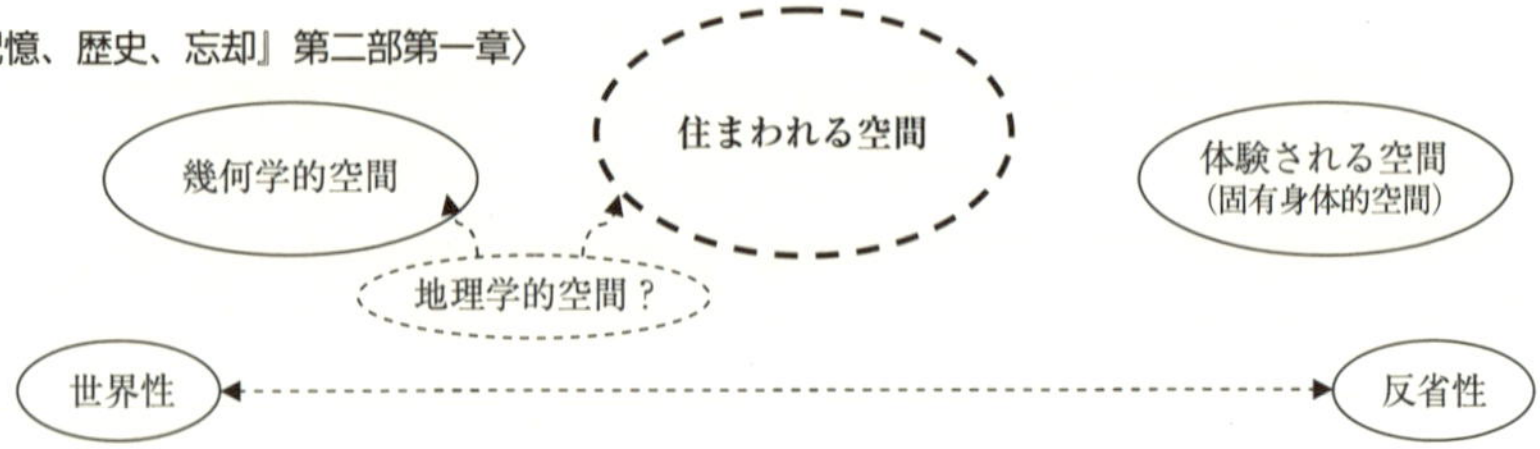

〈『時間と物語』〉

これこれの街の、これこれの家にかつて住んだという記憶　（MHO184）

がある。こうした記憶は、ごく個人的であったりあるいは身近な人々と共有される記憶として、形づくられている。玄関、道、交差点。「こうした記憶のタイプにおいては、身体的記憶は環境空間に直接結び付けられている。環境空間は居住可能な大地の一断片だ」。

また、「世界のこれこれの場所からこれこれの場所へとかつて旅行した記憶」というのもある。旅行には、多かれ少なかれ、非日常性が伴うものだ。旅行における非日常の要素は、初めて訪れる場所や初めて使う交通手段の新奇さとともに、普段は顕在化されないでいた私の身体的空間性（見える空間、歩く空間、触れる空間……）のありようを、訪れた場所の空間性と連動しつつ新鮮に浮き上がらせたりするわけである。

こうした体験的空間性のレヴェルには、

メルロ＝ポンティが『知覚の現象学』で強調したような、ユークリッド・デカルト・ニュートン的空間以前的な言説でいわれるべき、固有身体の生ける経験　（MHO185）

が存している。高低や前後や、とりわけ左右といった、概念的には絶対的とも相対的とも規定が難しいような、『時間と物語』でいうコンフィギュラシオン〔布置、輪郭、統合形象化〕の一種類にあたる契機がここに見出される。そして、高さとか右側といったことに価値的なニュアンスが日常言語や慣習行動《プラティーク》の水準で読み込まれたりする。「行動する人間は直立している人間。病人や愛し合う者らは横になった姿勢をとる。喜びは持ち上げ、高め、悲しみやメランコリーは打ちのめす、等々。こうした停止と運動の交互交代に、住むことの行為〔acte d'habiter〕が接ぎ木されている」(MHO185)。

とはいえ、やはりメルロ＝ポンティ的な固有身体論からの空間論は、暗黙にせよつねにすでに身体的なものにかんしても存している「点、線、面、嵩《かさ》、距離といったものへのなんらかの参照」(MHO185)を、捨象していった結果の産物である。実際には、空間経験から測量可能性・数値化可能性を完全に抜き去ることは、逆に不合理だ。移動や旅行の際にひとは地図を見るではないか。地図は体験的空間性だけでは成立しえない。地図には数値性、幾何学性が必要だ。こうして今度は、「幾何学的空間」としての空間が見出されてくる。空間を測定され数値換算される空間としてとらえることが立ちあがってくるわけだ。

ただ、完全に幾何学的な空間というのも、空間経験としては普通でない。純然たる幾何学的空間においては、「任意の諸地点」があるのみであろう。特定の「ここ」とか特定の「あそこ」というような位置は存在しえず、左と右も存在しないことになろう。しかし、通常の空間経験にはそうした位置や方向性が伴っている。

以上のことからわかるのは、なにか。つまりこうだ。「体験される空間と幾何学的空間とのあいだの境界に、住むことの行為は位置づいている」(MHO186)のである。「住まわれる空間」は、「体験される空間」と「幾何学的空間」との二極のあいだにあり、両者を弁証法的に縫合する第三項なのだ。

さて「住むことの行為」は現実上、「建築する行為」〔acte de construire〕と同義である。『時間と物語』の「第三の時間」概念にならっていえば、まさに「建築」〔architecture〕ないし建築する行為は「第三の空間」〔un tiers espace）として構成されている。なぜなら、建築は測定・数量化なしには成り立ちえないものであると同時に、建築空間は人間の固有身体的経験の媒体であるにほかならないものでもあるから。階段の一段の高さは、設計された数値であり、かつ脚を動かしてのぼる人の生身の運動感覚《キネステーゼ》でもある。

　建築の次元と一口にいっても、非常に小さい規模から、きわめて巨大なものまでいろいろある。建築は、ささやかな個々の小さな家のようなところから、大都会の「都市計画」（urbanisme）のような大きい縮尺のものまで、幅をもって展開する。都市計画的次元では、各時代の「趣味や文化形式」が表現されうる。長い歴史を持つ街などにおいては、各時代の様式が沈殿し、重層化して見出される場合もあるだろう。観光ガイドブックは、哲学的には意外かもしれないが、まさに街の〈歴史〉と観光に訪れる個々人の〈記憶〉とを交差させる、「第三の空間」の典型的現象のひとつだ。広場や著名な場所 —— 記念碑《モニュメント》が位置していたりする —— においては、記念行事《コメモラシオン》や儀式が多くの人間たちが集まっての集会というかたちで催される。他方場合によっては、近代的建築空間・都市空間のまばゆいきらびやかさや騒々しさをむしろ厭《いと》んで、H・D・ソローのように、森の中のウォールデン池のほとりで文明を捨て自然のうちに暮らすことを選び、住むことの行為を根源的に見直し、見出し直そうと試みる人もあるだろう（哲学的空間論として「住むこと」を深く考えようという際には、普通は観光ガイドブックなどよりも、ソローの例のほうがしっくりきやすいか）。

　しかし歴史学ないし歴史記述操作における「歴史家的置換」は通例、もっともっと大きな規模、縮尺へと向かうことを必要とするものだ。こうして建築空間は、地理学的空間のレヴェルへと進む。

　アナール派の歴史学が独自なものとして成立してくるに際して、地理学への接近が大きな要因を占めたことはよく知られている。[14] それは「一方で、諸風景の安定した構造によって代表＝表象される恒常性の強調があり〔＝第一・第二世代〕、他方には、地域限定型のモノグラフィーの開花に見られるような種類の記述への偏愛がある〔＝第三世代〕」（MHO188–189）。

　ブラジルから大西洋をわたる船上でフェーヴルと偶然出会い、地理学的歴史学に決定的に目覚めたブローデル。彼はその後、地中海を第一の登場人物・主人公とする、重厚長大な縮尺設定の歴史書をものしたのであった。ずっと変わらない農村の風景。海の、いや大洋の広大無辺の空間。もしこのレヴェルで「環境」という語を発するなら、それは超長期持続における気候や風土の環境である。ちっぽけな私一個人の視界や人生の長さ（短さ?!）など遠く、遠く越えていって、すこぶる長い時間波動において続いていくようなもの。

　とはいえ、「大洋に囲まれた大地があくまでひとつの住まわれる大地である以上、地理学（géologie）は幾何学（géométrie）ではない」（MHO189）。ブローデルの『地中海』第一部が描く世界がいかに途方もなく長い持続のもとにあるとしても、やはりその空間は「人々のいる空間」（un espace peuplé ; MHO190）でしかありえない。地中海の広大さにしても、二次元的距離数値という指標だけでなく、十六世紀スペイン黄金時代の人々にとって、地中海の横断は〈船で九〇日かかる〉と語ることにこそ固有の意義がある。身体空間–建築空間–地理学的空間という、空間にかかわる歴史家的置換の可能的な形式枠組みのなかで、やはり中心になっているのは、第三の空間＝建築空間の諸相なのである。

（14）リクールはアナール派と地理学の関係についての文献として、ドッスの著書を参照したと注で記している。François Dosse, *L'Histoire en miettes. Des «Annales» à la nouvelle histoire*, La Découverte, 1987. ; rééd, Pocket, coll. Agora, 1997. ドッスのこの仕事は賛否両論あったようだが、アナール派と地理学との相互関連についての記述は基本的に高く評価されている。

(ii) 歴史学的時間カテゴリー

歴史家的置換の空間でのあり方を見たあとは、今度は時間での置換がどんなものか、気になってくる。先にいってしまえばそれは、「時期」「時代」といったカテゴリー使用のことになる。

歴史学の用いる時間については、リクールは『時間と物語』ですでにさまざまに詳しく論じていた。ここではまた別に、生ける記憶の時間が歴史学的時間へと置き移されるという移行が、主題となる[15]。

先に私たちは記憶の現象学で、ベルクソン『物質と記憶』における「日付」への参照を、記憶をたんなる内面性から外部性・社会性・世界性へとつなぐ契機として見出していた。しかるに日付というものは暦法への依拠なしにありえない。暦法は循環的時間と直線的時間との両方を表現する。昨日の15時と今日の15時は別の時だが、同じ15時でもある。300年前のクリスマスと今年のそれは別の時だが、同じクリスマスでもある……。

現代人にとっては時計やカレンダーまた諸々の記録が非常に発達しているために、記憶の時間を歴史学の時間へとディジタルに変換することに特別さを感じにくい面がある。たとえば少なくとも数字の上では、西暦というモノサシを駆使して、二十一世紀の私たちのほうが、平安京遷都の年について平安時代の人間たちよりも、黒船来航の年について徳川時代の人間たちよりも、精密な把握を容易になしうる……。インターネット上の記事の書き込みには、なにもしなくても自動的に日付・時間が記録として残されていく……。

ともあれ、「時期」(période)の区切りというような観念は、「経済学者、社会学者、政治学者」(MHO193)の言説に典型的に現れるように、短期、中期、長期といった時間間隔についての観念としてつねに参照使用されているものだ。あの「時期」、その「時期」、というように。しかしたとえば景気《コンジョンクチュール》の変動ないし循環のように、いつから景気が下向きに転じたのかというような時間区切りの把握は、事後的に、大量の統計収集と学者らの解釈および討議によって初めてひとつの認識としてのかたちをとる。

はっきりしているのは、そうした時間区切りは個人の時間経験の記憶とは位相を異にしているという点だ。たとえば、一七八九年からの数年は世界史・フランス史の大転換期であったと考えることが可能である。しかし当時の人々がそう感じていたかどうかは全然別問題だ。パリで揉め事が起こっている……それで？ 当時の人々が転換点だと感じていなかったから転換点ではない、と判断すべきわけでもないし、当時の人々が転換点だと感じていたから転換点なのだ、と判断すべきわけでもない。また、そもそも個人の記憶は、じつにありありとした具体的な記憶であったとしても、それが客観的に西暦何年であったかというようなことにさえ覚え違いがありうる（しかし個人が個人的に想起する限りにおいては、そうした覚え違いになんら不都合はない。ああ、あの年だよ……）。だからこそ経済学者・社会学者・政治学者等が「時期」区分についてなす事後的な研究的判断に、固有の意義が存する。たとえば日本史の一時期を事後的に〝バブル期〟として時期区分することには、時間カテゴリーとしての妥当性がある。そうしたカテゴリーを設定したうえで、バブル期という時期はいつ終わったのか、さまざまな判断が出せる。東京証券取引所の株価を基準にすれば一九八九年末がピーク。ジュリアナ東京の開店が一九九一年五月であったことを考慮すれば、社会心理的には九一年はまだバブルが継続していたと時期区分する学者もいる、というように。

「時代」（époques）というより大きな概念も、自明なものとして使用されている。しかし「時代」概念の本質

（15） リクールはこの箇所の記述に際してポミアンの次の書を参照している：Krzysztof Pomian, *L'ordre du Temps*, Gallimard, 1984.『時間と物語』執筆時には知らなかったこの歴史学的時間論の仕事を、リクールはたいへん高く買っているようで、「これを読んだ後の今では、私は『時間と物語』を同じ仕方で再度書くことはできないであろう」（CC131）と述べていた。

がどこに存するかを端的にいうのはなかなか困難だ。それは時間のカテゴリーなのだろうか？　時代ということに含まれる文明や文化の内容と時間とのかかわりをどのようにいい当てればよいのか。ジャック・ル＝ゴフが、〈ルネサンスという時代はない、それは中世の延長である〉と主張するとき、彼は時間についてなにを述べたことになるのか？　あるいは、「世紀」（siècle）というような観念はなにを指し示しうるのか。

だがいずれにしても、「時期区分（périodisation）なしに歴史学をなすことができるだろうか」（MHO198）。そんなことはありえない。この点にかんしてかりにレヴィ＝ストロースが苦情を申し立てようともである。

歴史学的認識が「循環的時間ないし直線的時間、停滞する時間、衰退のあるいは進歩の時間」（MHO201）といったことを語らないでいることはないだろう。それらは、平均的な日常経験や私的記憶の内部から直接は出てこない、大きな時間カテゴリーだ。想像や概念の力を大きく必要とするカテゴリーであるという意味で、「思弁的」なカテゴリーといってもいい！　歴史学的認識というものがどこかで暗黙に有している、時間についての思弁的な概念化。こうした概念化は、歴史書のなかでは当たり前のように駆使されてしまっているためにこその置換作用は逆に気づかれにくい。むしろ歴史学的時間カテゴリーは、「歴史的記憶」、「歴史に教えられる記憶」（une mémoire instruite par l'histoire ; MHO201）という〈記憶〉事象においてしばしばくっきりと現われてくる。諸時代というような概念・表象は、時間をめぐる積年の人間たちの思弁の歴史のほうから、集合的記憶が知らぬまに受け取ってしまっているものであるから。だからひとは、専門的にあれこれと考えることなしに、なにげなく「時代」を語る。ベル・エポックという時代があったとか、戦国時代があったとか。

リクールは、歴史記述操作は時間にかんする「二重の還元」（MHO200）から出発するものだと指摘する。一方で歴史家は個人の経験（記憶）の時間を還元し置換しなければならない。もう一方で、歴史的時間についての伝承されてきた思弁をも歴史家は必要な際には——つまり時代の区切り方について考え直しをしようと欲するようなときには —— それをエポケーしうるのでなければならないのだ。

(iii) 証言

証言(témoignage)が書き取られ、記録文書となること。——リクールはこの契機に〈記憶〉の〈歴史〉への移行点を見て取る。ここでは空間・時間の縮尺変換をめぐる形式的条件のときには直接出てきていなかった要素、すなわち「《過去の事柄 *praeteria*》の内容」(MHO201)なる要素にまっすぐにかかわる事態が問題になる。

リクールは証言にはおおよそ三種類の用法があると整理する。歴史家がそれを参照するために証言を聞き取り、アルシーヴ化(archivation)するという「歴史学的用法」(usage historique)[16]。法廷において役割を付与される証言の「司法的用法」(usage juridique)。そしてこの二つの用法に「共通の核」がなにであるかを私たちによく識別させてくれる、「証言の日常的実践」(pratique quotidienne du témoignage ; MHO202)。こうした「多様な用法のポテンシャル」を尊重しつつ、しかしそれら個々の用法の共通性格を抽出するものである、「証言の本質要素分析(analyse essentielle)[17]の試みの利益と重要性」(MHO202)を私たちは認めることができよう。

証言のありふれた日常的実践がすでに露わにしているのは、なにか。それは信頼性の問題、「証言はどこまで信頼できるものであるか?」(MHO202)という、核心的な事柄だ。

(16) しかし「歴史家」が口頭証言を聞き取るというのはどういう場合なのだろうか? 少なくともここで意味されているのは現代における事例のことでしかありえないことはたしかである。
(17) 「essentielle」はフッサール現象学的な形相的 éidetique 記述のことを指すと思われるが、リクールは特に述べていない。

証言 ── その三つの構成要素　（第二部第一章第三節）

1）「私はそこにいた」（j'y étaits）
2）「私を信じてください」（Croyez-moi）
3）「もしあなたが私を信じないのなら、他の人に尋ねてください」
（Si vous ne me croyez pas demandez à quelqu'un d'autre）

証言にたいしてかけられうる疑念にはさまざまな角度のものがある。光景の視覚的知覚は、まずそれが正確な記憶であるかどうかということが問われうる。この点については先に記憶の現象学において、想起の作用には想像・幻覚（錯覚）がなんらかの程度に入り込む、と確認した。あわせて、そもそも光景の知覚像は、当該の事実ないし出来事の〝意味〟（他の人々にとっての、社会共同体にとっての）とはかならずしも直結しない。観察の理論負荷性という科学哲学的概念を持ち出してもよい。目撃者が、自分が見た出来事の社会的インパクトを理解していないということはいつでもありうる。そこにはずれが存在するのであり、あるパースペクティヴからの目撃証言を事実・出来事の意味へと変換するという歴史家的置換が後から必要となる。また、証言する証人というものが、監視記録用の「カメラ」のようにニュートラルな「義務のない観察者」ではなく、諸々の利害関心や価値観・世界観の網のなかにいることも証言の信頼性を疑いにかける大きな要因でありうる（この点が次章で扱う「アプロプリアシオン」の意味での「表象」と関連するとリクールは述べる）。そうした点で証言は「物語る」ことに類似すると同時に「約束する」ことにも類似する。

　さて、リクールは証言という事象を、(1)「私はそこにいた」、(2)「私を信じてください」、(3)「もしあなた（あなたが）[18]が私を信じないのであれば、他の人に尋ねてください」、という三つの要素によって構成されるものとして分析する。ではこの三要素を順に見ていこう。

(1)「私はそこにいた」

まず、「証言の特有性は、現実性(réalité)の主張が、証言する主体の自己指示(autodésignation)との連結から分離不可能であるということに存する」(MHO204)。この現実性の主張と自己指示とを一括していい表わすのが、「私はそこにいた」(j'y étais)という言明だ。

逆にいえば、証言の詳しい内容以前に、証人の「そこにいた」ということ自体がそもそも証言を聞く側の者たちからは、疑念の対象となりうる。「私はそこにいた」という言明主張は、証人が「自分は証人であると宣言する」ことである。証人は証人であることにかんして自身以外の支えを有しえない。

証人の自己指示は証言の内容を、その証言を参照しようとする側にとっての主題である当該の事象経緯と、なんらかの時間的幅における証人の自伝的「ライフヒストリー」(histoire d'une vie)の経緯との交差点と化す。このことは複数の物語の交錯として、不可避に事象の不透明化をもたらす(証人が意図的に話をもつれさせようとするからではない)。これが、「証人にかつて衝撃という仕方で出来事が与えた感情的印象と、証言の受け手がその証言にどのくらいの重要性を感じるかとが、かならずしも一致しないゆえんだ」(MHO205)。

(2)「私を信じてください」

証人は証人であるとみずから名乗り出るのだとしても、しかし証言は、「誰かを前にして」(devant quelqu'un)なされるものだ。証言する行為は、それを聞き受け取る者のところにおいて初めて成立する。だから証人は、自分が信用されるということを他者たちに求めざるをえない。そこに証言の第二の構成要素、「私を信じてく

---

(18) フランス語「vous」は単数の「あなた」と複数の「あなたがた」との両方を意味する。ここではどちらと決定できない。

ださい」(Croyez-moi) が必然的に現われる。

証言が記憶の想起という契機を有する以上、そこには「見間違い」(mauvaise perception)「覚え違い」(mauvaise rétention) がつねにありうる。だから証言を聞く側の人々は、証言にたいして「一揃えの疑いを配備する」(MHO204)。

証言の行為は、誰かによる聞く行為を伴うものであるという点においては、ひとつの間主観的行為である。しかしそこには信頼性、それゆえ懐疑可能性という様相が解消不可能なままに存在し続ける。その意味で証言が聞かれる場の開かれた間主観性は、証人という存在の本質的な孤独[19]と逆説的に表裏をなしている。

間主観性と、事実を証言する証人の孤独との交差点は結局、現実には、「類似した先例」や「証言する人の普段の評判」(réputation ordinaire)」(MHO205) といった、不可避にじつに曖昧で流動的なものを参照することによってのみ形成される。証人が —— 法廷における証言の場合には、証言者自身が加害者ないし被害者である場合もあるのだが —— 証言内容にかんしてどの程度に「第三者の位置」(position de tiers) から語っているかどうか。それは完全に客観的には数値化できない「強度＝内包量」(grandeurs intensives) の比較考量によって「信頼性」(fiabilité) を測るというような種類の特異な作業となるよりほかない[20]。

(3)「もし信じないのであれば、他の人に尋ねてください」

第二構成要素「私を信じてください」は、直ちに第三の要素に出会う、ないし衝突する。証言にたいして信頼性を疑う余地があるという事態は「そこで複数の証言そして複数の証人がぶつかり合う、論争空間 (espace de contreverse) を開くことになる」(MHO205–206)。だから証人はつねに「もしあなたが私を信じないのであれば、他の人に尋ねてください」(Si vous ne me croyez pas demandez à quelqu'un d'autre) と、あるいは懇願的に、あるいは挑戦的に、いい加えなければならない状況に置かれる。

この第三要素は証言や証言の場というものを、社会・共同体という文脈ないし制度のなかにおいて成立するものとして示す。個々の証言の信頼性についてのとらえ方は、「他人の言葉への信頼」という「社会的紐帯の原理」ないし「共同体のハビトゥス」がそのつどそれぞれの社会共同体においてどうなっているかに深くかかわる。つまりなにを信頼しなにを疑うかについての雰囲気・習慣、「コモン・センス」[21]のありようだ。複数の人間たちのいる場において、「コンセンサス」(consensus)のみでなく、「ディセンサス〔見解の不一致〕」(dissensus)をちゃんとディセンサスとして有意義に成立せしめることが可能であるかどうかは、社会・共同体のコモン・センスのありように依存している。たとえば「腐敗した政治体制が相互監視と密告の雰囲気を生み出し、嘘をつくという慣習行動が言葉への信頼を土台から掘り崩しているようなときには、コモン・センスがひどく毀損

(19) 誤解されてはならないのは、証人は信用をえられないから〝孤独〟なのではないという点だ。「事実は世界における多数者の間で生ずる事柄であるのに、事実の証人は独りである。独りであるのが真理にかかわるあり方だからである。この矛盾が「私がそこにいました」に加えて、「私の言うことを信じてください」と叫ばせるように思われる。だが、証言を聞く者たちが証言を信じたとしても、この信は証人の孤独を癒しはしない。証人は疑われているから孤独なのではなく、事実の真理に関与しているから孤独なのである」(氣多雅子「記憶と事実と公共性」、『宗教研究』第七九巻第四輯、二〇〇六年、99頁)

(20) 他者関係としてのヘーゲル的な相互「承認」の事柄は、実践的現実においてはまったき承認・信頼というものはない以上、ただ「程度」(degré)としてしか経験されえないという考え方は、一九六〇年の『過ちやすき人間』で表明されていた。「程度」については『純粋理性批判』のカントが「無限判断」として提示していたものからリクールは着想を得ている。

(21) ここで出てくる「コモン・センス」という観念は、一見するとなにか論述上で先々重要な役割を果たしていくのかとも思わせるが、実際には『記憶、歴史、忘却』では、私の視認した限りでは、この「証言」の節以外ではまったく登場しない。この点も、「証言」の節が執筆のかなり最後の段階で、やや急いで書き足されたか書き直されたかしたと推測させる。

している」（MHO207）。衆愚政アテネから現代に至るまで、この種の事例は枚挙に遑《いとま》がない。

逆にコモン・センスが証言をよく聞きとることを妨げる場合もある。どういうときか。認知的、認識的にコモン・センスが認める平均から証言が大きく離れているような場合だ。アウシュヴィッツを生き延びた人の証言のように、道徳的コモン・センスからすると信じ難い内容の証言であり、かつもしそれを信じたとすると、そのこと自体が道徳的コモン・センスを根底から揺るがし不安にさせ、コモン・センスの「安寧を確保する凝集力（rassurante cohésion）を、問いに付す」（MHO208n）ことになりかねない場合というのもある。それゆえコモン・センスの場とは、絶対的安定というものを保持しえない、「特有の脆さを有するドクサ的世界」（un monde doxique particulièrement fragile ; MHO208n）である。**ドクサ的世界**。この「ドクサ的」というのは蔑称的な意味ではない。まさに人間が他者にかかわることそして過去にかかわることにおいて「信じる」ことが問題にならざるをえない以上、「ドクサ的」であることは世界の還元不可能な根本原理、脆さという根本原理である。

ともあれ、アルシーヴ化・記録ということに絞っていえば、証言を書きとめアルシーヴ化する契機における核心は、結局、諸々の証言のずれや食い違いという「ディセンサス」を書きとめるということに帰着する。そうリクールは暫定的結論として述べる（またずっと後で、第三部第一章第三節「歴史家と裁判官」を取扱う際に（本書第4章）、「ディセンサス」の問題に私たちは再び面することになる）。

以上が第三節「証言」における、証言の「本質要素分析」の内容であった。

見かけにおいては簡潔で明晰なこの論述は、私たち読者をどこか戸惑わせるところがある。その要因はなんなのだろう。おそらくそれは、リクールがここで「証言」ということで指し示している事柄の外延がどこからどこまでなのか判然としない面があるからかもしれない。この「証言」の節は、それ自体として独立させてみれば、まとまった完成度を見せている。しかし、ひとつのピースとしては精密な仕上がりだとしても、ジグソーパズルの全体において、それが他の諸ピースとどうつながってゆくのかは、判明ではない。ここでのリクールの記述はなんといっても短い。簡潔に過ぎ、位置づけの読み取りを難しくしている。

一方で、ここではまだ存命の証人たちがいるような近接過去の時代、現代（史）が一次的な範例として暗黙に前提をされているように見える。というのもこの節の論述に際してリクールが援用しているのは社会学者R. Dulong の『*Le Témoin oculaire*』[22] という書なのだが、それは第二次大戦時の従軍者や強制収容所の生き残りたちを中心事例として設定した書だ。また、諸々の証言を冷静に突き合わせる作業が制度として確保されておりかつ価値を見出されているという〝民主的な〟社会がやはり一次的な範例として想定されているように見える。

他方まったく別の角度から、いわば人間であるということはつねにすでに証人的であることなのだという、存在論的にきわめてベーシックな事柄をリクールはここで論じているのだと解することも、可能ではある。これは考慮に値する解釈である。というのも、杉村靖彦が詳しく指摘していたように、『記憶、歴史、忘却』以前の諸々の仕事を含めてリクール思想というものを見た場合には、「証言」が彼にとって諸問題のうちのたんなるワン・オヴ・ゼムではありえないということは明らかだ。普遍的真理でもなければ客観的真理でもない、生《な》まの事実にただ曝され続けるものとしての人間。あるいは、根拠や意味といったものの以前にそのようなむき出しの事実で在ることとしかできないものとしての人間。言語はそうした人間存在に、間主観性と孤独とを同時に与える。一回的事実にたいして言語はいい過ぎるものかいい足りないものかであることしかできないから。言語は人間に他者への開けを与え、かつ同時に、伝達されえずいわれえない事実の孤独を容赦なく与える。こ

（22） Renault Dulong, *Le Témoin oculaire. Les conditions sociales de l'attestation personnelle*, Paris, EHESS, 1998.

のすれ違い、この過剰ないし欠如というなにごとかを、証言という事柄はまさに根源的な仕方で指し示していないか。——しかし悩ましいことに、この解釈方向をとった場合には、証人であろうと意志せずとも誰もが証人であるという仕方で、文脈の別方向への拡散が生じることが避けられない。証言のアルシーヴ化という『記憶、歴史、忘却』の目下の文脈からは、論のピントの絞りが暈けてしまうだろう。難しいところだ。

いずれにしても、この節がさまざまな解釈を許すものであると同時に、前後の節との連絡においてやや通行の悪い点が残るものであるということをひとまず述べて締めくくっておく。また本章の最後でもう一度、他の観点も加えつつ振り返る仕方で私たちなりの総括をしよう。

3◆アルシーヴへの対峙——史料的立証

さて第四節に入ると一転して論は、アルシーヴ・ドキュメントに面する歴史家の視点からのものとなる。かくしてリクールはひとつの〈アルシーヴ論〉を展開する。ここで参照するのは、ミシェル・ド＝セルトーの『歴史のエクリチュール』と（セルトーについては本書序論第5節参照）、マルク・ブロックの『歴史のための弁明——歴史家の仕事』である。いずれも歴史家による歴史学についてのメタ的考察の書として有名なものだ。『記憶、歴史、忘却』において参照されるにふさわしい二冊である。

外在的な指摘のようだがここで触れておくべきは、セルトーとブロックがいずれも歴史家として、中世〜近世の時代を専門としていた点かもしれない。リクールは第四節でそのことをひとこと断るほうがよかったかとも思われるけれども、特に明記はなされていない。

セルトーやブロックがアルシーヴについて語るとき、やはりひとつの範例として中世の諸記録が念頭に置かれている。彼らが「証言」という語をしばしば述べるとしても、それは存命の証人に直接聞いた種類のものでない。どこかで現代史的な事態を文脈として想定させていた第三節と、残されている文書記録のみから、見たこともない遠い時代の人物や事実を表象し記述しようとする中世史の仕事場を想定させる第四節との間には、論のジャンルの相異がなんらかの仕方であることになる。そうした論じ方は良くいえばリクールの、いかにもリクール的な力業《トゥル・ド・フォルス》だ。悪くいえば、少し強引な論構成という面もあろう。――とはいえ、こうして第三節の現代史的な趣きと第四・五節の中世史的な趣きとの差異を割り切って受け入れてしまえば、後者における〈アルシーヴ論〉の概要は、いっそう明瞭に把握することができる。

セルトー『歴史のエクリチュール』

セルトーは、中世〜近世の民衆史・宗教史の研究に長らく携わってきたことから、**アルシーヴ**にかんしてきわめて敏感な意識を有していた。

中世史研究は今日にまで伝承され残存している限られた史料《ドキュメント》だけでなんとかやっていかなくてはならない、ということだけではない。なぜ中世においてその史料がアルシーヴ化され保存されることになったのか？　記録者はどういう立場・身分の者であったのか？　とりわけセルトーが関心を抱いたような神秘思想家や名もなき民衆といった人々はみずから記録を残すことを基本的になさなかった者たちであり[23]、そうした者たちの生き

(23)　鶴岡賀雄「現前と不在――ミシェル・ド・セルトーの神秘主義研究」、『宗教哲学研究』第一九号、二〇〇二年。「セルトー

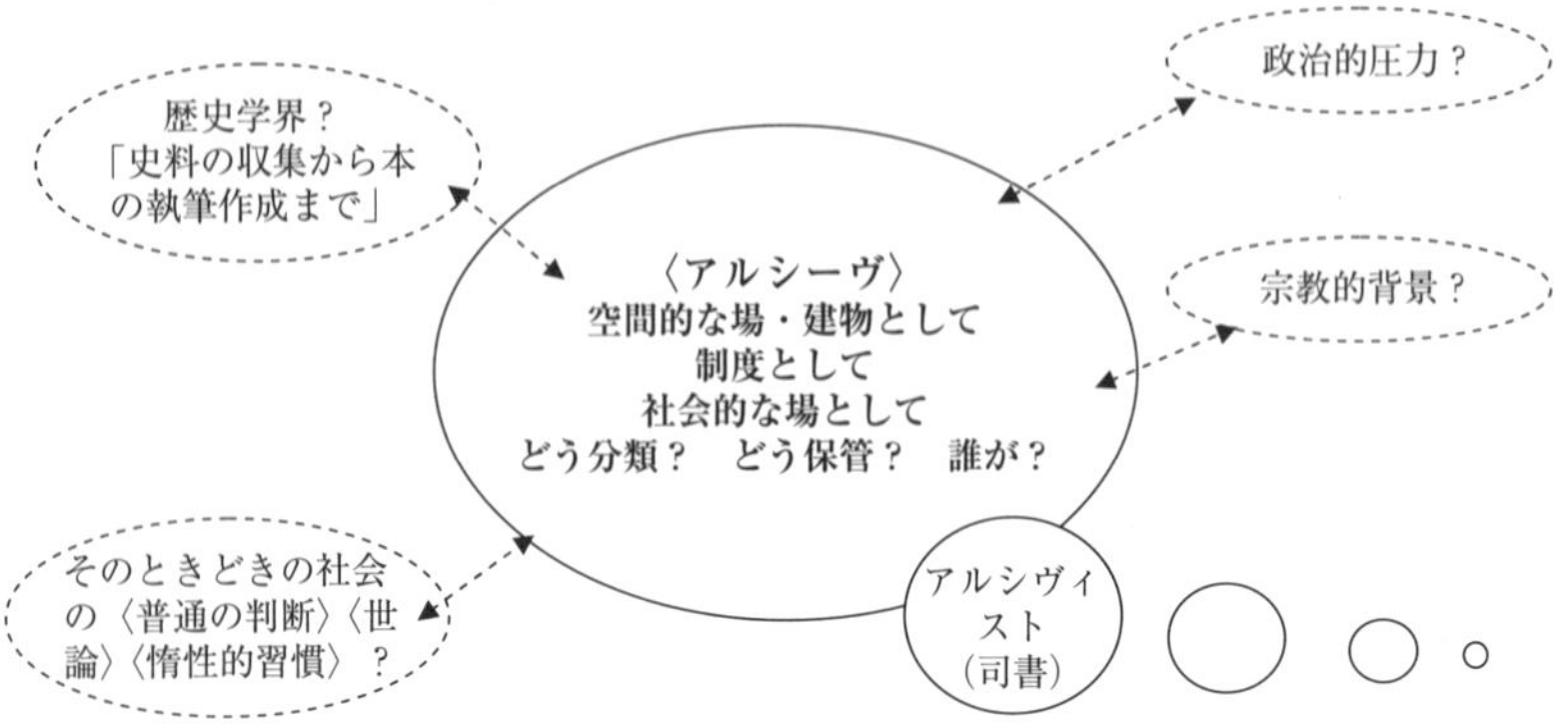

ざまを認識することには、残存史料とのきわめて複雑で慎重な対峙が要求される。史料に書かれていることが真でありまた全てであるというようないわゆる「実証主義」を批判し越えていこうとする意欲が、『ルーダンの憑依』といった書物に結実する、セルトーの仕事を動かしていたのだ。

そのような中世史への取組みのなかから生まれてきた洞察であろうが、『歴史のエクリチュール』の「歴史記述操作」(opération historiographique) 論は、歴史家の過去への眼差しだけでなく、まさに歴史家がおかれているところの現在にも照準を当てている。なぜか。そのセルトー論において鶴岡賀雄も指摘しているように、考察対象である過去の人間たちの営みの「歴史拘束性」を注視するすべを心得ている歴史研究者は「当然、研究者自身を拘束している宗教的、学問的、政治的、社会的、等々の歴史的情況を自覚せずにはいられない[24]」はずだからだ。

セルトーは『職業としての学問』のマックス・ヴェーバーの見解を厳しく批判する。

なぜか。ヴェーバーが学者の学問的な営みを社会・政治から「免除された」ものとしていたからだ。ヴェーバー・ファンには申し訳ないが、おそらく彼の見解は単純に過ぎた。ひとりの歴史家は、ある意味世間一般に直接にかかわらないとしても〝歴史学界〟にかかわらないわけにはいかず、そこでの慣習や流儀・規約に従わないわけにはいかない。そして〝歴史学界〟は徹頭徹尾、社会・政治のただなかにおいてのみ制度化されている。「史料の収集から本の執筆作成まで」（*L'écriture de l'histoire*, p. 72; MHO211）、歴史学の営みが社会の空気を吸わずに行えることはない。文書館としてのアルシーヴからして、「ひとつの社会的な場」（un lieu social ; MHO210）以外のなにものでもないのだ。

文書庫としてのアルシーヴは、資格ある者が参照するために、資料を収集し、保存し、また分類する制度的かつ空間的な場所である。それぞれの時代において保存するに値すると判断された証言記録や資料（のみ）が、保管をされる。また保管に際してのアルシヴィスト〔アーキヴィスト、司書〕による分類も、資料の内容についての先入見の形成という点では場合によっては重い帰結をもたらしうる契機だ。なにが重要なテクストであり、なにが重要でない史料か。アルシヴィストのごく普通のお役所的な判断が、後世にとっては重大な違いを帰結するやもしれない。（その時代においてありふれたこととみなされていたことほどわざわざ記録には残されない……、戦争に敗れ征服された民族は記録を失ったり、記録するための言語を奪われたりする……、ル＝ロワ＝ラデュリが『モンタイユー』を書くときの原典になった奇妙な異端審問文書はその作成者[25]がのちに教皇に成り上がったという歴史の偶然がなければヴァチカンの書庫に何百年も大事に保管されることはありえなかった……等々。）

そして、歴史家はアルシーヴにアクセスすることを許されてはじめて仕事、「歴史記述操作」をすることが

は、神秘主義運動の担い手の出自に注目する。その多くが、没落貴族であったり、改宗ユダヤ人であったり、また無学な女性や愚人といった、社会的にマージナルな人々、貶められた伝統に連なる人々だった」（19頁）

（24） 鶴岡賀雄「現前と不在」、21頁。

（25） ちなみにその風変わりな異端審問担当者ジャック・フルニエは、一三一七年に枢機卿となり、三四年に教皇ベネディクトゥス十二世となるまでの間に、かのマイスター・エックハルト（一二六〇―一三二八）の異端審問にも枢機卿としてかかわった。エックハルトの著述についてこれまたしつこく詳細な調査書を作成し、異端と認定したようだ。

できるようになる。そうでなければ仕事はできない。

> 歴史学をひとつの操作とみなすことは、……歴史学を場所（求人、環境、職業）と、手続き（学科訓練《ディシプリン》）と、テクストの構築（文献）との関係として理解するよう試みることだ。（*L'éctirure de l'histoire*, p. 64; MHO210）

こうしたセルトーのメタ歴史学的・知識社会学的な論が企図しているのは、「今日では時代遅れと判断されているかつての歴史研究において、アルシーヴにおいての研究こそが、歴史家的認識の客観性（objectivité de la connaissance historienne）を確立するものであり、それゆえ歴史家の主観性（subjectivité de l'historien）から庇護するものであると評価されていたこと」（MHO213）へのラディカルな批判である。そうリクールはまとめる。

誤解してはいけないが、歴史学という制度なんかこっぱみじんに粉砕されてしまえばよいとか、そういうお話ではない。セルトーがいっているのは、そのつどの時代における歴史学の制度自体が歴史学的分析の対象となるのでなければならないということだ。特に過去の時代の〝歴史家〟による歴史テクストを読み解く際には、その歴史家が「言っていないこと」（le non-dit）もまた研究対象となされなければならない。

また現代世界においては、口頭の証言とは異なり基本的には「あらゆるエクリチュールがそうであるように、アルシーヴの史料文書は読むことができるすべての人に開かれている」（MHO213）ということと、歴史学が制度であり学科《ディシプリン》＝訓練を経た者にのみ参入しうるテリトリーであるということとが、同時に真であるという一種の逆説が、歴史学の言説に緊張を与えている。その条件下で、歴史家が出版する歴史書は、またそれ自体ドキュメントとして同時代にたいして提供され、アルシーヴに並ぶことになる。「歴史家の仕事は、アルシーヴにおいて始まり、読むことへと提供されるひとつの本ないし論文の公刊へと帰着する」（MHO240）。

かくして歴史書と同時代の読者らとの関係という新たな問題系が浮上する。これについては目下のアルシーヴ論の段階とは別に分節される事柄として、後の章で扱おう。

ブロック『歴史学のための弁明』

マルク・ブロックの論に移ろう。

彼の遺著『歴史のための弁明』は歴史家の仕事と歴史家的認識について多くを示唆してくれる。だが、『時間と物語Ⅲ』でリクールが書いていたように、

『歴史学のための弁明』は同義語とみなされうる諸々の術語でちりばめられている。《証言 témoignages》、《残骸 restes》、《遺跡 vestiges》、《残留物 résidus》、そして最後に《痕跡 traces》。……すべてがいわれている、だがすべては謎である」　（TR III 217n）

たしかに。だからおそらくブロックがその書において「証言」という語で指示している事象範囲は、先の第三節でリクールが「証言」として分析した事象よりも、遥かに広い。ではブロックがアルシーヴや記録された証言についてどのように語っていたか、リクールと共に見ていこう。

史料のうちには「書かれた証言」ではない、「過去の残骸」というものがある。道具、かけら、貨幣、肖像画、彫像、家具、葬儀用具、家屋跡等々（今日では「DNA」（MHO221）もある）。それらを、口頭の証言と混同されてしまう危険を冒しながらも、「拡大的に《書かれざる証言 témoignages non écrits》と呼ぶことができる」（MHO215）。そうした諸々の「証言」は、すすんで記録された「意図しての証言」（témoignages volontaires）と、「意図しない証言」（témoignages involontaires）ないし「欲せざる証人」（témoins malgrés eux）とに分かれる。つまり後者は、公表を想定していない文書等や、あるいは歴史家がそれをなにかについての証言と認定することに

よって初めて証言としての身分を得る文書・事物等、あるいは指紋や足跡等である。ここで質問。「職人《アルチザン》としての歴史家」が主として相手にするのは、また「より信用できるものとみなすようになる」のはどちらか？もちろん「欲せざる証人」のほうだ。そうした点でブロックのいう「史料との闘い」に伴う歴史家的懐疑は、「デカルト的な方法的懐疑」(MHO218)にどこか類似している。

ここでブロックの論旨に沿う仕方で、カルロ・ギンズブルグがしたように、フロイトの『ミケランジェロのモーセ像』(一九一四年)で援用された医師・美術史家ジョヴァンニ・モレッリ(1816–1891)のことを引き合いに出してもいい。「モレッリはオリジナルを模倣した贋作の正体を暴くために、一見無視して良さそうなディテイル(耳たぶの輪郭)を吟味するという手段に訴えた」(MHO220)。贋作という一種の「悪しき証言」のうちに「意図せざる証言」を看破すること。そこにコナン・ドイル(1859–1930)は推理のロジックを見出し、フロイトは精神分析の起源のひとつを認めた。つまり「過小評価され考慮されない諸標識(Zügen)から、観察の残りくずから、秘密や隠されたものどもを察知すること」(『ミケランジェロのモーセ像』: MHO220)の技法だ。

自発的な証言には詐欺やごまかしがつきものだと、歴史家は考えなければならない。また作り話を喜んで受け入れる素地がそのつどの社会にあったりもする。ロレンツォ・ヴァッラ以来、批判的歴史学は偽りの証言や偽書の類いの検証に労力を割いてきたのだ。他方で、意図せざる誤りというものもあるし、歴史家は「確率論」も道具立てとして採用するだろう。ただしけっして忘れてはならないのは、ブロックの表現を引けば、

証言批判において、ほとんどすべてのサイコロはいかさま細工をされている(pipés)[26]。

ということだ。ブロックのこの発言は、証言を批判的に吟味する作業の大変な難しさをいっているようにも受け取れる。あるいは、証言にバイアスを与えている「いかさま細工」を相当程度見抜く力量が自分にはある

と、目利きの歴史家としての自負を表明しているようにも受け取れる。こうしたブロックの論には、戦時下・災害下のパニック状態においていちじるしく増幅される「プロパガンダと検閲の役割、うわさの危険な効果」（MHO219）にかんして二度の大戦での従軍経験から得たものを、中世史家としての自身の職業的経験と突き合わせて語っている面がある。（ブロックがヴィシー政権時代に危険な対独レジスタンス運動に携わっていたことについては、ここであらためて述べるものでない。）

以上ブロックの指摘をふまえるならば、歴史学的批判にとって史料というものが占める位置を、十九世紀後半以来の「実証主義的《ポジティヴィスト》」歴史学におけるような「認識論的素朴さ」（naïveté épistémologique ; MHO225）へとはもはやけっして陥らせてはならないだろう。そうリクールは強調する。リクールによれば、それは解釈なしの「事実」、観点なしの「事実」というものが存在しうると錯覚することにほかならない。だが、セルトーとブロックの論を引き継いだリクールと私たちは、もはやそのような錯覚には断じて距離を取る。

> 注意深い認識論《エピステモロジー》は、次のような錯覚にたいして距離を取る。すなわち、事実（fait）と呼ばれるものが、現実にかつて起こったことと合致するという錯覚にたいして、さらには、目撃証人らがそれについて持つ生きた記憶と合致するという錯覚にたいして。それは、あたかも歴史家がそこから引き出すまでのあいだ、諸事実は史料のうちで眠り続けていたかのようにみなす、という錯覚なのだ。（MHO226）

まとめよう。歴史学が史料的立証のレヴェルで行うこと、それは第一には「自発的証言の信頼性を問いに付すこと」（MHO230）である。しかし「なにもかもを疑う」こともまた無意味に帰する。そうである以上、史料

（26） Marc Bloch, *Apologie pour l'histoire ou Métier d'historien*, préface de Jacques Le Goff, Armand Colin, 1993, p. 116; MHO219.

的立証とは「ある証言に信頼を置く限りにおいて、他の証言を疑う」（MHO230）という吟味の作業であり、それであり続けるだろう、と哲学者リクールは結論づける。そしてこの史料的立証という局面は——現実にはかならずしも時間的先後をなすわけではないが——次の局面である、諸々の説明・理解手法を駆使しつつの歴史記述の作成、いいかえれば「歴史家的表象」の作成という作業へと展開してゆくのである。

コラム・アナール学派の歴史書②

マルク・ブロック（一八八六—一九四四）

『歴史のための弁明——あるいは歴史家の仕事 *Apologie pour l'histoire ou Métier d'historien*』（一九四九年）

「歴史学の対象は、本質的に、人間（homme）である。いや、人間たち（hommes）、といったほうがいい。抽象化を招きやすい単数形よりもむしろ、相対性の文法的様態である複数形のほうが、多様性を扱う学にはふさわしい。風景の感覚可能な特徴や道具や機械の背後に、一見きわめて無味乾燥な文書やそれを制定した者たちの手をすっかり離れたように見える諸々の制度の背後に、まさに人間たちを歴史学はとらえようとする。それができない者は、よくてもせいぜい、蘊蓄《うんちく》の作業員にすぎない。……」（p. 83）

「……セーニョボス氏はどこかでいっていた。《私は十八世紀の革命思想は……十七世紀のイギリス思想に由来すると考える》。彼がいいたかったのは、前世紀のイギリスのこれこれの書物を読んだり、あるいは間接的にそれらの影響のもとにあったりした啓蒙時代のフランスの政治評論家たちが、政治の原理をそこから採用してきた、ということだろうか? 一理あるとしていい。ただしこう仮定してよければの話だ。つまり、われわれの国の哲学者たちが、自分たちの側で、知的内容としてもないしは感情的トーンとしても、外国(語)で定式化された思想に、まったくなにもオリジナルなものを注ぎこまなかったと仮定してよければだ。しかし、いささか恣意的に、借用という事実に還元してしまうだけの説明では、啓蒙思想という動きの歴史を解明するには程遠い。というのも、その思想伝達=伝染(transmission)が特定の月日に作動したのはなぜなのかという問題は、どこまでも残るからだ。なぜ、より早くでもなく、より遅くでもなかったのか。感染=伝播(contagion)の前提となるのはふたつの要因だ。微生物の発生と、病気にかかる瞬間の《素地》と」(p. 89)

「ところで、虚言癖の個人がいるのと同様に、虚言癖(mythomanes)の時代というものが、十八世紀末から十九世紀前半にかけて存在した。前ロマン派とロマン派の数世代。オシアンの名で出版された偽のケルト詩(=ゲーテ『若きヴェルテルの悩み』に引用され有名)。中世にクロティルド・ド・シルヴィルが書いたと詐称する詩。ヴィルマルケが想像で作ったブルターニュの歌。メリメがクロアチア語から翻訳したと自称した歌。クラヴォリ・ドゥヴォルのチェコの英雄歌。── 以下省略。その数十年間、ヨーロッパの端から端まで、そうだったのである。不正行為のどでかい交響曲のように。中世はといえば、とくに八世紀から十二世紀までの間が、この種の集団的流行病のもうひとつの実例を提示している。なるほど、偽の証書・偽の教皇教令・偽の法令の大半、当時じつに多く捏造されたそれらは、利害によって作られた。……しかしなお特徴的な事実は残る。敬虔な人たちが、さらにはしばしば、疑う余地のないほど高潔高徳な人たちが、これらのごまかしに手を貸すことになんら危惧の念を覚えなかったという事実だ。明らかに、こうしたごまかしは一般的道徳から顰《ひん》蹙《しゅく》を買ってはいなかったのだ。盗作にかんしてはどうか。その時代には、この世でもっともイノセントな行為であったようだ。編年史家・聖人伝作者は、より古い著者たちによる書き物からひとまとまりの箇所をそっくりそのまま、良心の呵責なしに、横領していた（s'appropriaient）のだ。……」（pp. 129-130）

「たんなるちょっとしたフェイントから、完全に意図しなかった誤りまでのあいだに、たくさんの程度の差がある。そこにあるのは、正真正銘のミスが、めぐり合わせのいたずらで、嘘へとたやすく変化してしまうものだという理由だけだろうか。……

《ニュルンベルクの飛行機 l'avion de Nuremburg》という有名なエピソードをご覧いただきたい。この件はなお完全に詳細が明らかではいない。とはいえ、宣戦布告（一九一四年八月三日、第一次世界大戦の勃発）のほんの数日前に、フランスの商業飛行機がニュルンベルクの町の上空を飛んだ、ということだったようだ。町の人々がそれを軍用機とみなしたことは、蓋然性が高い。近々訪れるやもしれぬ乱戦の幻影の虜《とりこ》にすでになっていた住民のあいだで、あそこに爆弾が落とされたとか、うわさ（bruit）がそのとき流布したとしても、おかしくはない。とはいえ確実なのは、爆弾はまったく投下されなかったということだ。ドイツ帝国の政権上層部たちがこの虚偽のうわさを無に帰する手段をもっていたことも確実だ。そしてしたがって、ノーチェックでうわさを受け入れ、開戦の理由にしたことで彼らが嘘をついたのも確実だ。ただし彼らはなにも想像ででっちあげてはいない。それどころかたぶん、自分たちの欺瞞を明確に意識してさえいなかった。不条理なうわさが信じられたのは、信じることが有用だったからだ。あらゆるタイプの嘘のなかでも、自分自身にたいしてつく嘘はけっしてもっとも頻度の低いものではない。……」（pp. 132-133）

「確実性（certitude）ということの重い語を発することは、われわれにどの程度まで許されているのか？……猿がタイプライターのキーボードをでたらめに叩いて、たまたま偶然に、『コンスタンティヌスの寄進状』や『ゲルマニア』を一字一句再現してしまうことは、《不可能》ではない。クールノーはいった、《物理的に不可能な出来事とは、蓋然性が無限に小さい出来事のことにほかならない》、と。……」（p. 153）

「つい最近まで、証人や語り手たちが嘘をついていると疑いうるかなり強い理由が前もってなかった限り、断言されたすべての事実は4分の3の場合事実として受けとめられていた。昔のことでしょう、などとはいわないでおこう。これはフェーヴルがルネサンスについて秀逸に示していたことだ。われわれにかなり近い時代においても、……別様な考え方や行動がとられてはいなかった。それは当然、軽々と信じ込んでしまう群衆に特有の態度だったのだ……などとも述べまい。もっとも堅固な知性の持ち主たちでさえ、その時代に一般的だった先入見から逃れてはいなかった。逃れえなかった。誰かが〝血の雨が降った〟と語ったときには？　血の雨が現実にあったということになった。モンテーニュが彼が好んだ古代の文献のなかに、頭なしで産まれてくる住民たちの国や、レモラという魚の驚異的な力についてあれこれの無駄話を読んだときには？　彼は眉ひとつ動かすことなく、彼の論のなかにそのことを記入した。かくして、ラブレーの神話によれば、《うわさ Oui-Dire》という老人が支配していたのだ」（p. 154）

第二部第一章の総括・批判的吟味

以上、リクールによる、アルシーヴに面しての格闘をめぐるセルトーとブロックによるメタ歴史学的考察の読解であった。ところでこれは、その前にあった第三節の証言の「本質要素分析」と、どういう連関にあるのだろうか。互いを豊かに膨らませうる関係にあるとも見えるし、互いに衝突をしかねないとも見られる。

以下では、二、三の論評を参照しつつ、この第二部第一章を全体として私たちは回顧・吟味しよう。

フランスの若手中世史家 Étienne Anheim は、『記憶、歴史、忘却』のアルシーヴ論を主題として取扱った論稿において、第三節におけるリクールの証言論について、それが「人間的条件の存在論」にかかわる射程を有するものであるということ、および「かつてあった」という過去性の問題を深くとらえていることを尊重し評価する。しかし当該の第二部の文脈に置き据えた限りにおいていえば、「アルシーヴの生成にかかわる複雑な実践」にたいして、リクールが第三節でいう「証人」は、歴史のただなかにいるというよりもむしろ「歴史の外」(hors de l'histoire) にいる存在であるかのようになっているのではないか、と Anheim は自問している。そして、第三節から第四節へ論が移って、証言についてのブロックの拡大定義、つまり「意図せざる証人」というカテゴリーをリクールが導入するその際に生じてくる「論の拡散」を彼は指摘している。

「もしリクールが〔第三節で〕証人についてなした定義を認めるとすれば、〔第四節で〕意図せざる証人を証人と形容することは、証人概念の力と特有性を破壊することなしには、またブロックが採用していた一般的意味へと証人というものを位置づけ直すことなしには、困難であるように思われる」(Anheim [2004] p. 178)。

こうして Anheim は、リクールの証人および証言概念に含まれうる哲学的・存在論的な「力と特有性」には十分理解を示しながらも、しかしやはり歴史家の視点からは、いいかえればリクールの歴史論を歴史論として尊重する視点からは、その概念にまつわる「論の拡散」を見て取ったのだった。以上が Anheim の論旨である。なかなか中庸な指摘であるとみなしてよいだろう。

第二部第一章においてリクールは、アルシーヴ化の契機はいわくいいがたくどこまでも接近し難いひとつの謎でありアポリアであると、もっと強く述べるべきだったのかもしれない。第一節から第五節まで連続的につながれた論は、たしかに読者からの批判ないし疑問を生じさせる理由たりうる面がある。またそもそも「証言」についてのブロックによる「拡大定義」はもはやかならずしも「記憶」に拘束されない以上、「記憶から歴史への移行」(passage de la mémoire à l'histoire) というリクールの枠組み設定とはそれはねじれの位置にあるようにも読める。

とはいえ、アルシーヴ化という契機がこれほどの謎を秘めた事柄であり、考えるべきなにごとかがそこに存しているということを、アルシーヴについての問いを立てることによって人々に教えたのは、ほかならぬリクールの論述である。この点を強調しないのは野暮というものだ。いわばコロンブスの卵。ひとがこうしてリクールの論の不十分さを批評しうるのも、リクールが「記憶から歴史への移行」というテーマをまず掲げて見せたからこそなのだから。さまざまな批判・批評を喚起したこと自体が、リクールの論の功績だと私たちはいっておこう。

ところで、リクールのこのアルシーヴ論ないし証言論がやや曖昧さを残す体裁になってしまった理由の一部には、そこでは証言ということで点的な出来事に対応する「点的な証言」(témoignage ponctuel ; MHO204) あるいはそれに近似するようなものが第一に想定されており、そしてそのことが論及されない暗黙の前提となって

(27) 私見では、これは『時間と物語』における「長期持続」対「出来事」という問題設定の残存・混入ではないかと思われる。つまり第一章第四・五節が『時間と物語』の一部分を原型テクストとしていたことにその一因を帰することが推測的になされうるわけだが。『記憶、歴史、忘却』のなかで、特に第二部において、何度かリクールは「事実」と「出来事」との区別について述べ、「出来事」を「証言」と密接に結びつけるのだが、こうした「出来事」概念は、たとえば個人的経験の次元で仕事をする精神分析とは重なりうるだろうが、より大きい(どれほどミクロな歴史学といえども)観点で物事を見る歴史学における「出来事」概念とは、有意義に連関がさせられないように思われる。結局、問題と思われるのは次の二点だ。第

しまった、ということに由来する面もあろう。[27] 概して、研究対象になる時代が時間的に隔たったものであればあるほど、点的な出来事以前に、まずその時代における人々の生活様式・思考様式等々を把握する作業がより多く必要となる。つまりいわば持続的状態についての〝証言〟が必要とされるような作業だ。単独で出来事の証言の意味を云々するということは歴史学的認識の構築現場とは少なからず、ずれがあろう。いずれにしても〝哲学的な証言論〟というかたちにせよなんにせよ、現代史的な枠組み[28]の論と中世史的な枠組みの論とを等しく扱うには、もういくらか慎重な論の進め方が必要であったと見えたとしてもおかしくはない。

ピエール・ノラのコメント――証言的記憶に「抗する」歴史学の作業

中世史家の次は、現代史家の観点からの感想も、聴いておくべきであろう。『記憶、歴史、忘却』第三部でリクールはピエール・ノラの諸論稿を取り上げていた。そのピエール・ノラが――彼はジャーナリスト出身の現代史家という経歴の持ち主だが――彼独自の視点から『*Le Débat*』誌上の『記憶、歴史、忘却』特集に寄せたコメントがある。そこでノラは、リクールの証言論にたいして、共感と違和感との双方を表明していた。

まずノラは、あらゆる歴史学の作業は

> なんらかの記憶から出発して（*à partir*）構成されるのだが、そのことを歴史家たちがつねに強く意識してきていたわけではなかった
> （Débat29）

という点で、リクールが記憶というものを、またその特権的な表明化であるところの「証言」という契機を明確に強調することは全く正しいと評価する。他方、今日の歴史家ないし歴史学が困惑しつつ面している事態が

ある。すなわちそれは、従来は自明であるかのように思われた〈記憶〉と〈歴史〉とのそれぞれの意味が、とりわけ「記念顕彰《コメモラシオン》」(commémoration)や「アイデンティティ」(identité)という事象との関連において、奇妙にも「逆転」(renversement)することがけっして少なからずあるという、複雑で混乱した事態である。そうノラは指摘する。また同時に、〈個人的〉と〈集合的〉ということの意味も、逆転する場合が少なからずある。そうした意味では歴史家は、歴史学的認識を「証言——もしこの語を使うとすれば——に属する記憶に抗して(*contre*)」なすことをも場合によっては求められているのではないか……、そうノラは問いかける。

後で見るように(本書第5章)、『記憶、歴史、忘却』第三部でリクールはノラの一九九二年の論文に共鳴する仕方で、現代世界において「アイデンティティ」なるものが奇妙な仕方で幅を利かせるようになった政治的-社会的傾向にたいして、距離を取った、批判的な立ち位置での論を展開する。ノラがこのコメントで「アイデンティティ」の話題を持ち出しているのは、そうして自分の論が引用されたことへの丁重な挨拶として読め

一に、リクールは、出来事とはプライヴェート(私的)なものだ、といっているのかということ。第二に、プライヴェートなものにしても、何年というほどの持続をもつものがありうるということ。つまり、そうしたことが「証言」されることもあるであろうし、しかしそのような時間の幅をもつものを通例「出来事」とは呼ばれない、ということである。

(28) また現代史においても、とくに「同時代史」と呼ばれる、健在の証人が多数存在する近接時代にかんするオーラル・ヒストリーの方法論などにおいては、リクールの証言論とはやや異なった考え方で聞き取りということをとらえている。

参照、御厨貴『オーラル・ヒストリー　現代史のための口述記録』:「話し手が強弁をしたり、牽強付会なことをいっているときにはもちろんわかる。しかしそこで遮るのではなくて、それをそのまま再現することによって読者に知らせる方法を、あえてわれわれはとるのだ。その場で相手と議論することが目的ではないのである。……オーラル・ヒストリーで行うことは、相手の認識そのままの記述である。……相手を遮ったり、ことさらに対立点を出したりすることは、むしろ相手の認識の流れを妨げることになる。それは決してオーラル・ヒストリーとして有効な手段ではない」(30-31頁)

る。しかしその第三部の論はともかくとして、目下の第二部の段階のリクールは、「アイデンティティ」をめぐる複層的な問題にどこまで目配せをできていただろうか、と、ノラは問うているのだ。

ノラは一例として、「ひとは女に生まれるのではない、女になるのだ」(«On ne naît pas femme, on le devient» ; Débat29)というボーヴォワールの有名な言葉を引用してくる。有名だが、幾分曖昧な言葉である。しかし、その曖昧さの由来は、ボーヴォワールのいい方が十分に厳密でなかったからというようなことではない。まさにこの一文のただなかで、内的記憶と外的記憶、個人的アイデンティティと集合的アイデンティティが複雑な交錯と反転の運動を見せているからなのだ。その交錯・反転は、還元不可能であると同時に記述困難である。いわゆるアイデンティティとしての記憶なるものは、私的に望んだものなのか外から強制されたものなのか判定し割り切るのは容易でない。「労働者階級である」「アルジェリア出身である」というようなアイデンティティが個人的内面性だけでは構成されえないものなのと同様に、「黒人である」「ユダヤ人である」というアイデンティティもまた、外部から義務的に強制された「記憶」の一種とみなされるべき側面を有している。これはむろんリクール自身が先に記憶の現象学のところで「習慣-記憶」および「ハビトゥス」について指摘していたことの、延長線上に存する事柄のはず。しかるにノラの眼からすると、第二部の「証言」論は、アイデンティティの安定した人物の証言を、そのかならずしも自覚・表明化されないアイデンティティを分析することなく受け取るという、抽象的ないし素朴な作業仕方を提示しているように映る。リクールの第二部第一章での論じ方はやや「歴史学の実際の実践についての吟味をなしで済ませている」(Débat 26)かのようだと。

以上のようなノラの指摘は、若干ジャーナリスティックな趣きにも傾いてはいる。その点は否めない。だが、証人の証言がどういう集合的記憶やどういう個人的/集合的アイデンティティのもとで発せられたものであるのかを分析することを必須の課題として科せられている歴史家の作業場の混乱した実情を、『記憶、歴史、忘却』の哲学的論述を突き合わせようとする、積極的で興味深い指摘と私たちは受けとめるべきであろう[29]。礼儀作法やテーブル・マナーのような、自明すぎてその理由を説明できない点で「証言を越えて」いるものが、集合的アイデンティティというものには往々にしてまとわりついているということも、レヴィ＝ストロースとともに私たちは思い起こしておく必要があろう（本書序論第2節を参照）。

デリダの証言論を参照して――「偽なる証言」

ノラのコメントに加えるような仕方で、ノラとはまた異なる〝哲学的な〟観点からなんらか補足を試みるべきであろうか。私見では、この第二部第一章でのリクールの「証言」論においてやや論究が十分でなかった事柄として、〝証人は自分の証言の内容を理解している〟という前提が指摘されるように思われる。その点にかんして、リクールもよく知っている後期デリダの証言論をここで少しだけ参照しておこう。

(29) 長井伸仁もまた、ひとつの角度から、リクールが〈記憶〉にたいして〈歴史（学）〉が持つべき自律性について十分強調をできていなかったのではないかという点をポイントとしつつ、以下のように述べている。「リクールは記憶は直接に過去に迫ることができるが歴史は間接にしか迫れないなど、両者の対立点を挙げもするが、決して二項対立的に把握すべきものではないと考えており、このことをしばしば強調している。歴史の真実がなければ記憶の忠実はないしまた記憶を参照しない歴史はない、あるいは、認識論の次元では両者に優劣をつけることはできない、などと。リクールの考えがこのようなものだとすれば、歴史研究に携わるものとしては、多少の違和感を感じざるをえない。問題意識の段階では、歴史は記憶の影響を受け、記憶に命じられもする。しかし、方法論や認識においては、歴史は自律性を持たねばならない。つまり、客観性の（確保とはいえなくても）追究と、それにつながる史料的実証とが、歴史の基盤なのである。〔…〕証言（すなわち記憶）の集成から事態の全体像が描けるわけではない。一市民としては、そこで記憶と歴史をイコールで結ぶことはできても、歴史研究者としてはそれはできない」(Rpf, p.5)

『死を与える』にひとつの典型を見る後期デリダの思索においては、証言と「偽証」(parjure)との区別(不)可能性という問題がつねに考察の対象になっていた。その事態をデリダはたとえば次のように、わざと矛盾を孕んだ表現で、いい表わす。

> 私の証言は偽(faux)かもしれない。しかし、私は真摯で、誠実に証言している。だからそれは偽なる証言ではない(n'est pas un faux témoignage)。(Derrida [2000], p. 97)

デリダはここで、証言が「偽」であるとははたしてどういう意味かと問うている。偽なる証言。デリダは、証人の誠実さの真偽と証言内容の真偽とは、かならずしも対応関係にない、と喝破する。しかもこの不対応という事態は、まさに証言を証言たらしめる還元不可能な契機のひとつなのだ、と。たしかにそうだろう。おそらくこれは、リクールの証言論が少なくとも主題的には取り上げていなかった問題契機であろう。もちろんリクールも、見間違いや覚え違いについて言及していたし、証言がつねに疑惑・懐疑の対象となることを述べてはいた。ただデリダはさらにもう一歩、踏み込んだ分析を行っている。

デリダの論を受けつつ、またそれをピエール・ノラのコメントとも関係づけつつ、私は暫定的結論として次のように指摘し、またそうするにとどめておこうと思う。――第二部第一章のリクールは、記憶と歴史、ないし証言と史料とのあいだの連関・移行に注目するあまり、証人と証言とのあいだに存しうる間隙については特別な論究は進めなかった(30)。前期デリダの表現を用いれば、どの程度まで証人と証言との関係を「自分が語るのを自分で聞く」(s'entendre-parler)という自己参照性・自己透明性を前提してとらえてよいかという問題(31)。これは、第二部第一章の簡潔な証言論では表立っては取扱われなかった、残された問いであることになろう。

他の章節との関係 ── まとめに代えて

さて、先に挙げたような諸々の感想・評価が出ているとはいえ、『記憶、歴史、忘却』の全体を見ずに、第二部第一章だけを見てあれやこれやのすべてを論評するというのは、まったく早計だ。後で第三部第一章第四節においては、「同時代史」(histoire contemporaine)、つまり「最近の現在時期」(période récente présente) ないし「近接過去」(passé recent ; MHO441) を扱う「現代史」のジャンルにリクールは言及することになるからである。また、第二部第三章第三節では、ルイ・マランの仕事を参照しながら、たとえば絶対王政下の十七世紀人パスカルのテクストを西暦二〇〇〇年代の私たちが単純に読むとどうなるのかといったことについて、論究がなされている(この後の本書第3章第3節を参照)。そうした論述を少しこの第二部第一章に持ってくるとか、あるいは逆にここでの内容を他の章に回すなどの、章節配分上の工夫・推敲がもう少し行われていれば、違う印象・可読性を読者に与えたのではないかとも、ちょっと思われるのではあるけれども。[32]

(30) ロジェ・シャルチエは、「史料にたいして、証言」(le document contre témoignage) という対置に加えて、「過去の表象にたいして、その再認」(représentation du passé contre sa reconaissance) という対置を述べ (Débat8)、「再認」ということのうちに孕まれうるずれが、証言のうちにも形をとらずにおかないということを指摘している。

(31) デリダが『グラマトロジーについて』でレヴィ＝ストロースの思想に含まれた「音声中心主義」を批判したことはよく知られている。目下の文脈にひきつけていえば、デリダは、証人の意志的証言を一次的なものとみなそうとするリクールと、〈証言を越えた次元〉の無時間的・無意識的構造に直截に赴きうると主張するレヴィ＝ストロースとの双方から距離を取り、その中間に位置しようとしている。そしてそこで見出されるのが、デリダがいう意味での「偽証」の事柄である。

(32) 中世史家 ── ここではブロックの盟友フェーヴル ── の眼差しに驚嘆を覚える現代史家の体験の記述をひとつ、引用しておこう。第二部第一章を構成するにあたっては、こうした驚きの感覚が、少なくともこの章のリクールに関しては、欠乏気味であったと思われなくもないからである(次の第二部第二章では、フェーヴルに由来する「心性」概念に対して是々

第三節の暗黙に現代（史）的な枠組みでなされた証言論は、もし仮にもっと違う文脈におかれていれば、哲学的証言論としてダイレクトに一定の価値をもちえたかもしれない。だが、『記憶、歴史、忘却』という著作内においてそれが他の諸々の節の論とどう噛みあうものであるかが目下の問題であるとするならば、かならずしも、つねによく噛みあうものではない。ただし現代の事象にかんする限りにおいては、この証言論が直接に役立つ場面にはこれまた少なくないと直ちに強くいい添えておくべきであろう。たとえば、第三部第一章第三節「歴史家と裁判官」のような論では（本書第4章参照[33]）。

また、なるほどリクールは時折触れてはいるのだが（たとえばブロックの「うわさの危険な効果」についての言及など）、しかしあまり掘り下げなかったように思われるのは、証言は一次的には後世にたいしてなされるのではなく、同時代の人々にたいしてなされる、という問題の歴史論的射程である。証言が信用に値するかどうか、重要で記録するに値するかどうかは、少なくとも一次的にはそのつどの同時代においての知的判断や感情的反応によって決定されている。このことは証言が語る内容が〈過去の〉出来事にかかわるということとはまた別の次元の話である。そして、付け加えていえば、西洋において証言論ということがいわれる場合には度外視できないものだが、いまから二千年ほど前に処刑され埋葬されたはずの一宗教指導者が甦って歩いているのを見たという証言ないしその伝聞についても、同時代においてどういう経緯でそれが記録されるにいたったのかがひとつの根本問題であり、すでに長らく古代史家などによる研究の一対象ジャンルとされてきた[34]。

次の第二章・第三章において〈表象史〉が論の中心となる際には、リクールは〝過去の人々にとっての同時代〟について広く深く視野に収めた論述をすることになる。その意味では、第二章への予備的議論という側面をも持つ第一章に多くを求めすぎるのは、リクールによる論段階の区別を汲み取らない的外れな読みだろう。

さて私たちは、『記憶、歴史、忘却』のひとつの山場である、第二部第二章に向かわなければならない。

非々で臨む、力強い議論が展開されているのだが)。

私が西洋史を専攻していた学部生時代、「電気のない時代の感性は想像できない」と呟いて中世史専攻の先輩にたしなめられたことがあった。異国の古代史の面白さが理解できなかったわけでは決してない。その呟きは、むしろリュシアン・フェーヴル『フランス・ルネサンスの文明』読後の余韻によるものであった。

「現代のわれわれが、程度の差は別として、全員、望もうが望むまいが温室の産物だということを、肝に銘じて忘れまい。一六世紀の人間は、吹きっさらしにされていたのだ。」

それ以後、温室育ちの我々が吹きっさらしの人間とどれほど異なった人間なのか、我々の「伝統」が如何に新しいか、を私は強く意識するようになった。

一六歳になるまでに二人に一人以上が死亡した時代、「神経の敏感でなかった」十六世紀について、フェーヴルの言葉をさらにもう少し引用してみたい。

「フランス十六世紀の具体的な人間、生きている人間、骨と肉をもった人間と、われわれ二十世紀のフランス人とは、ほとんど似たところがない。あの野人、あの放浪者、あの村人。彼はなんとわれわれから遠いことか!……現代のわれわれが強く執着し縛られている、家庭とかわが家とか妻とか子供とか、こうしたものは何もかも、十六世紀の人間から見れば一時的な財産でしかなく、いつでも放り出す心構えができているように思われる」

(佐藤卓己『メディア社会』、iii－iv頁。)

(33) たとえば「ディセンサス」という語は証言論の箇所以外では第二部にはまったく一度たりとも登場しないが、第三部第一章の「歴史家と裁判官」では、重要概念のひとつとして登場することになる。やはりこの「証言」論が、第二部第一章のなかでは後から書き足され、かつ直前・直後の諸節との連絡づけが十分なされずにしまったという経緯を推測させる。

(34) そして、後世の個々人がその当該の証言を〝信用する〟という決断を、それぞれになすかどうか —— ブルトマン的にいえば —— は、またもうひとつ別の事柄として位置づけられなければならない。

第3章　アルシーヴに面する歴史家（II）——歴史家的表象《ルプレザンタシオン・イストリエンヌ》

多様性。
ひとつの街、ひとつの田舎は、遠くから見ればそれはひとつの街であり田舎である。だがひとが接近してゆくにしたがって、それは家々となり、さらに木々、瓦、葉、草、アリたち、そしてアリたちの脚と、無限に続く。こうしたすべてが、田舎という名前のもとで包み込まれている。

——パスカル『パンセ』

シラーは、歴史家（Historiker）について次のように述べる際、この〈物事への客観的な眼差しという〉想定がまさにもともと主観的なものであることをまったく明晰に理解している。「あるひとつの現象が他の諸現象に引き続いて、盲目的な偶然から、無法則な自由から逃れ出て、調和する全体——これはもちろん歴史家の表象（Vorstellung）

においてのみ存在するものだ――のなかにしかるべき一部分として列しはじめる」

――ニーチェ『生にたいする歴史の利と害』

日常言語を理解するための暗黙のとり決めは、途方もなく複雑である。

――ヴィトゲンシュタイン『論理哲学論考』

ベラスケスについてのフーコーのテクストは美しい。でもぼくには、あのテクストの必要性がどこにあるのかがよくわからない。……ぼくがフーコーをあまり好きになれないのは、彼はよく、《これこれの時代には人々はこれこれのことを考えていた、ついでこれこれ以降はこれこれのことを……》といったことをいうからだ。たしかに、それはそれでかまわない。でもどうしてあれほどの確信をもっていうことができるのか？

――ジャン=リュック・ゴダール、一九六七年のインタビュー

本章の構成

この第3章は、本書のいわば理論的クライマックスである。『記憶、歴史、忘却』の文字通り中心をなす第二部第二章・第三章の歴史記述論・歴史学的認識論が扱われる。まずフランス歴史学において立ち上がってきた〈心性史〉批判の内実を確認する（第1節）。次に〈心性史〉や〈ミクロ歴史学〉への方法論的批判を経て提出される「縮尺のヴァリアシオン」という新概念が検討される（第2節）。そして、〈表象史〉のエピステモロジー的実践を多角的に論究する（第3節）。そこでは「アプロプリアシオン」概念と「縮尺のヴァリアシオン」概念とが組み合わせられ、その有効性を具体的に試される。最後にひとつの結論として「代表象化」概念が検討される（第4章）。「歴史家的表象」は、「対象-表象」と「操作-表象」という二つの契機によって成り立っているのだ。

導入◆「歴史の認識論」と〈表象史〉

表象――リクール的歴史認識論の賭け金

過去の表象としての歴史。でも、表象するのは誰なのか。

第二部第二章と第三章でリクールは、『記憶、歴史、忘却』におけるもっとも重要な鍵概念の一つ、「歴史家的表象」なるものを提示する。「歴史の認識論《エピステモロジー》」について、ここで彼なりの回答提出を試みるのだ。

この二つの章は、「過去の表象」をめぐる論考としての『記憶、歴史、忘却』という書全体にとって、理論的な要石をなしている。そうであるがゆえに、若干難解でもある。ヴァラエティ豊かな歴史書が——しかも断片的に——引用されていることで、色彩に富む面白さの半面深く読みこなしにくくなっているともいえる。『記憶、歴史、忘却』において「表象」という契機にリクールが付与した意義が各国の研究者らによっていまだあまり汲み取られていない状況は、この第二部第二章・第三章の論が難物であることに起因するところが大きいと解される。私たちとしては、そこに最初の切り口を果敢に入れにいかねばならない……。

さて、先取りして述べれば、ここでリクールが中心主題となすのは〈**表象史** histoire des représentations〉の歴史学理論である。すなわちロジェ・シャルチエ、ベルナール・ルプチ、ジャック・ルヴェルというアナール派第四世代の代表的論客たちの歴史学理論の仕事である。第一部の「記憶の現象学」においてつねに記憶事象と分かち難く存していた諸契機、すなわち表象・想像・像といった事象が、いまや〈表象史〉の構築する歴史家的認識と合流し、火花を散らすことになるのだ。

しかし〈表象史〉、表象の歴史学とはいったいどういうものなのか。過去の実在性という謎をめぐる問題は〈表象史〉においてどうなるのだろうか? 注意すべきは、〈表象史〉のいう「表　象《ルプレザンタシオン》」とは、さまざまな力学関係の交差点や衝突点において現われてくるいわば関係的なにものかであって、たんに〝屋根裏部屋に置いてあって、取りに行けば使えるモノ〟というような種類の、即自的な事柄ではないという点だ。(1)

だがそうするとその「表象」というのはずいぶん浮遊的なものであることになるのではあるまいか? そういう疑問が投げかけられるかもしれない。たしかに。一理ありそうだ。

じつのところ、歴史学界においても一定の立場の歴史家たちから、新しく登場した〈表象史〉なる学問的スタンスの有しうる〝実証性〟ないし〝科学性〟の程度にかんして疑問が呈されることは、これまでおよそないわけではなかった。だとすると、『記憶、歴史、忘却』のリクールが、歴史学的認識において過去の実在性、もはやないがしかし「かつてあった」ということの代替不可能であるはずの存在身分をよりよく参照指示しうるものとして、〈表象史〉の理論的実践的枠組みを積極的に評価しわがものとすること、そのことには、いかなる賭け金が投じられているのであろうか？　リクールはそうしたみずからの学的態度について〝哲学的に〟どこまで正当化を成し遂げられるのか。これらの論点が、第二部第二・三章の論述の熱源をなす。

ところで、本書序論で少し触れたように、「表象」が前面に出てくることには、従来からのリクール読者・研究者の意表を突く、リクール哲学のこれまでの変遷経緯に照らして目だって新しいと形容しうるような展開が含まれていた。

すなわち、表象することの行為性格と独自の創造性を、本質的とみなすことである。しかしそれには、ただでさえ多義的な「表象」概念のたんなる拡大、拡散になってしまうという心配はないか？〈表象史〉のいう「表象」を「非-概念性」や「非-科学性」（MHO293）として非難するいくつもの声にたいして、耐えることはできるのか？　リクールが〈表象史〉の論者たちと共に歩む道は、危険な綱渡りであるかのようだ。しかしリ

（1）　P・ブルデュー、R・シャルチエ、R・ダーントン「《鼎談》文化の歴史学をめぐって」、福井憲彦訳、『思想』一九八六年2月号、250-271頁。「私〔ダーントン〕も、リュシアン・フェーヴルがもちいた心性の道具とか心性という持ち物とかいったメタファーは、前から好きではあるのですが、しかし考えれば考えるほど、それらでは不十分だと思われるのです。それらのメタファーによれば、文化は何か惰性態のようなものとみなされている。あたかも、屋根裏部屋にのぼって、先祖たちが残した荷物や段ボール箱を捜索することができるかのように。だから文化は、考え方や態度のストックであるかに思われてしまい、その荷をほどき、一覧を作って整理すれば十分かのように思われてしまう」（256頁）

クールは「縮尺のヴァリアシオン」(variation d'échelles)という概念の練成によって認識論的《エピステモロジー》にこう問いただす。――では〈表象史〉以前ないし以外の歴史学的手法は〈表象史〉に比べてはたしてより確実安全であったのか？　はたして本当に綱渡り度がより少なかったのかどうか。そもそもそれが自明ではないのだ！

リクールが〈表象史〉に共鳴し歩みをともにする理由、そのひとつには〈表象史〉の〈**史学史**〉的性格ということもある。これは〈表象史〉が、方法鍛錬を欠く陳腐な〝表象研究〟とは一線を画す点だ。

〈表象史〉の歴史家たちは、〈表象史〉はある面でそのまま〈史学史〉的研究でもある、という考え方を有している。どうしてか。〈表象史〉が過去の時代の人間たちの表象する仕方をとらえようとする際には、当然、過去の歴史家たちが歴史を表象した表象仕方もまたその考察の対象になってくるからだ。その意味で考えるなら、〈史学史〉とは、歴史学が歴史学の手法・方法論をみずから批判的に反省し、過去の歴史家がその仕事においてなにをしていたのか、その自覚されざる方法論的前提はどのようなものであったのか……と反省していく作業のことであることになる。この場合の〈史学史〉は、たんなる事実確認ではもはやない。何年にだれがなんという本を出したか、というような事実の確認ではもはやない。〈史学史〉は、まさに歴史を認識するさまざまな仕方の探究そのものとしての〈表象史〉の営みであることになろう。そしてこうしたエピステモロジー的な緻密な反省性にこそ、リクールの解釈学的哲学と響きあう深い親縁性が存しているのだ。

〈心性史〉への批判から

ところで、歴史認識論的緻密さへのそうした配慮から必要になる手続きとして、「心性」概念への批判を経ることが〈表象史〉の「表象」の〝実証性〟を主張するために不可欠であったことを、私たちは確認する必要がある。「心性」との緊張によって「表象」概念のポテンシャルが産出されているとすらいえる面はある。

だからリクールは『記憶、歴史、忘却』第二部第二章を、ブローデルの君臨時代から〈心性史〉の時期を経て今日にいたる、フランス歴史学の変遷経緯を踏破し直す叙述からスタートさせるのである。つまり歴史記述論を本格的に展開するための序論として、アナール派の世代変遷という伏線を張っておくわけだ（本書序論54頁の世代関係図を参照）。

創始者たる第一世代ブロック・フェーヴルの時代の「人文主義」と、第二世代ブローデルの経済事象重視。この二世代においてアナール派の根本姿勢として共通していたのは、「出来事と諸個人の個別性、物語によってリズムをつけられる年代記、そして知解可能性の特権的場としての政治等といったものにたいして、一括して異議を申し立てる」（MHO242）というスタンスであり、「社会史（histoire sociale）という背景の上でこそ文明の諸事象は浮き彫りになるという確信」（MHO243）であった。しかしその後、第三世代から第四世代の時代にかけて、こうした基本姿勢に疑問符がついた。そうした基本姿勢が妥当なものとしてそのままあり続けられるかどうかという問いがさまざまなかたちで、派の内外から提出されてくることになったのだ。それが、

この〔フランス歴史学の変遷経緯を見るという〕道程踏破の最後に、アプロプリアシオン（appropriation）や交渉《ネゴシアシオン》[2]（négociation）という、比較的新しい諸観念が現われるのを見ることになるゆえんである。（MHO239）

「アプロプリアシオン」と「交渉」。第四世代によって提出された、新しい歴史記述のカテゴリー。世代変遷を

（2）この文を英語訳は〃直訳〃しており工夫が無いが、ドイツ語訳では「appropriation」「négociation」をフランス語原語として挿入しており、事柄理解と読者への配慮が見られる。本書序論でも触れたが、この箇所の邦訳は失望させる。「……行程の最後には、適合や取引きといった割合に新しい概念が現われてくるようになる」（上巻296頁）。

踏破していく道の後半におけるこれらの観念の浮上は、歴史学的過去の世界・社会における「強制」や「社会的時間」等々の事柄についての眼差しのあり方を深く刷新することにつながってゆく。そうしてリクールが張っていく伏線の延長線上で、最終的には、歴史記述論をアナール派第四世代の歴史理論とともに探究していくことをとおして、歴史の認識論《エピステモロジー》が、歴史学と行為論的哲学との接触面《インターフェイス》を紡ぎだす場であることが発見されるにいたるのだ。これが『記憶、歴史、忘却』第二部第二・三章の大筋である。

では、まず私たちは「心性」概念の出世と没落をめぐる成り行きの確認から、出発するとしよう。

1◆〈心性史〉の隆盛と危機

「奇妙なイロニー」

〈**心性史** histoire des mentalités〉の生存権がなぜかくも揺らがなければならなかったのか。それについては、さまざまなことがいわれてきた。おおむね見方が収斂しているところもあれば、見解の分かれているところもある。

アナール派第三世代の〈心性史〉への方法論的疑義がつのり高まったのは、一九七〇年代の終わり頃から八〇年代にかけてであった。

しかしそれはまさに、心性史的社会史の成果が多くの書物という形で実りをあげ、かつ予想以上の仕方で一般読者に好評を博し部数を重ね、狭義の歴史家たちの領域を越えて諸々の人文社会科学において広く受容されだした時期であった。この、外向きには心性史テクストが高らかに凱歌をあげたその時に、内側から次第に危機が蝕《むしば》み始めたという「奇妙なイロニー」(J・ルヴェル[3])。七〇年代に一般読者の側でのどのような感情的素地が心性史の仕事を進んで受け取らしめたのかについては、後で別の枠組みでの考察にゆずろう(本書第5章)。ここでは、第二部のリクールと共に、フランス歴史学界内部における歴史学的過去認識の方法論をめぐる葛藤の経緯に私たちは眼差しを集中させよう。

第二世代に君臨したブローデルの歴史学の特徴、それは〈**長期持続**〉重視と〈**経済史**〉重視という二本柱にあった。逆にいえば周縁視されたのは短期的事件であり、〈政治史〉であり、そして〈文化史〉であった。

一九五〇~六〇年代にブローデルとラブルースの世代が推進し、容赦なく圧倒的な存在感を見せていた数量史(histoire quantitative)の手法。その手法が、徐々に衰え、後続世代にとって色褪せたものとなってきた。この事態が、アナール派内部における心性史の興隆を生んだのだ。〈価格変動史〉や〈人口史〉といった画期的な記念碑的業績が数量史的手法によって獲得されたこと、その成果が意義を失ったわけではない。しかし……、情報処理技術の目覚ましい発展によって、かつて以上に大量膨大なデータを扱うことが可能になり、さまざまな数字を盛り沢山にはじき出すことができるようになったにもかかわらず、また、

「明日の歴史家は、プログラマーになるだろう」　(ル＝ロワ＝ラデュリ)

との言葉が発せられるほどの少なからぬ期待があったにもかかわらず……、その作業から得られる新知見はま

(3) Jacques Revel, «Micro-analyse et construction du social», in: J.Revel (dir.), *Jeux d'échelles. La microanalyse à l'expérience*. EHESS-Gallimard-Seuil, 1996, p. 18.

るで反比例するかのようにしぼんでいき、減少の一途をたどっている、という感覚が、研究者たちの肩に次第に重くのしかかってきた。F・ドッスのいい方では「『アナール』誌によるところの平均値的人間」(«l'homme moyen selon des Annales»; MHO243)。これが繰り返し同じリズムで再生産される作業との趣きが強まってきたのだ。金太郎飴と形容するのは厳しすぎるだろうか(インターネットの普及・電子データベース化によって各学問分野が陥りやすくなっているマンネリズムの先駆けなのか)。またほぼ同じ頃、人文社会科学において伝統的代表的学科として君臨してきたはずの歴史学の地位低下が、意識されるようになった時にはすでにいささかはなはだしい低下の危機として見出された。いつしか統計的・系列的経済史は心性史への関心にとって代わられ、また人口史はそこから歴史人類学的アプローチへと転換していった。一九七七年のフィリップ・アリエス『死を前にした人間』はこの転換を記すひとつの典型的な仕事である。

社会科学、いや科学としての歴史学の客観性を強固に下支えするかと思われた数量史だったが、理論的前提がすでに答えを決めてしまっている場合が多いのではないか、との批判も投げかけられていた。それはたしかに、マルクス主義が歴史を客観的にとらえる〝科学〟であるとして漠然と信頼を得ていた時代が過ぎ去りつつあったこととも一定程度にシンクロしていた(4)。そもそもなにが統計的に処理されうるリソースであるかを規定し判断する基準についての反省が、そこには往々にして欠落していた。

事後的に顧みてみればという視点で、シャルチエが一九八三年の論文で彼流の興味深い調査結果を報告している。創刊から八〇年代に至るまでの『アナール』誌の歴史を調べてみるに、いわゆるフランス科学認識論《エピステモロジー》の思想家たちの仕事が取り上げられたことは、はたして何回ぐらいあったと思いますか?

シャルチエ氏の調査結果。一九三九年にバシュラールの『火の精神分析』について二ページほどのフェーヴルによる書評が載ったことと、一九六〇年にコイレの論文が掲載されたこと。合計二回。この二回を除けば他

にはまったくなかった。したがってカンギレムの仕事への書評等は一切存在しない。この「驚くべき不明」の帰結として、

統計論的調査に負うところの確実性なるものは、あまりに荒削りな確実性であるにもかかわらず、この点で〔自身の歴史記述の妥当性にかんして〕身を守るための概念装置を、フランスの歴史家たちは持たずにきてしまった。(5)

とシャルチエは厳しくも述べる。むろん、今日ならともかくかつては、フランス科学認識論《エピステモロジー》の独特な主知主義的傾向と、歴史家たちの経験主義《アンピリスム》とを交差させるというようなことは、実際問題として、なかなか想像するのも難しいことであったろう。だがいずれにせよ、戦前までのスタンダードであった〈事件史〉〈政治史〉の安易さにたいする厳しい批判と拒否から出発したアナール派であったが、歴史学の良くも悪くも職人的な経験主義の妥当性それ自体にかんしては、じつは第三世代に至るまでのアナール派の学者たちもまた、ほとんど反省らしい反省を行わずにきてしまったのかもしれない。経験主義のドグマ。——次節でも別途触れるが、第二世代ブローデル・ラブルースにおける認識論的問題意識の欠如については、シャルチエら第四世代の論客たちはこうして、かなり辛口の評でもって臨むこととなる。

ところで具体的な分析作業の以前に理論的な前提が出てくる答えを決めてしまっているのではないかという批判は、第二世代にたいしてだけでなく、次の第三世代の〈心性〉概念にも等しく向けられることになる。どういうことか。

(4) 先の本書序論53ページでの、ブローデルの物質文明偏重の〈経済史〉への疑問をめぐる指摘も参照のこと。

(5) Roger Chratier, «Histoire intellectuelle et histoire des mentalités», *Revue de synthèse*, n. 111–112, 1983: Chartier [1998], p. 48. 第二部第二・三章の論でリクールは、明示的に言及しない場所でも、このシャルチエの論文から多くを援用している。

たとえば、いかに心性史が集合的・民衆的文化にまで視野を広げていたとしても、いまだそこでは、過去の時代の思想家・神学者・文学者といったいわゆる知識層の残した〝できあがった〟テクストを、文化のもっとも整合的かつ透明な表現とみなす前提が維持されていた（たとえばジャック・ル＝ゴフの『煉獄の誕生』は、煉獄についてトマス＝アクィナスなどの神学者の言説も取り上げれば、民衆文化の言説も取り上げてはいるが、それらの言説をつねに比較的文字通りに受けとめており、また言説間の関連づけについてはあっさり済ませている。そして最終的には事柄はダンテ『神曲』「煉獄編」という、高度な芸術テクストに収斂していく）。それは数量史において個々の有標な数値を、数値という形をなすまでの過程にあったはずの諸要因の衝突や葛藤や断絶や妥協を問うことなく、透明で整合的な事象を構成するクリアな要素であるとみなすにとどめてしまっていたことと、共通する弱点であった。また、ようやく七〇年代にブローデル『地中海』の英訳が出たことなどもあり他国・他言語圏にもじわりと影響力を広げていったアナール派の仕事であったが、しかし他国の歴史学界から見れば「フランス流」心性史は、創始以来アナール派の研究対象がもっぱらフランス、あるいはせいぜいその近隣地域の研究に限られており、それゆえその手法の理論的妥当性が本当の意味で試練にかけられていないという実力未知数の側面を、再び心性という曖昧で内向きな看板によって浮き彫りにするものとみなされる場合もあった。

それでもしばらくの間は、経済史偏重から抜け出したことで可能となった、取扱う史料をさまざまな方向に拡大するという方途によって、つまり「一方で或る時代についての集合的証人という役割を果たしうるあらゆる痕跡へと、他方で共通の心性からの偏差をなす諸々の振舞いについてのあらゆる史料へと」（MHO250）参照範囲を拡大することによって、心性史は材料と正当化をなんとか確保していた。（たとえば心性史を感性史へと押し進めたアラン・コルバン『においの歴史』（一九八二年）は世界的な知名度を勝ち取った、内容において斬新な書物であったが、その手法・論拠にはかなり賛否がある）。

一九七四年のジャック・ル＝ゴフとピエール・ノラ編の『*Faire de l'histoire*』は、そうした過渡期の、つまり心性史への支持と批判が同居していた歴史学のありようを表わす三巻本であった。この論集に収録されたセルトーの歴史記述操作論・アルシーヴ論や、またノラの論稿「出来事の回帰」が提起する〈現代史〉と〈事件史〉――いずれも元来アナール派のものではない――の再評価といったものは、明らかに既存のアナール派の枠組みを突き崩しうる挑戦的な仕事であったと振り返ることができる。だがそれらについてはまだひとまずおいておこう。

〈心性〉概念の問題性

歴史学の「新しい諸対象」のうちに心性《マンタリテ》の観念を並べておくことは、結局長く維持されうるものにはならなかった。なぜより新しい世代の歴史家たちは、心性概念を拒否したのか？「この不承認の深い理由は、意味論的なファジーさにたいする反対だけに帰するものではない」と、哲学者リクールは指摘する。ではその深い理由とはなにか。リクールいわく、

それはもっと深刻な混同に存している。すなわち、研究の一対象（un objet）であるのと同時に、説明仕方（mode explicatif）でもあるという、心性という観念の不確実な取り扱いにである。（MHO251）

研究の対象と説明原理との混同というあり方を、心性概念が負ってしまったこと。これはどういうことだろ

（6） ただし、ブロックと比較した場合にはフェーヴルのほうが「個人」への眼差しを強く持っていたとみなされている。「フェーヴルはマルク・ブロックによる問題へのアプローチにおける個人の消失を心配するほどであった」（MHO243）。

うか。遡ればそれは、アナール派創始者にして心性史の創始者でもあるフェーヴルが、[6] 心性についての彼の考え方を練成するにあたって、文化人類学の先駆者レヴィ＝ブリュール（1857–1939）の「原始心性」（mentalité primitive）という概念から着想源を得ていた、という経緯に淵源するところが大きいとみなされうる。フェーヴルの限界といえるこの点については、シャルチエも念入りに論じたことがある。

「原始心性」は第二次大戦後には急速に忘れ去られるが、二十世紀初頭には有名な概念だった。なるほど当時、「記述的標識であると同時に説明的標識である」（MHO251）原始心性の観念は、観察者・フィールドワーカーの先入見を遮断するための必要かつ十分な観念であるかのように信じられた（そういえばフッサールがレヴィ＝ブリュール宛ての書簡のなかで、彼の現象学でいう「感情移入」の人類学における可能性と必要性を述べていたが）。少なくとも一九三〇年代頃までは。しかし今日の見地からみれば、原始心性という観念はやはりどこか粗雑に思われる。なぜか。事象の示差的・弁別的特徴が記述されうるということと、その内実を理解し説明しうるということとは、明確に次元を区別されるべきだからだ。

つまりこうだ。〈心性Aと心性Bとは異なる〉ということは、いえるかもしれない。〈原始心性と近代西洋心性とは異なる〉という言明も、たしかに〈正しい〉。しかし、〈心性〉とはそもそもなんなのかということについては、こうした言明からは、なんの突っ込んだ理解も得られない。

記述され説明されるべきものが、いつのまにか説明するための道具の側になり、それ自体は不問の前提にされてしまう……。記述対象から説明原理への安易な飛躍において、心性概念は「有害なもの」と化す。

コラム・アナール学派の歴史書③

リュシアン・フェーヴル（一八七八—一九五六）

『ラブレーの宗教——一六世紀における不信仰の問題 *Le problème de l'incroyance au XVIe siècle. La religion de Rabelais*』（一九四七年）

「それぞれの時代はみずからの宇宙を心性的に（mentalement）つくり出す。……同様にそれぞれの時代は、歴史的過去について自身がもつ表象を心性的につくり出す。それぞれの時代から見たローマ、アテナイ、中世を。どうやって？ その時代が入手可能な素材（matériaux dont elle dispose）でもってだ。……」(p. 12)

「一五三〇年から一五五〇年にかけてラブレーやドレやマルグリット・ド・ナヴァールのような者たちが著したそういう書物が、今日われわれ二十世紀人の耳にどのような音を響かせるか、だって？ そんなことが問題なのではない。問題は、まさに一五三二年の人々が、『パンタグリュエル』や『世の警鐘』をどのように理解したか、理解できたか、納得できたかなのだ。逆にしていってもいい。問題なのは、その同じ人々が、まさにそれらの作品をどのように理解できなかったか、どのように納得できなかったのかを知ることなのだ。それらの文献の背後に、われわれは本能的にわれわれ自身の考え方、感情、学的研究・政治的経験・社会的現実からの産物といったものを、ついつい置いてしまう。しかし、まさに新刊本として現われたそれらの本を、リヨンのメルシエ街あるいはパリのサン＝ジャック街の書店の軒下で手にとり、初めてそれらの本のページをめくった人々、——各ページの均等な行間に、彼らが読み取ったのはなんだったのか？……

……昨今、われわれの師であるリュシアン・レヴィ=ブリュールが、未開人（les primitifs）の思考・推論は文明人（les civilisés）のそれとどの点で異なり、またその理由はなにかということを研究した。しかし文明人も、部分的には、長いあいだ未開人である面を残していた。それぞれ異なる時代の人々が、自分たちの思想体系・信念体系を形成するために、同一の思考様態を使用したわけでは全然ない。……」

「ラブレーは、彼の生きた時代にしては、自由な精神の人物だった。彼は頑丈な知性、たくましい良識の持ち主であり、彼のまわりで流通していた数多くの先入見から解放されていた。私はそう信じている。そういう人物だったと信じたい。だが私は、《彼の生きた時代にしては pour son temps》、という。そう述べることの含意は、すなわち、ラブレーの精神の自由さとわれわれのそれとのあいだには、程度の差異ではなく、質的な差異があるということだ。――つまり、精神のある種の傾向、ある種の気分、ある種の振る舞いを除くならば、他に共通点はないということだ。では彼の諸々の発想は？　いや、お願いだから、それを列の先頭に置くのは、われわれが今もっているわれわれの諸発想の起源という位置に置くのはやめてほしい。あるひとりの未開人がいたとする。ものすごく創意に富んでいる。乾いた木片のくぼみで棒を強く回して、火を作ることができた。自分ひとりでこのような技術を思いついたのなら、その人物は天才的未開人だ。しかし、だからといって、われわれは電気オーヴンの原理を発明した人々の一覧表に彼を加えはしないではないか。」（pp. 16-17）

こうしてわれわれは本書の冒頭で提示した二つの問いに、ためらうことなく回答することができる。ラブレーのような人間は、たとえ先駆者としての驚異的知性を賦与されていると仮定しても、――ラブレーのような人間が、多くの論者がそうみなしてきたように、キリスト教に対抗するその種の熱烈な十字軍を主導することを企てたのか。いや、そんなことはない。彼にはそのように真に深刻なことは可能ではなかった。そのための土壌が彼の足もとにはなかった。彼がなした諸々の否定は、せいぜい個別的な見解にしかなりえなかった――外部に支えをもたず、彼の時代における科学にも哲学にも現実的・実質的に依拠できるところがない以上、たんに矛盾を提示する思考様式・感受様式にしかなりえなかったのである。そして他方で、一貫した整合性を提示する合理主義（un rationalisme）、緻密に組織され、それゆえ哲学的思弁や有効な科学的知見に依拠するがゆえに危険なものたりうる合理主義的な学知体系はどうだったか。いや、『パンタグリュエル』の時代にはそれはまだ存在していなかった。まだ存在することは不可能だったのだ。……」（pp. 424-425）

一例を挙げよう。フェーヴルのラブレー論は名高いもので、いまでも読むに値するテクストだが、その論のロジックはどういうものだったか。

ラブレーは無神論者だったか、という問いに、フェーヴルは次のように回答を試みた。〈ラブレーの時代の心性は近代の心性とは異なる〉⇓〈ラブレーの時代には近代合理主義はまだなかった〉⇓〈近代合理主義のない時代の心性にとっては近代的な無神論の発想は入手可能ではない〉⇓〈ラブレーは無神論者ではなかった〉。興味深い論ではある。でもロジックとして演繹的にすぎることは間違いない。演繹的というのは、スタートで答えが決まっているということだ。そして記述として静態的にすぎることもたしかだ。

アナール派第三世代による心性史の隆盛の時期には、すでにレヴィ＝ブリュールの活躍した頃からゆうに数十年もの時間が経ている。にもかかわらず、「《原始心性》という非十全な概念の遺産が、心性概念の原罪であり続けている」（MHO253）側面は、なお全面的に否みうるものではなかったのだ。二十世紀前半以来、八〇年代に至るまで心性概念は、「ヘーゲルに由来する、民族精神《フォルクスガイスト》〔国民精神〕」（MHO279）の観念とも同等視されつつ、他の社会的諸要素とそれとの相互交渉のダイナミクスが表立って問われることのない、静的で曖昧な概念として、過去の時代や同時代について語る道具としてがっちり固まってしまっていったのであったから（だから、レヴィ＝ブリュールの偏りを乗り越えて二十世紀後半に発展していった新しい文化人類学の仕事との協働は、アナール派第三世代の時点の歴史学においてはじつはまだ本格的に深化したとまではいえなかったのだ）。

そうした経緯にも関連して、少し別の角度からセルトーが、〝観察される〟心性の静態性は歴史学者による歴史記述の営みにとって心性が〝安心な〟道具とされていることと表裏一体になっていると看破し、研究者の研究姿勢の静態性、いわば一種の知的怠惰にかんする批判を投げかけていた。(7) セルトーの批判は、過去の時代・過去の他者たちの他者性というものに面する際の認識姿勢にかんして、反省の必要を提起するものであった。たしかに。歴史学的にも、またくわえて哲学的にも、〈他者〉論全般のおちいりがちな傾向を私たちに深く考えさせる、射程の広い指摘といえる。福井憲彦がセルトーの論を卓抜に凝縮して語るように、

蜂起する心配もなければ噛みつく恐れもないからこそ、研究者は心やすらかに〈異なる〉ものとして接することができる(8)（福井憲彦）

という暗黙の認識論的怠惰が研究者らの側に残存している限り、心性概念を飼い慣らし済みの説明原理として用いようとする誘惑もまた、やはり祓《はら》いがたく残存し続けることになるであろう……。

以上の事情を、リクールとともにまとめておこう。

心性がいまなお歴史学の主題系のうちにとどまりうるとすれば、それはすでに歴史家の手中におとなしくおさめられている説明の手段、「惰性化した（paresseux）説明原理」としてではない。あくまで研究の課題対象で

ある限りのもの、「説明されるべきもの《エクスプリカンドゥム》」(*explicandum*; MHO253) としてのみである。またしたがって、心性概念は方法論とはたりえないと私たちはいわなければなるまい。

だが、では、心性の後にはなにが来るのか。

2◆縮尺のヴァリアシオン

ミクロ歴史学

ラブルースとブローデルが提示した数量史・全体史というモデルに対する反動は、ひとつには心性史へ向

---

(7) Cf, Michel de Certeau, *La culture au pluriel*, Christian Bourgois, 1980.

(8) 福井憲彦『「新しい歴史学」とは何か』、日本エディタースクール出版部、一九八七年.「ようするに、セルトーらが「死者の美しさ」という隠喩的表現で痛烈に批判したように、民衆文化とか民俗文化といわれる対象が、もはや現実的なパワーをもってはいず、蜂起する心配もなければ噛みつくおそれもないからこそ、研究者は心やすらかに〈異なる〉ものとして接することができるのではないか、という問題が、現在も持続しているということである。ここで彼らが指摘しているのは、歴史学はいわばすでに死したるものを対象とせざるをえない、といったような、一般的なことがらではない。そうではなく、調査する者とされる者とのあいだにある溝を、ひろい意味での支配や権力の問題ともかかわらせながら、調査・研究する者はたえず自己検討しつづける必要があるのだ、というふうに理解すべきであろう。でなければセルトーらの指摘からは、不可知論か、自己滅却という幻想にしか、行きようがないことになろう。……〈他者〉をそれとして認め、尊重しようとすることは、もちろん必要で重要なことなのであるが、それは出発点であって到達点ではない」(105-106頁)。

かった。ところで、もうひとつ別の方向性も登場していた。それはなにか？「長期持続」の重視というマクロ歴史学的観点への反発ないし反動として、「**ミクロ歴史学**」(micro-histoire) 的なアプローチへと向かう方向性が現われたのだ。(9)

ミクロ歴史学の流れの始まりは一種の皮肉を含んだものだった。ミクロ歴史学は、第二世代に典型的な〈全体史〉への志向そのものから由来・派生してきた。つまり全体史というプログラムを推進する指導教授らが学生に地域を区分けして割り振るという作業からである。アラン・コルバンの学生時代の証言を聞こう。

> かつての領主や将軍、あるいは現代でいうなら内務大臣のように、エルネスト・ラブルースは、封土、というよりは受持区域を割り当てていた。このフランス史の地域別の区分けに沿って、私はいわば下請けとして、リムーザン地方を与えられた。
>
> （アラン・コルバン）(10)

六〇〜七〇年代当時は、そこに前提とされている、「グローバルな知識はローカルな知識が積みかさねられることによって進歩するという認識論的信念」(11) それ自体は審問に付されることはまだなかったのだ。その結果として —— ベルナール・ルプチの一九九五年の論稿「今日の『アナール』」での回顧的証言を引けば ——、

> 過去二〇年、フランス歴史学界で支配的な位置を占めていたのは、ローカルなモノグラフだった。その理由は、ひとつにはそれが好都合なジャンルだったからだった。つまりひとつの都市、ひとつの県、あるいはひとつの地方《プロヴァンス》が提供するテーマは、特定の文書館《アルシーヴ》に出かけさえすれば、さまざまな側面について関連する古文書《ドキュメント》がすぐ見つかる類いのものである。……すぐれた地域的モノグラフをさらに集め、それらのデータを再編すれば、全体にかかわる問題が解決できるだろう、というのが、一九二二年にフェーヴルが、そして第二次世界大戦後にエルネスト・ラブルースが提唱した手続きだった。しかしながら、この研究計画は達成されなかった。

ともかくこうした諸事情を機縁として「分析の縮尺の変化」(Revel [1996] p.19) が次第に起こり、七〇年代事態はじわじわ進行して〈地域史〉どころか、ただ一つの村、いやさらには一人の村人についての研究のような、徹底的にミクロな空間・時間に対象を限定した、細密な記述のモノグラフィーが書かれだす。かつてブローデルが長期持続の歴史、「この無名の、深く (profonde) そしてしばしば沈黙の歴史」に対比させて、

> 表面のざわめき (une agitation de surface)、つまり海の深い潮 (marées) がその力強い運動によって持ち上げるところの、諸々の表面の波 —— 短期で、つかの間の、神経質な揺れ動きの歴史。(ブローデル)[12]

などと呼び、周縁視と過小評価をまったく隠さなかったところの「短期の」小さな諸事象。それが、いつしか、彼の下の世代の歴史家たちの仕事において主たる対象のひとつとなってきた。

そうして一九七五年[13]、以前はマクロ数量史の推奨者のひとりだったはずのル＝ロワ＝ラデュリが公刊した、

---

(9) またイタリアで一九七〇代以降ミクロ歴史学(ミクロストリア)がひとつの流れとして隆盛を見せることは重要である。ただしそれがフランスに大きな話題と影響を及ぼすようになるのは八〇年代後半以降のことで、ややタイムラグがある。

(10) アラン・コルバン「「自分史」からみたフランス歴史学の歩み」、8-9頁。「一九六二年、私が博士論文のテーマを選ばなければならなかったとき、フランス革命以後の現代史の分野では、ラブルースが威光を欲しいままにしていた。彼は信望ある歴史家で、人を熱中させるようなある計画を持っていた。技術や経済構造やコンジョンクチュールの作用の分析から、文化的なものを推論していこうという計画である。……ラブルースは衰えを知らない楽観主義で、客観性を保ったまま、因果律の単純なシステムを探し出せるという信念を、若い研究者たちに植え付けていた」(強調引用者)

(11) ベルナール・ルプチ「今日の『アナール』」、小田中直樹訳、『思想』二〇〇八年八月号、12頁.

(12) Braudel, *Écrits sur l'histoire*, p. 12; TR I 187.

(13) つまりセルトーの『ルーダンの憑依』(一九七〇年)のほうが『モンタイユー』より先である。『モンタイユー』には

『モンタイユー　ピレネーの村 1294–1324』は、人口わずか二〇〇人ばかりの小さな小さな田舎村の生活と人々を丁寧に執拗に言葉で描いて見せ、フランスのミクロ歴史学の先駆けにして代表作、かつ大変な世界的ベストセラーとなった（一九八九年一月時点でのガリマール社の集計データによると、『モンタイユー』フランス語原著は一九七五年の出版後その時点までに十八万八〇〇〇部発行されている。ちなみにフーコー『言葉と物』は一九六六年刊行でその時点までに十一万一〇〇〇部）。また、ミクロ歴史学が短期間・短期持続的なものを扱うとしても、中央の為政者・有力者らの動向をもっぱら注視しアルファにしてオメガとみなすような伝統的な政治史的〈事件史〉の短期性とはそれが基本的に別種類のものであることも、ここにいたって明らかとなった。

たとえば田舎村モンタイユーは、首都でも交通の要所でも、なんでもない。寒冷な高地。鬱蒼とした森。当時の人口わずか二〇〇人程度。だが、田舎には独自の「文化」があり、それは中央都市の統計的平均値からはまったく導き出せない場合もあるはずだ。〈中央が原因、地方が結果〉という単純な文化伝播イメージ、流行伝播イメージ、因果性イメージは妥当ではない。数値上はとるにたらない人口の村、統計上は誤差として消えてしまいそうな村でも、それぞれカルチャーは異なる。いいかえるなら、〈経済史〉から〈文化史〉を演繹することの不可能性。ブローデルが十派一絡げに〈事件史〉的と呼称し非難したことによって、長らく見えなくなっていたミクロ歴史学的なものの豊かな可能性は、こうして発掘されたのであった。

あるときブローデルは的確とも誇張とも評価しがたい比喩で、長期持続と短期的出来事とを音楽にたとえて、「人間の歴史の総体とは音楽の五線であり、その上であれこれの個々の音符が短く鳴り響くのだ」（『地中海』一九六五年版「結論」）と述べたことがある。長期持続を通奏低音とすらいわず五線といってしまうところが、いやはや、良くも悪くもブローデルのすごさだが。さはさりながら、その比喩をうけていうならば、かつて気候というとてつもなくマクロな五線を懸命に記していたル＝ロワ＝ラデュリは、小さな村の人々という十六分音符よりも細かいミクロな音符をメロディアスに書くことのほうに転身し、ひと仕事成し遂げてしまったのだ。

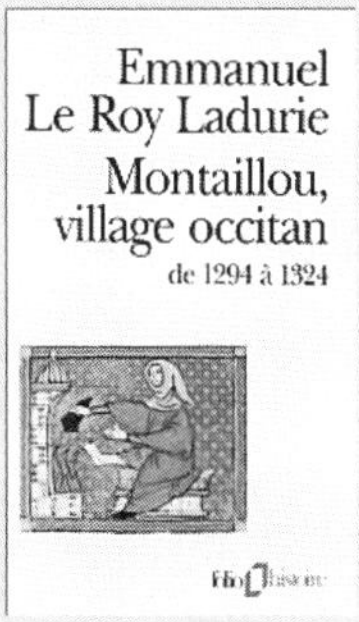

コラム・アナール学派の歴史書④

エマニュエル・ル＝ロワ＝ラデュリ（一九二九―）

『モンタイユー　ピレネーの村 1294–1324 *Montaillou, village occitan de 1294 à 1324*』（一九七五年）

「われわれにとっては幸運なことに、だが村人たちにとっては不幸なことに、ペストで人口が激減する前の十四世紀前半、ある人物が、村人たちを語らせた。しかも村の住民全員をである。この場合には、それはフランス南部のオクシタニーのとある場所でだった。……

当該の人物は、ジャック・フルニエ Jacques Fournier、一三一七年から二六年のパミエ司教。明敏で、異端審問の情熱に身をたぎらせていたこの高位聖職者は、アヴィニヨン教皇庁を支配しようと欲するオクシタニー出身の新しいエリートたちのなかに属していた。彼はのちに、コンタ・ヴネサンにて教皇となり、ベネ

『ルーダンの憑依』からの影響がある。セルトーという人物の驚嘆すべき先進性がうかがわれる。

ディクトゥス十二世（在位一三三四〜四二年）と名乗った。至福直観説に肩入れしたことで知られるだけではない。民俗誌家にして、警察官。司教時代にはフォア伯領、なかでもアリエージュ上流地方の農民たちを聴取する技を身につけていた。彼は農民たちに苦しみのパン、懊悩の水を存分に味わわせた。だが拷問はあまりしなかった。微に入り細に入り、長い時間をかけて、彼は尋問した。農民のなかのカタリ派異端を狩り出すために。あるいはたんに、カトリック正統教義からの逸脱を問いただすために。

……これらの証言は、厳密な意味での異端迫害という領域をかなりはみ出ている。もしジャック・フルニエが異端審問官（inquisiteur）としての自分の職務を果たすにとどめるつもりだったなら、普通に異端迫害だけに専念できたはずなのだが。ジャン・デュヴェルノワが（一九六五—六六年に）刊行した全三巻の内容は、カタリ派捜査だけでなく、じつに具体的な生活・社会・家族・農民文化といった諸々の事柄にかかわっている。かくして収集されたテクストのなかには、特許状や公証人文書のうちに求めても到底見つけることのできない、点描画法のごとき枝葉末節と実体験とが、たっぷり含まれているのだ」

（「序論」pp. 9–10.）

「モンタイユーでは、クレルグ家（＝モンタイユーでもっとも富裕な一族）の二人の大物 —— ピエールとベルナール —— が、二つの剣、すなわち霊的権力と世俗権力とを、わがものとすることに成功していた。ピエールは主任司祭であり、ベルナールは代官であった。……」

（p. 94）

「一三〇〇年頃には、ピエールとベルナールはそれぞれの司祭と代官としての職務地位に、がっちりと居座っていた（のちに一三二〇年、兄弟はフルニエの厳しい異端審問下で獄死する）。……二人は、異端が侵蝕した村を守る庇護者だった。程度はともかく、彼ら自身も異端だった。しかし、低地地域のカトリック教会ともしっかりコネがあって、兄弟は二股をかけていたのである。しかも名人芸で。ベルナールはローマ教会の十分の一税を村で徴収していながら、他方、その金額の一部をカタリ派のほうに付け替えていた。左手のなすところを、右手は知らないわけである。……」

（第三章「支配的一族――クレルグ家」p. 98.）

「まず身振りをとりあげよう。どうか読者は私に――情報もアプローチも整備されていないこういう分野では――網羅的な記述を期待しないでいただきたい。……それらの身振りのうちいくつかはわれわれの時代までそのまま変わらず残っていて、行われ続けている。この恒常性は、振る舞いというものの長期持続（la longue durée）を証言するものだ。他の身振りはといえば、消滅したり、変様したりしている。……

……私は涙にこだわりたい。モンタイユーの人々も、しかるべき時には、涙を流し泣いた。たぶん、幸福なことでも不幸なことでも、われわれの時代より涙もろくさえあった（とはいえ、過去についても現代についても、この点にかんして私は統計資料を入手できるわけではないのだが……）。ひとは泣いた、もちろん、不幸を予見したとき、あるいは現実の不幸に見舞われたときに。親しい者の死。とくに子供の死、非常に幼い子供の死であっても（＝中世に〈子供〉という観念はなかったというフィリップ・アリエスの見解にたいする批判か）。男であれ女であれ、密告者によって異端審問の罠にかけられないかと恐れては青ざめ、震えおののき、涙を流したことは一度や二度ではなかった。……」

（pp. 200–201）

「……モンタイユーでは基本的にひげは剃らないし、体を洗うことも非常に少ない。水を浴びもしないし、水につかることもない。その代わりに、シラミ取りはしょっちゅう行われる。シラミ取り（épouillage）は親しい友好関係の一部である。異端的な友好なのか、それとも、純然たる楽しみの世俗的な友好なのか。ピエール・クレルグは彼の愛人たち、ベアトリス・ド・プラニッソルやレモンド・ギユーなどに、シラミ取りをしてもらう。ベッドで、あるいは炉端で、窓辺で、または靴屋の仕事台の上で。司祭ピエールはそうした機会をとらえて、美しいガールフレンドたちに向けて、カタリ派教義とドン・ファン主義とを彼女たちがよりよく理解できるように、彼流の仕方で、もったいぶった解説を吹き込むのである。……

注目すべきは、シラミ取りがつねに女性によって行われることだ。ただしかならずしも身分の低い召使いの女性というわけではない（ベアトリス・ド・プラニッソルは貴族だが、愛しい司祭のあたまのシラミ取りになんのためらいもなく熱中している）。……シラミ取りは家族の絆、親愛の絆をを強化し、かたちにする。シラミ取りは親子関係、夫婦関係、さらには不倫関係をもとりもっていたように思われる。……

このいまや見られなくなった寄生虫という動物相が、人間関係のなかで果たしていた情感的役割を思い描くのは、今日のわれわれにとっては難しいことだ。（ヒッピー文化がわれわれの時代にあって非公式にシラミを復権させたかもしれないことは、知られているとおりだけれども。）」（第八章「身振りと性」pp. 203-205.）

「ピエール・クレルグの影響力は改宗勧誘という業務に限られるものではなかった。教区民たちに、祝福を分け隔てなくあたえるときと同じように、分け隔てなく欲望をふりまいた。そのお返しに、薔薇の雨のようにして、教区の女たちのかなりの部分から好意を引きつける術をピエールは心得ていた。……」（p. 222）

「誘惑者ピエールという存在は、重層決定の結果だった。女たちを追いかけることは、いつも彼の心を占めていた〈一族〉イデオロギーに忠実であり続けることと同義だった。《私は司祭だ。私は配偶者は求めない》（だから言外の意味は、《私はすべての女性を求める》）と、彼はある日ベアトリスに語っていた。……

ピエール・クレルグの情事のなかのいくつかは、他のそれよりも、比較的詳しく知られる。……一三一三～一四年、司祭がガヤルド・ブネの愛人だったことをわれわれは知っている。……ガヤルドとの情事のおかげで、ピエール・クレルグとファブリス・リーヴのあいだのショッキングな対話がわれわれに残されたのだ。

《あなたはものすごい罪を犯しなさったんだよ、結婚した女と寝るなんて》、とファブリスは、この件での村のうわさに言及しながら、ピエールにたいして述べた。
《いいや、全然！》
と司祭は答える。少しの弱みも見せるところはない。
《あの女でも別の女でも、同じことだ。罪は同じなのだよ、女が結婚していてもしていなくても。だから、罪には全然ならない、といってもいいのだ》
もしこの対話の続きがあれば、われわれは愛についてのピエールの思想をもっとよく知ることができたであろうに……ファブリスの鍋が沸騰してしまい、女房はやろうとしていた演説を端折って、台所に駆けつけるしかなかった。ああ呪われるべき鍋。とはいえ、われわれはピエールの考えを確実性をもって解釈できるだけの材料はもちあわせている。彼は〈あらゆる性行為は、夫婦間であってさえ、悪しきものである〉という命題から出発して、自己流にカタリ派教義を展開していった。その結果彼は明確な結論を導出した。〈すべてが禁じられている以上、すべては同じことだ。すべては可能であり、すべては許されている〉と。ニーチェ主義？」
（第九章「クレルグ一族のリビドー」pp. 226-227.）

ミクロという次元が、特権を有しているわけではない

しかし、ミクロ歴史学的手法への転換がマクロ歴史学の隘路を克服したり解消したりしたかといえば、まったくそうではない。このことはマクロ歴史学の分担・下請けとしてのその発生の経緯からも明らかだ。

「モノグラフは微細宇宙《ミクロコスモス》であり、そこでは微細というスケールではあるが、人間の経験における経済的、社会的、文化的な次元を同時に取扱う全体史が展開されている、という反論[14]」のロジックは、ライプニッツの予定調和説と同じく、全知の超越者的視点を前提しているか、あるいはトートロジーであるかのいずれかでしかありえない。支持できないものである。[15]

「《ミクロ》という次元が、なんの特別な特権も有しているわけではない」（Revel [1996] p. 19: MH0268n.）

ということは、まったくもって冷静に、私たちは確認しなければならない。

なるほどミクロ歴史学は、従来眼差しを向けられたことがなかった物事に、アルシーヴの一隅に初めて光を当てたかもしれない。しかしそれ以上に、多くの事柄から目をそらす身振りを呈している面はないのか。伝統的に一国史の枠組みでなされる傾向が強く、（複数の国を視野に入れた）比較史や関係史の視角にはめっぽう疎いというフランス歴史学の慣習傾向が、ミクロ歴史学への引きこもりにおいてますますはなはだしくなっただけなのでは？　ミクロという視点の見かけの新しさ・手堅さに反して、じつは二十世紀初頭のラングロワ・セーニョボスの時代のナイーヴな「実証主義」への舞い戻りでさえあるのではないのか。日本語では木を見て森を見ないなどというが、フランス語でも“un arbre cache la forêt”（一本の木が森を隠す）という。「ミクロ歴史学者たちはスモール・イズ・ビューティフル *small is beautiful* の流行に屈した、つまり新たな非合理主義の誘惑に屈したのだという批判にはおよそ事欠かない」（Revel [1996] p. 11）。こうした経緯をへて、F・ドッスの有名になった言葉の通り、アナール派の仕事は散りぢりの「パン屑」（miette）へと、静かに綻《ほころ》びつつあった。

とはいえ、ミクロ歴史学の観点の発達が、かならずしも意図したわけではない副産物かもしれないが、歴史学にとっての新たな理論的な果実としてもたらした事柄がある。その果実とは、歴史学における分析の縮尺（échelle）の問題に、新たな注意が向けられたことであると、一九九六年の論稿においてJ・ルヴェルは指摘する。

（Revel [1996] p. 20）

そう、この「縮尺《エシェル》〈規模、等級、段階、はしご、音階〉」こそが、哲学的な認識論《エピステモロジー》の次元において考察すべきなにものかである、と『記憶、歴史、忘却』のリクールは看取するのである。かくしてここに第二部第二・三章の歴史認識論でのメインテーマが姿を現わすのだ。

『記憶、歴史、忘却』第二部第二章第三節は、〈史学史〉的な議論がいつしか哲学的認識論の問題そのものへと彫琢され先鋭化させられるという、いかにもリクール的な事象横断的・学科横断的論述展開が、その操縦術の巧みさを提示する箇所である。読みごたえはある。ただ裏返しにいえば読者にも多くを要求する箇所となる。さて、私たちはどう読み解いていくか。でも「縮尺」、後で述べるようにより的確には「**縮尺のヴァリアシオン**」というポイントを目印にしておくと、リクールの論の意図はかなりわかりやすくなるはずだ。では、話を先へ進めていこう。

---

(14) ベルナール・ルプチ「今日の『アナール』」、16頁.

(15) とはいえ、〈地域史〉が長らく重視されてきたことに正当な理由がなかったわけではない。シャルチエが指摘するように、「地域モノグラフというジャンルが、理性なき観察とも土壌なき抽象とも等距離にあるという、諸々の学問学科のヒエラルキーにおいて歴史学が占めている真ん中の位置に、もっともよくカスタマイズされたものであった」（Chartier [1998] p. 232.）こともあろう。

「縮尺のゲーム」、「縮尺のヴァリアシオン」

> 歴史家的眼差しの可動性が見出されたことは、二十世紀終盤の歴史学の重要な成果だった　(MHO268)

と述べつつリクールは、J・ルヴェルが一九九六年の有名な論稿で語った「縮尺のゲーム」(jeu d'échelles) という言葉を引く。そしてリクールは第二章第三節で、まさにこの「縮尺のゲーム」の考察をおこなうのだ。

さて、こうした観点から、たとえば『地中海』をどう見直せるか。ブローデルは『地中海』で三部構造・三段階の持続を設定していたけれども、またそれを長期持続のほうから相対的に短期のそれへと「上から下に」読み解くということもしていたけれども、やはりブローデルは持続の縮尺について、

> 縮尺を変えることをひとは検討でき、縮尺の選択そのものが歴史家の裁量に委ねられたひとつの力＝可能性 (pouvoir) であるとまでみなすほどには、そのものとしては主題化していなかった　(MHO267-268)

といまや指摘できる。換言すれば、ブローデルは持続の三段階を実定的に前提して並べて置いていたにすぎない、ということになろう。(〝三つの波動が客観的に存在しているのだ〟とブローデルはいうだろうか。それなら私たちはこう質問しなければいけない。〝ブローデルさん、あなたの眼差しの向けかえという動きがあったのではないですか〟と。)

同じことは、ミクロ歴史学にたいしてもいうべきだ。ミクロという縮尺を設定すること自体だけならば、それはなんらたいしたことではない！　そうではなく、「あるひとつの縮尺というもの以上に、改めてここで根源的と思われるのは、縮尺のヴァリアシオン (variation) だ」とJ・ルヴェルは指摘する。これを是として、リクールは『記憶、歴史、忘却』第二部第二章第三節「縮尺のヴァリアシオン」と題するのである（邦訳書では

「尺度の変更」との訳だが、別の原語を思わせ、歓迎できない）。

ヴァリアシオンという語には、変える・変更ということと同時に、複数ある・ヴァリエイションがあるという意味がある。むろんこれがリクール的文脈においてフッサール現象学の「想像変更」（variation imaginaire）と関連することも推測されよう。しかし性急に抽象的な分析に赴かないほうがいい。あくまで歴史学的認識のレヴェルから、これをめぐる論議を進めよう。

「縮尺」――「échelle(s)」という豊かに多義的な語だが――の観念はもちろん、「地図作成法、建築、光学から援用されてきている」（MHO269）。地図でいえば、縮尺の変化にともなって、ある種の情報は増加し、ある種の情報は失われる。各縮尺による地図の「比例性」（proportionalité）と「情報の不均質性」（hétérogénéité dans l'information）とはあくまで同時に真である。長距離移動のための大きな幹線道を把握しようとする際に、小さな家々の間のこまかい私道の情報は役に立たない。逆もまた然り。ルイ・マランがよく引用するパスカルのアフォリズム（この第3章の冒頭にも挙げた）に表われているように、縮尺の変化は同じ物を別なふうに見せることに尽きるのではけっしてない。「すべては田舎という名のもとに包み込まれて（s'enveloppe）いる」が、ひとつの「田舎」を表示するための一つの絶対的縮尺なるものは存在しない。厳密に認識論的にいえば、「諸々の縮尺を〔対等に〕対置させるための場というものは存在しない」（MHO269）のだ。『地中海』についてもいわなければならない、「すべては地中海の名のもとに包み込まれている！」（MHO269）、しかし複数の縮尺は地中海という名をいわば複数形にさえしうると考えねばならない。ブローデルがおおいに依拠したのが地理学であるとすれば、いまやその当の地理学の縮尺が、流動化されなければならない。

だから、

歴史家たちが縮尺という観念を使用する際に、この観念に固有のものとして含意されているのは、諸々の規模《ディメンション》間の通約可能性の不在（absence de commensurabilité）ということだ。（MHO270）。

プラトンが『国家』で述べていたように、縮尺を変化させてゆけばある同一のものがより大きいのかより小さいのかは、わからなくなる。だからひとは同一のものを見ているのではなく、「異なるものを見ている」。ひとは互いに通約不可能な「コンフィギュラシオンおよび因果性（causalité）の異なる諸連鎖」（MHO270）を見るのである。このことは〝一義的因果性にもとづく決定論的歴史記述〟というようなモデルをきっぱり退けるという点で認識論的・存在論的に重要な事柄だ。少なくとも原則的には、「諸々のマクロ-現象がより少なく実在的であるわけではないし、ミクロ-現象がより多く実在的であるわけでもない（あるいは逆も同じ）」（B・ルプチ）[16]。そうしたメタ・ゲームはないという意味で、J・ルヴェルの「縮尺のゲーム」という表現に、ヴィトゲンシュタインの〈言語ゲーム《シュプラハシュピール》〉の意を積極的に読み込むことも可能だ。

たとえば〈原因⇓結果〉という因果的説明のモデルは、それがどの縮尺で設定されて説明考察を遂行されているのかがつねに問われる必要がある。

明快に単純化していえば、ある縮尺のなかで〈P⇓Q〉という説明が満足のいくものとみなされたとしても、縮尺設定が変われば〈P^{1}⇓P^{2}⇓P^{3}⇓Q〉とまで説明しないと十分でないことになる。あるいは逆に〈……⇓P^{135}⇓P^{136}⇓P^{137}⇓……〉と微細に分析したところで、〈P⇓Q⇓R〉という大きな因果帰結の把握にはかならずしも役に立たない。その意味であらゆる因果的〈説明〉は、縮尺という枠組みについての〈理解〉とセットになっており、因果的説明の自律性・自立性などというものは単純には認められない。そしてさらに、縮尺のヴァリアシオンとはそのような形での要素の単純な増減にとどまる事態ではない。乳母車に座る子供の視点をいくら四方に動かしたところで、国家政治や貿易の動きなるものは見当たらない。それと同様、政府や教会の中央による公式書類ばかりをアルシーヴでいくら調べても、そこに含まれる語彙が庶民の耳や口を経ることでどういうニュアンスを帯びていくかはけっして分からないのである。

さて、ところで『地中海』においては、事件史に対するブローデルの不信、「事件史（histoire événementielle）の犯した年代記＝年表（chronologie）の濫用に対するある種の不信にもかかわらず」、長短の持続の各層は

たんに重ねられていただけで、相互間の弁証法的つながり（lien dialectique）を欠いていた。（MHO271）

そうリクールは指摘する。たんにモザイク的に並べて置いてあるだけになっていたということだ。しかるに、いまリクールがいわば一般的に「弁証法的つながり」といったところの、「たんに重なる」のではない仕方で異なる縮尺間に構築されるべき諸認識間の可能的関係、重層決定、これはどうとらえどう分析すればいいのか？　この点が、歴史記述操作の実践における課題にして最大の難問のひとつとなる。「上空飛行」（MHO277）は通用しない。時間的長期でいえば、複数の縮尺の構造の重層決定を、時間的短期でいえば、異なる因果系列の交差というクールノーの意味での「偶然」の出来事を、繊細に襞《ひだ》まで考察する必要があるのだ……！

「縮尺のゲーム」はこうして、さしあたり歴史家的認識の事柄として見出された。でも省みるとそれは、時間的過去認識において人間主体がつねになしていることなのでは？

先に「歴史家的置換」の名のもとで形式的条件として確認していたように、歴史家的認識は何十年、場合によっては何百年を、つまりひとりの人間の人生の長さを遥かに超えた長さを、その縮尺となしうる。だがある

(16)　Bernard Lepetit, «De l'échelle en histoire», in : *Jeux d'échelles*, op. cit., p. 92.

意味では、規模こそ異なれ、同様に個人の記憶と想起の作業も、重層的な時間縮尺の複雑なゲームをつねに営んでいる。それはイデア的本質なき想像変更のゲームである、といえば当たっているであろうか。アリストテレスの記憶論において私たちは「時間間隔を測る」ことが記憶事象の基本要素にあると教えられていた。いまや時間の先後関係だけでなく、その時間間隔の大小（長短）のヴァリアシオンという契機を私たちは知ったわけだ。通約性をもたない諸々の縮尺を相互に関係づけることは理論的にはアポリアであるはずだが、人間の時間的認識はつねにすでにそれを実践してしまっている。逆説がそこにはある。まさにリクールは『時間と物語』で、〈魂の時間＝現象学的時間〉と〈世界の時間＝物理学的時間〉との理論的アポリアを現実ないし実践において仲介しているのが〈暦法的時間〉であると述べていたが、この暦法的時間の年・月・日・時といった諸々の大小の縮尺が、いまや、ヴァリアシオンとしてとらえられるべきことが分かったのである。伸び縮みしたり、重なり合ったりする、ヴァリアシオンのダイナミズム。

縮尺のヴァリアシオンを、歴史家的認識作業――あとで私たちは「歴史家的表象」と呼ぶようになるだろう――がある仕方で行使しうるいわば形式かつ作用であるところの、ひとつの動的カテゴリーとして認めるとしよう。だがまず目下の問題は、この縮尺のヴァリアシオンということが、過去の人間たちの存在の実在性の歴史学的認識にいかなる力と帰結を、あるいは困難をも、もたらしうるかの検討だ。

縮尺、文化、社会的動作主

心性史の没落と、ミクロ歴史学が教えた縮尺の可動性ということを、結びつけてひとつの結論を述べるときがきた。リクールは次のようにまとめて指摘する。

> 心性史が間違いなく苦しんだのは、まさしくこの縮尺の変化に相関するような方法論がないという資産不足にであった。というのも、大きい集合の諸心性は長期持続に属すると想定されたが、それがより小さい諸縮尺へと伝播（diffusion）してゆく動きの諸条件については考慮がなされていなかったのだ。（MHO271）

決定的な指摘である。社会におけるより小さい諸縮尺を考慮すること。またここで私たちは、「échelle(s)」という概念を持ち出すことの中心的な歴史学的賭け金を知る。すなわちたんに地図的・数学的な意味だけではなく、社会階層やソシアビリテ（人脈の作られ方、人づきあい、近所づきあい）のさまざまな平面という意味をも、その概念に含め入れるようにするということを、以後、考慮に入れるべきなのだ。

ただちにいわねばならないが、こうして諸縮尺を考慮し直すことを知っている歴史学は、第二次大戦後の歴史学の典型的な特徴のひとつともいえる「社会史（histoire sociale）への文化史（histoire culturelle）の依存」にたいして、鋭く批判的である。つまり、身分や財産や職業によって社会を端的かつ単純に階層に切り分け、そうして分析分解された社会構造のそれぞれに固有の諸文化を自動的に振り分ける、という発想にたいしてである。そこには社会階層構造が文化諸内容とぴったり一致するという偏見が、指摘されざるをえない。

それゆえたとえば、表象史の先駆者と目されるノルベルト・エリアスやピエール・ブルデューが用いた「ハビトゥス」（habitus）概念でさえも、批判的に読み替えられる面がなければなるまい。宮廷社会における「羞恥心」（pudeur）という複雑な事象をハビトゥスとして読み解く画期的な歴史社会学的試みを展開した「ノルベルト・エリアスにおいてさえ、……振舞いや諸々の感性（sensibilités）が社会的な層から層へと伝播するさまを研究吟味する際に伴う縮尺の諸変化は、気づかれていなかった」（MHO271）。しかしそうではなく、複数の層のあいだの関係のダイナミクスや、それらを斜めに切るような視角が探求されるべきなのだ。

同様に、心性史が方法面でも内容面でも大味であった点のひとつは、「社会的動作主《エージェント》らによる諸々のメッセージの受容（réception）にかかわる社会的圧力という概念を、気づかれない仕方で働く抵抗し得ない力として取扱うことにこだわっていた」（MHO271）点だ。

心性史は、共通文化（culture commune）というものの《階級中立的》[17]な内包《コノテーション》しか確保していない。――この先入見からは、《十六世紀の人間》を語るフェーヴルのような人でさえ、逃れられなかったのであった。（MHO273）

すべての社会階層にあまねく均等に記入ないし分有される「心性」。しかもそれはつねに「教養文化《ハイカルチャー》」（culture savante）から「民衆文化」（culture populaire）へと、つまり上から下へと（de haut vers le bas）読み取られなければならないとする前提。心性史にはこうした諸々の二項対立が固化し沈殿している。「力vs弱さ、権威vs抵抗、そして一般に、支配（*Herrschaft*）についてのヴェーバー的図式による、支配vs服従という二項対立」（MHO271）。「通俗マルクス主義」のいう「支配階級と従属階級」（MHO272）というがちがちの型にはまった発想も、それらに類するものだ。またおそらくは（いささか日本では必要以上にありがたがられている）ベンヤミン『歴史哲学テーゼ』が示唆する、勝者／敗者というカテゴライズも……。

第四世代のロジェ・シャルチエが批判するのは、まさしくそうした心性史的な文化観の一面性、硬直性なのである。――では次節ではシャルチエの論をつうじて、心性史批判という前置きから〈表象史〉の実践そのものという本論へと、場を移してゆこう。いよいよ「心性というファジーな概念を、より分節化されより弁証法的な、表象《ルプレザンタシオン》の概念にとって代えさせること」（MHO278）が、遂行されなければならない。

3 ◆〈表象史〉の認識論《エピステモロジー》的冒険

第二部第二章の第四・五節でリクールは、「縮尺のヴァリアシオン」の概念を推進力として、〈表象史〉が提起する新たな「表象」概念の多角的な吟味を実行する。そのページ数において文字通り『記憶、歴史、忘却』の中央部にあたることともあわせて、同書の論全体の蝶番となる一連の箇所だ。しかしその半面リクールは大胆にも新しい歴史学の考え方・言説のふところにじりじりと深く入り込んでいくため、一見、狭義の哲学・哲学史の概念からは隔たっていくように見え、読者を戸惑わせる箇所でもある。

だが仔細に見てみよう。そこで事柄として眼差されているのは、認識／行為、表象／実在といった哲学的概念が指し示している当のものではないか？ そう、そこに賭けられているのはそうしたトラディショナルな哲学的概念の読み替えと再位置づけのひとつの試みなのである！ 数十年来のリクールの哲学的歩みにおけるテクスト解釈学・自己の解釈学にかかわる諸概念もまた、適宜登場し絡み合ってくる。リクールにとって積年の仮想論敵のひとつであったフーコー思想にたいする決定的な批判も、ここでは手ぐすねひいて準備されている。「縮尺のヴァリアシオン」と「アプロプリアシオン」の両概念を駆使しての、この両節および引き続く第三章各節の考察は、思想家リクールの持ち味たる学科横断的運動性の事実上の集大成箇所である。

（17） 原語«interclasses»。辞書では名詞で「（授業間《クラス》の）短い休憩」という意味しか出てこない。『記憶、歴史、忘却』ドイツ語訳の«klassenneutral»という、適確な訳出を借用した（MHOdeutsch328）。邦訳書の「階級内」は誤訳だろう。

以下、この節は五つに区切る。(i)〜(iii)がメインの部で、(iv)と(v)がいわばその応用編という手順にしよう。

(i) ロジェ・シャルチエと〈表象史〉——蝋の隠喩、再び

アプロプリアシオンとしての表象

「心性」概念がいまひとつ使いものにならないのはわかったが、それを「表象」概念に置き換えることの妥当性の問題は、「説明なきまま放っておかれる」(MHO278)わけにはいかない。ここで〈表象史〉の実践者であるだけでなく、そのもっとも思索的な理論家でもあるロジェ・シャルチエの論を参照し、吟味すべきだろう。だからこの(i)では、しばし『記憶、歴史、忘却』第二部の論展開を追うことはほうは少しペースダウンする感じにさせて、まずシャルチエの著述をまとめて見ておく、という手順にしよう。要するにリクールが『記憶、歴史、忘却』第二部のなかで引用しているシャルチエの言葉はもちろんのこと、のみならず直接引用してはいないが明らかに踏まえていると想定されるシャルチエの諸論稿もここであわせてチェックするということだ。そうすることで、私見では第二部の論はかなり読みやすくなると思う。

シャルチエの理論的論稿の多くは一九九八年刊の『崖っぷちで *Au bord de la falaise*』に再録されている(『記憶、歴史、忘却』巻末文献表にもこの書名がある)。まず、そこに収録されている彼の心性史批判論文を見よう。

そこでシャルチエが持ち出すのは**蝋の隠喩**である。そう、『記憶、歴史、忘却』の「記憶の現象学」に登場していたあのプラトンの蝋の隠喩と同じものだ。歴史と社会・文化をめぐる認識のあり方においても、記憶論の場合と同様に、封蝋モデルに暗黙のうちに捕らわれてしまっていないか、私たちは自問せねばならないのだ。

コラム・アナール学派の歴史書⑤

ロジェ・シャルチエ（一九四五―）

『フランス革命の文化的起源 *Les origines culturelles de la Révolution française*』（一九九〇年）

「フランス革命の諸々の文化的起源について考察しようとするなら、ある古典的研究書を再び開かなければならない。ダニエル・モルネ（一八七八―一九五四）の『フランス革命の知的起源 *Les origines intellectuelles de la Révolution française 1715-1787*』（一九三三）である。この書は、実際、大革命についてのある見方を否応なしに指図しているように見えるだろう。すなわち、十八世紀全体における諸々の新たな思想の展開と、革命という出来事の発生とのあいだに、明白な連関・不可避の連関を想定する見方であり、その想定のもとで革命を研究すべきだという見方をである。……かくしてモルネは、批判的かつ改革的な、啓蒙された思考（pensée éclairée）というものが、旧王政の最終的危機が革命へと変異するための必要条件だったとみなすのであった。彼はいう、《政治的原因だけでは、あの大革命というものを、少なくともあれほど急速な仕方で惹き起こすには、間違いなく十分ではなかったはずだ。まさに知性こそが、諸々の帰結の引き金を引き、また諸々の帰結を形づくったのだ》、と。……そういうわけで、ひとつの作業仮説が提示された。この作業仮説は以来五〇年間、十八世紀を考察しようとするときにはいつでも、文化社会学研究にとり憑き、また同じく、思想史研究にもとり憑いて離れないのである。」

(pp. 11-12)

「しかし、いまやいくつかの疑念が登場してきた。そうした問題設定はまずかったのではないか、ということを示唆する疑念だ。まず第一に、全体として離散的・分散的であるような諸事実・諸観念の束を、あるひとつの出来事の諸《原因 causes》や《起源 origines》だとして規定することは、いかなる条件において正当性をもつのか？　そうした規定の操作の正当性は一見して思われるほど明白ではない。……知られているように、ニーチェに依拠しつつ、フーコーはこのように解された起源概念にたいして破壊的批判を行った。……
しかもこのことは、起源概念がもうひとつの重いリスクを背負っているがゆえになおさら重大だ。すなわちその不可避の到達点――つまり大革命 la Révolution――からのみ十八世紀というものを理解し、そしてその必然的な終局＝目的（fin nécessaire）につながっていくもの――つまり啓蒙思想 les Lumières――だけを考慮に入れるような、十八世紀についての目的論的読解を提示してしまうリスクである。……フランス革命を生み出したのは諸々の啓蒙思想だ、と主張することで、古典的解釈は理由の順序（ordre des raisons）を逆転してしまっていたのではないか？　むしろ、**革命こそが啓蒙思想をでっちあげた**（inventé）のだと考えるべきではないか？」

（第一章「啓蒙と革命、革命と啓蒙」pp. 13-14. 強調引用者）

「書物は革命をつくりだすか？……
（この点についてトクヴィル、テーヌ、モルネという革命を論じた三人の著者の）三つの判断の根底に、ある同一の発想が前提として存している。すなわち、読書とはきわめて強力な説得力を備えているものであり、そのため読書は読者たちを全面的に変身させ、テクストが意図していたとおりの者へと読者の存在を変えることができるほどなのだ、という発想だ。したがってこの三人の著者においては、それぞれに異なる論調の下に、同一の理解仕方が存している。すなわち、十八世紀、革命以前時代の世論の陶冶＝下ごしらえ（façonnement）

を、年月が進むにつれて数が増大してきた読者たちが、諸々の哲学的テクストが提案している思考仕方を内面化していくプロセスとして理解しているということだ。……十八世紀末のフランス人たちが大革命をつくりだしたのは、前もって彼らが、まさに書物によって変形させられ、《できあげられて》いたからなのだ、と。――つまり、身のまわりの物事からはかけ離れた抽象的言説を運搬し、そして伝統を批判することをとおして諸々の権威を浸蝕していった、そういう書物によって。……」（pp. 86-87.）

「増加してきた読者たちにたいして十八世紀の出版業が供給したのは、新たに出版業の収益構造を支えるものとなった、ある製品群である。……

公認であれ黙認であれ、許可という庇護のもとに出版された書物は、しかしながら、十八世紀のフランス人たちに提供されたさまざまな読み物のうちの一部を占めるにすぎない。フランス王国内では実際、書籍業の玄人たちが「哲学書」と呼びならわしていたものが、大規模に流通していた。フランスの周辺（スイスやドイツ領邦内）に建てられていた活版印刷工房で印刷されて、もぐりで王国内に持ち込まれ、マントの下で隠して売られ、そして王権によっては禁止され捜査対象にされていた、そういう書物。商業文書や秘密のカタログのなかで「哲学 philosophiques」と分類されていたその商品群にはいろいろなものが雑居している。三つのレパートリーがある。まず一つ目には固有の意味での哲学テクスト――われわれが哲学という語で解しているもの――がある。これは道徳・政治、信仰・権威を批判に服させるものだ。二つ目はポルノグラフィ文学。たくさんのクラシックな作品によって支えられているが、同じく新作も多い。最後に三つ目のグループをなすのは、風刺文、中傷文書、そして権力者たちの放埒と腐敗をセンセーショナルな筋立てでもって告発するスキャンダラスな醜聞、といったもの。これらの「哲学書」を警察は「悪書 mauvais livres」と認定していた。したがってそれらの取引は危険なことだった。運搬者・保管者・販売者、「哲学書」にかかわった人々は皆、たいへんな危険を冒していた。財産没収。バスチーユ監獄への収監。ガレー船での懲役刑。……

……したがって、公式な許可登録簿に記載されている諸々の書名というのは、アンシャン・レジームの読者たちが読みえたもののうちの一部を表わすにすぎない。一七六四年の例をとりあげるなら、……印刷された書物のうち約3分の2は、内々の許可ないし口頭での認可しか持っていないか、あるいは、そもそもまったくの無許可出版であった。禁止されたのにそれを破って出版されたものもあった。……」　(pp. 90-92.)

……書物生産の全体のなかでは特殊なコーパスとして他から区別されていた諸々の「哲学書」群は、あるひとつの、同一の受容の地平 (horizon de réception) に属していた。すなわち、禁じられたものへの引力、不敬や違反への誘惑といった磁場で織りなされている諸々の期待 (attentes) に対応した、ひとつの受容地平に。一見きわめて異質な書物群に存しているこの一貫性は、ただたんに、出版業者・警察・読者といった、外部の眼差しから見て事実であるだけではない。……だからヴォルテールは、手玉に取り動揺させることの名人として通っていたのだ。彼は誹謗文書、反宗教的風刺文、政治パンフレットをまったく同様に書きこなした。偽名、偽作、パロディ的署名などをアクロバティックに用いながら。他方で指摘すれば、諸々のジャンルは、全然まだ隔離されていなかったのだ。……おそらくさまざまな形式や主題がこうしてじつに融通無碍に出入りしていたがゆえに、「哲学書」カタログに列する書物にたいする一貫した印象が強められたのだ。ではこれら「哲学書」を、革命の光輝=騒擾に火をつけた松明とみなすべきか？」　(p. 102)

「……読書は、生活のもっともありふれたありきたりの状況をも取り囲んだ結果、すぐ忘れ去られるような諸々のテクストを読み捨てていく貪欲さを人々に植えつけた。読書は、長らく読書行為に宿ってきた、宗教的ベースを失ったのだ。こうして、読者とテクストとの新しい関係が築かれた。権威を尊ばず、新奇さによって魅惑されたり失望させられたりし、そしてなにより、信仰や賛同に傾かせることがほとんどない関係、である。こうした読書仕方によって、まさにカントがいっていた「私人による理性の公的な使用」が、大規模にしかもありふれた慣習実践（pratiques）という直接性でもって、行われることになるのだ。したがって、「哲学書」の秩序転覆的な内容（contenu）が本質的なのではない。「哲学書」の内容はおそらく、これまで（後代の人々や研究者らによって）あまりに気前よく認められてきたような、説得的なインパクトというものを、もってはいなかったのだ。本質的なのはむしろ、まったく新しい読書の様式（mode de lecture）なのである。新しい読書様式は、手にとったテクストが既存の政治的・宗教的秩序にまったく順応したものであった場合においてさえ、批判的態度によって読むということをなすようになったのであり、旧来の諸表象（représentations）のベースになっていた依存と従属という態度から距離をとるようになっていったのだと、どうして考えないことができようか？　この意味で、読書の慣習実践の変容は、よりスケールの大きい激変にかかわっている。すなわち、歴史家たちが従来、脱神聖化（désacralisation）のプロセスとして特徴づけてきたものにである。」

（第四章「書物は革命をつくりだすか？」p. 115. 強調引用者）

記憶と想像の不可分な協働関係を考慮すべきことを教えたあの封蝋の比喩は、ここシャルチエの論文では、文化「受容《レセプシオン》」の記述原理／説明原理についてのステレオタイプそのものとして提示される。列挙すれば、

創作／消費、生産／受容という対置。……受動性にたいして創意、依存にたいして自由、疎外にたいして意識。《消費者》の知解力は、そこに知識人層の創作者たちによって鋳造された諸々の観念〔思想〕やイマージュ〔イメージ〕

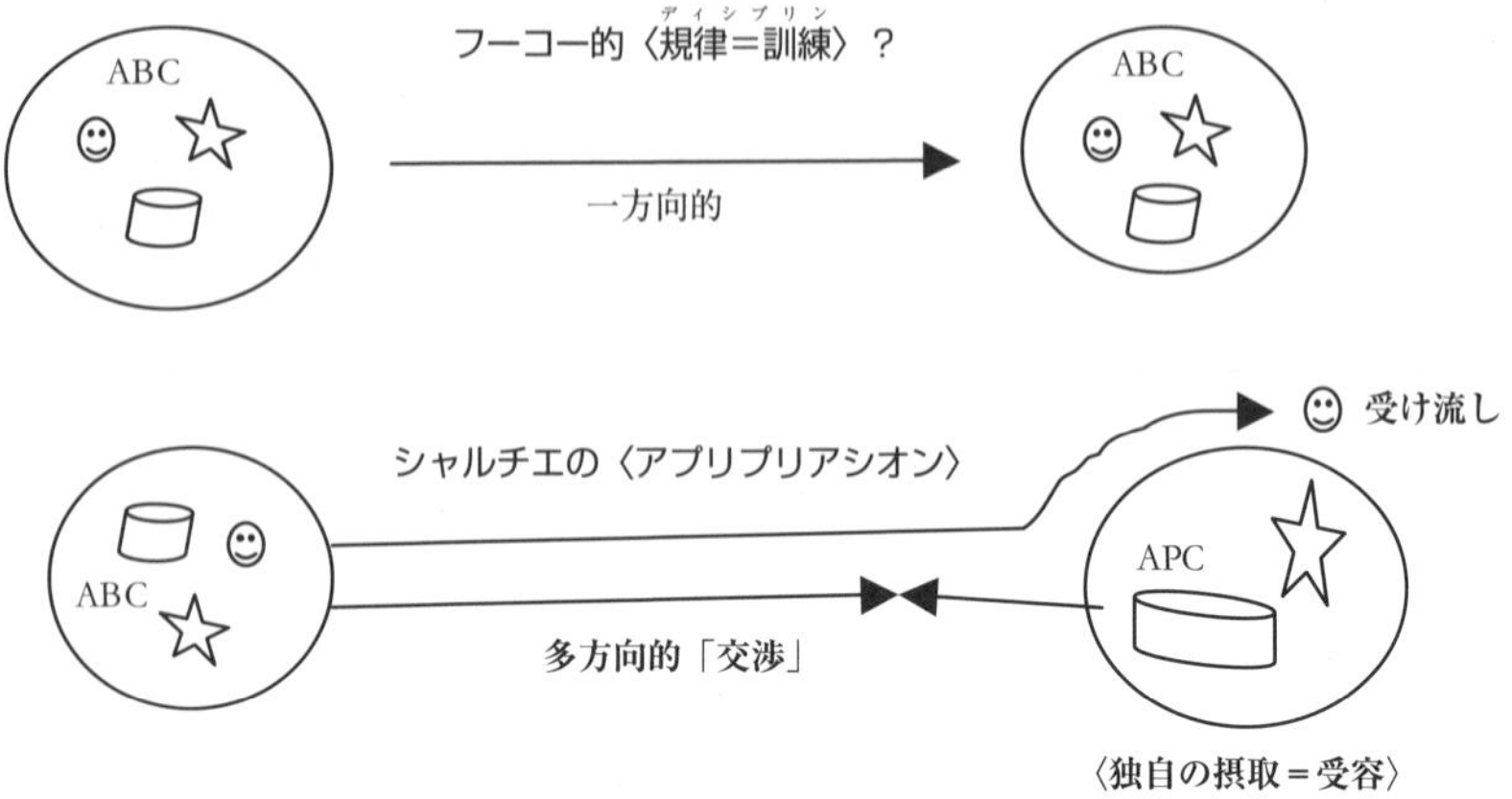

> がそっくりそのまま読み取られる形で書き込まれる、軟らかい蝋(une cire molle)のごときものである、とみなすこと。……諸々のテクスト(あるいはイマージュ)は、意義《シニフィカシオン》を構成する読解行為の外部でそれ自体において意義を有しているとみなすこと。
>
> (Chartier [1998], pp. 54–55.)

文化の受容・伝播を、まるで蝋に印を押すような一対一対応のコピーとして考える先入見。読者・民衆は**「軟らかい蝋」**にすぎず、そこに創作者・情報発信者・権力者は狙いどおりのへこみを狙いどおりにつけることができる……。そうしたステレオタイプ、文化の「受容者」が(かりに部分的で、非独創的であるとしても)能動的になすところの「行為」・「戦略《ストラテジー》」といったものを一切知らないステレオタイプにたいして、シャルチエは、認識の転換を厳しく要求する。

> 文化的ないし知的《消費》は、それ自体ひとつの生産《プロデュクシオン》としてとらえられねばならない。この生産はいかなるモノ《オブジェ》も製造しないが、まさに諸々の表象(représentations)を構成するのであり、そうした表象はけっして、生産者、著者あるいは芸術家といった者たちがその作品に付与した表象とは同一(identiques)ではないのである。
>
> (Chartier [1998] 55.)

かくして、心性史にとって代わって、表象史が照準を当てる「表象」なる事象がどこに存するかが明らかとなった。創作／受容、知識層文化／民衆文化、支配／服従、規範／実体験、個人／多数といった諸々の二項対立――いずれも心性概念がそうであったように、歴史家にとって記述対象でありかつ説明原理であるという混同の危険を有している――が反転されたり相互交渉したりするような、そういう磁場を構成するようななにものかが、「表象」なのである。

表象することはそれ自体ひとつの行為であり、またひとつの「生産」であり、まさに効果や力を生み出すものとして、とらえられなければなるまい。

フーコー主義を越えて

一見、こうして細かい差異や不連続性を精緻に確認していこうとするシャルチエ的〈表象史〉のスタンスは、フーコーの思想・仕事にかなり類似していると、慧眼な読者の眼には映るかもしれない。たとえばこんなふうな。「考古学《アルケオロジー》はひと〈研究者〉が習慣的に邪魔な障害ととらえているものを記述の対象とする。考古学は諸々の差異（différences）を克服することを企図するのではなく、むしろそれらを分析し、それらが正確にはなにに存するのかを述べ、そしてそれら諸差異を差異化するのである」（フーコー『知の考古学』：MHO255）。

たしかに、源泉としてのフーコーの影響とインパクトは計り知れぬほど大きい。

しかしながらシャルチエのみならず、その先行者であったセルトーからしてすでにフーコー的メソッドにたいしては距離があった。このことは、十二分に強調されるべきだ。強調しすぎるということはない。

さまざまな形での支配権力の浸透のありようを記述することにおいては、他の追随を許さない圧倒的な鋭さを示したフーコー的メソッド。とはいえ半面、それは〈近代〉的なものの諸相を批判しているようでいて、じつは〈近代〉というものを眼差すときの枠組み自体は、従前の近代論の発想にほぼ乗っかっていたのではないか、それをたんに陰画《ネガ》にして語る操作にとどまってはいないか。そういう点が指摘されえた（進歩史観を堕落史観に裏返したような）。フーコー的言説には、G・スピヴァクなどが指摘して以来知られているように〝被抑圧者〟〝無名の多数者〟〝弱者〟と呼ばれるものについての見方にかんして心性史同様のナイーヴな紋切型を出ないところがあった。支配的なディスクール（フーコーの意味での「アルシーヴ」）においてはそうした〝無名の多数者〟たちの独自な声が現れうる余地などなかった、と。さて、学生が「構造はデモに行かない」などと黒板に書き付けた「六八年五月」（MHO259）の時期。セルトーはこの六八年を率直に歓迎した人物であったが、その時彼はフーコーの仕事にたいしてこう述べた。そこでは「誰がどこから語っているのか?」（«qui parle et d'où?»）と。[18] ちなみにこのセルトーがフーコーと袂を分かつ点を、リクールはこうまとめる。

セルトーがフーコーから隔たるのは、〈ディスクールについてのディスクール〉の絶対的中立性（neutralité absolue）の外に出ることによってだ。そしてこのディスクールを他の諸々の意味する《シニフィアン》慣習行動《プラティーク》へと関連づけようとすることによってだ。この方向性がまさに、〔シャルチエらの世代の〕表象史の任務そのものなのである。（MHO259）

フーコー的な外部なきディスクールの中立性によるあまねく支配から距離をとるセルトー。たとえば読書行為とは読者主体による「密猟」（braconnage）の実践ではないのかと、セルトーは強調したのだった（『日常的実践のポイエティーク』）。

こうしたセルトーの見解を多く受け継いだ次世代のシャルチエ。彼はまた同時にセルトー思想とは位相を異にするとも思われるリクールのテクスト解釈学をもぐいぐい吸収し、みずからの〈表象史〉の道具立てとして換骨奪胎し取り込む。まさにアプロプリアシオンというべきか。シャルチエは一九九一年の来日講演のなかで、セルトーとリクール両者のテクストを並べて引用するという力業――おそらく当時聴衆はあまりにアクロバティックな力業にあ然としたにちがいない――を駆使して、自分の立場を表明化させていた。

「新聞だろうとプルーストだろうと、テクストはそれを読む者がいなければ意味をなさない。テクストは読者とともに変化してゆく。テクストは、自身のあずかりしらぬ知覚のコードにしたがって秩序づけられるのである。テクストは読者という外部との関係を結んではじめてテクストとなる」(『日常的実践のポイエティーク』)。読者なしには、テクストは真の存在を欠いた、たんに潜在的なものであるにすぎないのである。「読むことは、テクストにたいして、欠けてもかまわない補足物と考えられているかもしれないが、……そのような錯覚は一掃されるのだ。……テクストをアプロプリアシオンする読者がいなければ、テクストの前で展開される世界はまったく存在しない」(『時間と物語Ⅲ』:TR III 297)[19]

そして後に『記憶、歴史、忘却』のリクールもまたこれに挨拶を返す。「読書と読者たちについてのその仕事においてロジェ・シャルチエが豊かに示したように、読書行為の公的および私的な操作は、テクスト理解そのものにおいて、さまざまな意味効果をはたらかせるのだ」(MHO295)。

右の引用は表象史の方法論を論じた講演の内容であった。最後に、シャルチエが実践した〈表象史〉的歴史記述の仕事の具体例を、彼の代表作のひとつ『読書と読者　アンシャン・レジーム期のフランスにおける』の結論部から引いて見ておこう。

歴史書としてそこで扱われているのはあくまで具体例である。当然それは哲学書とは異なる。が、シャルチ

(18) Michel de Certeau, *L'Absent de l'histoire*, Paris, Mame, 1973, p. 161; MHO259.
(19) R・シャルチエ『読書の文化史　テクスト・書物・理解』、福井憲彦訳、新曜社、一九九二年、11頁。

エの仕事の場合は、歴史記述作業の実際と、リクールと私たちの関心であるような歴史学的認識論のメタ考察とはしばしば――やや繊細難解な仕方で――重層的に重なっている。『読書と読者』では、支配／従属、創作／受容、孤独／共同、(近代的) 個人主義／(伝統的) 人的結合というような二項対立の反転や、またかつての数量史のアプローチ・縮尺設定の限界 (たとえば「識字率」の数値にかんして) を乗り越えようとする試みが、読書という実例、いいかえれば「印刷物へのアクセス」という実例に即して思索的に展開されている。

印刷物へのアクセス (accès à l'imprimé) は実際、書物を所有することだけに限定されはしない。読まれる本がかならずしも自分の所有物なわけではないし、こっそり私的に所持されている印刷物が当然すべて書籍であるというようなわけでもない。くわえて、書かれたもの《エクリ》 (l'écrit) は文盲の文化 (culture analphabète) のただなかにも住みこんでいた。祝祭的儀礼や、公共空間に、職場に。書かれたものを読む声《パロール》のおかげで、その内容を二重写しにしてくれる画像《イマージュ》のおかげで、書かれたものはそれを解読できない人々や、自力では初歩的な理解までしかできないような人々にとってもアクセス可能になっていたのだ。ゆえに、識字率データだけでは書かれたものとの親密度は測れない。……

……たとえば、ブルジョアないし貴族の隠れた孤独な読書 (lecturue solitaire) と、庶民聴衆らの共同読書 (lecture en commun)、というような古典的対置を逆転する慣習実践 (pratiques) が数多くあったことは、たしかだ。大きく声を出して他人たちのために読むことは、エリート層でも人的結合《ソシアビリテ》の接着剤であり続けていた。サロンの私的な場で。あるいは有識者会合という公的な場で。そして逆に、印刷物は庶民の心の奥深くにまで入り込んでいた。ささやかなもの (いや、それは書物ばかりではない) に、人生の重要な瞬間の痕跡を、感動の記憶を、アイデンティティのしるしを、とどめ記すことで。紋切り型のイメージとは異なり、民衆はいつも複数〔形〕で (au pluriel) ばかりいたわけではない。秘密の孤独のなかで、情報紙の挿絵を切り抜いたり、印刷版画に色を塗ったり、青本叢書を自分のために読んだりという、つつましい実践があったことを再発見せねばならない。

（Chartier[1987] p.353, p.357–358.）

サロンでの語らい。図像や声による印象取得。孤独なひそやかな営みとしての切り抜き……。こうした実際の具体例の多角的な扱い方から、シャルチエ的〈表象史〉という方法論の賭け金はよく推し量られよう。これが〈表象史〉だ。シャルチエ的〈表象史〉は、過去の歴史のうちの人間たちを、たんに無名の多数者としてでもなく、また印を押されればそのままの跡がつけられるような受動的で「軟らかい蝋」としてでもなく、まさに表象する行為者・産出者として記述し、その者たち自身の語用論的《プラグマティック》ないし解釈学的な存在としてのありようをとらえようとするものである。(20)（むろんそうした表象史の仕事は、きわめて骨の折れる史料的立証の作業 —— リクールと本書にとってこのこと自体を取扱うのは範囲外であるが —— をみずからに課す種類の歴史学であらざるをえない。）

「語用論的理性批判」

ではシャルチエの以上のような著述をふまえたうえで、ここからは『記憶、歴史、忘却』という書の論そのものへと再び立ち返るとしよう。

表象史の認識論的冒険について考察をスタートさせる直前の箇所で、リクールは端的に、表象史は必然的に「行為の解釈学（herméneutique de l'action）と出会う」（MHO278）のだ、と指摘する。じつのところ、このリクー

(20)「歴史的過去において使用可能であった言語《ランガージュ》の潜在的で散逸した所有のされ方 —— これはまさに「統計的手法における」コンピューターの知りえないことである —— を、歴史家は白日のもとに出し、言説へと有機化させるのだ」（MHO273）

ルの発言における「行為の解釈学[21]」という言葉の登場の仕方はやや唐突だ。これは、狭義のテクスト解釈学や歴史記述論から分離ではないとしても区別・分節された、〈行為論的哲学〉というほどに解すべきものであろう。もちろん、行為の解釈学（≠哲学的な現在時的行為論）と表象史（≠過去認識の歴史学的方法論）とは、全面的に混同されたり融合したりするわけではない。ただし両者の〝見解が相異する〟というようなことでもない。両者が学的営みとしてそれぞれ別のアスペクト・別のアプローチを有するものだということである。そして、だからこそ、両者の接触面・交差面を見定め、確保するような考察が展開されるべきなのだ。そうして繰り広げられる考察の場をもし名づけるとすれば、それは哲学的かつ歴史家的な過去認識論としての「語用論的理性批判」（une critique de la raison pragmatique; MHO278）であることになると、リクールは述べる。

表象史と哲学的行為論との接触面たる「語用論的理性批判」の場が、表象史の歴史学的認識論としての射程を哲学的に見定める場として見出されたこと。かくして、『記憶、歴史、忘却』第二部「歴史の認識論」の探求の歩みは、みずからを位置づけるべき場のなんたるかを発見するにいたった。なすべき課題は、この歴史学の仕事と哲学的行為論の仕事との「インターフェイス」的な認識論の場において、どのような問いが過去認識にかんして立てられうるかチェックすることだ。くわえて、そうした問いがどのような本質的困難に出くわさなければならないかを、見定めることも。

(ii) 強制と規律をめぐって――フーコーを越え、バフチンを裏返す

強制力／交渉

人間の慣習行動《プラティーク》（行動の、思考の、社交の）を動かし形づくるファクターである「強制」や「制度」、「同意」。

広義の権力論に属するこれらの事柄について、表象史的角度からの再検討に着手しよう。
「ミクロ歴史学が実証したように、縮尺のヴァリアシオンがもたらす第一の恩恵は、強調点を個人的、家族的、あるいは集団的な戦略それぞれのほうへと移していけるということだ」(MHO280)。宙に浮いた静態的なリソースしか提供しなかった心性に比べて、「より社会的な実践や慣習行動へと関連づけができている限りにおいて、表象の観念は、心性の観念では現出させられなかった、さまざまな弁証法的なリソース(ressources dialectiques)を開示してくれる」(MHO279)。つまり表象概念には、社会や人間の諸状態・諸行為の、葛藤的ないし弁証法的様相を発見させる機能が期待されているわけだ。

簡潔にいえばこうだ。「社会的当事者《アクター》たちはあらゆる種類の社会的圧力《プレッシャー》にただただ屈従するのみ、という推定を、問いに付すこと」(MHO280)が肝要なのだ。こうして私たちが取り組むべきは、社会や文化という次元が、上から下への強制力(coercition)によって構築されており、そして下側にいる者たちはその強制力によってどこまでも決定論的に拘束されているのだとする事象把握枠組みを、審問に付すことである(この点でリクールはブルデューの弟子にして批判者の「語用論的社会学」論者リュク・ボルタンスキーの仕事を評価し共有する)。縮尺のヴァリアシオンという認識論的形式=作用は、この審問の精密性と包括性を維持するための概念装置となろう。

さて、その上から下への一方的「屈従という推定は、マクロ歴史学的縮尺を選択することと連動している」と看破すべきだろう。それにたいして、ミクロ歴史学的縮尺を取ればどうか。シンプルで巨大で確実な一方向

(21) リクールの思想の各時期での、「象徴の解釈学」(六〇年代)、「テクストの解釈学」(七〇年代)、「自己の解釈学」(九〇年代)といった、「解釈学」という同一の語がおのおの事柄でも同一かという点は、慎重な分析を要する。

性のベクトルではない、もっと別の、もっと微細な諸ベクトルの交錯・葛藤・合成が見えてくる。換言すればそこでは「不確実性の徴《しる》しのもとで、諸々の葛藤と交渉《ネゴシアシオン》が価値を増してくる」（MHO281）のだ。

代表度=表象性

しかし、縮尺のヴァリアシオンという考え方がすでに示唆していたように、ミクロ歴史学がミクロであることにおいて社会的諸主体のあり方を独占的かつ包括的に記述できるなどと考えるのは、性急な誤解だ。ミクロ生活学やミクロ権力学と呼びうるもののポテンシャルを真に活かすには、眼差しを別に動かす必要がある。

　ミクロ歴史学を越えて眼差しを広げてみたとき、ミクロ歴史学が調査するのとは別のレヴェルの複数の社会共同性において見出されるのはなにか。すなわちそれは、支配的なもの（dominants）として知覚される諸々の振舞いのモデルからかかってくる圧力（pression）と、受け取られる諸々のメッセージの受容いやむしろアプロプリアシオン（appropriation）とのあいだにある、複雑きわまりない錯綜なのだ。(22)（MHO281）

ミクロかマクロか、を二者択一としてみなすことはもうやめよう！　まさにその両極のあいだに、いくつもの層が折り重なっていることに眼を向けよう。こうして、社会の諸レヴェルへの眼差しの縮尺移動において「教養文化と民衆文化との対置、そしてそれに結びつく他のあらゆる組、すなわち力／弱さ、権威／抵抗といった組を対置する二項対立体系が、ぐらつくのだ。その体系にとって代わるのが流通（circulation）、交渉（négociation）、アプロプリアシオンなのである」（MHO281）。

当然、「だからといって、マクロ歴史学的ヴィジョンが反駁されたわけではない」。リクールいわく「もっとも大きい縮尺において可読的となる権力（pouvoir）の現象」が視野のうちになければ、ミクロ組織における代表度＝表象性《ルプレザンタティヴィテ》（représentativité）の問題を、正当に立てることはできない（MHO281）

からだ。表象の「代表度＝表象性」の問題。「代表度」は、表象史が発見術的かつ記述的な分析手段として駆使しうる武器である。かつ同時に、ある特定の事象にどのような代表度を帰するかを最終的に一義的に決定することはきわめて困難であるという、方法の射程と限界を「代表度」概念は真正な仕方で示すものでもある。縮尺《エシェル》の選択は、見本《エシャンティヨン》〔サンプル、標本〕（échantillon）の代表度の問題と深く連動する。[23] 縮尺のヴァリアシオンは代表度＝表象性のヴァリアシオンである。

一点、事柄を歴史家の側に引きつけて補足事項を付言しよう。縮尺や代表度に一義的でないさまざまな程度があるという〝客観的〟な事柄を、もし歴史家的認識ないし歴史家的表象の〝主観性〟（subjectivité）によるものだというひとがいるとすれば、それは的外れである。他方、最終的にどの縮尺を選択して書物や論文を執筆し世に出すかということは、個々の歴史家の主観的な選択、すなわち〈解釈《アンテルプレタシオン》〉（interprétation）であるということになる。『記憶、歴史、忘却』の概念系においてリクールは、このように歴史記述操作において〈解釈〉の契機を〈表象〉の契機と区別し――実際の歴史記述作業においてはこの区別・分離はつねに可能ではないが――、〈解釈〉を歴史家自身にとっての現在時および同時代の社会・他者たちとの直接のかかわりにかんす

(22)　この箇所の邦訳については、本書序論注(36)を参照。

(23)　「représentativité」という語の一般的な用法として、見本のそれ以外にもうひとつ、選挙による一定数・一定割合以上の支持によって代表として（たとえば、使用者と交渉する労働者代表としての権限などを）認められること、という意味がある。しかしこの〝一定数以上〟というのは〝絶対多数〟ということではなく（また労働者組合の例でいえば、それは複数乱立というようなこともありうる）、代表度というものの「程度」の一義的な決定不可能性がどこまでも存在することになる。

る事柄として分節しておくのである。要するに、第二部は〈表象〉に専念し、第三部で〈解釈〉を扱うということだ。このことの意味は、歴史家による過去認識の学的営みと、歴史家が一市民・一個人として同時代および未来の社会にたいして責任を負うという政治的・倫理学的契機とを、分節しておきたいという配慮に基づいている。この分節の具体的帰結はまたずっと後で、第三部（本書では第4・5章）において見ることになる。

制度化とアプロプリアシオン

話を戻そう。

権力あるいは支配的となっているものからの圧力と、そのアプロプリアシオンとの関係は、もちろんことさらに意識されないような「同意」（accord）でもありうる。ただしその「同意」のプロセスを、昔デュルケームが提出した「集合的表象」（représentation collective）とか「基礎的規範」（normes fondamentales; MHO281）のごときしなりやたわみのない静的な概念に舞い戻らせて理解してはならない。そうした静的な諸概念もまた、「同意についての同意のこの諸規則〔基礎的規範と呼ばれうるような事象〕をアプロプリアシオンすることの契機とのあいだで、弁証法的関係のうちに置き直されて」新たにとらえ直される必要があるのだ。そのうえでハビトゥス、つまり諸々の社会的力学の弁証法的運動のなかに存している「惰性、さらには忘却の原理と同等視されうる、習慣的ハビトゥスという観念」（MHO282）もまた、事象に的中する分析概念として採用される。

規範や制度（institution）という次元の事柄にかんしても、

そういうわけだから、制度にたいして強制力（coercition）の側面を優先的に認定することと、社会的経験のうちに反体制的と推定される側面を認定することとの対立的対置は、もうやめるべきかもしれない。力学的《ディナミック》な観点から考察するなら、制度化(institutionalisation)のプロセスとは、生まれつつある状態(à l'état naissant)での意味産出《プロデュクシオン》と、エスタブリッシュされた状態での拘束力の産出とのあいだで、振動するなにものかなのである。

(MHO283)

制度化のプロセスにおいて、表象の実効力(efficacité)は、外からの強制・拘束としての面と、内から個々人や小集団のアイデンティティを立ち上げたり差異化・分類したりする面との、「二面性」において現われてくる。「調整=手直し」(ajustement)とか、「《ふさわしい》行為」(action «qui convient»)といったものは、初めは諸表象のぶつかり合いにおいて生成し、いい落とし所があればハビトゥスとして定着し、すたれていったりもする、そういう事象である。このような「表象の実効力の縮尺」のヴァリアシオンを観察することが肝要なのだ。拘束や規範なるものは、それに同意しそれを慣習行動《プラティーク》となす社会主体たちがいなければ存在しない。また行為者たちがそれを換骨奪胎し領有《アプロプリアシオン》する必要不可欠な材料にして栄養という面があることもけっして見逃せない。

だから、かの『監獄の誕生』でフーコーが提出していた監視、拘束、またとりわけ「規律=訓練《ディシプリン》」についての考え方は、おそらく一面的であった。それも諸々の「強制の縮尺」のうちに置き移して再検討しなければならない。ここでもリクールはあらためて、今度は主としてカルロ・ギンズブルグの論を利用しながら、フーコー主義の批判的乗り越えというモーメントをフル稼働させる(因縁のフーコーとの対決という意味では、ここは見かけ以上に熱いクライマックスのひとつを『記憶、歴史、忘却』のなかでなしている)。

『監獄の誕生』のフーコーは——晩年の『性の歴史』ではまた別様な考え方が出されてくるということはいい添えるべきだが——「規律=訓練」という事象にアプロプリアシオンないし交渉という相を見出すことを知らなかった。彼はそこに社会適応者と非適応者とを差異化選別する過程のみを、もっぱら見ていた。もしかするとひとはこの「規律＝訓練」という概念に、蝋の隠喩の回帰を見て取らざるをえないか？　フーコーの語り口にしたがえば、ひとは規範にたいして、ただ唯々諾々と屈従するか、それとも全面的に抵抗するかという、両極端の二者択一でしか振舞いえないようではないか？

しかるに語用論的理性批判の観点においては、事柄は少し違った相貌で見えてくる。そう、私たちはＪ・ルヴェルの言葉を借りてこういわなければならない。ひとは制度を利用する、と。

> 人間たちは諸々の制度を必要としている、といえるとすれば、それはすなわち、人間たちは制度に奉仕する（se servent）のと同じだけ、諸制度を利用する（servent）、という意味においてなのである。
>
> （Revel [1996] p. 81; MHO283）

同様に、『狂気の歴史』の論が、文化というものを諸々の排除や禁止による形成物とのみみなしたことも問題だ。そこには、〝民衆文化〟を、〝文化〟を消去しようとする否定的目的・存在意義しか有さないものとみなすという、認識上の危険が孕まれている。六〇年代のいわゆるカウンターカルチャー（という言葉）が、カウンターとしての刺激力を失うとともにしぼんでいったことと考え合わせられるものか。

その点ではフーコーよりも、ミハイル・バフチンに軍配が上がるというべきだ。「カーニヴァル」や「ポリフォニー」の概念で知られるバフチンにである。カルロ・ギンズブルグがミクロ歴史学の代表作のひとつ『チーズとうじ虫』のなかで述べていたように、「カーニヴァル」概念を提示したことで名高いバフチンのラブレー論・近世民衆文化論は、性急に「《民衆階級によって産出《プロデュイ》された文化》と《民衆的大衆に押しつけられた文化》とを同一視する」（MHO272n）ことをしていない。[24] 一つの時代を一つの均質な心性とみなして平べったくしてしまうフェーヴルのラブレー論に不足していた観点が、そこにはあるのだ。権力にずる賢く順応し、立ち回り、とり入って世渡りする二重スパイ的な庶民の姿など、フーコー的世界にはまるでほとんど見当たらないかのようではなかったか。

ただギンズブルグはバフチン的史料解釈について、手放しで全面肯定したわけではない。なぜか。じつはバフチンにおいても、ラブレーのテクストを「民衆文化の百科全書[25]」と呼ぶなど、どこか民衆文化、ここでは特に「民衆の喜劇文化」を〈上へと吸い上げる〉ことで、それを知識層的な言語テクスト（百科全書《アンシクロペディ》という語は、啓蒙主義の上から目線を含意する）において〈整合的に表現してみせる〉という、一方向的なシェーマが見て取れなくもないのだ。民衆文化の雑然とした煉獄表象が、ダンテの『神曲』というテクストへときれいに吸い上げられた、というル＝ゴフの心性史的シェーマと同種の。いいかえれば「カーニヴァルの主役たちが、あまりにラブレーの言葉を通して語っているという問題が残る」（MHO273n）のである。

制度や社会規範の流通の力学について全幅において考えるためには、それゆえ、さらに加えて、バフチンを「裏返し」（«mis à l'envers»：シャルチエ[26]）することが必要になる。つまり〝下の〟民衆たちによる〝上の〟教養文化の「断片的」な摂取、「密猟」（セルトー）の事象といったものもまた、歴史家的認識が見出すべきものなのだ。

（24）リクールは「民衆文化」への観点が有する歴史学理論にとっての意義について、セルトーの『ルーダンの憑依』を参照して後でまた論じる、と記しているのだが（MHO272）、どうも以後『ルーダンの憑依』の書名は見当たらない。ただし『*La Fable mystique*』（一九八二年）への言及があり、リクールはこれのつもりだった？　「セルトーの仕事において、神秘主義者についての専門的歴史学が、歴史学の一般理論へと果たした役割を、強調しすぎるということはない」（MHO477n）。

（25）Mikhaïl Bakhtine, *L'Œuvre de François Rablais et la culture populaire au Moyan Age et sous la Renaissance*, trad. Fr., Gallimard, 1970.（cité in: Chartier [1998], p. 53.）

（26）Chartier [1998], p. 53. ちなみに「裏返し」はもともとバフチンの用語。バフチンによるバフチンの逆転なのだ。

カーニヴァルは、ラブレーのテクストのなかで起こっているのではない。鬼才ラブレーといえども、縮尺のゲームのメタ・ゲームたりうることはできない。カーニヴァル的民衆とラブレーとの交渉《ネゴシエイション》こそが、カーニヴァルの現場なのだ。先の節で引用したように、シャルチエの読書行為論には、そうした〈バフチンの裏返し〉による、歴史家的認識の実践が含まれていたのだ。

以上のようにして、リクールは「制度」「規範」そして「ハビトゥス」「規律＝訓練」という出来合いのものとして勝手に独り歩きしがちな概念を、表象する行為遂行の現場へと新世代の歴史理論がぐいっと引きずり戻すさまを、浮き彫りにする。それは諸々の代表度＝表象性が、硬直した既解釈性から解放され流動化するさまでもあった。フーコー主義が、「ディシプリン」という既解釈性を自分で設定しておいてそれを批判するという時としてマッチポンプ的なみずからの身振りによって見落としていたのは、この代表度の流動性だ。

さて、この分析からもたらされる哲学的解釈学への寄与を、端的にいえばどうなるか。リクールはいう、ここで再発見されたものとは、すなわち表象主体＝解釈主体の力動的で双方向的な行為様態、

> 葛藤のなかで交渉《ネゴシエ》するという、社会的動作主《エージェント》のファンダメンタルな能力（MHO283）

であるのにほかならないのだ。(27)

(iii) 非-数値的な社会的時間のアスペクト

強度的時間と縮尺のヴァリアシオン

次に表象の事象を、時間・持続の諸縮尺に関連づけ直すことを試みよう。ここでリクールと私たちは、アナー

ル学派第四世代の一人ベルナール・ルプチ――惜しくも一九九〇年に交通事故で没した――による、ブローデル的持続論の問い直しという性格を有する、歴史的時間論を同伴者とする。

ブローデル的歴史記述においては、「長期持続には世紀、局面には十年刻み、日付ある諸出来事には日と時間、という期間設定による、測定可能（mesurables）な諸間隔のあいだの数量的（quantitatifs）関係の分析」（MHO287）が、論述を裏付ける枠組みとなっていた。測定可能な持続は、記録された諸事実として、「統計的に処理されうる、反復的で、数量化可能なアスペクト」のもとにあることになる。

しかし社会的時間とはそういうものに尽きるのだろうか。いうなれば1が10個集まるのも、2が5個集まるのも、20が半分になるのも、全部同じ10だ、というような処理に尽きるものであろうか？

いや違う。そもそも測定可能・数値化可能なレヴェルにおいてもじつは、各々の種類の持続は、

諸変化の速度や加速といった、しばしば外延量（grandeurs extensives）へと偽装されてしまう、持続の内包的＝強度的アスペクト（aspects intensifs）を提示している（MHO287）

のである。統計データの背後に、「激動」の時代や「安定」の時期といった記述表現の背後に。かくしてリクールは（ブローデル的な）時間持続の事象を、（哲学的持続時間論の代表格である）ベルクソンの『意識の直接与件についての試論』が指摘した持続の「内包的＝強度的」事象側面へと、送り返すのである。

（27）以上、この部分の内容は、抽象的理論と見えるかもしれないし、中世史・近世史用の歴史理論とも見えるかもしれない。しかしじつはここでの論の背景には、ＥＵ統合というものがある。フランス・ドイツなどの〈中央〉的存在の政治的文化的大国と、〈周縁〉的な小国とのあいだの政治、文化、経済バランスを、どう調整していくか。二十一世紀的アクチュアリティが、ボルタンスキーなどを参照しつつのリクールの論には、含まれている。

強度、それは通例微分概念によって近似的に表わされるところの、加速である。そして速度・加速だけでなく、強度的なものとして「リズム、累積、再帰、残像、さらには忘却が加わる」。というのも、「社会的動作主《エージェント》ら（agents sociaux）の実在的諸能力《キャパシティ》の待機＝備蓄（mise en réserve）が、時間的顕在性の次元に、潜在性の次元を加える」（MHO288）からだ。〈…である〉の顕在性に、〈…できる〉という能力の潜在性が加わる。そうして、「社会的動作主らがもっている諸能力の裁量可能性（disponibilité）の縮尺」と、「歴史的時間の強度的諸様態」とが、連動しているのである。つまり先に見た「実効力と強制の諸程度の縮尺」も、それがプロセスとして繰り広げられるところの「時間性の諸様態の縮尺」と、相関的だということである。こうして、ブローデルによる諸持続尺度の階層化という仕事をある面では引き継ぎつつも、しかしその「たんに重ねられた」静的な概念化は解体し、しなやかに流動化させ、縮尺のゲームのうちに投入し直すことにしよう。むろん「ここでもまた、強調されるべきは諸々の縮尺のヴァリアシオンであり、いずれかの縮尺を特権化することではない」。

前項（ii）の論では主題化されていなかったことだが、中小の集団における規範の形成、アプロプリアシオンの過程というものは、そもそもすべからく、時間において生起するものである。かつそうした社会的・行為的過程は、時間の「強度的アスペクト」と相関するのである。たとえば、合意という事象も、一度決まったら自動的に恒久化したり拡散伝播したりするようなものであるわけがない。そうではなく、

> 成功したひとつの合意は、成功したがゆえに、模倣的反復（réitérations imitatives）が規則的に繰り返されることによって、みずからを規範（norme）となすのだ。
>
> （Lepetit [1995] p. 19; MHO288）

ではそうした「社会的紐帯の構成の力動的な諸アスペクト」に相関する時間についての強度的概念化とは、どういう定式化でありうるか。おそらく社会的時間についての「メタカテゴリー」（métacatégorie）としてふさ

わしいのは、「連続性（continuité）と非連続性（continuité）、安定性（stabilité）と非安定性（instabilité）」という概念対を、二つのモノのようにではなく、むしろ「一つのスペクトルにおける対極」（MHO289）として扱うという、二極的時間カテゴリーがそれであることになろう。その点で連続性と非連続性という二項対立を流動化させることが必要だと主張した『知の考古学』のフーコーは、まったく正しかった。

こうして二極的な振動・程度移動において連続性と非連続性、ないし安定性と非安定性をとらえるという態度。それは、「構造主義またマルクス主義の影響による、ほとんど不動のものとされる諸構造の強調」と、「飛躍、偏差、断層《フラクチャー》、危機、革命」といった二十世紀に流布した断絶強調的諸カテゴリーとを、たんに硬直的に対置させるような姿勢からは、截然と一線を画している。維持力、激変、緩慢な変化、いずれも強度である。白か黒かという悟性分別的二者択一ではなく、グレーの濃淡のなかに、歴史のプロセスの真実がある。社会的歴史的現実とはグラデーションであり、カントの意味での無限判断のスペクトルであるのだ。

ハビトゥス、現在時

だから、たとえば、

ブルデューのハビトゥス（*habitus*）のカテゴリーも、諸時間性の縮尺へと置き移されるべきだろう。（MHO289）

ハビトゥスも、どこかに釘で固定されたモノなのではない。それも、時間的強度的プロセスである。〈取りにいけば置いてあるいつもの服〉ではない。まったく同一の服が流行の先端にあるときは輝いて見え、何年後かにはあっという間に時代遅れの古びた不要物になっていることも、あるのだから……。

集合的に共有されるハビトゥスは、より小さい個人レヴェルの縮尺における「習慣」もまたそうであるように、おそらく発生においては葛藤的（非安定性・非連続性）であり、それが時間を経て次第に馴致され、しまいにほとんどそれとして意識化されなくなる——よく知られているハイデガー語でいえば《unauffällig》ないし《unaufdringlich》になる——、つまりハビトゥスとして定着化し（安定性・連続性）、社会的紐帯と文化＝陶冶の安定的な持続を担うようになる。むろん、文化《キュルチュール》＝陶冶における非安定性と安定性は場合に応じていずれも、各々の社会的動作主にとって、圧力とも拘束力ともなりうる。まさにその安定-非安定の力動性に、集団の戦略《ストラテジー》ないしアプロプリアシオンが展開する時間的プロセスのさまざまな強度というリアリティが存する。

「相対的均衡」（équilibre relatif）や「最適化」（optimisation）といった事象もまた、無時間的・強度不在的にではなく、ギヴ・アンド・テイクの単純な打算からずっと複雑な関係性にまでわたる「社会的諸規則の戦略的利用」の弁証法的な事象として把握されねばならない。国や村の法律・掟の成文化された史料の文面だけではわからない、慣習行動《プラティーク》の間主観的・共同体的側面を、時間の流れのうちでおさえる必要がある（かりに現代日本の例を挙げるなら、パチンコ屋の換金所・未成年大学生の飲酒・サービス残業といった、法律の文面上はどう考えても違法だが長年のすり合わせによる社会的合意と慣習行動によって、粛々と行われ続けているものがあるように）。

そうした「共に生きること（vivre ensemble）という水平軸」における「社会的なゲーム」が、「中央と周縁とのあいだ、首都と地方自治体とのあいだにおける、要するに止揚不可能なヒエラルキー的構造をなす権力関係（relation de pouvoir）における、諸関係のネットワーク全体に、影響を及ぼす」（MHO290）。どういうことか。「権力は上から下へと行使されるという一面的なヴィジョン」（MHO291n）の普遍妥当性は、場合によっては反駁されうるものであった。具体例を出そう。「安定性」のカテゴリーとしばしば密接に対応するものに「安全性〔治安〕」（sécurité）のカテゴリーがある。しかるにたとえば、国家という大きい縮尺における治安権力の中央集権化の進行過程において、地方自治体の治安維持力が弱まり、そのことで逆に家族や近隣者・村といった小さい縮尺の社会性が安定性・安全性《セキュリティ》の戦略単位として重要性を増す。そういうようなことがありうる。権力をずらす戦略。「戦略のロジックが、最終的に、アプロプリアシオンの諸縮尺のゲームのうちに登録されうるということ。このことは、表象史が享受し駆使できるもっとも重要な結論である」(MHO290)。

以上の、社会的時間についての語用論的アプローチによる分析からの帰結として、リクールは、「社会的動作主にとっての現在(présent)」(MHO291)という契機の核心性を指摘する。B・ルプチがいうように、

個人的意志と集団的規範との間での、企図の狙いと当該時の状況の諸相との間での調整(ajustement)は、ひとつの現在(présent)において作動している (Lepetit [1995] p. 279; MHO291)

のである。リクールはこのルプチのいう「現在」は、彼がかつて『テクストから行為へ』や『時間と物語』で提出していた、「イニシアティヴ(initiative)としての現在」という実践哲学的カテゴリーとまさしく一致すると述べる。『記憶、歴史、忘却』のなかでも先に「記憶の現象学」のところで、「現前」と「現在」を区別するリクールの考え方が登場していたのを私たちは見た(本書第1章第3節を参照)。

過去の「歴史における動作主らの現在という意味での、歴史の現在」を真正にとらえるとは、どういうことか。たとえば、すでに一定の均衡状態やハビトゥスとして成立・沈殿しているものは「過去に成功したアプロプリアシオン」(appropriation réussie du passé)でありまたそうであるにすぎない。なぜならそれとは別に、現在進行形・未完了のアプロプリアシオンというものが力動的に現在時において作動しているからだ。この事態をとらえることこそが、過去における「歴史の現在」をとらえることだ。既存制度・慣習という過去に成功したアプロプリアシオンが、引き継がれるか・修正されるか・廃棄されるかは、ひとえに現在時の未完了相の交渉とアプロプリアシオンに、ゆだねられている。こうして「諸々の時間持続の縮尺の探求は、歴史的現在(présent historique）なるものを視野に見出すことで、仕上げられるのである」（MHO291–2）。

＊＊＊＊　　　＊＊＊＊　　　＊＊＊＊　　　＊＊＊＊

歴史的現在――「決定論を骨折させる」

〈表象史〉と〈行為の解釈学〉との交流面である語用論的理性批判は、以上で区切りを迎える。その行程の最後に見出されたのは、「歴史的現在」であった。なるほど、この歴史的現在、つまり過去に生きていた人間たちにとっての現在時というものを真正に見据えるということは、たしかにそうした者たちを交渉し表象する人間として見出そうとする〈表象史〉と、行為し受苦する人間としてとらえようとするリクール的〈行為の解釈学〉との、もっとも重要な接触面・交流面であることになろう。

しかし、ここで哲学的なものと歴史学的なものとをいま一度切り分けて考えておくことも、必要だろう。そこには強い緊張も孕まれている。

というのも、一方で、歴史学的認識の営みにおいて、過去の時代の動作主たちにとっての〝時間的現在〟というものがいかに権利上想定されかつ尊重されるべきであるとしても、事実上、そのようなものを厳密に史料的に立証するということは、往々にして絶望的な企てでしかないであろう。基本的には、過去はこのようでしかありえなかった、という、後から動かすことのできない、取り返しのつかない過去の事実というものを確認するよりほかないのである。その意味では、程度の差はあれ、因果論的決定論という様相はそこに伴うことになる。

他方、自由なる人間主体の〈行為の解釈学〉というような哲学的立場は、自由の余地を認めない「歴史的決定論」（déterminisme historique）という観念とは根本的に対立関係にあるはずなのだが、しかしもしこの理論的対立、〈行為の解釈学〉と「歴史的決定論」との理論的対立が、あまりに劇化した仕方で過去認識作業の具体的場面に投影されてくると、場合によっては、〈行為の解釈学〉はあたかも偶然性ないし自由を排他的な根本原理となす一種アナーキズム的な行為論的存在論の様相を帯びるかのようになる。そしてもしかすると歴史家たちによる歴史記述を書く作業、エクリチュールとして記入し文字文章のかたちで〝諸事実〟を固定しようとする実際的作業すべてを、生気のうせた決定論・宿命論だとして評価し、抗《あらが》いかねないのである。

たとえばレヴィナスが『存在するとは別様に』（一九七四年）において、まさに「無始原《アナルシー》」ということを独特の仕方で述べつつ、「あらゆる歴史記述《イストリオグラフィ》＝正史以前の〈歴史〉」（l'Histoire d'avant toute historiographie）[28]なるものの次元をどこかに守り続けることを試みたのは、理由のないことではなかった[29]。

しかし、一方でエクリチュールを、他方で表象を、どこまでもなんとしても退けていこうとするレヴィナスの極端な試みは、「正史」による〝全体化〟に抗する抵抗《カウンター》的効果を除けば、たんに独自なユートピア的言説の主張であるにとどまるしかないかもしれない。別のいい方をすれば、レヴィナスのパセティックな雰囲気の反表象・反エクリチュールの言説は、その見かけに反して、悟性分別的な概念上の二項対立にとらわれすぎていなかったかということだ。理論上ではどこまでも対立ないしアポリアであるにとどまるものが、現実の実践のレ

（28） Lévinas, *Autrement qu'être ou au delà de l'essence*, «Le livre de Poche», p. 263. レヴィナスはここで「historiographie」の語に「歴史記述」というニュートラルな意味だけでなく、「（為政者の立場で編纂された）正史」という意味を込めている。

（29） レヴィナスの言説に孕まれた、（近代化以前の）ユダヤの口承伝統にたいするノスタルジーについては、ここでは問わない。『記憶、歴史、忘却』第三部第二章のなかでリクールはユダヤ人歴史家イエルシャルミの論を取り上げ、「ユダヤ人歴史家」という存在がユダヤ的伝統に対して自己矛盾的なダブル・バインドに陥らざるをえないという事態に言及している。

ヴェルにおいてはなんらかの仕方で具体的な形をとって生きられており、また生きられざるをえないということは忘れられてはならない。そうリクール流にいっておこう。「言うこと」(dire) はすべからく「言われたもの」(dit) となっていくこと。証言は書きとめられドキュメントとなること。これらは、還元不可能でファンダメンタルな事柄である。そのことはレヴィナスも或る仕方で把握していたはずだ。

リクールはといえば、やはり過去の時代にかつて生きていた人間たちを、まさにその歴史的現在においてとらえるということをよりよくなしうるのは、哲学者ではなく歴史家である、と承知していた。歴史家の「想像力」にそうした能力を認めることにおいて、リクールは難しい磁場のうちにみずからを置くことを試みている。

かつてあった現在 (ayant été présent) としての、それゆえ過ぎた時代の人々によってかつて生きられてあった現在としての過去の任意の瞬間へとみずからを想像力 (imagination) において関係づける力＝可能性が歴史家には与えられている。……過去の人間たちはわれわれと同じくイニシアティヴの主体であり、回顧し予期する主体であったのだ。こうした考察からの認識論的帰結は少なからぬものだ。過去の人間たちが、期待、予期、欲望、恐れ、企図等を有し表明する者たちであったと知ることは、まさに歴史のうちに事後的に偶然性を再導入することによって、歴史的決定論 (déterminisme historique) を骨折＝断層化させる (fracturer) ことなのである。(MHO497)

あす革命がはじまると、あす大地震が起こると、あす株が暴落すると、あす原爆が落とされると、あす将来の結婚相手に出会うと、誰が知っていただろうか? 過去の人間たちがそこにおいてあったところの歴史的現在の「偶然性」、あるいは非決定性。これを事後的にどこまで強調することができるか。強調するべきであるか。おそらく —— 哲学的思考はこの問題にかんしては〈認識論〉というより〈存在論〉にすでにその場を移してしまっている —— 一般的な歴史記述の仕事と哲学的思考の仕事とはここで、対立はしないとしても、平面を異にし始めざるをえないかもしれない。語用論的理性批判という共通平面は、ここにひとつの臨界線を迎える。とはいえすぐれた歴史家は、〈**必然性と自由のアポリア**〉に気づいているものだ。「宿命的決定論という事後的幻想」（R・アロン：MHO497）との祓《はら》い難い厄介な関係。それは、かつて現実にあったこと、起こったこと、「なかったことにはならない」（ne peut ne pas avoir été）こととしての過去の物事を認識し記述しようとする、アルシーヴに面する歴史家の仕事における、完全には止揚不可能なひとつの本質的緊張であることになろう。そして〈表象史〉は、この緊張をなるべく可能な限りあるがままに引き受けようと努める種類の歴史学的スタンスであるともいえるだろう。実際、繰り返せば、「縮尺のヴァリアシオン」とはまさに、ミクロからマクロまでの諸々の縮尺における諸々の「因果性の異なる諸連鎖」（MHO270）を発見せしめるものにほかならないのであるから。シャルチエが毀誉褒貶相半ばする彼の主著のひとつ『フランス革命の文化的起源』の結論部で、「フランス革命がとった形態は、まったくもって必然的なものではなかったように見える」（p. 233）と述べたとき、まさに彼は歴史学と哲学とのインターフェイスに身を置いていたのだ。

現在時というのは、いわばそのつどひとつである。そうであるがゆえに、そこに〈必然性と自由のアポリア〉の深淵が口を開ける。あの日あの場であのような歴史的事件が起こったことと、あの時私がそこにたまたま居合わせたこととのあいだには、因果的連関があったのか。理論的には、ない。異なる縮尺の因果系列は共約不可能である。だがひとつの現在時において、それらは交叉したのだ。この交叉は論理的命題ではなく、時間の事実である。事実、そして／あるいは真実という語の深遠な意味がおそらく、ここに存している。歴史家たちはそうしたことをよく知っているはずである。

だから、語用論的理性批判により刷新された歴史的認識論の場所から、私たちはリクールと共にこういうべきであろう。縮尺のヴァリアシオンをヴィヴィッドに作動させる歴史家的「想像力」もまた、決定論を「骨折させる」ことを能《よ》くするのだ、と。他方哲学的認識論もまた、過去についての「なかったことにはならない」ということと、〈別様でありえた〉ということとのあいだの緊張を止揚することはできない。どこまでもその緊張に踏みとどまるしかない。そうした意味では、歴史家と哲学者はこの〈必然性と自由のアポリア〉にたいして、それぞれ別の位相から対峙をしているのだ、というのが妥当なのかもしれない。

(iv)　イマージュの威信＝魅惑《プレスティージュ》

イマージュとしての表象

ここで一度区切りがついて、論のフェイズがガラリと変わる。

今度は、〈表象史〉の歴史家的認識が取扱うところの表象にかんして、その「イマージュ〔イメージ〕」性を考える仕事に移ろう（『記憶、歴史、忘却』の章節立てでは先の(iii)までが第二部第二章の内容で、ここからの(iv)と(v)とは第三章の内容）。表象のイマージュ性について、二つほどのことがいわれなければならないのだ。

さて表象は多くの場合に準‐知覚性、とりわけ準‐視覚性をその主たる構成要素として有する。その準‐視覚性が不可分に持つ、一種の美学的‐政治的効果についての考慮を私たちは行わないわけにはいくまい。これが第一点である。もう一点は、歴史家が論文や歴史書というかたちで（基本的には書かれた言葉という形式によって）提供する歴史記述において、過去の社会的動作主たちの表象していた表象（「対象‐表象」）を歴史家自身が表象し、そしてそうした過去の時代・過去の人間たちにとっての表象イマージュというものを読者に伝達しようとする際に（「操作‐表象」）、どのようなことが起こりうるのか？　これを検討しなければならないということである。つまり「歴史記述操作についての批判的認識論」というかたちの検討をである。この二点が、別々というより、密接に重なった事柄であるということはお分かりいただけよう。

イマージュ的〔視聴覚イメージ的〕であるということが過去認識としては非本質的で装飾的であるとか、あるいは虚偽であるなどというのは、まったく妥当ではない。すでに「記憶の現象学」において、記憶というものに想像の契機が不可分に結びついていることを確認していた。ましてや、記憶とは異なり、自分では直接見たことのない過去の光景・出来事を歴史記述を通して認識するということにおいては、想像が、それゆえイマージュが、なんらかの役割を果たさないということはありえない。ここでも老練の切れ者リクールがねらうのは、表象研究と反-表象主義とのケミストリーだ。

第二部第三章第三節「歴史家的表象とイマージュの威信=魅惑」でリクールが専念する問題系は、風変わりな奇才ルイ・マラン（Louis Marin, 1931–1992）の仕事が提示したような、イマージュの政治学・象徴的暴力論の問題系である。そうした事柄に関連するイマージュは準-知覚的なものを含んでいるが、非感覚的な代表・代理的な要素のほうも本質的としている。つまり、イマージュは不在のものや権力のような不可視のものを、代理=表象して可視的に「見させる」という、二重性を孕んでいるのである。

イマージュの権力、王のプレスティージュ

「私はここで、ルイ・マランがイマージュの威信《プレスティージュ》=魅惑（prestige）をめぐってものした仕事を導きとすること

（30） 邦訳書では「prestige」をたんに「魅力」とだけ訳している。そのためにそれが「王」や「権力」とどういう連関にあるのか分かりにくくなっている。邦訳読者にとってのこの節の理解をおそらく困難にしている。

にしよう」（MHO343）。プレスティージュ。この「prestige」というのを一語でぴたりと日本語に訳出するのは難しい。英語におけると同様に、国家・政権の〝威信〟。高級なブランドの〝魅惑〟。著名な人物の〝評判〟といった語義である。[30] ひれ伏しへつらわずにはいられないような絶大な権力……。垂涎の的のブランド品……。まさに語彙としてはおのずと、象徴的な政治的-美学的実効性という事柄を指し示すものだ。

「表象の効果-権力（effet-pouvoir）。それは、表象そのものである」[31] と、十七世紀の社会とドキュメントにおける表象と権力の諸相をめぐるめく論じた『王の肖像』において、ルイ・マランは端的に指摘する。

素朴に問うてみよう。王とは、どういうものか？

王は、そう簡単に直接眼にすることのできる存在ではない。十七世紀の民衆階級にとっては、可能性はゼロではないとしてもほとんど現実に眼にする機会は一生ありえない。ゆえに、絶対主義的権力という想像的象徴的なものと、王の直接的不可視性が、王の肖像という代理＝表象の契機において重なり、じつのところ王それ自身以上にリアルで圧倒的な効果-権力を提示することになるのである。王の肖像画。それは虚構・写しにすぎず、王がオリジナルの実在である、とはかならずしもいえない。コピーのほうが、リアル。ある観点からは王の肖像こそが実在で、王自身というのはヴァーチャルな存在でしかない。

「国家、それは私である《レタ・セ・モワ》（朕は国家なり）」（l'État c'est moi; MHO344）という言葉。[32] この言葉、ないしこの言葉の表現するところは、たんなるまやかし、プラトンが『ソピステス』でいっていた「まがい物《ファンタスマ》φαντάσμα」に過ぎないと受け流すべきであろうか（本書第1章第1節参照）。おそらくそうは済ませない。むしろそれは国家権力と国家というものの表象とを一体的に「王」へと想像的に受肉させるものだ。「王の身体」（corps royal）は、それ自体が現前していようと不在であろうと、その身体の「幻影《ファンタスム》」（fantasme）において「権力としての表象（représentation comme pouvoir）を産出する」（MHO345）のである。

またそこには、聖体拝領の「これは私〔キリスト〕の体である」を引用＝流用した王権神授説的ないし瀆神的な象徴性も含意されている。王の権力と栄光を称えるそうした言葉は、「絶対王政の時代には度外れに大きい位置を占めていた、称讃演説（discours d'éloge）」（MHO346）の諸々の言説から圧縮されたエッセンスの一つとして解される。『精神現象学』のヘーゲルは、「へつらい」（Schmeichelei, flatterie; MHO348n）の言葉、と形容していたが。こうして権力の表象＝イマージュの事柄はアリストテレス・キケロ以来の西洋の分厚い伝統である〈修辞学《レートリケー》〉、すなわち言語哲学の一ジャンルにしてかつ公共の場での弁論の技術であるところの〈修辞学〉の事柄と深く通底するものであることを示す。

ちょっと、立ち止まろう。ここで解釈学的・語用論的な観点から事態をぐるっとひっくり返す。称讃演説的なものは、なにも王の面前で当の王にたいしてなされるのみではない。むしろ逆にそれは多くの場合宮廷の外部へと向けて発信され、演説者というよりも、演説の受け手たち・読者たちが自分の口から同様に王への讃辞をふさわしい語彙・修辞において発することができるようにさせるために、発せられるわけなのだ。ここに表象の交渉《ネゴシアシオン》、「表象的実践における弁証法」が存している。いいかえれば、

> 偉大さや栄光を言うのは執筆者（écrivain）のなすことでない。読者（lecteur）こそが、叙述《レシ》の巧みな引率によってそれをなす。（MHO347）

（31）Louis Marin, *Le portrait du roi*, Minuit, 1981, p. 11; MHO344.

（32）ルイ十四世（一六三八—一七一五）に帰される言葉だが、彼が実際に述べたのかどうかは疑わしい。しかし〝現実に〟述べたのか、あるいは〝虚構〟なのか、ということはまさしく表象の効力には関係のないことだ。

称讃の意図を表向きは隠しつつ、おのずと読者の心のうちに称讃の感情を湧きあがらせることを狙う、叙述する執筆者の「歴史家的策略」(ruse historienne) あるいは「歴史家的偽装《シミュレーション》」(simulation historienne)。そうしたほとばしる表象エネルギーが――むろんそれはシェイクスピアの創作が騒々しい観客の反応という圧力との相互交渉《ネゴシアシオン》において生成してきたであろうように、単純に一方向的に解されてはならないけれども――そこには存しているのである。精神分析の術語を用いていえば、あたかも執筆者の言説中において「抑圧されているもの」(le refoulé) が、読者の口を通して「回帰」するかのように。

もっともそうした称讃演説や、あるいは諸々の武勲譚・功績を要約的に配置図示した絵画、メダル、また王や王朝の偉大さと正統性を叙述する修史《イストリオグラフィ》といったものは、現代の歴史家たちが〝学術的〟になしている〝客観的な〟歴史記述による論文・歴史書とは、基本的におよそ似ても似つかないものだ。だから今日のアルシーヴでも両者は区別されていて、私たちは容易に分類上の差異を理解する。とはいえ、あらゆる形態の歴史記述テクストは歴史記述である以上、過去の表象を読者に提示し、準-現前的に〝髣髴《ほうふつ》させる〟契機をかならずなんらか有している。というわけで、

> アンシャン・レジームの王政の終焉とともに、そして主権とその諸属性の人民への譲渡とともに、歴史記述《イストリオグラフィ》は表象というものから功績称讃のあらゆる痕跡を排除することができたのかどうか。それがわれわれにとっての問題だということになろう。 (MHO348)

狭義の諸歴史記述に限定せず、より広くいえば次のようになる。「近代のデモクラシー (démocratie moderne) は、王への称讃と、その称讃における幻影的《ファンタスマ》なものの作動とに、けりをつけたのだろうか?」(MHO348)

『パンセ』と「偉大さ」

「偉大さ」（grandeur）。この語をひとは十七世紀のかの思想家の有名なテクストのうちにも見出していた。そう、パスカル（1623-1662）のあの『パンセ』のなかにである。

人間の偉大さ（grandeur）は、人間が自分が悲惨である（misérable）ことを認識していることにおいて偉大なのである。一本の樹は自分が悲惨であると認識しない。したがってそれは、悲惨であるとみずから認識することの悲惨である。だが自分が悲惨であると認識することは、偉大（grand）である。　（ラフュマ版断章 114：MHO353）

この断章はご存知のとおり、「考える葦」の断章とあわせて、いわば普遍的な思想的哲学的洞察としての価値を有するものとして、広く読まれてきたものだ。つまり時代や国を越えて。

しかるにその後に続く断章（ラフュマ版の整理に従うと）で、パスカルは「偉大」についてこう述べる。

「こうしたあらゆる悲惨そのものがそこにおいてまさに人間の偉大さを証明する。それは大貴族の悲惨である。廃位された王の悲惨（Misère d'un roi dépossédé）」　（ラフュマ版断章 116）

さらに次の断章で続けて、パスカルはこうも強調するのだ。

「というのも、廃位された王でなくて誰が王でないことを不幸だと思うのか」　（ラフュマ版断章 117：MHO353）[33]

（33）パスカル自身の認識では「王」の威信は自明のものであり〝虚構ではない〟ことについては、ラフュマ版断章87：「大法官は、厳粛な雰囲気で、装飾された服をまとっている。彼の地位はうわべだけのものだから。王はそうではない。王は力を持っており、想像（imagination）とかかわるにはおよばない。裁判官や医者などは、想像しか持っていない」

人間一般を王にたとえるパスカルの修辞学《レトリック》は、「偉大と悲惨」についての「可読性」(lisibilité) と「可視性」(visibilité) とをあわせて表象＝上演《ルプレザンテ》している。「そのようにして人間学（人間）と政治（王）との二つの領域に、偉大さは属しえている」(MHO354)。そして、文学的にせよ哲学的にせよ、その断片テクストの理解可能性は、「偉大さ」と「王」との修辞学を『パンセ』の読者が——十七世紀の読者にせよ二十一世紀の読者にせよ——なんらかの仕方でそれを自分なりに納得《アプロプリアシオン》しうることにのみ存しているはずだ。権力の修辞学。王の表象なしに偉大さの表象は理解されえず、偉大さの表象がなければ王の表象は納得いくものにならない。そして偉大さのイメージなしに悲惨は感じられえない……。偉大なる王の表象なしに人間という表象を表象することはできない、という、論理的に必当然的な帰結。

さて、もう一度問わねばならない。「デモクラシー社会における市民たちは、王の称讃なるものとは縁を切っており、そういう彼らにとって多少ともエキゾティックな (exotique) 事例となってしまったものを越えたところにいると信じている」(MHO344)。「絶対主義の絶対的歴史を書くための絶対主義的仕方[34]」でもってなにかが叙述されることはもはやない、と。たしかに。だが本当にそうなのか。

急いで述べておかなければならないが、目下の考察の範囲において「歴史学的操作の認識論の守備範囲をはみ出るような政治哲学の問題を私〔リクール〕は保有していない」(MHO354)。いまここで問題になるのは、「威信ある＝魅惑のイマージュ」(images prestigeuses) としての表象と、そしてその対応物である「称讃の修辞学」という言語使用が、もはや現代には存続していないのかどうか、である。

かつてドイツの大歴史家ランケ (Leopold von Ranke, 1795–1886) ——フェーヴルやブローデルらによって〈事件史〉の大本として軽蔑されたかのランケだ——が諸々の出来事を「それがあったとおりに wie es eigentlich gewesen」記述するにとどめることを宣言したのは、「過去の諸行為を判断評価しない、それゆえ偉大であるかないか判断しないためであっただろう」(MHO357)。だがこの判断の自制・自粛という身振りは無色透明のものではない。その身振りのうちに、記述するに〝値する〟出来事ないし時代についての判断が暗黙のうちに隠されていないのか、とは問われるべきである。アルシーヴの暗黙の修辞学、政治学はそうして生成している。

歴史上の個性的な個人や国家などといった存在のみでなく、時代や世代といった漠然とした意味単位もまた、イマージュや修辞学によって表象＝上演される対象となる。かつてミシュレ (Jules Michelet, 1798–1874) がその『フランス史』でなしたように、革命期の大人物たちを、そして固有名詞としての「フランス」を、「自由に、歓喜をもって、賛嘆にゆだねた」言語記述が、歴史書においてなされるようなことはもはやない。だが、

ギゾーからフュレにいたるフランス革命についての歴史家たちは、称讃の輪《サークル》から脱していただろうか。そして、そこから脱退するには、公言した追従者ではないというだけではたして十分か。(MHO357)

そして、デモクラシー国家もまたデモクラシー国家それ自体の自己表象による自己称讃という機能をなんら欠いてはいないという基本的な事実を、リクールは喚起するだろう(それが善いか悪いかということはここでの仕事の範囲ではない)。いわゆる、俗に国際スポーツ・イヴェントなどを言語表現する際に表われるような、広義のナショナリズムというものか。自己表象による自己称讃[35]の継続。「近代〔現代〕」(époque moderne) という時代において生きられる歴史と物語られる歴史とに共通の軸である、国民国家 (État-nation) の控えめな魅力 (charme

(34) Louis Marin, *Le portrait du roi*, p. 107; MHO348.

(35) では、「デモクラシー国家」が自己称賛ではなく自己告発をおこなうと、どうなるのか? たとえば、カミュの小説『転落』における「改悛した裁判官」を想起する必要がある。本書第4章408頁を参照のこと。

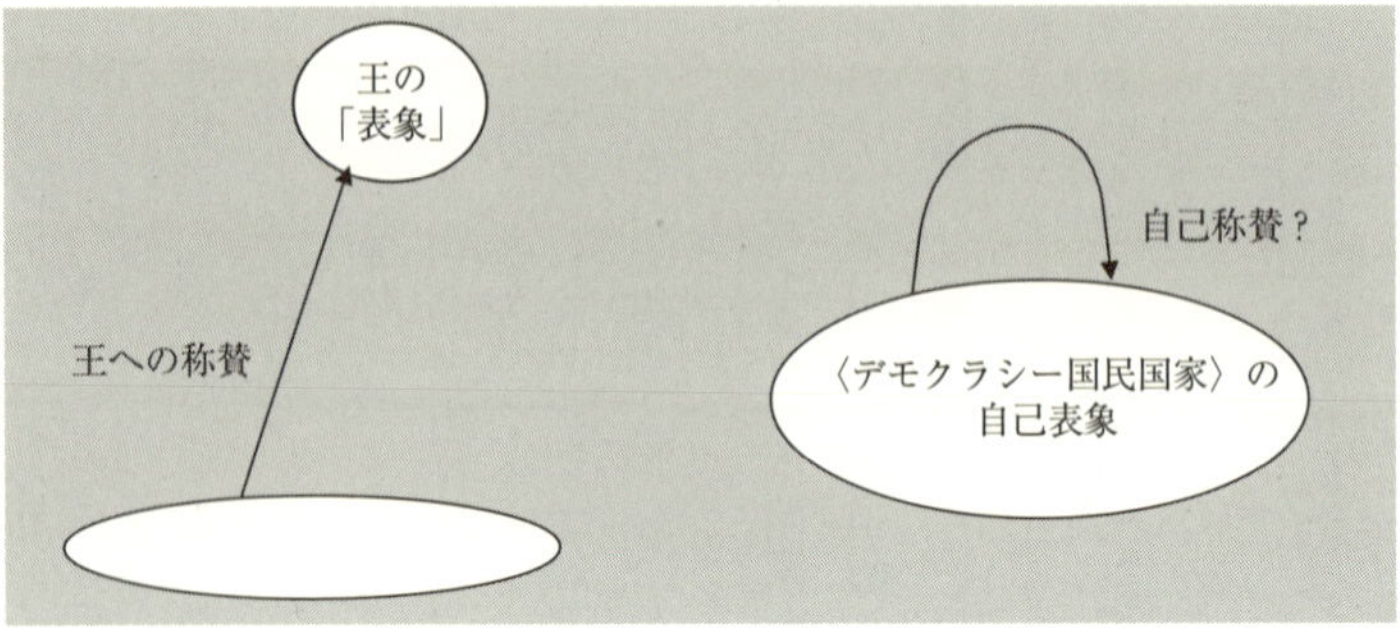

discret)。それこそが、継続する称讃の隠された動力なのではないのか」(MHO357–358)。

なるほど、デモクラシー的国民国家の時代において、絶対君主への強烈な称讃のような権力表象文化は、もはや見出すのは難しいだろう。しかし、やはり人間は——絶対主義の時代に比べてより多くかより少なくかはいざ知らず——表象のうちに生きている。そして表象には、魅惑や愛着や阿諛追従といった感情的負荷が血液のようにどくどくと流れめぐっているのだ。三権という国家権力の表象(警察権力、裁判所、元老院議員)。ナショナル・チームへの憧れ。首都というものの魅惑……。

リクールはひとつ結論に代えて、「称讃を非難に置き換え」た場合にはどうなるか、との問いを提出する。続くリクールの例示はやや踏み込んだものだと注釈せねばならない。「受け入れ難いもの(l'inacceptable)という曲言法のもとで、《最終的解決》を卑劣と断ずる、極端な非難(blâme extrême)」(MHO358)の言葉がある。ところでそこには、その非難すべき当の出来事ないしその実行者らを、「称讃が向けられるような偉大さの徴しのもとにある出来事の、反対の極(le pôle opposé)に」位置づけるという、かならずしも顕在的に意識化されていない表象的操作に由来している要素があるのではないのか。

真に困惑させるシンメトリー。それは、道徳的良心によってナチスの政策へ科せられる絶対的非難と、臣下らによって肖像のなかの王へと向けられる絶対的称讃との、背中合わせのシンメトリーである……　（MHO358）

(v)〈表象の限界〉をめぐる倫理学と政治学のための、若干の注釈

「アウシュヴィッツと表象の限界」

繰り返しになるが、『記憶、歴史、忘却』第二部は歴史記述操作の認識論に従事する場である。固有の意味での政治学や倫理学を展開することは、その範囲のうちにはまだない。

ただ、歴史と表象という問題系において、九〇年代以来激しい議論の的となった〈**表象の限界**〉という事柄について、この認識論《エピステモロジー》からあくまでその範囲内において導出されうる帰結をいくつか指摘することは、なされうるし、なされなくてはならない。そうリクールは考える。つまりあくまで「表象」問題、その認識論の問題としてこの議論に介入するということである（第二部第三章第二節）。この冷静に分節されたリクールの第二部的スタンスは、いかなる事柄を明るみに出しうるか。

〈表象の限界〉という概念は、いうまでもなくソール・フリードランダーによって主催された一九九〇年のシンポジウムからの論集『アウシュヴィッツと表象の限界（原題：*Probing the Limits of Representation*）』によって殊によく知られるようになったものだ。この「限界」ということには、二つの面があると考えられる。表象形態の「限界」と、かの出来事が通常の出来事の「限界」を越えているということと。リクールはこう要約する。

> 一方で、われわれの文化において、《最終的解決》と名づけられた出来事に可読性と可視性を与えることができるような使用可能な表象の形態は、一種の枯渇状態にある、ということがある。他方で、出来事の核心から立ち上がってくる、つまり言説の起源たる出来事から生じてくるところの、言われることへの、表象されることへの嘆願（requête）、要求（exigence）があるのだが、しかしこの出来事はある修辞学の伝統にとっては、言語外的なもの（l'extralinguistique）とみなされ、意味論的地表に滞在することを禁じられている、ということがある。（MHO329）

さて、当該のシンポジウムの際のもっとも有名な場面は、ヘイドン・ホワイトとカルロ・ギンズブルグとの激突、あるいはむしろすれ違いのような討論であった。周知のように、双方の論はいずれもいささか理論的に偏りを隠せない。それはたしかである。だが、そうであるがゆえにというべきか、この両者の突き合わせは読む者に多くを教える。

この二人の対決において含まれていた問題のひとつには、〈表象の限界〉ということといわゆる「ポストモダニズム」（postmodernisme）の思潮との関係というものがあった。二〇一〇年代を迎えた今となってはポストモダンという語も少々古い響きに聞こえるが、ともあれ、歴史学にとって「ポストモダニズム」の時代ないし思潮があたえた主たるインパクトとは、歴史記述もひとつの〈言語構築物＝シニフィアン《指示する言葉》の連鎖〉にすぎず、したがって他のジャンルの言語構築物にたいして実証的な優位性を主張できないという指摘であり、またそうした「言語論的転回」から帰結する、既存の歴史記述の権威性・客観性にたいする留保であった。

ホワイトは、このいわゆる「ポストモダニズム」に立脚して、みずからの議論をラディカルに展開した。ギンズブルグはそんなホワイトの「ポストモダニズム」にたいして、憤然と激しい反論をおこなった。

彼ら二人に限らないが、最終的解決と〈表象の限界〉をめぐるさまざまな議論において奇妙なもつれとして現われることがあるのは、次のような事態だ。すなわち、一方で素朴実在論を批判し言語や表象の本質的な性格としてのある種の相対性を認める「ポストモダニズム」と自称ないし他称される立場と、他方の、理論におけるポストモダニズムや政治的主張としての「否定主義」(négationnisme)にたいして道徳的非難を向け、当の出来事を安易にまた恣意的に言語や表象にもたらすことを禁じようとする立場との、この双方が、結局のところ、かの「出来事」についてもはやこれ以上なにかを積極的に語ることはできないとする実際的帰結において、奇妙に一致するように見えることである。(36) いいかえれば、想像的/事実的、比喩的/字義的という二項対立を解体しようとする立場と、明確に堅持しようとする立場とが、いずれも考え方として理論的極端に向かうものであるように見えるということだ。あたかも、歴史記述という〈言語構築物=シニフィアン〉の自立性・固有性を強調する立場によっても、そうした〈言語構築物=シニフィアン〉の遊戯的僭越を厳しく戒める立場によっても、当の出来事という〈シニフィエ《指示される対象》〉とのあいだの距離を縮めることはなにもできないかのように。

---

(36) 鹿島徹はこうした対立する両極端な〝歴史観〟同士の「棲み分け」について、日本でのいわゆる「教科書問題」および「従軍慰安婦問題」と関連づけつつ、次のようにきわめて的確に指摘していた(もちろんホワイトの立場が、日本の確信犯的ナショナル・ヒストリー論者のごときとは、内容も次元もまったく異なっていることは、いうまでもない)。

「日本史を専攻する歴史学者自身によっても……このような反省は一部では、映画『ショアー』の強い印象に導かれて、「表象の限界」をひたすら強調する方向へと先鋭化されていく。悲惨な体験をくぐり抜けた生存者のトラウマ的記憶が歴史の物語的記述に回収されることを、徹底して拒否する記述が、そこに生み出されていった。この方向が極限にまで突き詰められるときには、事態は次のような奇妙な構図に行き着くように思われる。一方では歴史を確信犯的に「物語」ととらえて、ナショナルな共同性の強化へと向け他者の声を遮断しようとする「国民の正史」の構想と、他方では歴史叙述の隠蔽・抑圧機能への鋭い批判から「物語」としての歴史一般を拒絶する態度と、この両者が反目しつつ互いにすれちがって背中合わせに結合し、「物語としての歴史」の此岸と彼岸への棲み分けを行ってしまう」(『可能性としての歴史』254頁。強調引用者)。

そうしてジョージ・スタイナーがするように、「アウシュヴィッツの世界は、理性の外部にあるのと同様に、言説の外部にある」[37]と述べられることも、まれでない。

「表象不可能性」の批判的検討

だが、ジョージ・スタイナーのように述べることがもしかりに正当なのだと仮定すると、はたして「言表不可能（indicible）ということの意味、表象不可能（irreprésentable）ということの意味は、どこから到来しうるのか」（MHO332）。そうリクールは問う。

おそらく、不可能性をいう言説は、突き詰めていけば言説みずから自身を禁じる言説になるだろう。そしてみずからが歴史記述たることを――少なくとも通常の歴史記述たることを――禁じる歴史記述になるだろう。しかるに不可能不可能ということき、その不可能ということはどういう意味なのか。どこに立脚すれば不可能ということが有意味にいえるのか。そして、だとすると、どういう形態の歴史記述言説が可能なものとして残るのか。こうした困難が避けがたく立ち上がる。たぶん、

> この困難は、字義通りの年代記（chronicle littérale）以外のあらゆる仕方を禁じることでしか、解決されまい。（MHO332-333）

しかし当然「十九世紀の小説や実証主義学派歴史記述における主潮であった、素朴実在論（réalisme naïf）に再び陥ることであるという意味において、そうした解決は絶望的である」（MHO333）。年表は事実だが、叙述は虚偽だ、そういうようなことが結論なのか？　とリクールは問いただす。

リクールのこの指摘は、当たり前のことをいっているだけだと読者は思うかもしれない。だがそれはコロン

ブスの卵というものだろう。リクールの指摘はギンズブルグやスタイナーの論の盲点をシャープに指示している。アウシュヴィッツ-ビルケナウは言語や表象の外部にある、という主張は、その高邁な意図に反して逆に「否定主義」の恣意的な言説に、素朴な（ふりをする）言説に、皮肉にも好都合な手助けを与えることにしかならないかもしれないという問題が、すでに存在している以上。

だから、まず第一にこう指摘すべきだ。

> あたかも諸事実が事実的な言明《エノンセ》（énoncés factuels）の字義通り《リテラル》の提示の力なるものによって、歴史における出来事という形の表象から分離されうるかのように、事実的な言明が表象不可能なものという観念を満たしうると信じること、それは、錯覚だ。
>
> （MHO333、強調引用者）

リクールのこの言明は、彼の七〇年代の隠喩論、八〇年代の物語論以来の長年にわたる言語哲学・存在論の探究を重厚な背景にした、重みあるものである。かつ、表象や出来事をめぐる『記憶、歴史、忘却』第二部のこれまでの議論を慎ましくもあきれるほど濃密に凝縮してもいる。

中立的で無色透明な「事実的な言明」、そうしたものは想定しえない。このことは諸々の個々の「証言」が固有の仕方で有するそれぞれのパースペクティヴが互いに通約不可能・還元不可能であることからも指摘できる。すべての言説を固定された実在との関係をいっさい持たない記号《シーニュ》の戯れとのみみなすことが不可能であるのと同じく、「諸々のパースペクティヴ間の乗り越え不可能な差異を無化するような、包括的歴史（histoire englobante）なるものを書くことは、できない」（MHO335）。これは先にブローデル批判と「縮尺のヴァリアシ

（37）　Cité par Hayden White in: Friedlander, *Probing the Limits* ..., p. 43; MHO332.

オン」によって私たちが学んだことであった。ギンズブルグが道徳的抗議と事実的実在論とを渾然一体化させて分節不可能な仕方で述べるときにはしばしば、パースペクティヴの差異など存在しないかのようになる。だが、

> 生き残りたちの証言と、実行者たちの証言とは異なる。そして、大衆の諸残虐行為にさまざまな資格・程度において関与した、傍観者たちの証言もまた、別のものである。（MHO335）

だからこそ、「諸々の縮尺の選択、縮尺の変化」（MHO335）という観念を喚起することで、歴史学的記述にかんしても「無用な論争」は退けられねばならないのだ。「ドイツ国民の日常生活の歴史学[38]、経済的、社会的、文化的、イデオロギー的な諸拘束の歴史学、国家首脳の意思決定の歴史学」といった諸々の観点は、どれかが正しくどれかが間違っているというわけではない。歴史学的な記述がなされなければそもそもそれら諸事象について語ること自体が一切できないことになろう。哲学者リクールは断固とした口調で、次のように、多様な歴史学的研究の可能性と権利を強く擁護する。

> ショアーの歴史家は、「説明することは大目に見ること、理解することは赦すこと」というような命題によって威嚇されるままになってはならない。歴史学的判断に絡み込んでいる道徳的判断（jugement moral）は、記述や説明の層とは異なる別の歴史的意味の層に属する。それゆえ道徳的判断が、歴史家を自己検閲する〔自粛する〕[39]（se censurer）に追いやるまでに威嚇するということが、あるべきでない。（MHO335）

『記憶、歴史、忘却』のなかでももっともアクチュアリティの高い発言のひとつである。そしてそれが認識論的領域にとどまる禁欲のもとでなされているゆえに、鋭さを増していることが見落とされてはならない。記述

することと説明することという次元を、道徳的判断という次元の層と区別すること。いかに実際には二つの層が交錯することが避けがたいとしても、少なくとも原理的・方法論的には両者は別のことである。歴史家だけでなく、読者公衆もその区別をいくばくかどこかで認知できねばいけないが……。なんらかの威嚇や圧力や「自粛」によって、歴史を表象しようとする意志全般を委縮させないためには。

かの出来事、「人間の顔をしたすべての者たちとの連帯（Solidarität zwischen allem, was Menschenantlitz trägt）の、もっとも深い層にくわえられた動揺」（ハーバーマス：MHO337）の絶望的な語り難さ、深遠な困難は、したがって、「ポストモダニズム」思潮の登場とは基本的に別の事柄であると見るべきであることになろう。これが哲学者リクールの「認識論的」結論である。だとすると、指摘すべきはむしろ、

十九世紀の歴史学と小説の自然主義的・リアリズム的伝統から継承された諸形式の枯渇（MHO337）

という事態のほうなのだ。リアリズムかどうかが問題なのではない。どのようなリアリズムが可能なのか、リアリズム的言語使用とは別の仕方がありうるのか、それを問い進める責務があるのだ。そして歴史学の作法・文体についての暗黙の前提をも問いただすことが。（ここで表現形式の「枯渇」という問題についての指摘が登場する仕方は、印象深いが少々唐突なようにも見える。おそらくリクール自身としてはすでに先立つ仕事『時間と物語』

(38) 日本語で書かれたものとしては、たとえば山本秀行『ナチズムの記憶　日常生活からみた第三帝国』（山川出版社、一九九五年）がある。中央の政権と地方の村の権力事情・生活事情との〈交渉〉が慎重かつ濃密に記述されている。

(39) この重要な発言の箇所は、邦訳書では「道徳的判断は、歴史を懲罰に処するまでに、歴史を威嚇してはならないであろう」（上巻397頁）となっているが、これは「歴史家 historien」と「検閲する censurer」との両方にかんして、誤記か誤訳があるということになり、遺憾。このような決定的箇所で間違いが生じていることは訳書全体の水準を疑わせかねない。

のなかで、十九世紀に入る頃までに従来の神話的言説形式が権威と力を失い、小説および歴史学的歴史叙述というリアリズムの言説形式が生まれ黄金時代を迎えたということ、そして二十世紀の中頃以降にはそれは疑念にさらされ衰退へ向かったということにかんしていくらか論じていた、という意識があったのであろう。）ただ言説形態の盛衰の歴史経緯が、第二次世界大戦という出来事の時代時期とどのように連関しているのか、していないのかについては、また『記憶、歴史、忘却』という書とは別の場所で徹底した考察がなされるべきであろう。

リクールはさらに踏み込む。

選択肢《オルターナティヴ》となるさまざまな表現様式の開拓を、刺激するべきである。（MHO337）

この踏み込んだ見解を――未来世代の市民と文化への課題提示ということか――哲学者として彼は述べる。それは第一には歴史書の言語表現の可能性だが、しかし書物のみでなく「舞台上演、映画、造形芸術」であってもかまわない。いずれにしても「言説の表象的力能と、出来事からの嘆願とのあいだの隔たりを限りなく埋めようと努めることは、禁じられてはいない」（MHO338）。ここで本書「プロローグ」で紹介した、リクールがある種の現代芸術に寄せる並々ならぬ関心のことを想い起こしてよい。抽象絵画に例を見るような前衛的表現の可能性。通りすがりのようにも見える「舞台上演、映画、造形芸術」への言及は、人間存在がなす前衛芸術のポテンシャルにたいするリクールの熱い信頼と期待をにじませている。非具象的な芸術作品は「弱い普遍性」（universalité faible）しか持たない、いやそれすら持ちえないかもしれない。だが、それでもなお／そうであるがゆえに、独自な「伝達可能性」（communicabilité: CC270）、伝達ならざる伝達を作動させうるであろう。

ここでリクールは具体例を名指しするわけではない。とはいえひとは、たとえばクロード・ランズマンの映画『ショアー』を、一切の演出を排除した〝字義通りの〟証言をあるがままに提示した作品であるというふうに考える素朴さはもはや退けられる、ということを、リクールの言明からの示唆として受けとめられる。おそらく四年もの間にわたって、数え切れない人々が次々と消されていった信じ難い、官僚的な〝流れ作業〟の卑劣さに抵抗するに、個々人の顔が見える仕方での、過剰なまでに徹底的に時間をかけたインタヴュー映像を対置することには、内的必然性があるように考えられる。たしかに。私もこれを〝鑑賞〟したことがある。内容面での苦痛と、長時間鑑賞の体力的苦痛を強いること（しかも中座することには道徳的な罪悪感が感じられる）には、演出というには尽くせない重大な必然性がある、そういうように感じた。しかし表現の仕方の選択ということは、あらゆる映像作品そしてその他のジャンルの作品に等しく当て嵌まる、ひとつの一般的作業でもある。ランズマンの映画は、ミクロ歴史学の手法の延長線上にある手法を採用するという、表現様式のひとつの明確な選択を通じて作成された。そこで相対的に高い真摯さにおいて表現されている〝証言の不可能性〟についても、しかしそれがミクロ歴史学的縮尺において個々人をクローズアップする手法を選択し活用しているという表象的・認識論的事柄と、〈最終的解決〉の経緯の極限性、特異性という倫理的事柄とは、ひとつ別のこととしてとらえられなければならない。

もちろん、残される問いもある。「選択肢となる表現様式の開拓」というとき、リクールは表現の可能性のことだけをいっていたのか、権利としての〈表現の自由〉のこともいっていたのか、と質問してみたくなる読者もいるだろう。表象の認識論においては、ダイレクトにこうした質問に答えることはできない。

ここまでで、認識論・表象論の範囲においていいうることは尽きる。〈表象の限界〉との関連で暗に浮上してきた「特異性」(singularité)、「比較不可能性」(incomparabilité) という事柄については、次に「歴史の批判哲学」の平面に移動した際に、その時には「裁判」という事柄とあわせて、あらためてよりしかるべき仕方で考察する機会を私たちは持つだろう（本書第4章）。

4◆「代表象化」という契機

歴史家的表象――「対象-表象」と「操作-表象」

『記憶、歴史、忘却』第二部の行程の最後まで、私たちは到達した。「表象」をめぐるさまざまな角度からの分析考察を経て、歴史の認識論《エピステモロジー》・歴史記述論を締めくくるに際して、「歴史家的表象」(représentation historienne)と「代表象化」(représentance)という二つの概念について、説明しなければならない(第三章第四節)。

リクールは「歴史家的表象」を、「**対象-表象**」(représentation-objet)と「**操作-表象**」(représentation-opération)との二契機によって構成されるものとして結論的に定義する。

「対象-表象」とは、歴史家がアルシーヴに面して吟味し読み取る表象、つまり、過去の社会的行為者たちが表象する表象のことである。そして「操作-対象」とは、歴史記述操作の最終段階として、歴史書ないし論文テクストというかたちで歴史家が他人たち・読者たちに向けて提出する過去の表象のことである。「操作-表象」の契機において、「歴史家的言説は、過去を真実に(*en vérité*)表象するというその野心、その権利要求、その自負を表明する」(MHO295)。つまり、その言語言説の読者にたいして、歴史家は信頼性の「協約」(pacte)を結ぶ、ということである。読者のなかには他の歴史家も含まれる。こうして歴史テクストは複数の歴史家間の討議において、承認されたり反駁されたりすることによって、それがどの程度に「真理」(vérité)たりえているかどうかを吟味される。その際、歴史家の言語表現力が二次的どころかまさに「操作-表象」を構成する本質要素として問われてくることは、もはやいうまでもない。

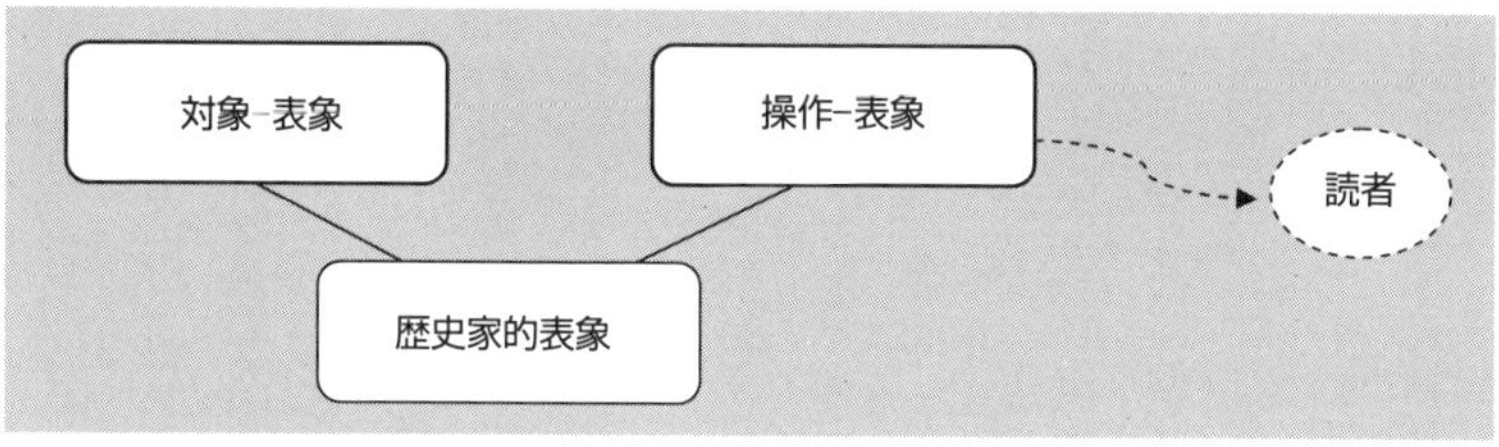

「対象–表象」から「操作–表象」へという歴史家的表象の作業。そこにおいて「歴史家は、歴史学をなす〔書く〕(faire de l'histoire) 者として、歴史を生きる〔つくる〕(font l'histoire) 男女たちがみずから自身と彼彼女らの世界とを理解しようと試みる解釈的身振り (geste interprétatif) を、それを学術的言説の水準へともたらしつつ、創造的な仕方でミメーシスするのではないか」(MHO295)。そういう「仮説」をリクールは提出する。少なくとも「この仮説は、歴史記述というものが語用論的《プラグマティック》に概念化される限りにおいては、とりわけ説得的である」。というのもそれは、過去の時代の

> 社会的動作主たちが、社会的紐帯とみずからのそれへの寄与を表象し、そうすることで暗黙に社会におけるみずからの存在とみずからの行為の読者 (lecteurs) となり、その意味においてみずからの現在時=同時代 (leur temps présent) の歴史家となっている (MHO300)

と考えることでもある。一例を挙げよう。歴史上の「取り付け騒ぎ」で銀行がつぶれた出来事を記述するとき。あの銀行は危ないのではないか、といううわさが口に出される。人々が殺到し預金を引き出す。そして現実に当の銀行がつぶれる。破滅的事態。予言の自己実現などと呼ばれる現象であるが、いずれにしても、最初にささやかれた〈うわさ〉がいくばくの真実を含んでいたのかどうかは、わからない。しかし、〈あの銀行は危ないのではないか〉という表象それ自体は、ある意味、真 or 偽という真理値レヴェルだけで問われるものでない。そうした表象をひとが表象したということ、どのように表象したかということ、この語用論的事象こそが、歴史家が歴史家的表象として汲み取らなけ

ればならないものだ。それがリクールのいう「語用論的」歴史記述ということの一含意である。

「代表象化」という契機とそのアポリア

歴史家が過去の実在に対応するもの（Gegenüber, vis-à-vis）として過去を代理し置き換える表象のこと。あるいは、そうして過去を表象＝代理《ルプレザンテ》することそのもの。それを、リクールは「代表象化《ルプレザンタンス》」（représentance）と呼ぶ。この概念は『時間と物語Ⅲ』においても登場していたのだが、しかし『記憶、歴史、忘却』において「表象」が中心的な事柄として浮上したことによって、異なるニュアンスを帯びて再登場することとなった。じつは、ちょっとややこしいことに、『時間と物語Ⅲ』では、「représentance」は「表象」とは直接関係がない、といわれていたのであり（TRIII335）、そのためそこでは「代理化」とでも訳すべきであったことになる(40)。

佐藤啓介も指摘するように、『時間と物語Ⅲ』のリクールはいささかすんなりとこの「代表象化」の概念を持ち出すことで過去の実在を参照指示（référence）することができるとみなしていた感がある（Rpf36）。しかるに『記憶、歴史、忘却』のリクールは、この概念だけで過去の実在を表象し認識するということに孕まれるアポリアを大きく回避することなどできないと、一種の自己反省をおこないつつ、より慎重な態度を取っている。そう見るべきだと私も考える。「《代表象化》という語は、歴史家的志向あるいは歴史家的志向性とも呼びうるところのものに結び付けられたあらゆる期待、要求、そしてあらゆるアポリアを、凝縮している」（MHO359）のだから。また、『記憶、歴史、忘却』のリクールはこの不在の過去を表象するというアポリアに面して、『時間と物語』で用いていた「再形象化」による「ミメーシス」という概念――この「再形象化」概念の妥当性については本書補章でまた別の観点で検討する――にもちらりと触れているが、これも『記憶、歴史、忘却』ではニュアンスを変えたと解されるべきだ。

ここで誤解がないようにしておこう。つまり、過去の実在性を代表象化するミメーシスとは、蝋の隠喩が示すような、「コピー模倣」（imitation-copie）では断じてない。足跡や印鑑のようなものではけっしてない。そうではなく代表象化は、なるほど過去の実在からいくばくか以上のものを取りこぼすことは不可避の宿命であろうが、しかし同時に、表象される当の過去の実在にたいしてその創造的ミメーシスにおいて「存在の剰余」（surcroît d'être; MHO369n）—— F・ダゴニエおよびガダマーからヒントを得てきた表現（TR I 151–152）—— を付与すると、どこかややためらいがちにだが、リクールは付言するのである。

「代表象化」の問題においてはすでに、

> 歴史記述操作の認識論は、その端において、歴史的存在の存在論（ontoloie de l'être historique）の境界に触れている
> （MHO367）

のだ。「存在の剰余」の事柄は、もはや認識論の範囲内ではけりのつかない事柄であり、存在論 —— あるいはひとは形而上学と呼ぶかもしれない —— の次元へと残される問題であることになる。否、それはさらに存在論の場においても、アポリアのままにとどまるかもしれない。〈過去そのもの〉がどういう意味で在《あ》るといえるのか。それが〈現在における過去〉となるとは存在論的にはどういう事態なのか。解き難い謎のままに。

（40） Michaël Foessel は彼が Fabian Lamouche と共に編纂したリクールの諸著作からの短い抜粋を集めたなかなか良いアンソロジー（Paul Ricoeur, *Anthologie*, Seuil «Points», 2007.）への序文で、「représentance」の概念は『時間と物語Ⅲ』と『記憶、歴史、忘却』の両方で用いられていると指摘したすぐ後に、「représentance は表象とは区別される」（p. 17）と述べているが、これは不正確であることになる。それにしても『記憶、歴史、忘却』における「表象」概念は、リクールの諸著作にかなり通じている研究者らによって（すら？ のみ？）ここまでにして無視され抑圧される運命にあるのだろうか……？

ちなみに『記憶、歴史、忘却』第三部の第二章のいくらかの部分を、リクールは第二部の歴史認識論とハイデガー『存在と時間』の時間性・歴史性をめぐる議論とを交差・対決させるという試みに割いている。そこで行われるのは、ハイデガー的概念系においては「非本来性」(Uneigentlichkeit, inauthenticité) に分類されるところの「時間内部性」(Innerzeitigkeit, intratemporalité) の事象次元において、歴史記述・表象と過去の実在の存在とが連動する諸地点を見極めようとする、きわめて難渋な試みである。その論の過程において、リクールは、「代表象化」が、『存在と時間』のいう「反復」(Wiederholung, répétiton) と重なりを有する事柄であると述べる (MHO502)。

だが「反復」なる契機を持ち出すことは、その引力によって狭義の実存論的な次元へと物事を運んでゆき、歴史家的認識といった事柄の固有の場所を見失わせることになりはしないのか（本書「はじめに」13頁を参照）。リクールが詳細な読解から指摘するのは、『存在と時間』のハイデガーが、歴史学的・歴史記述的なものを、本来的時間性からの「派生」にすぎないものとみなすか、それとも歴史性と「等根源的」(gleichursprünglich, co-originaire) なものとみなすかという点で、揺れを残していた、ということだ[41]。ハイデガーにおいても時間性から歴史学的《ヒストーリシュ》なものおよび歴史性《ゲシヒトリヒカイト》へと向かう道の困難は、彼の思索の歩みに「転回《ケーレ》」をもたらすきっかけとなったとされるほどの厳しい困難であった。リクールの「代表象化」もまた、困難を解決し克服するものであるというより、むしろそうした厳しい困難を引き受けるためのなにかと位置づけるべきであろう。

とはいえ、過去の「表象」についてのここまでの第二部の研究は、歴史的過去の認識論をおおいに研ぎ澄ませ、多層的に増幅させた。歴史的過去という「表象としての世界」—— これはむろん一次的にはショーペンハウアーではなく、シャルチエの論文の題名を指している —— を認識する条件についての探求は、「代表象化」の存在論的困難に接しつつの、「歴史家的表象」の認識論的射程の確認において締めくくられる。

歴史記述操作に含まれる表象の契機について歴史家が反省を遂行するときにこそ、〔過去の〕社会的動作主たちが彼ら自身および《表象としての世界》について有していた理解が、明確な表現〔=表象史的歴史記述〕へともたらされるのである。

(MHO301)

歴史家とは、「対象-表象」という「表象としての世界」を、「操作-表象」という「表象としての世界」へと「代表象化」するなにものかである、ということになろう。哲学者の思索は、〈過去そのもの〉と〈現在における過去〉とのあいだのアポリアに立ち止まる。しかし歴史家の仕事は、そのアポリアを歴史記述の実践によって越えていくのである。

---

(41) 「時間内部性としての時間もまた現存在の時間性から《由来している stammt》限りにおいて、歴史性と時間内部性とは等根源的(gleichurspünglich)である、ということが判明する」(Heidegger, *Sein und Zeit*, p. 377; MHO490)

補章　『時間と物語』における「コンフィギュラシオン」概念

補章の内容について

この補章は、『記憶、歴史、忘却』についての考察を主題とする本書のなかで、例外として『時間と物語』を扱う。『時間と物語』における「コンフィギュラシオン」の概念およびそれと連関する「再形象化」などについて、ごく簡略な概要を提示するものである。「コンフィギュラシオン」の概念は『記憶、歴史、忘却』のなかでも「歴史家的置換」や「縮尺のヴァリアシオン」との関連で、頻度は多くないが言及されており、この概念についての見通しがあるとないとでは『記憶、歴史、忘却』の論内容の把握が多少異なってくる場合がある。

とはいえ『時間と物語』と『記憶、歴史、忘却』とでは大きい問題設定、問題枠組みがそもそも異なっている。両書の論を単純に並べて比較することは可能ではない。さらに両書に共通して登場している語彙／概念にかんしても、そのつどの明示的・暗示的コンテクストの相異によって簡単に同等視はできなくなっている。

そういうわけだから、この補章での課題はまったく限定されている。ここでは『時間と物語』と『記憶、歴史、忘却』との問題設定のさまざまな差異そのものを主題化することは断念して、「コンフィギュラシオン」および「再形象化」についての簡単な説明提示のみを行う。

本書においてこの補章を『記憶、歴史、忘却』第二部までについての分析考察と第三部以降についての分析考察とのあいだの場所に置いたことには、いちおうの理由はある。『記憶、歴史、忘却』で「歴史の認識論」を扱う〈表象〉の第二部から、「歴史的条件」――あるいはドイツ哲学の伝統的語彙でいえば、「歴史性」――を扱う〈解釈〉の第三部への場面転換が、『時間と物語』における「コンフィギュラシオン」と「再形象化」の概念についての少々の説明を挟むことで、いくらか理解しやすくなるかと思われなくはないからだ。とはいっても、やはりそれは『時間と物語』についてすでに情報を得ていた読者にとってのみの話だろう。だからこの補章は補章であるにとどまる。すでに『時間と物語』の道具立てに馴染みがあり、かつそれに関心があるという人以外の読者の方々は、この補章は飛ばして、そのまま第4章にお進みいただくのがよい。

1◆「コンフィギュラシオン」の概念について

『時間と物語』全三巻の最たる中心概念が「**コンフィギュラシオン（統合形象化）**」(configuration) の概念であることは論をまたない。ただ、この概念をどう解するかには多少とも幅のある解釈の余地が存しているし、そもそも浩瀚な『時間と物語』の論全体において、「コンフィギュラシオン」についてはそれぞれの文脈においてさまざまなことが論究されているから、話は単純でない。

　とはいえ、あとでまた言及するが、「再形象化《ルフィギュラシオン》」(refiguration) の概念が見せる紛糾に比べれば、コンフィギュラシオン概念はほぼ一定した事象内実を確保されているといってよい。『時間と物語Ⅰ』の初めでこの書の全体の論議枠組みとして提示される、先行形象化・コンフィギュラシオン・再形象化という三つ組。これらはミメーシスⅠ・Ⅱ・Ⅲともいいかえられる。このうち「先行形象化《プレフィギュラシオン》」(préfiguration) は事実上、形式的に据えられているだけで、実質的論究対象ではないと見て差し支えない。したがって問題はコンフィギュラシオンと再形象化とのそれぞれの内実、相互の位置づけである。

(i)　歴史記述におけるコンフィギュラシオン

時間性のアポリアとコンフィギュラシオン

　運動 mouvement と運動体 mobile とでは、どちらが根源的なのか。どちらが先なのか。どちらが真の存在なのか。アキレスが先か。走ること（運動）が先か。それとも〝走るアキレス〟なるものが存在しているのか。

　この問いは、ヘラクレイトス、パルメニデス、エレアのゼノンといったソクラテス以前の大哲学者たちによって思索されて以来、西洋哲学の伝統における究極的な問題のひとつとして長く位置づけられてきた。その後、存在論（形而上学）的に〝実体〟と〝属性〟の問題として考えられたり、認識論的に〝認識〟（表象ないし現象）と〝実在〟（物自体）との問題として考えられたりもしてきた。いずれにせよこの事柄――究極的にはアポリアにとどまるとしても――へと問いかけるアプローチの仕方をどう設定するかということは、他の問題系の哲学的取扱い仕方へも連動的に影響を及ぼさずにはおかない。そうした意味において、西洋哲学史上の根本問題のひとつであり続けてきたわけである。むろんこの運動／運動体への問いは、まさに時間への問いともいいかえうる。

『時間と物語』が「コンフィギュラシオン」概念で提出したのも、運動が先か運動体が先かというゼノンの四パラドクスに古典的・典型的表現を見るこの問題への、ひとつの仕方での解答であったということができる。

リクールはそれを時間の問題として、「現象学的時間」（魂の時間、心理学的時間）と「宇宙論的時間」（物理学的時間）とのアポリアといういわば垂直軸と、「歴史記述」と「フィクション物語」との交差といういわば横軸との二面から取扱っていた。垂直軸の理論上では解決不可能なアポリアが、現実上においては、横軸においてつねにすでに媒介され生きられている。それが、リクールの看取するところの時間性の構造なのであった。「コンフィギュラシオン」とは、その媒介的「第三の時間」（tiers temps）を構成する契機のことである。

ところで——、過去の実在にかかわるものである歴史記述と虚構であるところのフィクション物語とは、その基本性格を明確に区別される。しかしながら、時間のコンフィギュラシオンという次元においては、歴史記述とフィクション物語とは共通の構造を有する。この指摘こそが、『時間と物語』という書の最大の功績のひとつであった。ではこの点をもう少し詳しく見ておこう。

「準-人物」「準-筋立て」——歴史記述とコンフィギュラシオン

まず歴史記述——あるいは『時間と物語』では「歴史物語」（récit historique）ともいう——にかんして。『時間と物語』各巻が刊行された八〇年代前半には、歴史記述とは非物語的なものかそれとも物語的なものか、という論点が世界的に認知されつつあった。一方では、長期持続の歴史学を掲げるブローデルによる事件史や物語的歴史記述への批判・拒否がまだ強い存在感を見せており、しかしその他方で、英語圏のA・ダントーら言語哲学者における（因果的説明とはなんらか異なる）物語的理解という契機への着目の高まりや、H・ホワイトの歴史記述論の登場、そしてフランス歴史学内部でもP・

ヴェーヌなどによる出来事的なもの・物語的なものの見直しが形を取りつつあるというように、論争的な対立設定が成り立ちうる状況があったのだ。ところが現実には、「物語」「物語的」とは具体的にいかなる事柄なのかといった点からして、そもそもの議論の整理が論者間はおろか、個々の論者のテクスト内でもかならずしも定まっておらず、本当の問題のありかがどこに存するのかいまいち判然としないのが、実情だった。そこに、そう、リクールの『時間と物語』が颯爽と登場し、画期的な論点整理を行ってみせたのである。

歴史と物語性をめぐる議論への『時間と物語』の貢献を簡潔的確に纏《まと》めてくれているものはといえば、やはり本書序論第3節で紹介したロジェ・シャルチエの、八七年六月にポンピドゥー・センターなどを会場に開催されたリクール・コロックでの報告となる。

シャルチエの論を見ていこう。一方で『時間と物語』は「歴史家たちの側にあったいくらかの混同・錯覚を一掃した。たとえば、事件史の拒否を物語の放棄と同義とみなしたという混同をだ」(Esprit [1988], 259)。というのも、

原因を構成することや、歴史的人物(personnage historique)を構成すること —— たとえそれがもはや個人でも一連の諸個人でもなかったとしても —— あるいは時間を構成すること、これらは実際にはつねに物語的《ナラティヴ》理解可能性(intelligibilité narrative)から派生したものである。

(Esprit [1988], 260)

他方同様に、「歴史家たちのなかで生じた物語の回帰(retour du récit)というテーマ」は、数量史や伝統的説明モデルに取って代わる新しさを表わしているかに見えたが、「この刷新と思われたものは、現実には、存在しなかったのだ」(Esprit [1988], 259)。なぜなら、リクールの指摘に即せば、そもそも歴史記述が人物や共同体や出来事を時間的なものとして構成し、その歴史的実在性の諸相(同一性や生成変化)を「筋立て」(mis en intrigue, emplotment, μῦθος[1])において分節すること自体が根本的に《物語的《ナラティヴ》》なのであって、したがって記述において装飾的にレトリックを増減させるとどうなるか云々というような話題は本質的でない「にせの議論」(faux débats)でしかないからだ。論の組み立て方、文体、言葉遣いのクセ等々とも、

いったものも、まさしく歴史記述そのものにほかならない。とシャルチエは要約し指摘していた。

上記のまとめのなかでシャルチエが「歴史的人物」の構成ということに言及しているが、これはリクールが特にブローデル『地中海』にたいしてなした分析のことを指している。ブローデルは物語的記述も短期的事件も拒否し、そのような小さな尺度に収まりきらない「地中海」を対象とすると高らかに宣言したが、その際、ブローデルは「地中海」を「登場人物」と繰り返し呼んではばからなかった（本書の『地中海』抜粋コラムを参照！）。

まさにそれにたいしリクールは「地中海」のような長期持続の歴史記述におけるほとんど不動の、前景なき背景とみなされるものども、じつは本質的に「準-人物〔登場人物〕」（quasi-personnage）にほかならないのだと喝破する。そうした変化しつつも同一性を保っていくようななにものかを設定することなしに時間というものを把握することは、アプリオリに不可能だ。これがまさに運動と運動体との古き哲学的問題へのリクールなりの解答である。「準-人物」や「準-出来事」（quasi-événement）、そしてそれらをさまざまなレヴェルの説明や理解の組み合わせによって時間的につないでゆく「準-筋立て」（quasi-intrigue）というものが可能であるからこそ、歴史記述という言説の構成が有意味に可能となっている。

この「準-」（quasi-）というものに私たちは先に『記憶、歴史、忘却』第一部「記憶の現象学」に関連して出会っていた。記憶内容というものがばらばらな感覚刺激の混沌ではなく、reminiscing や recognition の対象となりうるということを、まさに「準-登場人物」や「準-出来事」という時空的かつ意味的なまとまりによって分節化されうることとしていいかえることができる。その意

（1）『時間と物語』でリクールは意図的にアリストテレスの『詩学』における「ミュトス」を「筋立て」と翻訳している。「ミュトス」というと「神話」が定訳ではないかという一般的理解が存在しているが、古代ギリシアで実際にはこの語はもっと広い意味で、「話」や「プロット」等々の意味で用いられていた（したがってリクールの訳は妥当というわけだ）。参照、國方栄二『プラトンのミュートス』、京都大学学術出版会、二〇〇七年、第一部第二章。

味で「準一」というコンフィギュラシオンの契機は、記憶的認識と歴史的認識との共通構造にもなっている。「物語（的）」や「登場人物」というような語彙によって表わされている『時間と物語』という哲学的書物の論の射程は、そうした語彙の〝文学的〟な見かけによって、時として正しく理解されてこなかった感もある。しかし、シャルチエが的確に論じたように、人物や出来事の原因や、共同体（家族、集落、民族、国家……）の変化しつつの同一性《アイデンティティ》といったものを、時間的なものとして把握するということ自体がすべからく〝物語的〟なのである。そしてそれは、運動と運動体とのアポリアという哲学における伝統的な根本問題にたいする、リクール時間論の立場からのひとつの深遠な応答である。

(ii) フィクション物語におけるコンフィギュラシオン

区切り、規約、エンディングの感覚

次に話をフィクション物語のほうに移そう。これは主として『時間と物語Ⅱ』で取扱われていた事柄である。『時間と物語Ⅱ』が扱う「フィクション物語」は基本的に「（近代）小説」（roman (moderne)）である（なぜ小説という「ジャンル」が諸々の文学形式のなかで近代という歴史時代においてもっとも重要で影響力のあるものとなったのかについて、メタレヴェルでその経緯と根拠を明らかにするようなことは『時間と物語』の論にとっては範囲外の事柄とされる）。小説における時間のコンフィギュラシオンの特徴は、もっとも典型的には、それが年代順的な先後順序を脱した「筋」（plot, μῦθος）の構成によって語られうること、そして時間の長さが自由に伸び縮みしうるということに存している。また小説は、もっとも単純にいえば始まり・中間・結末という仕方で、時間に出来事的な区切りをつけるが、これは人間の生において時間がたんに均質で無際限な連続としてではなく区切りを持つものとして経験されるという根本事象を反映している。

さて、区切りのなかの最たるものは「作品を終わらせる」（terminer l'oeuvre）こと、「終結」（clôture）ということに存していると、リクールはフランク・カーモードの『*The sense of an ending*』を参照しつつ指摘した（この多義的な書名を『時間と物語』邦訳書では『結末の意義』といささか sense に欠ける訳出をしている。私なら『エンディングの感覚』とでも訳す。日本語訳書は『終わりの意識』)。「ヨハネ黙示録」が世界の終わりを意味指示するものでありかつ新約というひとつの「書」の終わりを意味していたように、ストーリーが終わらせられるということと、ページが物理的に一枚一枚残り少なくなってゆき終わりに至る(という読者の身体感覚的経験)ということとは、密接に連関しながら、読者に「ending」の経験を提供する。書き手にとってはこの「ending」という〈区切り〉をいかにうまく実現し成功させるかが執筆上の最大の難関のひとつである。さて、十九世紀的小説においては、そこで表象されている登場人物の行為の終わりの区切りと、作品の終わりとが一致する仕方での結末づけが典型的かつ理想的であるとみなされる。つまりエンディングらしいエンディングと呼べるようなものだ。

他方、ご存知のとおり、断片化された形式の現代的な小説においてはそうではない。「未解決のトーン」(ton d'irrésolution; TR II 44)が作品とその結末を印しづける。その種の作品は、読者の予期を満足させないまま「終わって」しまう。となると、エンディングについての分析考察はここではもはや通用しなくなってしまうのか? じつはそんなことはない。いわゆるそうした現代的な作品——『時間と物語』で挙げられる名としては、ベケット、ロブ=グリエ等のそれ[2]——を端的に〈反-リアリズム〉と形容すればそれで済むかといえば、解釈学的観点からすれば、事はそれほど単純ではない。むしろ、二十世紀のある時期以降において、世界や社会や人生というものにたいして、いつか解決あるエンディングを迎えうるという期待が強く持たれなくなり、それゆえに「未解決のトーン」が支配する断片化された作品のほうがより真実らしい(vraisemblable)とみなす方向に、読者らと作品(作者)とのあいだの「協約」(pacte)ないし

(2)『時間と物語Ⅱ』で多くの頁数を割いて扱われている3つの小説、つまり『ダロウェイ夫人』『魔の山』『失われた時を求めて』は、それらが〝非常に優れた〟作品であるからというような観点から選ばれているわけではなく、十九世紀的な規約と、現代的ないわば脱-規約的な規約との中間、移行期に位置する作品群だからであることになる。

「規約《コンヴェンション》」(convention)が変化したのだと解するべきであろう。その意味ではポストモダニズム文学も実存主義文学も変わりがない面があるのだ。

> 断片的で無意識的なフィクションのための擁護弁論は、かつての自然主義文学の擁護弁論と異なる仕方で正当化をなしているわけではない (TR II 30)

という逆説めいた事態が、見逃されてはならない。付言すると、アウシュヴィッツの〈表象不可能性〉をめぐる論争もまた、そうした間主観的平面での「規約」や「真実らしさ」(vraisemblance)にかんする時代状況の変化という解釈学的事態と不可分なものだ(本書第3章第3節参照)。

記述における時間、読書にかかる時間

本のページが残り少なくなっていくこととストーリーの終わりとの関連について少し触れたが、それに類する事柄がもうひとつ、同じくフィクション物語の読解における時間経験＝コンフィギュラシオンの構成契機として見出される。それは、実際の読書にかかる時間と、物語のなかで経過する時間との関係である。読書にかかる時間はページ数や行数と比例する仕方で前もって固定的に規定されているわけではない。それはそのつどの読者・読書行為のありように委ねられている。だから、

> 現実の読書にかかる可変的時間は〈読まれている当の物語において〉物語られている時間についてのひとつの解釈＝実演《アンテルプレタシオン》(interprétation)なのだ。(TR II 146)

それは「ある楽曲の楽譜について、演奏にかかる理論上の時間をオーケストラの指揮者が解釈するという作業に、類似している」。フィクション物語において展開される時間はつねに読書にかかる時間に比して、より以上かより以下である。読書におけるコンフィギュラシオンは、ある仕方で読書にかかる時間を拡大ないし圧縮という仕方で変換しつつ、時間の幅を大小にさまざまに変容させることをその構成要素としている。

ところで、読書にかかる時間とその書の言説において表わされている時間経過の長さとが一致しないということは、じつのところフィクション物語の書だけでなく、歴史記述を読むことにおいても全く同じである。『記憶、

歴史、忘却』第二部でリクールがコンフィギュラシオンとほぼ同義のものとして「歴史家的置換」の概念を持ち出すのはそうした意味でだ（MHO186）。考えてみていただきたい。歴史的過去の実定的な客観的実在性についていちいち疑いをかけることは歴史書の読書の「規約」では通例ないため、そのような時間の伸縮が想像的に行われているなどということが私たちにはわざわざ意識されなくなっている、というだけだ。また「歴史家的置換」のところでリクールが挙げた例を引き合いに出せば、歴史記述の読書におけるコンフィギュラシオンは、たとえば観光地で一続きの建築物によって構成される一帯において、異なる諸時代、異なる様式・趣味の重層化された沈殿を眺めるときに、ひとが長い長い時間を凝縮された仕方で一挙に想像的・表象的に踏破することにおいても、同一の構造で作動している。

　ちなみにこうして「コンフィギュラシオン」―― ここでは〝形象〟という表現の与えうる先入見を回避する意図でカタカナ書きにしてきたが ―― という語のニュアンスも明らかとなる。この語は「配置」「地形」などと訳語を当てられるが、たとえばイタリアは南側で地中海と面する、そして北側の山岳地でスイスやオーストリアと地続きで接する、といった、東西南北を含めた地形配置という意味がある。交通の要所である、山に囲まれて攻めにくい、といった軍事的情報価値の意も含まれる。また、天体と天体との相互の位置関係、「星位」のことも指す（「星座《コンステラシオン》 constellation」とは関連しつつも少し異なる）。それから歴史学・社会学等の文献でしばしば眼にする「configuration culturelle」という表現は、社会ないし地域において或る時期に文化的影響力の強い階層や職業はなにであったか、というような「文化の分布・状況」のことをいう。こうした語意から、『時間と物語』で提示されたコンフィギュラシオン概念の内実はよりはっきりしてくる。すなわちそれは、時間の先後関係、左と右や東西南北、そして諸登場人物間の相互関係という、たんに相対的とも絶対的ともいうことができない事柄の次元を構成する作用のことをいう概念なのである。[3]

（3）　ハイデガーの語彙系に関連づけるとすれば、たんに『カント書』的な「Bild」ではなく、むしろ『存在と時間』で言われ

歴史的「出来事」という区切り —— 長期の変化と短期の変化が重なるところ

さて、〈区切り〉というコンフィギュラシオンについては、それがフィクション物語だけではなく歴史記述にも見られるはずだとすれば、具体的にはどうなっているのか。この点でもう一度ブローデル『地中海』を見ておくのがいい。〈区切り〉について問題になるのは『地中海』の最後の部分だ。リクールが『時間と物語Ⅰ』でまとめているのを引用する。

> フェリペの帝国が大西洋・アメリカのほうへと向きを変えるやいなや、力の大移動が起こる。そうして「スペインは地中海を去る」。同時に地中海が大いなる歴史（grande histoire）から去っていく。
>
> そうした歴史を物語るために、なぜ、一五九八年九月一三日のフェリペ二世の死に、贅沢にたっぷりとページを割いて〔『地中海』という書を〕終える必要があるだろうか？　地中海の大いなる歴史という観点からは、この死は大きな出来事（grand événement）ではない。しかし、「彼の敵対者たちには、終わりなきものと思われた長い治世の黄昏に」いた主要人物たち皆にとっては、最大級の大事件〔大きな出来事〕だった。……こうした考察は、『地中海』の見事な三部構成配置そのものを再び問いに付すことにいたるかもしれない。というのも、死が開示するのは個人的運命であり、そして個人的運命というものは、死すべき者たちの時間を尺度としない〔ブローデル的長期持続の〕説明の枠組みには、うまく書き込まれることができないのである。それに、このように運命を区切る死というものがなければ、歴史が人間たちの歴史であるということをわれわれはどうやって知るのか？　（TR I 376）

『地中海』終盤部分。こうした場面においては、「出来事は諸局面と諸構造を縒り集め、とりまとめる」（TR I 375）。どういうことか。長期持続の区切り（ここでは西欧世界の関心の中心が地中海から大西洋に移るという数百年単位の大変化）と短期持続の区切り（狭義の「出来事」、ここではフェリペ二世の死）とが**重なる**地点、それが卓越した意味での**歴史的「出来事」**である、ということだ。これが長い時間を視野に入れた種類の歴史記述における「出来事」概念の深い意味だと、リクールは指摘する。

くわえて余談的挿話ということで日本の例を出してみるのも、事柄を分かりやすくするには一興だろうか。

慈円（一一五五―一二二五）の『愚管抄』に、鳥羽上皇の死去（および、その直後の保元の乱の発生）を貴族の時代と武士の時代との境目に重ね合わせている有名な〝歴史記述〟がある。

> 「鳥羽院ウセサセ給テ後、日本国ノ乱逆ト云コトハヲコリテ後、ムサ〔武者〕ノ世ニナリニケルナリ」
> （『愚管抄』）

この慈円の記述には、『地中海』末尾でブローデルが地中海の全盛期の終焉とフェリペ二世がその生涯を閉じたこととを、半ば意図せずして重層決定させていたことと、通じるものがある。

慈円は鳥羽上皇逝去の際（一一五六年）にはなにをしていたのか。いやまだ一歳であったはず。だから、その出来事をきっかけに日本の世の中がどう動いたかを〝みずから体験し目撃した〟のではない。これは慈円の個人的〈記憶〉ではない。あくまで〈歴史〉を眼差す観点において、歴史家として（「歴史家」という語を彼に適用してよいとすれば）そうした歴史転換点にかんする判断を提示し、叙述しているのだ。つまり『時間と物語』的にいえば、鳥羽上皇という人物の死去という短期波動的な「出来事」と、貴族の時代という「準―登場人物」が舞台を去り、武士の時代という新たな「準―登場人物」が出現するという長期的観点での局面変動ないし構造変化、いいかえれば「準―出来事」とを、重層決定させてひとつの〈区切り〉としてとらえる歴史把握のコンフィギュラシオンを、そこで慈円は記述したことになるのだ。もちろんその「ムサノ世」が結果として以後何百年続くのかについて、慈円は知るよしもなかったであろうが……。

以上が、『時間と物語』の最主要概念のひとつである「コンフィギュラシオン」についての簡単な要点把握で

るところの「Ausrichtung」や「Ent-fernung」との事柄における共通性がコンフィギュラシオン概念には見て取られる。

あった。時間的コンフィギュラシオンは、歴史記述とフィクション物語との共通の構造をなす契機である。

しかるに残っている問題は、リクールが歴史記述とフィクション物語との区別のほうの根拠となしているものである「再形象化《ルフィギュラシオン》」の契機だ。

2◆『時間と物語』における「再形象化」概念と、その困難

二つの「再形象化」の「非対称性」

コンフィギュラシオンと再形象化との相互の位置づけを、リクールは次のように規定する。諸々の出来事や事態を時間的に構造化する物語的コンフィギュラシオンが形成するのは、ひとつの「かのように」(comme si; TR I 125)の世界、いいかえれば「テクストの世界」(le monde du texte)である。しかるにそれが現実の世界、すなわち「行為の世界」(le monde de l'action)あるいは「読者の世界」(le monde du lecteur)を「参照指示」し、そこへと「交差」ないし「融合」してゆくのが、再形象化の契機なのである。まさにこの再形象化において、物語と時間との媒介的関係は完遂されるのである、と。

しかしこうして定義される再形象化の概念は、さまざまな困難を孕んでいた。

第一に、再形象化ということが歴史記述とフィクション物語との双方に等しくいわれるのはどういうことなのかという点があった。再形象化は、(過去の)実在にかかわる言説としての歴史記述と、虚構であるフィクション物語とを区別する契機でもあるはずである。基本的には、歴史記述における再形象化は、歴史的過去の実在を「参照指示」(référence)することであり、フィクション物語における再形象化は「日常的経験へのインパクト」(TR I 149)を与えるとか「われわれの世界観(vision du monde)を変える」(TR III 328)ことである、などというように論中では述べられている。リクールはじつのところ、『時間と物語I』で三つのミメーシスなるものを提示するなり早々に、「歴史物語とフィクション物語との指示参照の様態のあいだの否定できない非対称性(l'asymétrie indéniable)」(TR I 154)を認めていた。これはたんなる謙

遜のようなものではない。おそらくもっと、重く受けとめられるべきものである。

ところで「非対称性」ということで具体的になにを念頭に置いているのか、リクールは主題的には説明しなかった。ここでは簡潔にその「非対称性」と考えられる諸点を、指摘しておこう。第一には、歴史記述が過去の実在を指示するということと、フィクション物語が読者の世界観なりになんらかのインパクトをおよぼすということとは、いささか別の次元の事柄であるように見えるという点である。そこから、歴史記述による過去の実在の参照指示ということについての解釈に揺れが生じてくる。もしテクストが読者に対して読書を通じて影響を及ぼすという、いわばフィードバック的モデルにおいて過去の実在の指示ということを解するならば、読者の歴史観・歴史的認識の更新というようなことが歴史記述の読解による「再形象化」であることになろう。リクールはそれを歴史記述による「過去の代表象化〔代埋化〕」(représentance du passé) ともいう。しかしながら、そうして歴史的過去の実在を歴史書を通して認識＝再形象化するのは、誰なのか。ここに、『時間と物語』全篇を貫くひとつの二義性が存している。そこに、あわせて、フィクション物語による参照指示と歴史記述による参照指示との第二の「非対称性」も指摘されよう。すなわち、フィクション物語については基本的にコンフィギュラシオンも再形象化も、読者とテクストのあいだで作動するなにごとかとして論究されている。それにたいして、歴史記述についてはそのコンフィギュラシオンや再形象化が、歴史書の読者によってなされるのか、それとも書き手たる歴史家によってなされるとみなされているのかが、判明でなく、絶えず揺れが見られるという点である。

まさにこの点にかんして、リクールが『時間と物語』において少なからぬ回数で用いている「痕跡による参照指示」(reférence par traces; TR I 154, etc.) という表現／考え方は、読者を困惑させるものだ。この表現においては、〝痕跡(史料)に面する歴史家〟という枠組みだけが提示されており、それゆえ歴史書を読む読者という契機は不在である (それゆえテクストから読者へのフィードバック的モデルではないことになる)。仮にそれはそれでよいとしても、のみならず問題なのは、そもそも指示ということをするのは「痕跡」のほうだということになると、歴史的過去を認識するということにおいては、〝歴史記述によるコンフィギュラシオンを経つつの再形象化〟というような作業はそもそも不要であるということになりはしないか、という点だ。「痕跡による参照指示」と「再形象化」とは互いの存在意義を打ち消しあいかねない緊張関係にあると指摘せねばなるまい。(4) むろんリクールが明示的には述べていない意図をも汲み取るような仕方で解釈をして、「痕跡」が表わすところの過去の〈実在論〉と、「再形象化」が表わすところの現在のイニシアティヴによる解釈の余地を許容する〈反実在論〉ないし〈相対主義〉とを、リクールは積極的に緊張関係ないし弁証法的関係においているのだ、と解することも可能でなくはない。だが、実際の『時間と物語』の論述のなかではリクールはこうした問題設定を明示的に立てるにまではかならずしもいたっていなかった。

『時間と物語Ⅲ』の「歴史意識の解釈学へ向けて」の章の構成は、第二節でガダマーの「影響作用史意識」という過去実在論の要素の色濃い議論を取扱った後で、第三節ではうってかわってニーチェの「生にたいする歴史の利と害」を取り上げ、「ただ現在の力で最大限届く範囲においてのみ、君たちは過去を解釈することができる」(Nur aus der höchsten Kraft der Gegenwart dürft ihr das Vergangene deuten; TR III 430) という命題で表わされるような、現在のイニシアティヴを強調するタイプの〝歴史哲学〟を論じる、という形をとっていた。第二節でガダマーを論じつつリクールは「伝統」や「負債」の意義を強調する。他方、第三節で上のニーチェの言葉の引用に続いてリクールはこう述べる。「時間を再形象化する力(force de refigurer le temps) は、現在の力から生じてくるのだ」(TR III 430) と。(5) この第二節と第三節との対比はそのまま「痕跡」と「再形象化」との緊張関係に対応するようにも見える(実際奇妙とも思われることに、第二節では「再形象化」の語は一切登場していないのだ)。だが、この「歴史意識の解釈学へ向けて」の章は全体として、第二節と第三節との間に存するはずの厳しい対立は素通りして、いわばなだらかにすべてを丸め込むような(ガダマー的な?)調子で収まってしまっている。そこに鋭い緊張が前景化してくる論展開はない。

それにしてもなぜこうして「再形象化」概念をめぐって紛糾が立ち現われてこざるをえなかったのか? 端的

にそもそも三重のミメーシスという発想が図式的に過ぎたのだと突き放してしまうことも一定程度に当たってはいよう。社会学や教育学等の分野で個人と社会・世界とのかかわり方のコンテクスト的・フィードバック的理解進展のモデルとして援用されることも少なくない『時間と物語』の三重のミメーシス論であるが(6)、図式的であることが功を奏した面ともいえるそうした応用編の話はいまはおいておこう。同書の主題たる歴史書と小説という対象に引き戻してみるならば、私見では、問題は先に言及したフィードバック的モデルに存するように思われる。はたしてフィードバック的モデルが、そしてその前提としてリクールが設定する「テクストの世界」と「行為の世界」という二世界論的な論じ方が、小説という芸術ジャンルにかんしてもまた歴史記述にかんしても、妥当であるかどうかやや疑問が残る。

そういうわけで、文学的フィクションについてこれ以

(4)　同じことが「歴史意識」と「再形象化」についてもいえる。両者は互いの存在意義を打ち消しあう関係にあるということだ。「歴史意識」（しばしば議論となる、この概念のガダマーにおける二義性については今は問わない）なるものが存在するのなら、「再形象化」などという迂遠な操作はそもそも不要だ。リクール自身もそのことを分かっていたように見える。実際、『時間と物語Ⅲ』の「歴史意識の解釈学へ向けて」の章においては、ガダマーを扱っているこの章の主要部で「再形象化」という語はずっと発せられることがなく、最後の最後になって話がニーチェによる非歴史的なものの称揚に移った時点で、「再形象化する」(refigurer) という語が2回だけ発せられる (TR III 430, 432)。ここでリクールははっきりと、「再形象化」が、「現在」のイニシアティヴによる歴史ないし歴史的過去への「偶像破壊」(iconoclasme) にあたると位置づけていた。

(5)　まさにニーチェの思想が、ガダマーという名の歴史の過剰にたいする「解毒剤」(Gegenmittel; MHO384) かのようである！　リクールは次のニーチェの有名な言葉を『記憶、歴史、忘却』でも同じく引用している。「非歴史的なものと歴史的なものとは等しい程度に、個人の、民族の、文化の健康のために必要である」(TR III 426: MHO379)。

(6)　こうしたフィードバック的モデルで『時間と物語』の三重のミメーシスを解釈するものとしては、参照、北村清彦「受け手の役割」、岩波講座哲学第7巻『芸術／創造性の哲学』、二〇〇八年．本書の立場・解釈はこれとは異なる。

上深入りして特化した論を展開することは紙数の都合もあり断念しなければならないが、歴史記述と参照指示の問題にかんしては、『記憶、歴史、忘却』との関連からも、もう少し踏み込んで検討する必要がある。この点を解きほぐすためには、再形象化との関連におけるコンフィギュラシオンの概念の位置づけられ方について立ち戻って考えてみることも必要となる。

暗黙の構造主義的・独我論的前提？

『時間と物語』のリクールが再形象化ということによる物語の〝現実の世界〟への具体化ということを持ち出さないわけにはいかなかったのは、ひとつには〝テクストはテクスト外の事象とかかわりをもたない〟という構造主義的な言語観へのアンチテーゼとしてであったと思われる。それはそれで狭い〝テクスト〟観を打ち破るという点で、意義をもつものだ。しかしながらじつはリクール自身が、再形象化の契機に存する固有の意義を強調しようとするあまりに、再形象化と対比して位置づける際においてはコンフィギュラシオンを、「テクストの世界」なるものに〝構造主義的に〟押し込めてしまい、ニュートラルで抽象的なものへと追いやってしまったという傾きがあったかもしれない。そのために『時間と物語』の論においては、テクストに面しつつコンフィギュラシオンを担う読者は、孤立した〈独我論的読者〉であるか、抽象的な「普遍的主体」(le sujet universel; シャルチエ) であるかの、いずれかであるかのように見えてくる。どうやら、ここに問題がある。

たしかにリクールはフィクション物語について論じるいくつかの箇所においては、私たちも先に確認したように、間主観的に共有される「規約《コンヴェンション》」について言及していた。しかしながら、たとえば歴史記述を読むことについての「規約」にかんしては特には論じていない。だが歴史記述の再形象化も、いやそれどころかコンフィギュラシオンも、同時代において間主観的に共有された「規約」なしには遂行されえない契機ではないか？ 歴史書を読むということにかんする、諸々の暗黙の慣習やハビトゥスが。さらにいえばそうした「規約」を手がかりにしつつ、あるいは「規約」をずらしたり・変更したり・曲解したり・別の「規約」と衝突させたり混合させたりするという、まさに『記憶、歴史、忘却』での用語でいえば「交渉《ネゴシアシオン》」と呼ばれる営みこそがコンフィギュラシオンの真に具体的な解釈学的状況なのではないか。一九八七年の時点でシャルチエも批判的に指摘していたように、『時間と物語』のリクールは読者や読書行為そのもののの歴史性――シャルチエは自分の言葉で「アプロプリアシオンの歴史性」(historicité des appropriations; Esprit [1988], 262) ともいっている――を捨象してしまっている傾きがなかったか。そしてそのことが〝再形象化によって歴史的過去の実在に触れる〟という枠組みを若干人工的なものとしてしまっていたのではないか。

　コンフィギュラシオンを「かのような」の次元にわざわざ押しやるというのは、たしかに人為的な手続きであったのかもしれない。むしろ、コンフィギュラシオンは「かのような」の次元と「現実」の次元とに共通の、準-超越論的な契機、時間把握一般の可能的条件をなす契機であるというほうがふさわしかったのかもしれない。換言するならば、コンフィギュラシオンはそれ自体でひとつの自立した契機なのであって、〝再形象化によって補完してもらわないと不完全にとどまる〟ものなどではなく、それゆえ、再形象化の問題はコンフィギュラシオンとはまたひとつまったく別の次元の問題であるというほうがふさわしかった、ということである。時間論と言語論的物語論とを結びつけたことが『時間と物語』を哲学史上に名を残す偉大な書となした。だが、「再形象化」概念との兼ね合いにおいて「コンフィギュラシオン」概念の位置づけがやや曖昧さを残したことには、時間論と物語論とを結びつける際に生じてくる諸々の齟齬の処理がかならずしも十分でなかったという、事柄というより論構成上のいくらかの不備を表わしていたのかもしれない。

　ちなみにヘイドン・ホワイトが、『時間と物語』の英語訳第I・II巻に寄せての書評のなかで、フィクション物語とは異なるものとしての歴史記述における過去の実在への参照指示ということをリクールが主張しようとするときに、「ミメーシス」概念の有効性が、筋立ての「内的整合性」(internal coherence) をもっぱら根拠としている

(7) Hayden White, "The metaphysics of narrativity. Time and symbol in Ricoeur's philosophy of history", in: David Wood (ed.), *On*

ように見えることを、「形式主義」(formalism)[7]の危険があるのではないかとして注意喚起していた。『時間と物語』のリクールの立場だと、箇条書き的な情報(年代記《クロニクル》、メモ、日記)だけでは時間を織り成すコンフィギュラシオンや再形象化たりえず、筋立てられ時間化された物語であることのみが歴史記述が過去の実在性を真正に参照指示するための条件であることになると考えられる。しかしその立場は、ひとつのテクストが「well-made」であり「内的整合性」を備えたものであれば、そのテクストは過去の出来事の実在性と対応しうる、という「形式主義」なのではないかとホワイトは指摘するのだ。当該のホワイトの書評は、彼自身の思考枠組みに相当程度引きつけて書かれたものであり、優れたリクール論と形容できる種類のものではおよそない。だが、そうしたかなり距離感のある論を通じてこそかえって見えてくるものもないわけではない[8]。

もしリクールの「形式主義」をまともに受取るならば、たとえば「スポーツの結果」のきわめて簡潔な文面の報道や、「ジャーナリスト」(journalist)による政治経済の短いニュースは、すべて過去の実在性への指示を十分に備えてはいないことになってしまうだろう。それがホワイトの論の趣旨だ。「探偵や、法廷における弁護士(lawyer)」が報告的に作るような「ストーリー」(story)についても、事情は同様だ、と。ホワイトがこの書評執筆の時点で読んでいなかった『時間と物語』第Ⅲ巻において、リクールが結局過去の実在の再形象化の問題を、歴史記述テクストの側からでなく「痕跡」の側から説明しているように見えることは、先に指摘したとおりである。「形式主義」の限界についてのホワイトの指摘は少なくともその点で当たっていたことになろう。

『記憶、歴史、忘却』と『時間と物語』

他方、『記憶、歴史、忘却』では、記憶という事象があいだに入ったことで、過去の実在性と現在とのかかわりについては、『時間と物語』に比べるとより洗練された(封蝋モデルと絵師モデルの競合等々)、より人為性が少ない問題枠組みの立て方がなされている。

「表象」という契機が、「記憶」と「歴史記述」とに共通する様態契機として見出されていることがまずひとつある。そして、「歴史家的表象」なる契機が、史料(痕跡)

への取り組みから歴史家が読み取る「対象‐表象」と、歴史記述を通じて読者へと提供される「操作‐表象」との二元にまたがるものとして位置づけられていることも大きな意義を持っている。『時間と物語』においては、歴史記述のコンフィギュラシオンおよび再形象化が書き手と読み手のいずれの立ち位置からいわれている事柄なのか曖昧にとどまっていたのだったが、『記憶、歴史、忘却』での「歴史家的表象」の概念は書き手と読み手の双方を明確に分節化しかつ連関づけているからである。また、「対象‐表象」と「操作‐表象」との分節化を可能とする役割を果たしているのが「アルシーヴ」の概念であることも見逃されてはならないであろう。〈アルシーヴに面する歴史家〉という事態は、独我論的でも普遍的‐無時間的でもないのである。

　以上のようにいうと、ただ『記憶、歴史、忘却』の論のほうがすぐれていて、『時間と物語』はいわば賞味期限切れであるかのように聞こえてしまうかもしれない。いや、さにあらず、と強く補足しておく。ひるがえって見れば、『記憶、歴史、忘却』においては、『時間と物語』におけるような歴史記述の言語的構成についての詳しい主題的な考察は基本的に不在である。かつ、記憶の問題が前面に出た代わりに、時間・時間性の問題も背景のほうに退きがちである（一般的にいって、記憶論と時間論とを直接接続するということには、哲学的な論構成上のテクニカルな困難が非常に多くあることはまったくたしかで、簡単に批判すればすむというものではけっしてないが）。その意味では、いくら多面的なものとしてとらえられているとしても、やはり「表象」という契機だけでは完全にはカヴァーしきれない領域に言語論・物語論が位置していることは疑いがない。過去の実在性にかんして『記憶、歴

Paul Ricœur. Narrative and interpretation, Routledge, 1991, p. 149.

（8）むろんこうしたホワイトの指摘の文脈には、彼が、ハイデガー的ないしアウグスティヌス的な「deep temporality」の問題は歴史記述論とは直接には関係がない、と割り切っているという、ある意味での哲学的時間論への無理解が見て取られうる。しかし、その点を差し引いた上でも、ホワイトの批判がある種類の鋭さを有していることは認めざるをえない。

史、忘却』の論のほうがスムーズな論を提示しているとしても、『時間と物語』の論のぎこちなさにこそ事柄に即した固有の価値がなんらか存していることは、積極的に認めるべきだ。本書の範囲ではないが、もし通時的な包括的リクール論という形の研究がなされるとすれば、『記憶、歴史、忘却』にたいして『時間と物語』の論のほうが保持する優位な点がどこにどのように存するかということは、おおいに考察されるのが望ましいだろう。ただそうした作業が、たんに両著作の比較というようなものにとどまりうるかどうかは難しい。通時的なリクール論というのは、結局のところ、研究者自身がはっきりとした自身の〝歴史哲学〟なりを持ち、それをリクールの各著作と突き合わせるというような、狭義の内在的研究の枠を越えたものとおのずとならざるをえないかもしれない……。

ところで、先に少し触れたように、くしくもホワイトは『時間と物語』での再形象化の問題に連関させて、「法廷における弁護士」の言述が過去の実在を指示するという事態はどういう身分のものといいうるだろうか、との問いを挙げていた。法廷とは、歴史学における歴史家間の議論とはまた別の独自な仕方で、過去の事実・出来事についての認識が問われる、ひとつの間主観的な場である。じつはそれはまさしく、『記憶、歴史、忘却』のリクールが第三部において取り上げる事柄なのだ。

第4章　歴史家と裁判官

Tonight, I speak to you not as a candidate for President,
but as a citizen.

—— Barack Obama, in Berlin

本章の構成

この章では第三部「歴史の批判哲学」前半でもっとも重要な位置を占める第一章第三節「歴史家と裁判官」を扱う。まず歴史家と裁判官の仕事における「第三者」性、「不偏性」といった事項が確認される（第1節）。次に裁判という事柄の分析をとおして、裁判官と歴史家の仕事の比較検討がなされる（第2節）。その後、リクールはアウシュヴィッツをめぐる「歴史家論争」を取り上げる（第3節）。リクールは第二部で練成した歴史記述論を駆使し、彼自身の考えを示す「3つのテーゼ」を提出する。

1 ◆ 現在時、複数性、第三者 ——〈歴史の批判哲学〉

現在時の間主観性へ ——「歴史的条件」

過去の解釈をめぐって、人々は激しく争うことがある。「現在における過去」。ロジェ・シャルチエが『記憶、歴史、忘却』の論全体を鋭く要約した、「現在における過去」（Débat4）ということをいま一度想い起こしてみよう。しかるに第一部の〈記憶の現象学〉および第二部の〈歴史の認識論〉では、大きくいえば照準は「過去」というほうにあった。『記憶、歴史、忘却』第三部の論は力点を「**現在**」のほうへと移す。「現在」に力点をおいた記憶論・歴史論。すなわちそれは人間存在たちの「歴史的条件」（condition historique）をめぐっての研究である。いいかえれば、現在において在《あ》り、過去から未来へと押し流されつつ、現在時[1]を生きることそのものとしての意味での「歴史的条件」をめぐる考察だ。リクールはこの第三部的考察を「歴史の批判哲学」(philosophie critique de l'histoire)とも呼ぶ[2]。ここでは事柄は、記憶のオブジェクタールな表象や歴史認識における対象−表象といったものの側から、そうした表象に現在においてかかわる主体の側にぐっと力点を移される……。

考察の視界を現在のほうへと引きずり戻すということ。それは同時に、〈過去−現在〉といういわば縦の関係軸から、現在における人間存在の間主観性ないし**複数性**(pluralité)という横の関係軸へと問題の次元が動いてくることをも意味している。いまや、現在時において−共に−在ることという複数性のほうから、記憶と歴史をめぐる問題が考察され直されねばならない。

ところで、そうして人間存在の複数性の平面へと視野を転換させるに際して、これまでの記憶や歴史記述をめぐる考察においては括弧に入れられていた事柄を、以後、私たちは考察範囲のうちに導入しなければならない(この〈括弧に入れて保留する〉→〈再導入する〉という段階設定は、リクールの従前からの熟練のメソッドだ)。そう、ここまでに扱われていた〈記憶〉や〈歴史〉の事柄は、さまざまな側面を捨象されたものであった。第三部では、その捨象されていたものを再導入することがなされねばならない。すなわち、認識論のレヴェルにおける表象という事象に、今度は判断(jugement)ないし**解釈**(interprétaton)という事象が付け加わるということだ。判断すること、解釈すること。具体的には、間主観性と現在時という場における倫理、政治、感情などと呼ばれる諸次元が導入をされるのだ。括弧入れ《エポケー》という耳栓を外した瞬間、無数の雑音《ノイズ》が私たちを襲う。

事柄におけるこうした〈急展開《ペリペティア》 περιπέτεια〉は、これまでの考察が〈記憶〉や〈歴史〉を、基本的に現在が−過去にたいして−もつ−関係としてとらえていたという枠組みをも、急展開させる。〈記憶〉と〈歴史〉は以後、現在において在る人間存在らの相互関係性のなかで力動的に作動し、その相互関係性そのものを織り成すものとして解される。もはや〈記憶〉と〈歴史〉はたんに中立的で無色で無害なものとはとらえられない。記憶する主体や、そして歴史家もまた無前提にその中立性や信頼性を承認されうるものとはみなされない。連帯や共感だけでない。見解の不一致、葛藤、対立、欲望、排他性、嫉妬、憎み合いといった様相で、過去の表象に面する人間存在の複数性は展開され、生きられる。「他の人間たちのただなかで存在している —— ハナ・アーレントが好んでいう *inter homines esse* —— という感情」（MHO207）の諸相が、いまや括弧をはずされ、考察の場に現実の分厚さと汚れた不透明性とを容赦なく付与する。

歴史記述・歴史書というものも、それが書かれまた読まれるところの現在時の絶えざる動きのうちで改めて見出されることになるだろう。歴史をあくまで歴史記述というエクリチュール・ドキュメントとしての契機において見ることを軸に据えるリクールの非‐歴史哲学的な〃歴史哲学〃は、ここ第三部ではさらに、その歴史記述をたんなる一冊の本にすぎないものとして、現在時の空間のうちに無造作なまでに置いてしまう。

たんなる一冊の本。紙のかたまり（電子書籍でも同じことだ）。この一見じつに無造作な、事象への位置取りの老練さが私の印象ではリクールの非凡な点と思われる。ともあれ、そうして見えてくるものはなにか。一つひとつの歴史書は歴史主義的・ヘーゲル主義的な「あらゆる視点の外部に立って自己定立しようとする大文字の〈歴史〉の僭越」（MHO415）を —— リオタールなら「大きな物語」（le grand récit; MHO412）と呼ぶだろう —— 安んじて代弁＝表象することなどできず、それどころか現実には、諸々の別様な記述・別様な見解とのあいだ

（1）〃現在時〃という日本語表現を私は、リクールがいうところの、認知的・認識的「現前」（présence）とは区別される行為的「現在」（présent）のことを特に指すために時折用いるが、「現在」と異なる原語が想定されているわけではない。

（2）厳密には章節構成としては、第三部は第一章が「歴史の批判哲学」、第二章が「存在論的解釈学」、第三章が「忘却」についての考察、というように、章ごとに少しづつ議論スタンスが変わる形にはなっている。

の絶えざる論争関係のうちに入らないわけにはゆかない、ということだ。歴史書はつねに諸々の歴史書のうちのひとつ、ワン・オヴ・ゼムだ。かの古代のヘロドトス(ca. 484-425 BC)からして「歴史の父」(キケロ)と呼ばれるのと同じくらいに「嘘の父」(プルタルコス?)と呼ばれ、けなされてきたように! そうして歴史の言説はしばしば〝理性的な〟討議の枠には収まりきらない仕方で、愛着や熱狂、非難や中傷の対象となる。

周知のように、こうした共存在ないし間主観性の平面における諸事象は、昨今の思想研究においては〈公共性〉をめぐる問題としてカテゴライズされる。[3] この〈公共性〉という表現で指し示されうる次元にかかわる〈記憶〉と〈歴史〉の問題に、『記憶、歴史、忘却』第三部第一章では、「歴史家(l'historien)の任務と裁判官(le juge)の任務との比較」(MHO413)という方途でのアプローチが試みられる。裁判官と歴史家との比較。そのねらいは大きく二つある。ひとつには、第二部で私たちがじっくり付き合ってきた歴史家という存在のあり方を、**裁判官**というもうひとつの存在の登場によっていわば相対化し、これまでとは別の角度から再検討する意図がある。ふたつ目のねらい。『記憶、歴史、忘却』では明記されていないが他の論文で若干述べていたところをみると、九〇年代半ば以降リクールは〈司法は道徳と政治との中間の場にある〉という見立てをもったようだ。そのまま図式的にいえば、司法という次元に哲学的に定位することで、倫理学と政治学とを冷静に分節しながら物事を考察できる、ということだ(ドイツ歴史家論争はまさに倫理と政治の混濁ではなかったか……?)。司法へのそうした眼差しが第三部第一章の論の背景にある。

ここでのリクールの考察内容は、フランスでの『記憶、歴史、忘却』刊行から間もない二〇〇〇年一一月の京都賞受賞記念ワークショップにおける基調講演「過去の表象に面する裁判官と歴史家」のそれとほぼ重なる。その場に居合わせた人のなかには、基調講演後のディスカッションの際のリクールの当意即妙の立ち居振る舞いや、危険な刃物のように明確きわまりない発言に驚きや強い感銘をうけた方も多かっただろう。『記憶、歴史、忘却』の論全体の尖端のひとつとなるこの密度の高い考察の内実を、私たちは見定め汲み出さねばならない。さて、本章の論は二段階のものになる（前半は単独の論としても、後半への助走としても、読むことができる）。まずキーワードになるのは「現在」「複数性」「第三者」だ（本章前半第１・２節）。くわえて『記憶、歴史、忘却』のなかで他の章節ではほとんど登場しない「市民」（citoyen）という概念もあとで問題になるかもしれない。[4] リクールはこの概念を端的にずばり定義する言明はしていない。「市民」概念についてはドイツ「歴史家論争」との関連で、一定の解釈を私なりに、章の後半で提示したいと思う（第３節）。では、前置きはここまでとしよう。

歴史家と裁判官 ―― 不偏性、第三者

なぜ「歴史家と裁判官」が第三部第一章という段階で、主題になるのか？ その一次的な理由は、「**第三者**」という事柄をこれでもってクローズアップできるからだ。つまり、

> 真実（vérité）への志向と正義（justice）への志向という、歴史家と裁判官それぞれの役割が、公共空間において社会的行為者らが占めている位置にたいして、第三者（tiers）の位置をとるよう促されている（MHO413）

ことが、着目に値するからだ。以後、裁判官と同列に並べられる限りにおいての歴史家は、もはや第二部で私

（３）〈公共性〉は語彙としては日本語特有の表現ともいえるのだが、フランス語では《espace public》がおおむね対応する。
（４）特に議論の余地なく英語では citizen、ドイツ語では Bürger に対応することになるが、いずれも citoyen と同じく、それぞれの国・文化の歴史的経緯と切り離し難く結びついたニュアンスを帯びており、ある意味では翻訳不可能である。

たちが見てきたような、たんにアルシーヴで史料に取り組む限りの者ではありえない。公共空間へとかかわる、あるいは公共空間のうちにおいて在る者としての歴史家である。というのも歴史家が過去の事象にかんして「第三者」としての視点を確保し維持するよう求められるのは、公共空間における要請によってだからだ。こうして第二部にはなかった新たな主題、公共空間における歴史家の第三者性というテーマが姿を現わす。

さて、歴史家と裁判官の仕事にはいずれもある種の「不偏性の誓い」(un voeu d'impartialité)が前提されている。この不偏性ということをかみくだいて哲学的にいいかえてみよう。リクールはトマス・ネーゲルの政治哲学書『*Equality and Partiality*』の第二章「二つの観点 Two Standpoints」を参照しつつ次のように注釈する(5)。

第三者としての、特定の見方に偏らない不偏的な観点、一種の非-観点(non-point de vue)たるその観点を、〔ネーゲルのいい方にならえば〕非個人的(impersonnel)観点と呼ぶことができる。それは不可分な仕方で認識論的かつ道徳的(épistémique et moral)なものである。非個人的観点をとることは、ある種の知的な徳《ヴェルテュ》=力の発揮といえる。その認識論的側面は、観点の内的二重化〔個人的観点と第三者的観点とに二重化すること〕に存している。他方道徳的側面は、諸々の観点が価値と尊厳において平等であることの暗黙の肯定に、それゆえ他の観点とは他者の観点であることを肯定することに存している。

「〔政治哲学理論の〕第一段階において、非個人的観点から現われてくるベーシックな洞察は、《あらゆる人の生は重要であり、そして誰かが他の誰かより重要であることはない》(everyone's life matters, and no one is more important than anyone else)ということなのだ」(ネーゲル(6))。 (MHO414)

「観点の内的二重化」と、「諸々の観点」の「平等性」。そこに「不偏性」の場がある。

人間というのは、そう、二つの観点をもつことができるなにものかである。ネーゲルの感銘深い比喩をひとつ引いておこう。「人間には特別な能力があり、ちょうど砂山を四苦八苦しながら登っているアリを見るときに湧いてくるような第三者的驚嘆の念をもって、自分自身を、そして自分が専心している人生を、一歩退いて眺めることができる」（ネーゲル）(7)。この「観点の内的二重化」という認識論的能力に、もうひとつの層として、倫理的能力が重なってくる。つまり、「あらゆる人の生は重要であり、誰かが他の誰かより重要であることはない」という「平等性の暗黙の肯定」が倫理学的判断として重なっているのである。この認識論的-倫理学的な重なりが成り立つところに、「不偏性」の可能性の条件が存すると哲学的には考えられる。

しかし可能性の条件だけをいっていても、始まらない。

問題は、現実だ。

公共空間において、過去の事象に対する評価の「不偏性」が、唯一のなにかによって担われるのではなく、歴史家と裁判官というような明らかに異なる複数の立場・職務によってそれぞれの観点で担われているという事実が、ある。この事実はすでに「不偏性」なるものが確固たるものでなく、安定を欠くばらけた不確実なものだと証ししているのではないか？　おまけに、不偏不党性を要求したり要求されたりするのは裁判官や歴史

（5）リクールが（『記憶、歴史、忘却』の文脈内ではいささか唐突に）ネーゲルを引き合いに出した理由は、かつてのいわゆるリベラル-コミュニタリアン論争にかんするもっとも的確な批評者の一人としてネーゲルを評価しているからだろう。第三者性、不偏性の問題は、合理主義（普遍主義）と文脈主義とに共通の難題である。Cf, Ricoeur, *Le juste 1*, pp. 118–119.

（6）Thomas Nagel, *Equality and Partiality*, Oxford University Press, 1991, p. 11.

（7）Nagel, *Mortal Questions*, Cambridge University Press, 1979, p. 15.（邦訳『コウモリであるとはどのようなことか』、永井均訳、勁草書房、一九八九年）私がこの表現を知ったのは下記の論文からである。山口尚「神の命令倫理学の利点 —— ネーゲルとノージックの「人生の意味」論に依拠して」、宗教倫理学会『宗教と倫理』第一一号、二〇一一年、81—95頁。

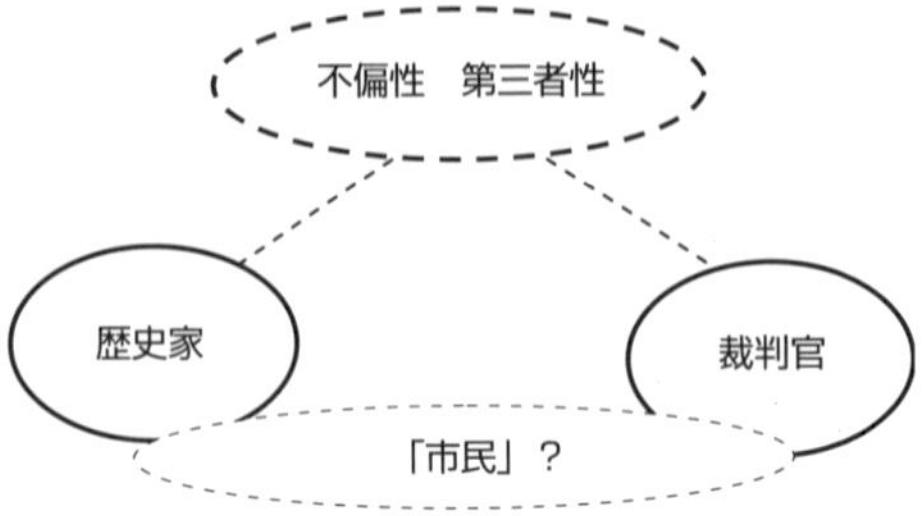

家だけではない、とリクールは語る。「デモクラシー国家において諸々の知識や価値を伝える者である教育者、裁定する立場としての国家および行政」そして「市民《シトワイヤン》（citoyen）自身」もまた、そうではないか。

　つまり、不偏性はそこかしこで求められてはいる。だが十全な不偏性などというものは実際の現実のなかで普通に見当たるものではない、ということだ。不偏性や第三者性は、たんに理念にとどまるだけならばなんの意味もない事柄である。しかし現実においては、公平な第三者の立場を確保しようとすることにはつねに多大な困難が伴う。究極的には程度問題としてしか具現化しえないとも考えられる。いいかえれば、権利上では不偏性は前提だが、事実上は不偏性はどこまでも未達成でしかない。リクールはしたがって――ロールズの形式主義的な正義＝公正論を批判的にくぐりぬけたニュアンスを伴わせながら――こういい切る。

　不偏性の誓いは、絶対的な第三者の不可能性という徴《しる》しのもとに、位置づけられねばならない。（MHO414）

絶対的に公平な第三者性とは、不可能だけれども、理念としてどこまでも目指されるべきなにか、なのである（私はこの「絶対的な第三者の不可能性」という指摘に、存在論的な深さを読み込みたくなるほうだ。だが別の含意としてマイケル・サンデルなどの論に近しいより実際的な政治的ニュアンスを読み取ることも当然可能）。そして社会のなかでこの理念を追求することが特に求められている職業、それが裁判官と歴史家なのだ。

　かくして、目下の論の中心となる問いがリアルに定式化される。

どのようにして、またどこまで、歴史家と裁判官は彼らそれぞれの職務の職業倫理《デオントロジー》（déontologies professionelles）のうちに書き込まれているこの不偏性の規則を充たすことができるか？　そしていかなる社会的な力、政治的な力、また同様に個人的な力、同業者界的な（corporatives）力によって、彼らは助けられているのか？　（MHO415）

敷衍しよう。リクールは「歴史家と裁判官」それぞれの「不偏性」をめぐる問いを大きく二段階で分節する。一方で歴史家らや裁判官らの仕事は、そのプロフェッショナルとしての義務において、また同じ義務を共有する同業者たちとの間で、その不偏性の程度や質がみたされているかどうか吟味されている。これはいわばその職業名・職種に必然的前提として含まれていると想定される「不偏性の規則」である。しかし他方で、裁判官および歴史家の仕事はいつも業界的な手続きプロセスのうちにだけとどまっていることはできない。「スペシャリスト間の良質なコンセンサスが、終える＝閉ざす（clore）ほうに向かうところの議論《ディスカッション》」は、場合によっては「世論」（l'opinion publique）のさまざまな様態での動きによって「更新される」ことを促される、あるいは余儀なくされる。狭義の職務内的な次元と、そこからはみ出る社会的諸力の巻き込みや、裁判官・歴史家自身の個人的性格や信条まで絡んでくる次元。この両次元のダイナミクスを、以下考察していく必要があるのだ。

歴史家の仕事と裁判官の仕事の「構造的差異」

歴史家と裁判官との仕事の比較は、過去にもたびたび試みられてきたいわばきわめて「古典的な事例《クラシック》」（*locus classicus*）である。ここでの私たちの議論は基本的に「ヨーロッパという地政学的圏内での、歴史家らが《近代》とか《現代》と呼ぶ時代における」（MHO415）ものと限定しよう。さてその近現代西洋という地域的・時代的範囲内においていえば、両者の職務を比較するうえでの出発点は、「法廷（tribunal）という場所のなかで行われる訴訟」と「文書庫《アルシーヴ》においてはじまる歴史記述的批判作業」との「構造的差異」である。

過去の事実についての「証言」(témoignage) の扱い方は両者でどう共通し、どう相異するか？

まず「証拠へと関心を払うことと、証人らの信頼性を批判的に吟味すること」は、訴訟と歴史記述とに共通している線だ。たしかに。そう確認したうえで、話のたたき台として、リクールがこの節の題名を借りてきた（順は逆になっている）カルロ・ギンズブルクの小著『裁判官と歴史家 *Il giudice e lo storico*』[8]を少し見てみよう。

そこにおいては訴訟はすなわち「歴史記述的実験」の場と形容される。訴訟に際しては証言等の諸々の原資料は「直接に」収集され、かつ直接に対峙対決させられるのだ、とギンズブルグは述べる。しかし、このように歴史記述の作業と訴訟とをまったく同型的に見るのはゆきすぎだろう、とリクールは語る。ギンズブルグのとらえ方はやや単純に過ぎる。というのも、「実際には、司法的平面において証拠使用ということを全く典型的とみなしうるのは、訴訟の中心局面とは区別される、予審 (instruction)[9] という先行局面においてのみだ。司法手続き全体にはあてはまらない」(MHO416)。訴訟の一連のプロセスのなかで、証拠提出がつねに主役を演じているとまではいえない。おそらくは証言という契機の独自性がもっとも前面に出るのは「自白 (aveu) の調書作成」という局面においてだ。そこではまさしく、口頭の証言が文書になるという、先に歴史記述論の際に確認したのと同じ構造がある。調書の整合性や、そのなかに含まれる嘘、錯覚、意図しない誤りといったものを徹底的に見分け鑑定する作業が、たしかにそこでは中心的となる。

訴訟における原資料の〝直接性〟をやや強調しすぎているギンズブルグ。彼の仕方にたいして、もうひとつ補足ないし批判を付け加えるとすれば、検察の捜査における「尋問的＝異端審問的」(inquisitoire; MHO417) 次元にかんする指摘をすべきだ。「魔女裁判」、あるいはその語が隠喩として定着したところの二十世紀中葉の〝赤狩り〟に言及するまでもない。裁判という事柄を考察するときには、その枠内で提示される証拠が直接に公正に処理されているかを見るだけでは十分ではない場合がある。

一般に国家権力——前近代の異端審問でいうならヴァチカンの「検邪聖省」(Congrégation du Saint-Office; MHO418)——によって司法の方向性が支配されるということはある。訴訟制度は法治国家(État de droit)のもっともファンダメンタルな基盤のひとつとされるが、法治国家のあり方そのものが問われるような特殊事例では、訴訟という枠組みはその限界を呈する。昨今ではさまざまな形態の「テロリズム」を国内法で裁くことの困難や、またある意味でより深刻なのはテロリズムを定義すること自体の観点依存性の問題がある。9・11の攻撃は誰が誰になしたのか。イラク戦争はそれ自体が国家によって遂行される国家テロと形容されえなかったかどうか。またそもそもテロリズムの語源である「フランスの《恐怖政治(Terreur)》」(MHO433)はロベスピエールという支配権力によるものであった。ハマスとイスラエルとではどちらがテロ組織か。あるいは逆のベクトルで、革命勢力を自称する過激派らの活動を、当局が敢えて国家転覆罪などではなく住居侵入罪や器物損

(8) Carlo Ginzburg, *Il giudice e lo storico*, 1991: trad. fr., *Le juge et l'historien*, Verdier, 1997.(邦訳『裁判官と歴史家』、上村忠男・堤康徳訳、平凡社、一九九二年)ギンズブルグは彼が無実であると考える友人を弁護するスタンスで書いた点で、みずからを第三者の位置に据えることをこの書では意志的に退けてしまう、とリクールは注釈している(MHO416)。

(9)「予審」は現在日本には存在しない制度。フランスの訴訟制度においては、予審判事(立件はしない)が行う「予審」と、検察官(立件をする)が行う「予備審問」(l'enquête préliminaire)とは別のもの。案件の内容如何に応じて「予審」ないし「予備審問」の必要性が規定される。どちらかといえば予審は司法の独立性を表わし、予備審問は司法と政府との癒着可能性を表わす。なおモンテスキューの国であり三権分立発祥の国であるかと思われるフランスは、現実には本当の三権分立になっていないと従来からいわれ続けていた。日本でいう違憲立法審査権は一般国民には付与されていない(一定数以上の国会議員によるしかも発効前の申請のみが可能、ただ今後改正される可能性はある)。それが九〇年代頃から司法の独立性を強める改革が語られるようになり、リクールも司法にかかわる事柄について論稿を発表するようになった(cf. CC177)。

壊罪で裁き、意図して矮小化しこそ泥扱いするということ……。

そのつどの国家制度の枠内にとどまらざるをえない裁判官たちの判決。もちろんそれは、政治家の政策と同様に、ずっとのちの将来に、後代の歴史家から別様で多角的な〝裁き〟を受け、意義や価値を再度審問される運命にもあるのだ[10]。

裁判官と歴史家の仕事の共通性と構造的差異との輪郭がこうして見えてきた。では次になすべきは、裁判自体に焦点をあて、裁判という事柄を具体的に掘り下げることだ。そのことを通して、過去の表象に面してなされる二つの jugement ―― 裁判官の下す「判決」と、歴史家が提出する歴史学的「判断」 ―― それぞれの本質がはっきり浮かび上がる。ゆえに目下の考察を「歴史的判断力批判」(MHO385)と呼んでもいい。

2◆裁判官の判決、歴史学的判断

裁判 ―― 表象、上演、記憶の作業

ところで、裁判とはどういうものか。

もし裁判というもののスタンダードなあり方を分析したいなら、いきなり最初から、社会ないしその公安を根底から脅かすような極端な重大事件についての訴訟を入り口にするのは、適したやり方ではないだろう。リクールはまず、軽微な犯罪の刑事裁判や「私有財産の分配についての係争」のような民事訴訟事例のレヴェルに視野を設定して、そこにおいて裁判というものの事柄としての構造の分析に着手する。要するに「違反

(infractions)、軽犯罪（délits）、重罪（crimes）」というレヴェルのものどもである。

標準的な裁判のあり方においては、「比較可能（comparables）で共約可能（commensurables）な権利主張を対峙させる」（MHO418）ことがなされる。これこれの軽犯罪にたいしては何々ユーロ以下の罰金、等々。事例の比較可能性を原理とすることは、賠償金や量刑にかんする数量化作業に論拠を与える。比較可能であるからこそ、同一の法が統べる国家内ではどの場所であれ、これこれの違反にはこれだけの同一の罰金、ということが均質に適用されることに定まっている。

さて訴訟の案件はまず、当たり前ながら、法廷で提示されなければならない。どのようにしてか。

> 訴訟は告発された事実を上演する（mettre en scène）ことから始まる。その純然たる事実性の外部でそれら事実を表象する（représenter）ためにであり、万人が認識していると想定されている法規則にかんして一人の犯人が一人の被害者にたいしてなした違反に可視性を与えるためにである。被害者は自身の提訴が予審され、蒙ったと推定される損害の修復ないし補償を要求する権利を認められている。（MHO418）

訴訟においては、過去の事実、つまりもはやないがかつてあった事実が、「上演される」。そこでは記憶をもとにした証言や物的証拠による推定が、不在性や内面性のうちに匿われて見えないかたちで滞留するのではなく、主として言葉によってはっきりと表明され、訴訟関係者たち皆によってその表象が共有されるということ、「上

(10) フランスでは八〇〜九〇年代におけるパポン事件およびその裁判に関連して、ヴィシー時代の公務員の〝犯罪〟をどう裁くかや、ヴィシー政府を歴史上の正統なフランス国家とみなすかどうか見解の一致がないという事情と絡んで、裁判官と歴史家との役割が混同されることについての問題意識が生じてきた。アンリ・ルッソのパポン裁判にかんする論稿“Quel tribunal pour l'histoire?”にリクールは言及している（MHO581n）。ヴィシーにかんしては本書第5章を参照。

演される」ということが要求をされている。その意味で訴訟の場は、〈表象としての世界〉のありようのまさに制度化された縮図だ。右のくだりでいわれている「純然たる事実性（pure effectivité）の外部で」というのはなんのことか少しわかりにくいかもしれない。それはつまり、そうした諸事実が表象されるのはあらゆる細部を再現するようにではなくして、基本的には「罪状の構成要件である」限りのものとして表象される（事実認定される）ということをいっている。このことは、予審を含めた公判前の整理によって、法廷における上演＝表象の内容が実際にかつて起こった事実よりもより少なく縮減されたものとなることを意味するであろう。しかし半面、そこで新たに加えられているものもまたある。すなわちそれは、「刑事訴訟手続きによって統整された社会的儀式」によって諸事実の表象に付与される「公共的な形状」だ。

ところで、表象がそのような「公共的な」仕方で準備されなければならないのは、

付加される道徳的な罪名決定との直接的な連関において、各事実についての（*des*）表象は、また相対する当事者らのあいだにある（*entre*）表象でもある　(MHO419)

からだ。当該の表象は争う当事者たちのあいだにある。たしかに。かといって出頭した当事者たち、あるいは加害者と被害者は、直截な私事的ないし感情的な仕方で対峙するのではない。そうではなく、法廷という場の公共的形式において、つまり――リクールは法学者アントワーヌ・ガラポンが述べているレヴィナス的表現を引く(11)――「正義の第三者（un tires de justice）の前での共現前」において、過去の表象に面するのである。

この上演の厳粛化された手続きにおいて、「時間」の構造が本質的である。それは二つの点にかかわる。

第一に、「非行によって残されたあらゆる種類の痕跡、つまり物質的・感情的・社会的な痕跡がこうむる時間による摩滅に抗うこと」（MHO419）がある。物理的な危害、契約の破棄、財産・地位・権限の帰属にかんす

る異議申し立て。しかし複雑にも、こうしたものはいずれも「記憶の傷」(blessure de mémoire)の形をなす。時間経過による摩滅の耐え難さがあり、同じく、摩滅しないことの耐え難さがある。法廷において過去の事実が表象されるとき、当事者すべてにたいして、「喪の作業(deuil)と不可分な記憶の作業(travail de mémoire)」が促される。軽罪ないし重罪の記憶の「本質的なよそよそしさ」(étrangeté essentielle)を、骨の折れる記憶の作業、つらい時間のかかる記憶の作業をとおして「再アプロプリアシオン〔とらえ直し〕」(réappropriation)していくことが求められるのである。

それから、上演における時間の構造の第二の重要な点は、

過去の諸事実は、現在において、案件を終結させる判決文(sentence)がもたらす未来への社会的効果(l'effet social futur)を地平としつつ、表象される (MHO418)

ということである。これは表象が「公共的な形状」を付与されることのもうひとつの意味でもある。裁判は、判決へと向かって始まる。またその判決が当事者たちにかかわるのみでなく、さらに当の法廷が属している社会全体へと、そしてその未来へとかかわりを持つということが、裁判官の視界のうちに収められている。

判決、《arrêt》

さてこの段階で、裁判の作業が歴史記述の作業にたいしてもつ違いを、二点私たちはチェックしよう。

---

(11) Antoine Garapon, «La justice et l'inversion morale du temps», in: *Pourquoi se souvenir?*, Grasset, 1999. アントワーヌ・ガラポンはリクールが司法にかんする諸論稿のなかでもっともしばしば言及する重要な法学者である。

第一点。裁判が裁判官・検察官・弁護士の立会いにおいて、加害者（被告）や被害者ら「すべての者たちの出頭」（comparution de tous）という複数当事者においてなされるものであるのにたいし、歴史学は、「アルシーヴの読者の孤独」によって印しづけられていること。これが第一の違いだ。

アルシーヴのドキュメントは自分ではなにもいわない。自分から裁判をおこしたり、弁護士を雇ったりしもしない。たしかに、棚に横たわったドキュメントはただの書かれたもの《エクリチュール》なだけ。「自分だけでは、身を守ることもみずからを助けることもできない」（『パイドロス』275e; MHO177）。その、

　アルシーヴの無言（mutisme）を破ることができるのは、歴史家ただひとりである。（MHO419）[12]

歴史家がアルシーヴを参照することにおいてのみ、アルシーヴはいわば〝語る〟ことができる。歴史家が書庫に足を踏み入れて史料を手にしない限り、なにも起こらない。なにも動かない。そこでイニシアティヴが存するのはただ歴史家の側だけ。史料は読まれても読まれなくても、文句もいわなければ、噛みついてもこない。その意味では歴史家はひとえに自分個人の自由と責任において史料調査をする。

しかるに裁判では、訴訟関係人らがみずから発言をなす。彼彼女らは自発的・意図的に語る（あるいは、語らない）のであり、史料のようにおとなしくしてはいない。訴訟は「当事者らの複数性（pluralité）を作動させる、言語活動の儀式（cérémonie de langage）」（MHO419–420）によって構成される。そこでは原則として複数の各当事者に「平等な発言権」が割り当てられる。発言者の複数性がそもそもの初めから起動している。これがアルシーヴに面する一歴史家の孤独・自由とは大きく異なる裁判という場の特性だ。

裁判という「この組織化された論争」は、「抗争をつのらせた諸々の感情（passions）を言語活動の闘技場に移すということにおいて、議論一般の範型《モデル》たろうとするもの」である。そうした「交差する言説の連鎖」が最終

的に向かってゆくのは「提訴された諸事実の物語的シークエンス（séquence narrative）の整合性と、諸事実を刑法的に罪名決定するための法規則との合致対応とに、同時にかかわる解釈」のほうへとだ。「解釈の二つの線が収斂するところに、判決（sentence）が発せられる。それはまさに《arrêt》と呼ばれる」（MHO420）。通常のフランス語では《arrêt》《アレ》は「止まること、停止」を意味するが、訴訟用語としては（上級審の）「判決、（破棄などの）決定」のことをいう。リクールは裁判というもののもっとも重要な「中心機能」はまさに判決を下すこと、「ひとつの特定の状況において、法を言うこと」にある、と指摘する。刑罰の「報復機能」や、社会的秩序および犠牲者の尊厳に対する「修復機能」もむろん本質的ではあるが、しかし、ある状況下である特定の時に判決がなされる、ということそのものの根本性はけっして看過されてはならない。

するところで、裁判官の仕事が歴史家の仕事にたいしてもつ相違の第二の点にしてもっとも決定的な点が、露わとなる。すなわち、

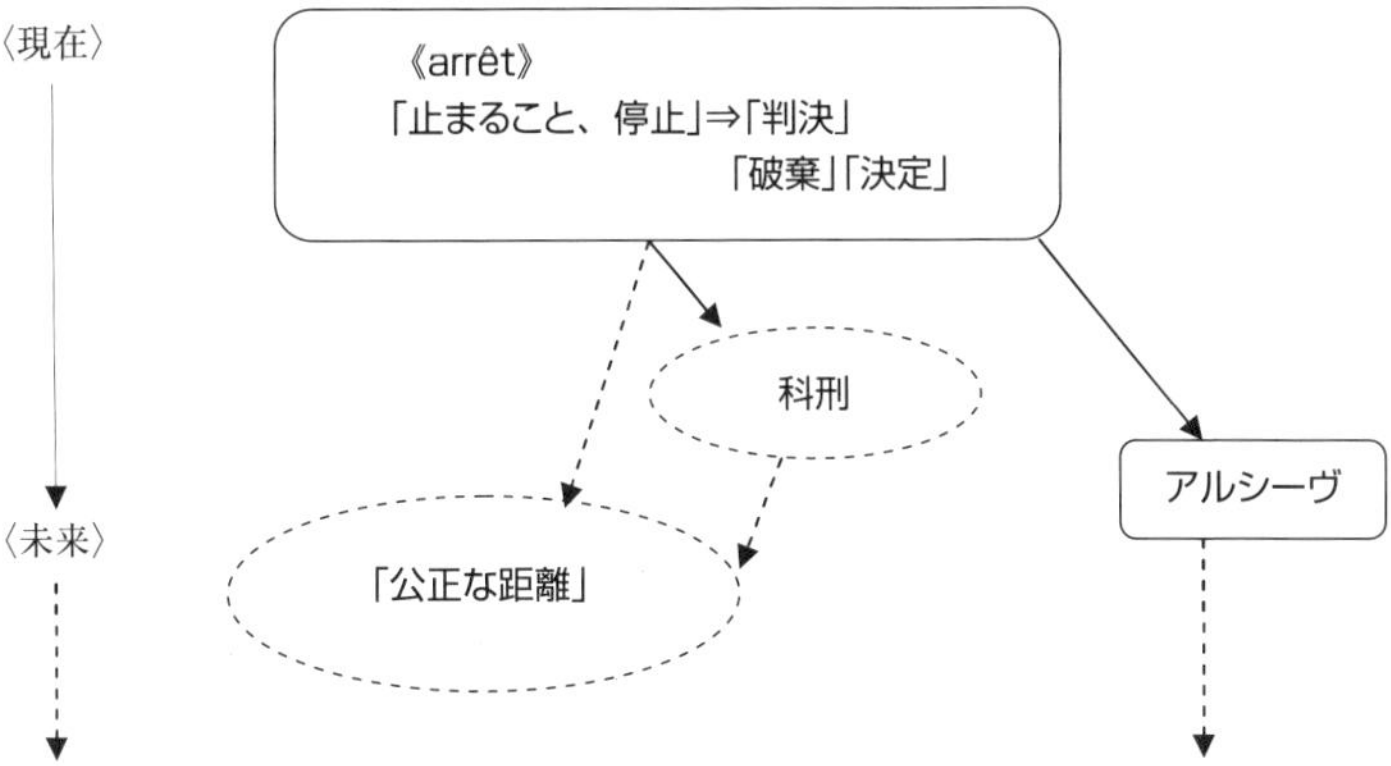

裁判官は判決を下さねば（juger）ならない——それが彼の職務である。

（12）裁判官も判例というアルシーヴを参照し、またみずからの下す判決が未来へと提供される司法アルシーヴ（archives judiciaires）になるという操作過程を営んでいるといえる。ただフランスでは通例裁判官は日本ほど判例に拘束されない。

彼は結論せねばならない。

（MHO421）

裁判官には、ずっと後の年月を経た後世に結論を先延ばしすることは、許されていない。許されない。そして「判決を下された事柄は、世論によって抗議されることはあっても、再び審判されるということはない」。すなわち「一事不再理 *non bis idem*」。これが裁判の根本原則だ。

判決が下される。そうして判決によって裁判を終えることによって「裁判官は、犯罪者と犠牲者とを、解消できない二項的な位相《トポロジー》に即しながら、ひとつの公正な距離（une juste distance）に戻し置かなければならない」。この「公正な距離」という観念はここでは短く言及されるだけだが、その重要性については、リクールは別の法哲学的な論文「制裁、復権、赦し」（"Sanction, réhabilitation, pardon"[13]）のなかで主題的に論じていた。判決およびそれに伴う科刑は、被害者のみならず犯罪者にも、等しく市民としての権利と場所を与え返し（服役後における基本的権利のすみやかな「復権」を含めた意味で）、そして感情的対立を越えたところで、互いが共同体《シテ》（cité）における市民として「公正な距離」においてあることができるようになすためのものである。――当然その後にも、犠牲者が内面・感情において加害者を「赦す」ことができるかどうか、この事柄は別の次元の問題として残る。これについては別途、次章「困難な赦し」の考察において改めて考えねばならない。

裁判の時間性、アルシーヴの未来

ともかくも裁判官は、ここで、いま、判決を下し、その帰結を当事者たちに与え返す義務がある。しかるに「これは、歴史家がなすことではなく、なしうることでもなく、またなそうとも思わないことである」。歴史家の仕事はむしろ、扱われる過去の事実にたいして裁判官が判決を下すような仕方での直接的な行動を求められないということによって、性格づけられている。

とはいえ歴史家が過去の事実について提示する「判断」もまた、固有の運命を持つ。

つまりこうだ。歴史家の判断はすべからく〝穏当な〟ものであれ〝大胆な〟ものであれ、広く「歴史家同業界(corporation historienne)の批判に、また教養ある公衆(public éclairé)の批判にさらされる」。批判の雨が公刊される歴史書を待っているのだ！　そうして、裁判の判決が「最終的」(définitif)であるのにたいし、歴史学的判断はどこまでも「暫定的」(provisoire)であるにとどまり続ける。換言すれば「歴史家の仕事は修正の際限のないプロセスに委ねられる。歴史のエクリチュールは永劫の再記述《レエクリチュール》(réécriture)であることになる」(MHO421)のだ。永劫の再記述。諸意見の葛藤という仕方で、書き直すこと、〈別様に語ること〉のもつれと豊かさがそこには拡がっているというべきか。

セルトーが『歴史のエクリチュール』で「歴史記述操作」ということに、歴史家が纏《まと》め提出公刊する歴史書・論稿もまたひとつのドキュメントとしてアルシーヴに入るというところまでをわざわざ含めていっていたことの意味が、ここで初めて全幅に理解される。すなわちアルシーヴとは、現在から未来への志向を有するなにかなのだ。(14) そのことにおいて一人の歴史家は同時に一人の「市民」として、ある仕方で未来の共同体《シテ》への責任を負っている。過去について歴史記述を書きアルシーヴに供すること、「歴史学をなす」(faire de l'histoire)ことはそれ自体、現在時において他者たちのただなかで「歴史を生きる」(faire l'histoire)(15)ことでもある。

---

(13)　"Sanction, réhabilitation, pardon", reproduit in: Ricœur, *Le juste 1*, Seuil, 1995.(邦訳：『正義をこえて――公正の探求1』、久米博訳、法政大学出版局、二〇〇七年)

(14)　鶴岡賀雄「現前と不在」、23頁。「不在の過去とのかかわりは、新たな現在の樹立としての未来への志向をも、本質的に有している」。それが「喪の作業」の真の意味、「創設的切断」(rupture instauratrice)なのである。

> 歴史家は、市民（citoyen）でありかつ生きられゆく歴史の当事者（acteur）である限りにおいて、まさに歴史学の職人（artisan）としてのみずからの動機づけのうちに、共同体の未来（futur de la cité）への自身に固有の関係というものをもあわせ持っている。（MHO453）

話の順序からすると先取り的になるが、リクールの用いる「市民」概念を理解しようとするうえで、いま引用した文はきわめて示唆的だ。リクールは歴史家であることと、市民であることとを区別しているが、市民と歴史家は別々の人物なのではなく、あくまで同一の人物である。第二部第三章第二節でも「市民-歴史家」（l'historien-citoyen）というハイフンつき表現が用いられているように（MHO337）。この二重性が肝要な点だとさしあたり強調しておく。さらにここでリクールは、生きられつつある歴史の「当事者」であることと「市民」であることとをも区別している。後でまた「歴史家論争」との関連において見ることになるが、たとえば「国民」であることと「市民」であることとが、区別されつつ同一の人物のなかで重層化している、というようなとらえ方を『記憶、歴史、忘却』のリクールは「市民」概念に込めている。

話を戻そう。

さて、相互の批判へと、また再記述へと開かれた歴史家たちの仕事は、過去の事実の経緯や背景文脈、局面状況《コンジョンクチュール》を大きく視野に入れる。歴史学は諸々の集団や社会階層、地理的・地政学的な大きな縮尺を多層的に考量する。しかし裁判においては、「説明の潜在的に無際限の輪は、判決によって容赦なく閉じられる」。特に刑法がかかわるのはつねに「固有名を持つ者」（porteur d'un nom propre）である。先に記憶の現象学のところで私たちはロックの法廷《フォレンシック》用語と関連する形の記憶論、つまり「みずからの own」行為について「責任ある」「自己」というものを見ていた。歴史学の視界とは異なり、裁判の事柄はやはり「個人的責任」（responsabilité individuelle）に集中し、個人の負うべきところがなんであるかを判決することを主目的とする。その意味では、歴史学の多方向に広がってゆく視界に比すれば、裁判官の眼差しはごくごく限定されたものにすぎない。

結論として、裁判とは閉ざすものであり歴史学は開くものである、と私たちはいうべきか？

むろんそうではある。しかし判決の時間というものが、区切りをつけることによって新しい時間を開始せしめるものであることを看過してはいけない。「判決の向こう側に」（au-delà du jugement）、「もうひとつの新しい時間時代（une autre ère temporelle）が始まる」（MHO420）。判決は秋霜烈日の断罪の時間を終わらせ、個々の当事者たちにとっての償いの時間、償われた時間を開始させる。あるいは少なくとも開始させようとする。

なぜ裁判はそのような区切りを与えることを任務とし義務としているのだろうか？　最後にそういう問いを読者は感じたかもしれない。それは人間の生の時間が有限であることと深く関係している。裁判は制度にすぎない。現実の個々の訴訟はその経緯において、どうしても、わだかまり、納得できない思いを各人に残す。しかし少なくとも理念においては、裁判は、判決の固有の時間性によって、人間たちがそれぞれの有限な時間のなかで「記憶の作業」を通り抜け、過去の苦しみや重荷にどのようにかして区切りをつけ新しい時間を生きられるようにするための、第三者によるかすかな助けである、という役割をもひとつ有している。

（15）　英語訳書「making of histories / making history」、ドイツ語訳書「Geschichte-Treiben / Geschichte-Machen」。

3◆〈過ぎ去ろうとしない過去〉に面する裁判官と歴史家
——ドイツ「歴史家論争」をめぐって

二十世紀の大刑事裁判

あの二十世紀という時代。「立憲的デモクラシー体制の再構築ないし構築が経た移行期」(MHO423)、つまり「二十世紀の中頃」に起こったいくつかの深刻で重大な出来事について、「裁判官たちと歴史家たちの声」が語ったことに耳を傾けるならば、歴史・記憶とそれを判断する「第三者」という問題が、どれだけの困惑と困難を抱え込んでいるかがまざまざと分かる。

「ニュルンベルク、東京、アルゼンチン、フランスにおける二十世紀後半の大刑事裁判」(MHO423)は、裁判や歴史記述というものの中立性・不偏性とはなんであるのか、なにであるべきなのか、途方に暮れるような錯綜を惹き起こす。それらの裁判の過程および判決が「各国民の集合的記憶に及ぼした影響」が事柄としてとうてい無視しえないがゆえに、なおさら不偏性ということの意味をひとは見失っていく。そもそものそうしてなんらかの裁判の対象となされる当の途方もない犯罪、「受け入れ難いもの」(S・フリードランダー)、「極端な非人間的〔非人道的〕なこと」がもたらした極限性、恐怖が、合理的に対応可能なものの埒外にあるように見えることも、思考を停止させるような効果を及ぼす。しかし、歴史家と裁判官との職務についての目下の考察は、この二十世紀世界の歴史の現実に論及しないでいることはできない。

先に挙げた歴史的な大裁判でも、やはり裁判が「個人の有罪性」を問うものである以上、原則的に「裁判官の注意は歴史の少数の当事者、すなわち国家首脳らに集中し、物事の経緯にそうした者らが行使しえた影響の範囲に集中する」(MHO425)。だが、「歴史家は眼差しのそのような制限を容認することができない」。

歴史家はその研究をより多くの数の当事者たちへと広げる。副次的な層に属した実行者たちへと広げる。そして、沈黙せる加担者たる住民たち(populations muettes et complices)がそれであったところの、なんらかの程度に受動的な証人たち、すなわち傍観者たち(*bystanders*)[16]にまでも広げるのである。(MHO425)

刑事裁判がもっぱら「個別の当事者」しか見ないのにたいして、歴史家は「心性」や「群集」、「無名の力」といった事象側面にも着目する。むろん、ある場合において歴史家が弁護人かのようになってなんらか政治的意図的に「無名の力」を一生懸命強調することで、大裁判の被告人たる者たちの個人的責任から争点を逸らせようと世論などに向けて働きかけることがあるのは、知られている通りだ。

しかるに裁判というのはなぜ行われるのか。原理上においては、あるいは建前としては、裁判の存在理由とはそこで異なる意見間での論争を行わせること、「**ディセンサス**〔見解の不一致〕」(dissensus)を公の場で提示することにある。「疑いの余地のない犯罪者」(criminels avérés)や「もっとも卑怯で、良心の咎めを知らない弁護士」であってさえ、平等に法廷で発言権を認め与えられるというシステムになっている。なぜならば、そうした裁判の場を現実に設けるということ自体が、「裁判がその庇護のもとで行われるところの、リベラルな価値[17]

(16) リクールはここでの論において、アメリカの法学者マーク・オシエルの社会学的-法学的著書を参照しており、その文脈で英語の単語が出てきている。cf, Mark Osiel, *Mass Atorocity, Collective Memory and the Law*, Transaction Publ., 1997.

(17) ここでの「libéral(e)」は、「アングロ-サクソン系の著者たちが付与するこの語の政治的意味における」(MHO424)用法で観（valeurs libérales）の倫理的優越性」（MHO426）を証明するひとつの行為だとみなされうるからである。その意味で、報道なりを介して「公衆にアクセス可能な」形で過去の出来事についての「可視性」（visibilité）を提供しつつ、「リベラルな」仕方で刑事裁判が「ディセンサス」という見解の複数性を現出させることそれ自体が、人々に「世論と集合的記憶の平面で、教育的機能を行使する」よう期待されている側面もある。もちろんだからといって法廷で主張されるすべての「物語」が条件なく同等の価値をもつわけではない。また、あるディセンサスが物事の理解を深める教育的射程をもつように見えたとしても、現実にそれが〝有意義なディセンサス〟だと一般の人々に感じられるかどうかは、別の話だ。

ともあれ明白なのは、裁判官らが自身で調達できる物語の種類や範囲は限られているということである。その点では、歴史家のほうが圧倒的に多くのリソースを活用しうる。史料を探し、読み解く力量。観点のさまざまな縮尺のヴァリアシオンへの考慮。また読み取ったものをエクリチュールにし表象として読者に提供する表現技量。そうした歴史家の能力については私たちは第二部の歴史記述論において十分確認した。

ところでそうした歴史家の言説・レトリックが、むしろ世間の人々を裁判の判決以上に動揺させ、興奮させ、当惑におちいらせるということはないのか。

「歴史家論争」――E・ノルテの新-修正主義が登場する

リクールはここで一九八六年にドイツで起こった論争、いわゆる「歴史家論争《ヒストリカーシュトライト》」（Historikerstreit, Controverse des historiens）に本格的な論及を行う。

ようやく――、と思う読者もきっとおられることだろう。『記憶、歴史、忘却』の論に絡んでくる諸々の政治的事件、九〇年代の擾乱、そうした一連の錯雑に先立つ最初の波紋のひとつがこの統一前の西ドイツで火がついた「歴史家論争」だからだ。第一部、第二部を経てようやく。だがやはりこの手順設定にこそ、この種の問題を扱った他の哲学・思想書とは異なる、大家リクールの周到さが閃き現われている。

先に第二部歴史記述論の枠内でリクールは、現代の歴史記述ははたして過剰な称讃から、そして過剰な非難からみずからを離脱させられているのか、という問いを投げかけていた。パンドラの箱を開けてしまったかのような「歴史家論争」がややもすると新聞メディア上でのたんなる罵り合いというような様相を呈したのも、歴史記述《ゲシヒッシュライブング》が中立的・不偏的であるとはどのようなことなのか、現実にどの程度に達成可能なのか、という根本的な問題にそれがじかに触れていたからだった。しかも、ドイツの歴史の傷口をとおして。

「歴史家論争」でのエルンスト・ノルテの発言から

「第三帝国の暴力行為は、特異的（singulär）（他にはない、単一的）である。たしかに、強制収容所やさらには「労働運動の粉砕」などの、数多くの前例や類似例は存在する。しかし、何百万人ものヨーロッパユダヤ人たち —— そしてまた多くのスラブ人・精神病者・ジプシーたち —— の絶滅は、その動機と遂行方式において、他に例はない。そしてとりわけこの絶滅における、準工業化されたガス室の、冷たい、非人間的な技術的精確さが、無類の戦慄を惹き起こす。……」（p. 15）

「根本的な問いは、したがってこのような問いになるしかない。第三帝国の歴史もまた、終戦後三五年たった今、修正（Revision）を必要としてはいないか？ そしてどの点で、この事柄の場合、修正は成り立ちうるか？ もちろんそれが、否定的評価を下すという、諸文献の共通の流れを逆流させることなどであるはずはない。つまり弁解擁護ということは最初から排除されるべきだ。弁解擁護的な修正などというのがかりにあるとすれば、それは、争う余地のない諸事実の否定という内容をもつことになるか、ないしは国民社会主義のエートスとその主要命題の更新継承——たとえば、統一ドイツ国家の無制約的主権への要求を正当化するとか、もっとも極端な場合には、ユダヤ人からの宿命的悪影響についてのテーゼを再び掲げるとか——を含意することになったであろう。いずれも等しく、不可能な話だ。第三帝国のネガティヴなイメージのもっとも深い核は、修正の必要もなければ、修正可能でさえない。……」 (p. 18)

「……ソヴィエト占領下の東欧地域における一九四五年以降の階級殲滅は、なるほど帰結の一部として西側に冷戦のメンタリティを惹き起こしたのではあったが、しかし他面では、腐敗したあまりに過去志向的な体制や構造の除去として理解されたのだった。こうした理解は優勢かつ確実なもので、根拠のないものではない。スターリンの恐怖政治と数百万人にのぼるその犠牲者の存在とをフルシチョフが認めたことが、「雪解け」の始まりを記しづけたではないか。ところで、インドシナでの諸々の出来事(=ポル・ポト派による大量虐殺、およびヴェトナム戦争)は、階級抹殺・民族抹殺・集団抹殺という領野においてなにがオリジナル(Original)であるのか、そしてなにがコピー(Kopie)であるのかを、白日のもとにさらす機会となった。ヒトラーのユダヤ人抹殺をこうした連関において見ることを欲さない者は、もしかするとじつに高貴な動機に導かれているのやもしれないが、そうだとしても、歴史を歪曲している(verfälscht die Geschichte)。そうした者は、直接原因についての形式的な探索をするだけであって、それなしには諸原因すべてが結果を産出することなしにとどまったであろうところの、諸々の根本的前提条件を見逃してしまっているのだ。アウシュヴィッツはともかくも伝承されてきた反ユダヤ主義から帰結してきたのではないし、根本においてたんなる《民族虐殺》でもない。そうではなく、ロシア革命における諸々の抹殺の経緯にたいする不安から生まれた反応(die aus

Angst geborene Reaktion）こそが、ここにかかわっているのだ。……」 (p. 32)

「……〔歴史記述における〕第三帝国の悪魔視（Dämonisierung）は、受け入れられないものだ。第三帝国にたいして人間性（Menschlichkeit）が否認される際には、すでにこの悪魔視が存在している。しかし人間性とは、あらゆる人間的なことは有限であるということに、そしてそれゆえ、まったくの善でもまったくの悪でもありえず（weder ganz gut noch ganz schlecht sein kann）、完全な明るみでもないが完全な暗がりでもありえないということに、単純に存している。丹念な総括をしても掘り下げた比較をしても、第三帝国の特異性（Singularität）は除去されはしない。だがそうした総括や比較によって第三帝国は、人類史の一部分として現われることができるようになる。すなわち、たんに過去の本質特徴をいま一度もっとも極端に凝縮して現出させただけではなくて、同時に、未来起こるであろうことを先取りし、現在容易に見出される物事を遂行した、そういう一部分としてだ。第三帝国もまた、学の対象、つまり、政治の彼岸にあるわけではないが、やはりけっして政治のたんなる奉仕者ではない学の対象となりうるし、そうなるほかはない」 (p. 34)

「歴史伝説と修正主義のはざま?」、『フランクフルター・アルゲマイネ』一九八〇年七月二四日（短縮版）

あるとリクールは注記している。つまり言論の自由を認め、かつ積極的自由に価値を置く、という意味の用法だということ。英語訳書「liberal」、ドイツ語訳書「freiheitlich」。邦訳書の「自由な」という訳出では読者はなんのことか分からない。

リクールがなぜこの注記をしたかといえば、フランス（語）で「libéral(e)」という語が帯びているニュアンスが若干注意が必要だからだ。基本的にフランス（語）においては「リベラル」は「ソシアル」と対置される要素を持ってきた。このこ

もっとも波紋を呼んだエルンスト・ノルテによる論稿をリクールは取り上げる(18)。有象無象の論者が参戦した論争のなかでノルテに参照項を絞るということには、リクールの認識論上の意図が含まれているが、それはまたのちほど明らかになる。ノルテの発言が、真剣に学的にコメントするにおよばないレヴェルの論者たちの発言も少なくはないなかで、ある意味で取り上げるに値するなにかは有しているということである。知的水準の高さか、政治的言述の老獪さか？　それはどういうものだったか。

のちに歴史家論争のテクスト集の最初に収められるノルテの論稿「歴史伝説と修正主義の間で？ *Zwischen Geschichtslegende und Revisionismus?*」。その冒頭近くで次のような確認がなされる。

「第三帝国はまだ生きている、その没落後三五年が経っても」（Das dritte Reich ist noch lebendig, 35 Jahre nach seinem Untergang）（"Historikerstreit" p.13; MHO429）

その生きている仕方というのは、

「一部の狂信的支持者サークルにおけるものを除けば、徹頭徹尾ネガティヴな生存＝活況（Lebendigkeit）であり、そうであることには十分理由がある」（"Historikerstreit" p.14; MHO429）

さてリクールは、ノルテはいわゆる「否定主義者〔ホロユースト否認論者〕」（négationniste）の論調にくみしているわけではないという点をまず確認する。これは重要な点だ。ノルテは虐殺は無かったなどということはない。また「道徳的断罪」を当然のものとみなして引き受けるともいっている。「第三帝国のネガティヴなイメージのもっとも深い核は、修正の必要もないし、修正可能でもない（weder revisionsdürftig noch revisionsfähig）」。

しかしノルテは別の観点からの、つまり「第三帝国の全体を新しい視野（eine neuartige Perspektive）のうちに置き入れる」ことによる「修正」(Revision)というものは、可能であるのみでなく、じつはきわめて必要なのではないか、と、提言をする。

ノルテによるその「修正」は三段階でなされる。すなわち「コンテクストの時間的拡大」「同時期ないしそれ以前の類似の諸事実との比較」「オリジナルからコピーへという因果関係」(MHO429)の三段階である。

まずノルテはイギリス・フランスの産業革命の開始にまで遡って躊躇なく時間的コンテクストを延長し、それ以来の「革命的破壊的」な経緯における諸々の事態のひとつとして第三帝国の政策をとらえることを提案する。それから、各国の「近代化」のうねりのなかで起きてきた事例のひとつとしての、ボルシェヴィキによる虐殺を比較可能な類似例として提示する。この類似例の提示を踏み台にして、そこから次に、飛躍がなされる。因果関係ということが言及される。「ノルテの言説の決定的な変質は、比較(comparaison)から因果性(causalité)への移行においてなされる」(MHO429)とリクールは解する。ここが問題なのだ。ノルテが独自な主張をし始めるのは、ナチスによる人種虐殺はなんら「オリジナル」ではない、という論旨においてである。

とは、二十世紀後半に経済上の「新自由主義」(あるいはリバタリアニズム)のことを「libéral(e)」が指すようになった際にも、いわば古くて新しい仕方で、同様のこととなった。二〇〇八年五月(つまり同年の金融危機より以前)に、社会党の次期党首有力候補であったパリ市長ベルトラン・ドラノエが自身の立場を“libéral et socialiste”と形容し一騒動となり、新自由主義という意味ではない、と弁解に追われたが結局彼が党首となる芽はそれでなくなってしまったというほど。

(18) リクールは論争テクスト集の仏訳書から引用している(*Devant l'histoire. Les documents de la controverse sur la singularité de l'extermination des juifs par le régime nazi*, Rudolf Augstein et al.; Paris, Cerf, 1988.)。この仏訳は悪くはないが良くもない。ドイツ語原書は:*„Historikerstreit“: die Dokumentation der Kontroverse um die Einzigartigkeit der nationalsozialistischen Judenver-nichtung*, München, Piper, 1987. 邦訳書は全訳ではなく抄訳である。『過ぎ去ろうとしない過去　ナチズムとドイツ歴史家論争』、三島憲一他訳、人文書院、一九九五年.

「第三帝国によるいわゆるユダヤ人絶滅は、ひとつの反作用ないし歪んだコピー（verzerrte Kopie）である。初めてなされた行為でもなければ、オリジナル（das Original）でもない」（„*Historikerstreit*" p. 32; MHO429）

それゆえオリジナルとコピーとの因果関係、オリジナルからコピーへのを先後関係を冷静に距離をとって把握できない論者は、「歴史を歪曲している」（verfälscht die Geschichte）のだ。そうノルテは語る。

比較に徹底的に訴えることで、ナチスの行為の「特異性」（singuralité）と「唯一性」（unicité）という事柄にかんしての視角が、変容をほどこされる。そもそも比較こそが差異と因果性を同定可能にするはず……？

その次に公にされた論稿、もっとも物議を醸しハーバーマスが発言に踏み切るきっかけとなった『フランクフルター・アルゲマイネ』紙上に掲載された論稿「過ぎ去ろうとしない過去 *Vergangenheit, die nicht vergehen will*」（一九八六年六月六日付）においてノルテは、今度は、トルコとソヴィエトの事例を「オリジナル」として徹底的に前面に打ち出した（先の「歴史伝説と修正主義の間で？」においてはヴェトナム戦争やポル・ポトというナチス以後についての言及が主だったことで、その時点では耳目を集めなかったノルテの「修正主義」は、この「過ぎ去ろうとしない過去」で第三帝国以前の「オリジナル」を相当に強調し、より旗幟を鮮明にした）。

ソ連の「収容所群島《グラーグ》」のほうが「アウシュヴィッツよりもいっそう起源的（ursprünglicher）」（MHO430）ではないのか。ボルシェヴィキのなした「階級扶殺」は、国民社会主義者らのなした「人種扶殺」の「論理上かつ事実上の先行者」（das logische und faktische Prius; MHO430）だったのではないのか。第三帝国という過去が過ぎ去らないのは、まるでそれがオリジナルであるかのようにみなす視野が修正されていないからだ……！

そして、ソヴィエトのそれ以上に明確に「最終的解決」のオリジナルとなったものがじつはあった。それはあるドイツ人も目撃した「アジア的」（asiatische; MHO430）な犯罪、「ヨーロッパ文明とはかけ離れた（fern von europäischer Zivilisation）アジア的な仕方の」犯罪であった、とノルテは主張する。『記憶、歴史、忘却』では明記していないが一九一五年に起こったトルコでのアルメニア人虐殺のことである。(19) アウシュヴィッツに特異性があることはまったく間違いない。だとしても、すでに二十世紀初頭に起こっていた他の大規模扶殺という歴史学的事実との比較において精査するならば、「ガス使用という技術的過程《テヒニシェン》（technischen Vorgangs）だけが唯一の例外」（MHO430）であろう。したがってナチスの行為はヨーロッパ起源でも、ドイツ起源でもない。それは「アジア的な」犯罪のコピーでしかない……。

リクールはノルテによるこうした「比較の使用」を、「特定事例を個別の仕方で扱う裁判官とは、対蹠をな

（19）その後二十一世紀に入ってからも、トルコのEU加盟を承認するかどうかが俎上にのぼるたびごとに、このアルメニア人虐殺の事実を認めることを条件にすべきだという議論が立ち上がってくることをかんがみるなら、このノルテの論法が、リベラルなインテリにたいしてはどうあれ、一般的民衆にたいして、荒唐無稽と切って捨てることができない感情的な、集合的記憶（それゆえ、集合的忘却）を共振させるようなアピール力をなんらかの程度に有していることが推し量られる。

歴史家論争テクスト集邦訳書に付された解説のなかで、三島憲一も指摘したように、「歴史家論争を全体として見るならば、ナチスの犯罪を多少とも相対化し、ドイツ国民の誇りを維持することをもくろむ人々、つまりハーバーマスの論敵たちが議論としては劣勢だったことはまちがいない。知識層の支持の度合いから見てもそうであるが、内容的に見てもそれはいえよう。修正主義の人々は、……そのつど一見抽象的な、大きな言葉や表現を装飾音として組み合わせ、はっきりさせたくないときにはレトリックを駆使する」（247頁）。しかし、ハーバーマスら「規則に従った技術的に優れたチームは、実際にはこの戦略の前に、手をこまねいている以外にはなかった」。「修正主義者たちの議論のほうが、水面下では、つまりメディアには現われない、日常の意識のなかでは支持が多かったのも当然であろう」。「ハーバーマスたちの論争は、簡単にいえば、規則にのっとった議論では勝ちながら、規則の選択で敗れている以上、全体としては敗色濃厚だった、ともいえよう」（250頁）。「リベラル・コンセンサスを体現する人々が、犠牲者の苦悩とは無縁の戦後の豊かさを享受しながら、代弁者気取りであることへの生理的反発もあろう。たしかに犠牲者の代弁は難しい。今後ますます難しくなるであろう」（255頁）。

すところに歴史家を位置づける」(MHO430) 仕方だとみなす。そのことによってノルテは「歴史学的判断」を独立させることを試みているのだ。一つの事案だけを見るのではなく、より時間的にも地理的にも広げた視野でもって、平静に他の事案との比較を行う。そうした存在としての歴史家。その歴史学的判断と、「道徳的、司法的、政治的判断」との関係は —— 表向きは —— 切断されている状態を呈する。

「その継ぎ目に、哲学者ハーバーマスが介入した」(MHO431)。

ハーバーマスの介入、その論点

ハーバーマスは『ツァイト』紙に掲載した彼の論稿「一種の損害補償 —— ドイツ現代史学の歴史記述の弁解擁護的傾向 *Eine Art Schadensabwicklung*」(一九八六年七月一一日付) のなかで、ノルテの論稿におけるアウシュヴィッツについての道徳的判断を、痛烈に批判したのだ。(これをきっかけとしてノルテ支持ないしハーバーマス支持のさまざまな論者が声を上げだし、大論争が始まるのだが、その仔細を追うことはここでの主眼ではない。)

ノルテが道徳的判断を分離するというよりむしろ暗黙化させていることが問題だ、とハーバーマスは指摘する。そして実際にはその修正主義的歴史記述のうちに「旧来のアイデンティティの国民国家的修復」の企図をノルテ氏は混ぜ込んでいる、とハーバーマスは喝破する。いいかえればそれは戦前と戦後のドイツ国家・国民のアイデンティティ上の連続性を回復し、かつそれを感情において肯定的に語りうるような物語的シークエンスを作成するという企図だ、と。

また —— ノルテはフライブルク大学でハイデガーの学生であった時期があるのだが —— 近代化の大きな歴史のうねりに大雑把に原因を帰したり、ガス室という「技術《テヒニーク》」(!) に事の本質を見たりという、「すべての猫が灰色になるような、深みの次元」(MHO431) に潜り込むごとき身振りによって「差異解消〔なにもかも一緒くたにすること〉」（Entdifferenzierung）をほどこすノルテ的比較の論法を、ハーバーマスは辛辣に批判する。
さまざまな修辞をもちいて戦前との「連続性」をひそかにかくまい賛美しようとするそうした趨勢に対抗してハーバーマスは、自身の対案を出す。「ドイツの文化国家においては、遺憾ながらアウシュヴィッツの後で、そしてそれを通してしか形成されえなかった」（erst nach – und durch – Auschwitz bilden können）、唯一可能な愛国主義としての「憲法愛国主義」（Verfassungspartiotismus; MHO431）がそれである。「普遍主義的（universalistisch）な憲法原理への確信に錨を下ろした絆」であり、また「集団的自尊感情を濾過する……普遍主義的価値志向のフィルター」であるような、そうした「憲法愛国主義」という姿勢を。

「歴史家論争」でのユルゲン・ハーバーマスの発言から

「ノルテは、彼の叙述の基準点にするために、カンボジアのポル・ポト政権によるテロルというものを選んだ。この基準点から出発してノルテはひとつの〈前史 Vorgeschichte〉を再構成する。ソ連の「収容所群島」〈一九五〇年代後半まで存続〉からはじまって、過去へさかのぼり、スターリンによる自営農民《クラーク》粛清〈一九三〇年代前半〉、ボルシェヴィキ革命〈一九一七年〉、さらにはバブーフ〈Gracchus Babeuf, 1760-1797〉や初期社会主義者たち、十九世紀初頭の英国の農地改革者たちにまでさかのぼる前史。――こうして描き出されるのは、文化的・社会的近代化に抗する蜂起、見渡しのきく自給自足的世界を再建したいという幻覚的願望によって突き動かされた蜂起というひとつの歴史の線なのだ、と。こうした恐怖の出来事の文脈を背景に、ユダヤ人絶滅はただもっぱら、自分を絶滅しにくる威嚇としてヒトラーが感受するほかなかったものごとにたいする、ともかくも納得のいく（verständlich）反応がまねいた気の毒な結果とみなされる。《第三帝国によるいわゆるユダヤ人絶滅は、ひとつの反作用ないし歪んだコピーである。初めてなされた行為でもなければ、オリジナルでもない》、と。」 (p.69)

「ドイツ連邦共和国における住民の歴史意識（historische Bewußtsein）を強化するという真剣な意図での努力に、いったいだれが反対するだろう。また、過ぎ去ろうとしない過去（Vergangenheit, die nicht vergehen will）にたいして、歴史として距離を置くこと〈歴史化的疎隔化〉（einehistorisierende Distanzierung）にも、十分な根拠がある。……かの諸々の複雑な連関、すなわちナチス時代の日常（NS-Alltag）における犯罪性とうわべの正常性との連関、破壊と活況との連関、〈マクロ歴史学的にみた〉体制全体の荒廃した遠景と〈ミクロ歴史学的にみた〉目立たず・両義的な日常現場の近景との連関、それらの複雑さは、まったくもって、客観化して叙述する〈準現前化する〉（objektivierende Vergegenwärtigung）という有益な営みに耐えうるものであるはずだろう。だから、ショート・カットした論理で父親たち・祖父たちの過去を道徳化して、あわてて息を切らしながらそれを教育効果へと換金するようなことは、距離を置く理解にたいして道を譲ることになっていいはずだろう。ショッキングな過去を理解すること（Verstehen）とショッキングな過去に有罪判決を下すこと（Verurteilen）とを用心深く差異化することもまた、催眠状態という麻痺を解くのにたしかに役立つはずだろう。ただ、しかしながら、いまいったような意味での歴史化（Historisierung）が、ヒルデブラントとシュテュルマーが推奨した修正主義（Revisionismus）などであるわけがない。ヒルグルーバーあるいはノルテのような人々から、首尾よく過去を脱道徳化して債務を振り切ろうとするような、そういう推進力を受け取るわけでもありえないだろう。……

……国民意識（Nationalbewußtsein）のなかに自然発生的に錨《いかり》を下ろしたアイデンティティ（Identität）

の蘇生を目的とする者、清算可能性（Berechenbarkeit）・コンセンサス調達（Konsensbeschaffung）・意味創設による社会統合（soziale Integration）といった機能的命題に引っぱられるがままの者たちは、歴史記述の啓蒙的効果（der aufklärende Effekt der Geschichtsschreibung）を前にしりごみして、歴史解釈において幅広く有効なスタンスである多元主義（Pluralismus）を拒絶しているのにちがいない」

(p.72–73.)

「一九四五年以後、少なくとも一九四五年以後に教育を受けたより若い世代の歴史家たちとともに、別なる精神が頭角を現わしただけでなく、読解仕方および方法論の多元主義が台頭したということ、このことは、容易に修理できるパンク事故のようなものでは断じてない。……

今日、《歴史の喪失 Verlust der Geschichte》として嘆かれているものは、そう、歴史の隠蔽や抑圧という面だけをもっているのではないし、重荷を背負って立ち往生に陥ってしまった過去に釘づけにされているという面だけなのでもない。若者たちのあいだで国民的シンボルが心に刻む力を喪失してしまっているのであれば、どうか。みずからのルーツとのナイーヴな一体感がむしろ歴史との調査吟味的な交渉に道を譲ったのであれば、非連続性のほうをより強く感じ、連続性をなにがなんでも言祝《ことほ》ごうとはもはやしないのであれば、どうか。そして国民的プライドや集団的自尊感情が、普遍主義的（universalistisch）価値志向のフィルターによって濾過されるのであれば、どうか。――これらのことが現実となっていくに応じて、ポスト旧来慣習的なアイデンティティの形成という兆候が増加していくのだ」

(p.74–75.)

「一種の損害補償――ドイツ現代史学の歴史記述の弁解擁護的傾向」、『ツァイト』一九八六年七月一一日さて、この論争をどう見るか。

まずリクールは、ノルテの比較濫用による差異解消言説がもたらそうと試みる「特異性の解消から帰結する冤罪証明（disculpation）の効果」をハーバーマスが批判するのは、正鵠を得ていると解する。ただ、ハーバーマスの当該の論の範囲内では、「ショアーの唯一性についての省察」（MHO431）がそれ自体としては含まれていない。そこにリクールは残された問題を見て取る。

ハーバーマスは「唯一性《アインツィヒアルティヒカイト》」カテゴリーについての歴史認識論的分析を一切していない。唯一性はいかにして歴史記述可能なのか。この点にハーバーマス自身は解答を出していない。こうリクールは指摘する。そのため、ハーバーマスの発言は、どういう歴史記述がなされるべきなのかという「歴史記述的実践」（pratique historiographique）の平面で一応なされているノルテの議論とは、すれ違ったままである。ハーバーマスの論ではノルテ的歴史記述を批判するために本来は必要であるはずの歴史学的・歴史認識論的根拠は、踏み込んで考えられないままになってしまっているのだ。くわえて、ハーバーマスがもちだす憲法愛国主義なるものの「普遍性」ということが、ドイツの歴史とどうかかわるのかも詰めて考察されていない。つまり、そうした普遍性があるとして、それが個々の国や国民の個別的な歴史にどう関係していくのかについて。

それにしても、なぜこうもロジックがすれ違うのか？　ノルテの論についておさえておくべきことがある。それは、事実認定の点でノルテのテクストがほとんどなにもいっていないことだ。ゆえにノルテはなんの〝間違った〟ことも〝偽りの〟こともいっていない。この「いかなる虚偽も産出せずに（sans la production d'aucun faux）容認しがたい論証を提示する」（シャルチエ：Débat9）仕方の歴史叙述。「オリジナル」と「コピー」といった、理知的に考えればなんとも大雑把にすぎる言葉づかいが、事実を争っていない（かのようである）がゆえに、溜飲を下げるとまではいかずとも、一般読者の共感をある程度に得ていること。争っていないがゆえに反論し

:R ZEIT

DIE ZEIT – Nr. 29 – 11. Juli 1986

Eine Art Schadensabwicklung

Die apologetischen Tendenzen in der deutschen Zeitgeschichtsschreibung

Von Jürgen Habermas

ıgel der Litera-
s, daß sie nicht
ill, in welchem
Nationalsoziali-
Ausnahme des
asung, in einer
ihen zwanziger
.. Vollbrachten
hte Hitler eine
leshalb, weil sie
elle oder wirkli-
t betrachteten?"

Ernst Nolte in der
ng vom 6. Juni 1986

ıel Stürmer be-
des historischen
losen Land (ge-
die Erinnerung
: Vergangenheit
vativen Weltbil-
n siebziger Jah-
ert worden ist,
sprozesse als ei-
. Der einzelne
emdung, die er
bung einer ver-
fährt, mit iden-
werden. Stürmer
ie Identität des
des Gemeinwe-
und Interessen
ıen Boden mehr
n sozialen Bür-
en Sinnstiftung,
Nation und Pa-
ren". Eine poli-
eschichtswissen-
rsagen, ein Ge-
verbreiten, das
h ist. Die Fach-
eben durch kol-
edürfnisse nach
muß diese aber"
haus als ein Di-
ethodik abarbei-
,die Gratwande-
Entmythologisie-

Kölner Zeithisto-
ner Gratwande-
traue ich mich
nmierten Zeithi-
einer bibliophi-
Zweierlei Unter-
chienene Unter-
dressiert ist. Ich
es Patienten, der
ation seines Ge-

schreibt Hillgru-
itschen Ostfront
1944/45. Zu Be-
der Identifizie-
lcher der seiner-
or sich in seiner
Da er die Situa-
. Juli gegenüber
ung der Befehls-
ter vor Ort als
bgetan hat, blei-
halteperspektive
darwinistisch ab.
ı Siegern kommt
gsperspektive sei
ationslager ange-
ation im ganzen.
ıl: „Er muß sich
deutschen Bevöl-
erzweifelten und
deutschen Ost-
ie im Ostseebe-
kerung des deut-
n der Roten Ar-
n, den willkürli-
n Deportationen
weg nach Westen

m der Historiker
ve aus dem Ab-
en, also seine ei-
, von der er sich
ietet zugeın den
ktiven Wahrneh-
n Parteien in Be-
abzuwägen und
nen zu ergänzen.
gen: „normalen"
ch seine Darstel-
n kämen unver-
Vernichtungskrie-

größeren Teil der preußisch-deutschen Ostprovinzen zu retten"; dabei erklärt er das Desinteresse der Westmächte mit einem „klischeehaften Preußenbild". Daß die Machtstruktur des Reiches mit der besonders in Preußen konservierten Gesellschaftsstruktur zu tun haben könnte, kommt Hillgruber nicht in den Sinn. Von sozialwissenschaftlichen Informationen macht er keinen Gebrauch – sonst hätte er beispielsweise den Umstand, daß Ausschreitungen beim Einmarsch der Roten Armee nicht nur in Deutschland, sondern zuvor auch schon in Polen, Rumänien und Ungarn vorgekommen sind, wohl kaum auf die barbarischen „Kriegsvorstellungen" der stalinistischen Epoche zurückführen können. Wie dem auch sei, die Westmächte waren durch ihr illusionär wahrgenommenes Kriegsziel, die Zerschlagung Preußens, verblendet. Zu spät erkannten sie, wie durch den Vormarsch der Russen „ganz Europa der Verlierer der Katastrophe von 1945" wurde.

Vor dieser Szene nun kann Hillgruber das „Ringen" des deutschen Ostheeres ins rechte Licht rücken – den „verzweifelten Abwehrkampf um die Bewahrung der Eigenständigkeit der Großmachtstellung des Deutschen Reiches, das nach dem Willen der Alliierten zertrümmert werden sollte. Das deutsche Ostheer bot einen Schutzschirm vor einem jahrhundertealten deutschen Siedlungsraum, vor der Heimat von Millionen, die in einem Kernland des Deutschen Reiches . . . wohnten." Die dramatische Darstellung schließt dann mit einer Wunschdeutung des 8. Mai 1945: Vierzig Jahre danach sei die Frage einer „Rekonstruktion der zerstörten europäischen Mitte . . . so offen wie damals, als die Zeitgenossen als Mithandelnde oder Opfer Zeugen der Katastrophe des deutschen Ostens wurden". Die Moral der Geschichte liegt auf der Hand: Heute wenigstens stimmt die Allianz.

Im zweiten Teil behandelt Hillgruber auf 22 Seiten den Aspekt des Geschehens, den er aus dem „tragischen" Heldengeschehen bis dahin ausgeblendet hatte. Schon der Untertitel des Buches signalisiert eine veränderte Perspektive. Der in der Rhetorik von Kriegsheftchen beschworenen „Zerschlagung des Deutschen Reiches" (die anscheinend nur an der „Ostfront" stattgefunden hat) steht das nüchtern registrierte „Ende des europäischen Judentums" gegenüber. Die „Zerschlagung" verlangt einen aggressiven Gegner, ein „Ende" stellt sich gleichsam von selber ein. Während dort „die Vernichtung ganzer Armeen neben dem Opfermut einzelner" stand, ist hier von den „stationären Nachfolgeorganisationen" der Einsatzkommandos die Rede. Während dort „manche Unbekannte in der hereinbrechenden Katastrophe über sich hinauswuchsen", werden hier die Gaskammern als „effektivere Mittel" der Liquidation umschrieben. Dort die nicht-revidierten, unausgedünsteten Klischees eines aus Jugendtagen mitgeführten Jargons, hier die bürokratisch gefrorene Sprache. Der Historiker wechselt nicht nur die Perspektive der Darstellung. Nun geht es um den Nachweis, daß „der Mord an den Juden ausschließlich eine Konsequenz aus der radikalen Rassendoktrin" gewesen sei.

Stürmer interessierte sich für die Frage, „wie weit es der Krieg Hitlers gewesen war und wie weit der Krieg der Deutschen". Hillgruber stellt die analoge Frage im Hinblick auf die Judenvernichtung. Er stellt hypothetische Überlegungen an, wie das Leben der Juden ausgesehen hätte, wenn nicht die Nazis, sondern Deutschnationale und Stahlhelmer 1933 an die Macht gekommen wären. Die Nürnberger Gesetze wären ebenso erlassen worden wie alle übrigen Maßnahmen, die den Juden bis 1938 „ein Sonderbewußtsein aufgezwungen" haben; denn diese standen „mit den Empfindungen eines großen Teils der Gesellschaft in Einklang". Hillgruber bezweifelt aber, daß zwischen 1938 und 1941 bereits *alle* Funktionsträger eine forcierte Auswanderungspolitik als die beste Lösung der Judenfrage angesehen hätten. Immerhin seien bis dahin zwei Drittel der deutschen Juden „ins Ausland gelangt". Was schließlich, seit 1941, die Endlösung anbetrifft, es war Hitler allein, der sie von Anbeginn ins Auge gefaßt hatte.

als gäbe es nicht auch dafür ganz plausible Erklärungen. Kurzum, daß eine zivilisierte Bevölkerung das Ungeheuerliche geschehen ließ, ist ein Phänomen, das Hillgruber aus der Fachkompetenz des überforderten Historikers entläßt – und unverbindlich in die Dimension des Allgemeinmenschlichen abschiebt.

III.

Hillgrubers Bonner Kollege Klaus Hildebrand empfiehlt in der *Historischen Zeitschrift* (Bd. 242. 1986, 465f.) eine Arbeit von Ernst Nolte als „wegweisend", weil sie das Verdienst habe, der Geschichte des „Dritten Reiches" das „scheinbar Einzigartige" zu nehmen und „die Vernichtungskapazität der Weltanschauung und des Regimes" in die gesamttotalitäre Entwicklung historisierend einzuordnen. Nolte, der schon mit dem Buch über den „Faschismus in seiner Epoche" (1963) weithin Anerkennung gefunden hatte, ist in der Tat aus anderem Holz geschnitzt als Hillgruber.

In seinem Beitrag „Zwischen Mythos und Revisionismus" begründet er heute die Notwendigkeit einer Revision damit, daß die Geschichte des „Dritten Reiches" weitgehend von den Siegern geschrieben und zu einem „negativen Mythos" gemacht worden sei. Um das zu illustrieren, lädt Nolte zu dem geschmackvollen Gedankenexperiment ein, sich doch einmal das Israelbild einer siegreichen PLO *nach* der vollständigen Vernichtung Israels auszumalen: „Dann würde sich für Jahrzehnte und möglicherweise für Jahrhunderte niemand trauen, die bewegenden Ursprünge des Zionismus auf den Geist des Widerstandes gegen den europäischen Antisemitismus . . . zurückzuführen." Selbst die Totalitarismustheorie der fünfziger Jahre habe keine veränderte Perspektive angeboten, sondern nur dazu geführt, in das negative Bild eben auch die Sowjetunion einzubeziehen. Ein Konzept, das derart vom Gegensatz zum demokratischen Verfassungsstaat lebt, genügt Nolte noch nicht; ihm geht es um die Dialektik wechselseitiger Vernichtungsdrohungen. Lange vor Auschwitz habe Hitler, meint er, gute Gründe gehabt für seine Überzeugung, daß der Gegner auch ihn habe vernichten wollen – „annihilate" heißt der Ausdruck im englischen Original. Als Beleg gilt ihm die „Kriegserklärung", die Chaim Weizmann im September 1939 für den jüdischen Weltkongreß abgegeben und die Hitler dazu *berechtigt* habe, die deutschen Juden als Kriegsgefangene zu behandeln – und zu deportieren. Man hatte schon vor einigen Wochen in der *ZEIT* (allerdings ohne Namensnennung) lesen können, daß Nolte dieses abenteuerliche Argument einem jüdischen Gast, seinem Fachkollegen Saul Friedländer aus Tel Aviv, zum Abendessen serviert hatte – jetzt lese ich es schwarz auf weiß.

Nolte ist nicht der betulich-konservative Erzähler, der sich mit dem „Identifikationsproblem" herumschlägt. Er löst Stürmers Dilemma zwischen Sinnstiftung und Wissenschaft durch forsche Dezision und wählt als Bezugspunkt seiner Darstellung den Terror des Pol-Pot-Regimes in Kambodscha. Von hier aus rekonstruiert er eine Vorgeschichte, die über den „Gulag", die Vertreibung der Kulaken durch Stalin und die bolschewistische Revolution zurückreicht bis zu Babeuf, den Frühsozialisten und den englischen Agrarreformern des frühen 19. Jahrhunderts – eine Linie des Aufstandes gegen die kulturelle und gesellschaftliche Modernisierung, getrieben von der illusionären Sehnsucht nach der Wiederherstellung einer überschaubaren, autarken Welt. In diesem Kontext des Schreckens

rung, die aus dieser Sicht „Marx und Maurras, Engels und Hitler bei aller Hervorhebung ihrer Gegensätze dennoch zu verwandten Figuren" macht. Erst wenn sich Marxismus und Faschismus gleichermaßen als Versuche zu erkennen geben, eine Antwort zu geben „auf die beängstigenden Realitäten der Moderne", kann auch die wahre Intention des Nationalsozialismus von dessen unseliger Praxis fein säuberlich geschieden werden: „Die ‚Untat' war nicht in der letzten Intention beschlossen, sondern in der Schuldzuschreibung, die sich gegen eine Menschengruppe richtete, welche selbst durch den Emanzipationsprozeß der liberalen Gesellschaft so schwer betroffen war, daß sie sich in bedeutenden Repräsentanten für tödlich gefährdet erklärte."

Nun könnte man die skurrile Hintergrundphilosophie eines bedeutend-exzentrischen Geistes auf sich beruhen lassen, wenn nicht neokonservative Zeithistoriker sich bemüßigt fühlten, sich genau dieser Spielart von Revisionismus zu bedienen.

Als Beitrag zu den diesjährigen Römerberggesprächen, die mit Vorträgen von Hans und Wolfgang Mommsen auch das Thema der „Vergangenheit, die nicht vergehen will" behandelten, bescherte uns das Feuilleton der *FAZ* vom 6. Juni 1986 einen militanten Artikel von Ernst Nolte – übrigens unter einem scheinheiligen Vorwand (das sage ich in Kenntnis des Briefwechsels, den der angeblich ausgeladene Nolte mit den Veranstaltern geführt hat). Auch Stürmer solidarisierte sich bei dieser Gelegenheit mit dem Zeitungsaufsatz, in dem Nolte die Singularität der Judenvernichtung auf „den technischen Vorgang der Vergasung" reduziert und mit einem eher abstrusen Beispiel aus dem russischen Bürgerkrieg seine These belegt, daß der Archipel Gulag „ursprünglicher" sei als Auschwitz. Dem Film „Shoah" von Lanzmann weiß der Autor nur zu entnehmen, „daß auch die SS-Mannschaften der Todeslager auf ihre Art Opfer sein mochten und daß es andererseits unter den polnischen Opfern des Nationalsozialismus virulenten Antisemitismus gab". Diese unappetitlichen Kostproben zeigen, daß Nolte einen Fassbinder bei weitem in den Schatten stellt. Wenn die *FAZ* mit Recht gegen die in Frankfurt geplante Aufführung dieses Stücks zu Felde gezogen ist, warum dann dies?

Ich kann mir das nur so erklären, daß Nolte nicht nur jenes Dilemma zwischen Sinnstiftung und Wissenschaft eleganter umschifft als andere, sondern für ein weiteres Dilemma eine Lösung parat hat. Dieses Dilemma beschreibt Stürmer mit dem Satz: „In der Wirklichkeit des geteilten Deutschlands müssen die Deutschen ihre Identität finden, die im Nationalstaat nicht mehr zu begründen ist, ohne Nation aber auch nicht." Die Ideologieplaner wollen über eine Wiederbelebung des Nationalbewußtseins Konsens beschaffen, gleichzeitig müssen sie aber die nationalstaatlichen Feindbilder aus dem Bereich der Nato verbannen. Für diese Manipulation bietet Noltes Theorie einen großen Vorzug. Er schlägt zwei Fliegen mit einer Klappe: Die Nazi-Verbrechen verlieren ihre Singularität dadurch, daß sie als Antwort auf (heute fortdauernde) bolschewistische Vernichtungsdrohungen mindestens verständlich gemacht werden. Auschwitz schrumpft auf das Format einer technischen Innovation und erklärt sich aus der „asiatischen" Bedrohung durch einen Feind, der immer noch vor unseren Toren steht.

IV.

Wenn man sich die Zusammensetzung der Kommissionen ansieht, die die Konzeptionen für die von der Bundesregierung geplanten Museen, das Deutsche Historische Museum in Berlin und das Haus der Geschichte der Bundesrepublik in Bonn, ausgearbeitet haben, kann man sich nicht ganz des Eindrucks erwehren, daß auch Gedanken des Neuen Revisionismus in die Gestalt von Exponaten, von volkspädagogisch wirksamen Ausstellungsgegenständen umgesetzt werden sollen. Die vorgelegten Gutachten haben zwar ein pluralistisches Gesicht. Aber mit neuen Museen dürfte es sich kaum anders verhalten als mit neuen Max-

nen gehen davon aus, daß die Arbeit des distanzierenden Verstehens die Kraft einer reflexiven Erinnerung freisetzt und damit den Spielraum für einen autonomen Umgang mit ambivalenten Überlieferungen erweitert; die anderen möchten eine revisionistische Historie in Dienst nehmen für die nationalgeschichtliche Aufmöbelung einer konventionellen Identität.

Vielleicht ist diese Formulierung noch nicht eindeutig genug. Wer auf die Wiederbelebung einer in Nationalbewußtsein naturwüchsig verankerten Identität hinauswill, wer sich von funktionalen Imperativen der Berechenbarkeit, der Konsensbeschaffung, der sozialen Integration durch Sinnstiftung leiten läßt, der muß den aufklärenden Effekt der Geschichtsschreibung scheuen und einen breitenwirksamen Pluralismus der Geschichtsdeutungen ablehnen. Man wird Michael Stürmer kaum Unrecht tun, wenn man seine Leitartikel in diesem Sinne versteht: „Beim Betrachten der Deutschen vis-à-vis ihrer Geschichte stellt sich unseren Nachbarn die Frage, wohin das alles treibt. Die Bundesrepublik . . . ist Mittelstück im europäischen Verteidigungsbogen des atlantischen Systems. Doch es zeigt sich jetzt, daß jede der heute in Deutschland lebenden Generationen unterschiedliche, ja gegensätzliche Bilder von Vergangenheit und Zukunft mit sich trägt . . . Die Suche nach der verlorenen Geschichte ist nicht abstraktes Bildungsstreben: sie ist moralisch legitim und politisch notwendig. Denn es geht um die innere Kontinuität der deutschen Republik und ihre außenpolitische Berechenbarkeit." Stürmer plädiert für ein *vereinheitlichtes* Geschichtsbild, das anstelle der ins Private abgedrifteten religiösen Glaubensmächte Identität und gesellschaftliche Integration sichern kann.

Geschichtsbewußtsein als Religionsersatz – ist die Geschichtsschreibung mit diesem alten Traum des Historismus nicht doch etwas überfordert? Gewiß, die deutschen Historiker können auf eine wahrlich staatstragende Tradition ihrer Zunft zurückblicken. Hans-Ulrich Wehler hat kürzlich noch einmal an den ideologischen Beitrag zur Stabilisierung des kleindeutschen Reiches und zur inneren Ausgrenzung der „Reichfeinde" erinnert. Bis in die späten fünfziger Jahre unseres Jahrhunderts herrschte jene Mentalität, die sich seit dem Scheitern der Revolution von 1848/49 und nach der Niederlage der liberalen Geschichtsschreibung vom Typ Gervinus ausgebildet hatte: „Liberale, aufgeklärte Historiker konnte man fortan fast hundert Jahre lang nur mehr isoliert oder in kleinen Randgruppen finden. Die Mehrheit der Zunft dachte und argumentierte reichsnational, staatsbewußt, machtpolitisch." Daß sich nach 1945, jedenfalls mit der Generation der nach 1945 ausgebildeten jüngeren Historiker, nicht nur ein anderer Geist, sondern ein Pluralismus von Lesarten und methodischen Ansätzen durchsetzte, ist aber keineswegs nur eine Panne, die sich schlicht reparieren ließe. Vielmehr war die alte Mentalität nur der fachspezifische Ausdruck eines Mandarinenbewußtseins, das die Nazizeit aus guten Gründen nicht überlebt hat: Durch erwiesene Ohnmacht gegen oder gar Komplizenschaft mit dem Naziregime war sie vor aller Augen ihrer Substanzlosigkeit überführt worden. Dieser geschichtlich erzwungene Reflexionsschub hat nicht nur die ideologischen Prämissen der deutschen Geschichtsschreibung berührt; er hat auch das methodische Bewußtsein für die Kontextabhängigkeit jeder Geschichtsschreibung verschärft.

Es ist jedoch ein Mißverständnis dieser hermeneutischen Einsicht, wenn die Revisionisten heute davon ausgehen, daß sie die Gegenwart aus Scheinwerfern beliebig rekonstruierter Vorgeschichten anstrahlen und aus diesen Optionen ein besonders geeignetes Geschichtsbild auswählen könnten. Das geschärfte methodische Bewußtsein bedeutet vielmehr das Ende jedes geschlossenen, gar von Regierungshistorikern verordneten Geschichtsbildes. Der unvermeidliche, keineswegs unkontrollierte, sondern durchsichtig gemachte Pluralismus der Lesarten spiegelt nur die Struktur offener Gesellschaften. Er eröffnet erst die Chance, die eigenen identitätsbildenden Überlieferungen in ihren Ambivalenzen deutlich zu machen. Genau dies ist notwendig für eine kritische Aneignung mehrdeutiger Traditionen, das heißt für die Ausbildung eines Geschichtsbewußtseins, das mit geschlossenen und sekundär naturwüchsigen Geschichtsbildern ebenso unvereinbar ist wie mit jeder Gestalt einer konventionellen, nämlich einhellig und vorreflexiv *geteilten* Identität.

Was heute als „Verlust der Geschichte" beklagt wird, hat ja nicht nur den Aspekt des Wegsteckens und des Verdrängens, nicht nur den des Fixiertseins an eine belastete und darum ins Stocken geratene Vergangenheit. Wenn unter den Jüngeren die nationalen Symbole ihre Prägekraft verloren haben, wenn die naiven Identifikationen mit der eigenen Herkunft einem eher tentativen Umgang

『ツァイト』紙 1986 年 7 月 11 日のハーバーマス「一種の損害補償」掲載紙面

がたいこと。こうした仕方のノルテの歴史叙述にたいして、今現在の政治的倫理的主張でもって対応してしまったハーバーマスの批判は、うまく衝突することをなしえていなかったのだ。

以上のようなリクールの指摘は、『記憶、歴史、忘却』第二部で歴史の認識論・歴史記述論を練成したことによって初めて、鋭い指摘として可能となったものであると注釈すべきだろう。

もちろん『記憶、歴史、忘却』のリクールに比べて歴史家論争当時のハーバーマスがなにもわかっていなかったというわけではない。ある点についてはハーバーマスはよくわかっていた。つまりノルテがそのように語る際の動機について。「戦後支配的だった歴史観にかえて、自国の歴史的連続性を強調し、その既往《きおう》と現在を肯定する歴史観を若い世代に付与する」（鹿島徹[20]）という意図こそが、ノルテら新修正主義の論客の主たる動機なのだろう、と。たとえば老若のドイツ人たちが漠然ともっていた〝ナチスのＳＳ〔親衛隊〕は悪かったが、ドイツ正規軍は悪くなかった〟といういわゆる〈国防軍神話〉を信じる（あるいは、信じたいと思う）無意識的な心情。そこに暗黙裡のうちに訴えかけて、心理操作的にそれを強化し、そしてナチスの特殊性を強調するような身振りでもって、じつは「ナチス」と「ドイツ」とをなるべく切り離し、ドイツ国民国家の連続性イメージを安全にしようとすること[21]。これが動機ではないのか。ハーバーマスはノルテの言説の背後にあるそういうにおいを早々に嗅ぎつけた。あるいは嗅ぎつけたと信じた。ただ、あまりによく嗅ぎつけたつもりになってしまったがために、すっかり相手の土俵に乗ってしまった。ハーバーマスの慇懃無礼な言述は動機批判・前提批判に終始し、相手の歴史記述自体を批判することにならず、空振りになる。歴史記述の話なのに、いってもいない動機云々を詮索されても「痛くもない腹を探られてはかなわない[22]」とぬるりとかわされる。より広い視野で、より長期のコンテクストを見ようとすることを歴史家に禁じるというのか。ノルテはいう、それは「学問のエートスには反する」（verstößt das Ethos der Wissenschaft; p. 45）。歴史認識としてはノルテらに瑕疵《かし》がない、つまりは一定の正当性がある、という印象を結果として補強しかねなくさえなった。ハーバーマス自身、歴史解釈の「多元主義」を擁護しているではないか……。

(『記憶、歴史、忘却』では触れられていないしまた歴史家論争邦訳書では割愛されているが、エアランゲン大学のミヒャエル・シュテュルマーが、ブローデルに言及している論稿がある。彼は修正主義側のもっとも声高な論客の一人で、ノルテほどに言葉を選ばず露骨に「アイデンティティ」を語り、ドイツ国民国家の記憶上・歴史上のアイデンティティの連続性を構築すべきと表立って語る論者であった。ハーバーマスは「一種の損害補償」で厳しく非難している。

さてそのシュテュルマーはブローデル晩年の著書『フランスのアイデンティティ』に触れて、そもそも国のアイデンティティについてこういう論点設定でこういう書物を書くこと自体がドイツでは不可能だと述べる。あるいは嘆く。「このドイツという国で、フェルナン・ブローデルの『フランスのアイデンティティ』のような書物が思考可能だろうか?……アイデンティティが、ブローデルにとっては中心に存する問題なのだ。……そのような自己意識はドイツ人にとっては一八〇〇年前後に旧帝国が消滅して以来、なじみのないものであり続けてきた。ビスマルク国家でさえ、ドイツという存在の形式として疑いないものとして長くあり続けはしなかった」[23]。『フランスのアイデンティティ』は老いたブ

(20) 鹿島徹『可能性としての歴史 越境する物語り理論』、254頁。
(21) ナチ党のSSと、徴兵制にもとづく正規軍である国防軍との区別をどの程度のものとみなすかは、こうした事情のゆえに相当センシティヴな問題になる。リクールとレヴィナスが第二次大戦の歳月をドイツ軍配下の捕虜収容所で生きたことには本書でも触れた。レヴィナスが生き残ったこと、またリクールと同じ部隊に属し共に捕虜になっていたユダヤ人著述家ロジェ・イコルが生き残ったことは、「最終的解決」の実行が少なくとも程度問題として、ドイツ正規軍のすみずみにまではいきわたっていなかったことの証左ではある(Dosse73)。しかしこれを強調しすぎると、別の偏りが生じてくる。
(22) 三島憲一『戦後ドイツ』、岩波新書、一九九一年、236頁。
(23) „*Historikerstreit*", p. 294.(Michael Stürmer, „Was Geschichte wiegt", *Frankfurter Allgemeine*, 26. November 1986)

ローデルの凡作と通例評価されるもので、ゆえにアナール派の仕事全体への有意義な批評がこの発言にあるとはいえない。しかし、ヘルムート・コール首相のブレーンでもあったシュテュルマーの発言がくしくもいい当ててしまっているのは、「長期持続」の重視というブローデルが脱〈政治史〉のつもりで提示した大方針が、じつは比較的安定した政治的アイデンティティをもち続けてきた「フランス」なるものを安んじてベースにできたがゆえにのみ可能な方針であったということ、つまり抜き去りがたい一種の政治性を有していたということだ。アナール派の仕事がフランス国外からみた場合にどのように映りうるかを、偏った仕方でながら、浮き彫りにした発言といえる。）

事態がそのようであったがゆえに、『記憶、歴史、忘却』のリクールは、まさにこう指摘する。

> ハーバーマスが攻撃したのはしたがって、歴史記述のプログラムのほうではなかった。彼が攻撃したのは、暗黙の倫理的・政治的前提、つまりナショナルな保守主義の伝統に結びついた新修正主義がもつ諸々の前提のほうであった。（MHO431）

とすると、ハーバーマスの側の論の不備とは、なんだったということになるか。私たちはもはやそれを把握している。すなわち、ハーバーマスの歴史論はリベラルな憲法愛国主義の「普遍性」と、アウシュヴィッツに帰されると想定される「特異性」とを、いずれも前提するのみの論になっていた、ということだ。

「特異性」という概念：そして、三つのテーゼの提出

さて、先に第二部の歴史記述論の際にリクールがすでに考察していたように、人間の歴史について絶対的視点からの〝字義通りな〟唯一の歴史記述というものは、ない。また、非難からも称讃からも離脱した無色透明な表象を提示する歴史記述というものを想定することもおそらく――倫理学的にではなく――認識論的に困

難である、と確認されていた。

それでももし歴史家がなんらかの仕方で「ナチスの犯罪の特異性」についてなお語りうるのだとすれば、特異性（singuralité）という観念が、前もって分析を経ていることが必要になる。またこの観念の分析は、歴史の批判哲学が〔歴史家論争の文脈に限らず〕必要とすることでもある。（MHO432）

こうして問題は特異性、なかでも「**歴史的特異性**」なるもののありかを問うことである。「歴史的特異性」の問題は、「マクロ歴史学」か「ミクロ歴史学」か、という平面での歴史学的論議ではそのものとしてはきちんと問えなかった問題である。「縮尺のヴァリアシオン」という〈表象〉の次元での歴史論だけでは扱えなかった事柄ということだ。ここに〈解釈〉の次元固有の問題がくっきり現われてくる。歴史学が扱う対象の特異性いかんについて、歴史家自身が特定の時、特定の場、特定の国で特定個人として見解を公にすること。こうして特定のいま・ここ・誰ということが問題になる以上、図式的ないい方をすれば、〈解釈〉の次元にかかわる哲学は〈表象〉の次元のそれよりもいっそう実践的な哲学たらざるをえない。ただしそれは理論哲学的な問いの射程外になるということではない。むしろ理論哲学的な問いの先鋭化が同時に必須になるということでもある。なぜなら、歴史上の特異性ということで、アウシュヴィッツのような例が、普通の一個人・普通の出来事がそれぞれの意味で唯一的・特異的であることとどう異なりどう重なるのかが、なんらか哲学的に検討される必要があるからだ。特異性とはなにであり、なにでないのか。

リクールは、「歴史の批判哲学」という立場から、「ナチスの犯罪の特異性」について歴史家が語るために必要になると彼が考える、**3つのテーゼ**を提出する（各テーゼのタイトルは元々はなく私が付したものである）。

歴史家論争の土俵に乗せられてしまうことなしに、歴史家論争の激烈とも不毛ともつかぬ論の応酬において見えざる焦点になっていたものが結局のところなんであったのか、いい当てること。引き出しうる教訓はなにかということ。このテーゼ提出は『記憶、歴史、忘却』の全論述の結論的収斂とみなされる箇所のひとつである。しかしここでのリクールの書き方はきわめて圧縮されている。分量が少なく（テーゼ1は三分の一ページ程度、テーゼ2は約一ページ、テーゼ3でも約三ページ弱）簡潔という仕方での相当の難解さを見せている。

できるだけ端的に述べたいという考慮があったか。それとも、重大な事柄を前にしてのためらいがあったのか。――また、別の視点から考えるに、この「歴史家と裁判官」の節は『記憶、歴史、忘却』のなかでは最後に執筆された部分のひとつであると推定されるのだが、他のより早い成立の節に比べて内容は深化している一方で、推敲にかける時間が若干少なかったというような執筆上の事情もあったのか。――いずれにしても精確な理解は容易ではない。以下、本書のなかでもっとも晦渋な箇所になってしまう懸念が否めないであろうが、圧縮された3つのテーゼを、私なりに解読してゆきたい。

テーゼ1　〈歴史的特異性とは、道徳的特異性のことではない〉

「歴史的特異性（singularité historique）とは、極端な非人間的〈非人道的〉なもの（l'inhumain）と等価だとされた[24]道徳的特異性（singularité historique）のことではない」（MHO432）。

たしかに「ジャン・ナベールが〈正当化できないもの〉と呼び、ソール・フリードランダーが〈受け入れ難いもの〉と呼んだ、悪の過剰（l'excés quant au mal）が示すところの特異性」は、それをそれとして認知させる「歴史的特性」から「分離可能でない（pas séparable）」。しかし、そうした悪に面しての「道徳的判断」は、あくまで「そうした歴史的特性から、ある仕方で蝶番《ちょうつがい》を外した」ところに存するひとつの契機として分節される。

「歴史（学）的判断に属する特異性の概念」は、道徳的判断とは別の平面としての「歴史記述的平面をずっと踏破してゆくことでもって、しかるべき位置を見出される」（MHO432）必要があるものだ。したがって、歴史的特異性は、道徳的特異性とは少なくとも原理上は別のものである。

テーゼ2　〈歴史的特異性ということは、語の一般的意味では、あらゆる出来事・あらゆるシークエンス・あらゆる偶然にあてはまる〉

「歴史的特異性」ということは、なにについてあてはまるのか。それは「語の第一の、陳腐で普通な意味（un sens premier, et banalement usuel）では」、歴史のなかで「生じる出来事すべて」にあてはまる。要するに、単純なことだ。歴史が一回的なものである以上、あらゆる出来事は一回的であるといえ、したがってどれもすべてから「歴史的特異性」を有しているといえるわけだ。

もう少し緻密にいいかえよう。この第一の意味（次のテーゼ3で「第二の意味」がいわれる）での歴史的特異性の典型であるもの、それは、歴史的認識ないし歴史記述が構成する諸シークエンスのなかで行為の責任を帰責されたり固有名詞でそれと名指しされたりするところの、「準-人物（quasi-personnage）、準-出来事（quasi-événement）」である。[25]「準-人物」は、「フェリペ2世」のような固有名を持つ個人でもありえ、混沌とし漠然と

（24）　ここでリクールは、先に「道徳的特異性」について論じたと書いているのだが、先行する箇所で「une singularité et incomparabilité éthique」（MHO428）という表現はあるが「singularité morale」というそのままの表現は厳密には見当たらない。

（25）　リクールは「準-人物」「準-出来事」という『時間と物語Ⅰ』での概念を特に説明もなく急に持ち出していて、おそらく一般読者にとっては理解しづらい。とはいえ「歴史的特異性」のありかを見定めるには、結局きわめて的確である。「ナチ

した群集でもありうるし、集合としてのある特定の村の村人たち、また一国名のもとでの国民や政権等でもありうる。同じく「準-出来事」も、世界大戦のような大きく長い規模のものもあれば、無名の一農民の日常生活の小ささなささいな出来事でもありうる。

歴史的特異性という概念をこのように純然たる「歴史学的判断の平面で」(MHO432)分節化するアプローチは、ショアーをめぐっての「意図主義学派」(intentionalistische Schule, école intentionnaliste)と「機能主義学派」(funktiona-listische Schule, école fonctionnaliste)との解釈対立に、「論点を絞った仕方で」(de façon élective)[26]かかわることを可能にする。「論点を絞った仕方で」とは、つまり道徳的特異性の問題から「蝶番を外した」仕方でということだ。するとこの対立を〈縮尺のヴァリマシオン〉の観点から冷静に整理できる。

いわゆる意図主義学派は「指導的地位の人物らの行動、とりわけ《最終的解決》にかんする意思決定をもっとも重視する」。これにたいし、機能主義学派は「制度の働き、無名の諸力、住民たちの振る舞いにより多く着目する」(MHO433)。この意図主義/機能主義論争の肝心な焦点は、「犯罪の責任をどういう範囲に帰属させるか」の問題だとリクールは指摘する。つまり「ある一人の誰か(quelqu'un)、ある集団、一国民(un peuple)[27]」いずれなのか、と(婉曲的にいうのをやめて直接的にいうなら、ヒトラー一個人の意図なのか、ナチ党上層部の意図なのか、ドイツの長年の官僚機構なのか、それともドイツ国民全体のメンタリティなのか、というようなこと)。意図主義は、個々の行為者に責任を帰する「裁判の刑法的アプローチ」と「親和性」を有する。他方、機能主義的説明のほうは、「現代史学の全般的傾向には、より合致している」のであるが、個人を免罪する「冤罪証明的解釈(interprétations disculpantes)の危険にはより多くさらされている」(MHO433)[28]。

ところで目下の歴史家論争においては、「ドイツ国民の自己理解(autocompréhension)のただなかでの」アイデンティティの「連続性」の問題が、議論の応酬を増幅させた焦点のひとつであった。アウシュヴィッツの歴史的特異性は国民のアイデンティティの連続性を「断絶」させたのか。させたとしてそれはどのような断絶なのか。この断絶／連続の問いが立てられるやいなや、再び道徳的事柄が滲み込んでくる。一方で「冤罪証明」としての断絶論がある。「《ショアーの出来事は、われわれがみずからのアイデンティティを形成している歴史的連関のうちには属していない》」（MHO433）というふうに。他方で、それ以後国民は拭《ぬぐ》うことのできない有罪性に陥ったとする「弾劾的論議」がある。「《なぜこのような国民が、あのような錯誤をなしえたのか？》」。特に後者の場合、〈国民〉は「無限の慨嘆とメランコリーの深淵への沈潜[29]」にあり続けることになる。

しかし、この免罪か弾劾かという二者択一しかないのか。リクールはテーゼ2の説明の最後に、もうひとつの「道徳的選択肢」、もうひとつの「準-人物」が存在しうることを示唆する。それは「奮起」（sursaut）という選択肢であり、市民という準-人物であるという。「市民的責任（responsabilité civique）の奮起。《このようなこと

ズムを他の出来事と突き合せ、歴史叙述的に語ること自体がその特異性を殺いでしまう所業とみなされるとすれば、それは歴史的特異性という事象が視野に入っていないからである。……リクールにとってこれはショアーのような例外的な出来事についてのみ語られるべき事柄ではない。歴史叙述の理解は、個別的な責任帰属を際立たせる司法的・道徳的な断罪に比べてどれほど全体論的に見えようとも、つねにそうした意味で「特異な」出来事を対象とする」（杉村靖彦：Rpf 55）

(26)「électif (-ve)」は、医学用語としていわれる「選択的」（特定の部位、疾患に限定した処置等）という意味に解される。英語訳「in an elective manner」、ドイツ語訳「auf ausgewählte weise」。邦訳書は「あえて選べば」（下巻69頁）と、苦しい。

(27) リクールは第一部第三章での個人的記憶と集合的記憶の「ascription」の議論の参照を指示している（本書第1章第4節）。

(28) この箇所の文の主語「elle」が受けるのは、複数の可能性があるように見えるが、文脈的には「explication fonctionelle」を取るだろう。ドイツ語訳はそう解しているように見えるがはっきりしない。英語訳も微妙。邦訳書「緊張は」（下巻70頁）。

(29) 日本語の語彙では表現しにくいが、慨嘆（déploration）は非難というニュアンスを含み、他方メランコリー（mélancholie）は、フロイトの術語でもあるが、ある種の自己否定による自己満足というような含意を持っている。

が再び起こらないようにするには、どうすべきなのか?》」(MHO433)

テーゼ3 〈特異なものの範例性〉

「比較不可能性」と「道徳的特異性」

先のテーゼ2での意味とは別に、特異性は「比較不可能性」(imcomparabilité)という意味でも解されうる。この「比較不可能性」は、「唯一性」(unicité)[30]という語彙/概念でいいかえてもよい。また、「例外性」(exceptionnalité)という概念もあるが、これは論理的にいって、テーゼ2でいわれた第一の意味での「特異性」から、その第二の意味である「比較不可能性」へのあいだの、移行的レヴェルのところに位置づけられるべき概念であろう。

さて、「比較不可能性」とはどういうときに見えてくる事象か。

> 比較不可能性であると推定されるものがひとつの判明なカテゴリーのかたちをとるのは、二つの異質な歴史的事象総体が対照される場合である。[31](MHO433)

ここで「推定される」という慎重な表現が必要なのは、なんらかの対照作業から〈これらは比較不可能だ〉という言明が出てきたとしても、その言明は断定というより推定の範疇に属するというべきだからだ。明晰な理解を欠く断定では話にならない。その種の対照作業の際には、「一方から他方への因果関係を云々する前に、権力構造や、差別の基準・排除の戦略・身体的破壊と道徳的侮辱の実践といったことどもにかんする諸々の類似性と差異について、明晰な理解が確保される必要がある」だろう。しかるに、だとすると、「ソヴィエトの強制収容所《グラーグ》とアウシュヴィッツとは、そうした点すべてにかんして、類似しかつ類似していない（semblables et dissemblables）」ことになる。そう、核心は類似／非類似という二者択一の問題ではないのである。程度や割合や代表度を語ることを過度に恐れる必要はない。このような観点において、「類似と非類似との割合にかんする論争は、開かれたままである」（MHO434）[32]。

こうした醒めた分析を介してリクールが指摘しようとするのは、次のことだ。

比較不可能性の観念は、類似の程度のゼロ（degré zéro de la ressemblance）という資格でしか、それゆえ比較の手続きの枠内においてしか、本来、意味をなさない。（MHO434-435）

たしかに。だから「歴史記述における比較研究の誠実な使用（usage honnête du comparatisme）」の可能性は――どのように実現可能かは問題として残り続けるが――否定されるべきものではない。リクールが例に挙げるように、アーレントが諸々の「全体主義」についてなした仕事は「比較」ではないか[33]。それからマーク・オシエルのいう「大規模虐殺」（mass atrocity, atrocité de masse）という概念も、過去の歴史上の出来事を比較するに際

(30) 英語訳書は「uniqueness」と訳出している。ドイツ語訳書はこれを「Einmaligkeit」としている。
(31) ここの原文箇所はあまりわかりやすくはない：「L'incomparabilité présumée constitue une catégorie distincte lorsque deux ensembles historiques hétérogènes sont confrontés」。もう少し別の書き方がされてよかったと思われる。ところで、邦訳書では「confrontés」を「対決する」と訳しているがこれでは文意不明。「照合する」という意味だろう。
(32) 邦訳書では「割合〔比率、程度〕」（proportion）が訳出されていない（下巻71頁）。
(33) リクールがノルテのような比較の濫用のいわば逆の比較の拒否の事例として、西欧の諸共産党が、どこかでソヴィエトをモデルとしていることは否定しようがないにもかかわらずソヴィエトとの類似を指摘されることをタブー視していた時期があったことを挙げている（MHO434）。比較の濫用と比較の拒否はいずれも歴史学的には〝修正主義的〟でありうる。

して、用いられてよい。またリクールがここで特に重視するのはアントワーヌ・ガラポンのいう「第三者の犯罪」(crime du tiers; MHO434) という概念である。この「第三者」とは「国家という第三者」(tiers l'État)、つまり「領土内に居住する者は誰であってもその安全を確保する、ということを第一の義務としている」はずの「国家」のことだ。国家による〝犯罪〟(むろん通常の刑法では定義しえない) が現実に過去の歴史において存在してきた以上、「各体制間の類似と差異の一覧」を作成することは、任意である。場合によっては必須だ。したがって、諸々の「第三者の犯罪」をめぐって「論争の的となる問題は、いくつも存在する」。だからこそ「指導部がプログラム化した計画と、その実行現場のあらゆる諸々の階梯とのあいだには、いかなる裁量の幅が現実に存在していたか」ということも、歴史学の平面においては「議論されてよい」。

だが、

道徳的平面における絶対的例外性 (exceptionnalité absolue) と、歴史記述的平面における相対的比較不可能性 (incomparabilité relative) とを混同することは、誤りである。(MHO435)

この混同こそが、ノルテらの主張のうちなる修正主義的性質を構成している。またそうした主張を非難し論破しようとする側の論客においても、道徳的平面と歴史記述的平面との同様の混同がしばしば彼らの論の鋭さを殺ぐ要因だったのだ。道徳的平面での絶対的例外性と、歴史記述上の相対的比較不可能性とは、別ものだ。「ある犯罪が他の犯罪に模倣的・因果的影響を及ぼすという確認主張」がなされるのは、それはそれで全然かまわない。普通のことだ。しかしそうした論が「個別の犯罪の負債 (dette) を継承する者たち (héritiers) にとって冤罪証明的な力を有するなどとは、解されない」(MHO435)。歴史記述的平面から道徳的平面への滑りこみがそこに隠れている。かつてのドイツ国民国家の犯罪の負債を、どうしたところで、ロシア人やトルコ人に帰責するようなことがまさかできるはずはない。類似事例があろうがなかろうが、一つの罪は罪だ。個別の特定の犯罪をなんらかの比較によって「共通の類」に属させる歴史学的判断をなすことは、当の個別の犯罪へ道徳的判断を下すこととは別のことだ。「その意味で、私は固有の意味での道徳的特異性というものがあると、進んで擁護する」(MHO435)。

一方、かつての諸々の大犯罪の「非人間性」が通常の歴史記述的平面においては正当にとらえられていない、あるいはとらええないというように感じられるのは、そうした「非人間性」の道徳的特異性のほうに由来している。すなわちそれは、人間的でないことをなす人間を歴史記述することの、論理的限界である。「非人間的なもの(l'inhumain)を測る基準《エシェル》〔縮尺〕は存在しない。非人間的なものは基準の外部にあり(hors échelle)、ネガティヴな規範にとってすら外部にあるからだ」(MHO435)。

こうして、歴史的特異性と道徳的特異性とにそれぞれの固有のありかを与え返すことはできた。少なくとも理論的にはかなり十全な解答となった。しかし――、そうして私たちは歴史的判断と道徳的判断との剥離、分裂にただ面してしまうのか?

「特異なものの範例性」――市民と時間

テーゼ3にはじつはもう一歩が残っている。リクールはこの一歩を進めて、道徳的比較不可能性と歴史学的比較不可能性とのあいだにあてがいうるつながりを提示する。すなわち、

> それは、特異なものの範例性(exemplarité du singulier)という観念であろう。(MHO435)

この観念は「道徳的評価そのものには属さず、歴史記述上のカテゴリーにも属さないし、両者の重ね合わせ

(superposition)――それはまたもや両義性への、混同への舞い戻りとなろう――でもない」。

しかし「**特異なものの範例性**」とは、なにを意味するのか。

語彙から連想されることとしては、考古学や歴史学において非常に現存史料の稀少であるような時代・文化にかんする一史料のようなことがあるか。そうした一史料について、その重要性・代表度を他の諸史料と対照させて検証することは現実にはできないにもかかわらず、しかしその史料をなんらかの判断によって「範例的」(一般的に考えてもフッサール現象学の一術語として考えても、「範例」には〝平均〟と〝すぐれた模範〟という二つの含意がある)な重要性・真実性をもつ史料として歴史家たちが承認するにいたる、というような、そういった意味を。だがリクールは当の観念は歴史記述上のカテゴリーには属さず、道徳的判断にも属さないという。

その次にリクールが述べる説明はきわめて圧縮されており、また難解である。「この観念は、歴史的記憶(mémoire historique)[34]の平面での、受容(réception)の道のりをたどり進むことにおいて形成される」(MHO435)。どういうことか? つまり特異なものの範例性という観念は、瞬時に端的になされる判断のような仕方によって形成されるものではなく、時間をかけて、記憶と歴史とがまだ未分化であるような状態時点から、次第に記憶が歴史となっていくその過程を通して、徐々にしか形成されないなにかだというのだ。しかもたんなる認識としてではなく、行為を方向づける「奮起」として。……それは〝かつて一度起こってしまった〟ことだが、しかし〝けっして再びあってはならない類いのこと〟である……、というように。

というのも究極的な問いは、歴史家間の論議と、さらにその彼方での裁判官たちと歴史家たちとのあいだの討論を、責任ある市民たち(citoyens responsables)がどう受けとめてゆくか、であるのだ。(MHO435)

ベルリンの壁崩壊後の欧州の激動に面してのこの二〇〇〇年の言葉「責任ある市民たち」が、一九四九年の論稿における言葉、「責任ある存在たちの複数性」と共振して響く。

かくして特異なものの範例性とは、「**市民**」たちによって時間のなかで、時間をかけてのみ形成されていきうるなにごとかである。では市民とは、なにか。それは「不偏的だが無謬ではない（non infaillible）第三者」である「裁判官と歴史家という対に加わる」、「第三のパートナー」である。

市民は、第三者として、時間のうちに（dans le temps）現われる。（MHO436）

「市民」と「**時間**」とがどこまでも分かち難いことを述べるこのリクールの発言に、誤解の余地はない。市民が第三者であることができるのは、無時間的な市民本質のようなものがあってそうなのではけっしてない。超時間的な普遍性の位置に立つことでもない。そんなことはそもそもありえない。市民が第三者でありうるとすればそれは、裁判官と歴史家がそうであるのと同様に、いや裁判官や歴史家のなした判断にたいしてさらにみずから吟味をなすという点ではそれ以上に、個人としてのアイデンティティあるいは国民としてのアイデンティティという個々の具体的観点拘束にたいして第三者的であろうと時間のなかで努めうる限りにおいてである。「市民の眼差しは、刑事裁判の判決や公刊された歴史学的研究から多様な仕方で教えられつつ、自身の固有の経験からつくられてゆく」（MHO436）。

もちろん、「市民」も「個人」も「国民」も、数的に一人である同一人物のなかで並存しているものだ。しかし「市民」はそこから第三者としてのあり方へと、みずからの眼差しを移動させる。当事者としての自分から第三者として距離をとりつつ、しかしその距離をとることは当事者の自分、一人称の自分を切り捨てる

---

(34)「歴史的記憶」という複雑なカテゴリーの定義をめぐっては、先の本書第1章185頁を参照。

ことではないという、そういう仕方の観点移動・距離のとり方である（さもなければ、私はたんに〈私〉から第三者という別の〈私〉になるだけで、二つの観点をもつことにならない）。ネーゲルがいっていたように、自分の個人的観点を持ちかつそれとは別の観点があるということも知っているという二重性を能《よ》くすること。これは、人間存在というものが有する認識論的-道徳的-政治的なファンダメンタルな能力のひとつなのである。[35]

その第三者たる「市民」としての眼差しがないところでは、過去の犯罪という負債をもつ個人や国民は、まさに「カミュの『転落』のいう《改悛した裁判官 juge pénitent》」（MHO617）[36]の状態に嵌《は》まり込んでしまう。つまり告発者（accusateur）と被告（accusé）とが距離なく同一人格のうちで結びつけられ、縛りつけ合う状態に陥る（ないし『転落』の語り手がそう試みたように、意図的に自己弾劾の身振りに走ることで他者からの非難を先んじて封じてしまおうとする）ことしかできない。それゆえ、「容疑告発と冤罪証明との、悪循環の地獄（cercle infernal）」（MHO436）から脱け出すことをなしえない。「皆が互いに裁き手で、皆が互いに他人の前で罪人だ」（『転落』）。あるいは、「糾弾を、無差別に万人にまで広げる……それだけでもう糾弾は薄められてしまう」（同）。とりわけ国家犯罪、「第三者の犯罪」にかんしては、その当の国家の国民という一人称複数的なアイデンティティの名のもとにおいてでは、告発も反省も、自己言及性の壁に衝突してうまく遂行されることができない。[37] なぜか。そこには「不偏的な善意の第三者の仲裁＝媒介（médiation）がない」（MHO617）からだ。

しかるにリクールがいう「市民」とは、告発者と被告とのいずれからも距離をとり、既存のアイデンティティから距離をとり、かつ未来への時間的方向において「責任」と「約束」を形成しようと努めるなにものかである。つまり「このようなことが再び起こらないようにするには、どうすべきか」と。アウシュヴィッツのような犯罪の範例的特異性は〝それは二度と起こってはならない〟とする市民の実践的な「事後的判断」として、時間のなかで —— ヴィトゲンシュタイン流にいえば —— 語られるというより示されゆくものであり、そうでしかありえない。「市民」も「範例」もモノや実体の名ではない。それらは動き、行為である。「範例的特異性[38]の観念は、犯罪についての事後的判断(jugement rétrospectif)をその再来を許さないことの誓いへと変換させる、賢明なる世論(une opinion publique éclairée)[39]によってのみしか形成されえない」(MHO436)。

したがってリクールがいう「市民」は、「国籍」「国民」概念と等価であるような経験的概念としての「シティズンシップ」なのではない。質的に少し違うのだ。むしろそれは、今・ここ・私という限られたパースペクティヴからそれではない別のパースペクティヴへと自己を動かす動きとして、準-超越論的概念とみなされ

---

(35) Cf. Thomas Nagel, *Equality and Partiality*, p. 3. "The unsolved problem is the familiar one of reconciling the standpoint of the collectivity with the standpoint of the individual; but I want to approach it not primarily as a question about the relation between the individual and society, but in essence and origin as a question about each individual's relation to himself."

(36) カミュの『転落』は、アルジェリア戦争にたいする態度決定をめぐるフランス知識人のジレンマを背景に書かれている。カミュはアルジェリア出身であるがゆえに態度を明確にすることを拒否せざるをえず、サルトルらから激しく非難された。他方リクールは、アルジェリア戦争反対の姿勢を公に表明し、警察から家宅捜索と監視をうけた(Dosse 308)。

(37) 市民の「第三者」性と、国家による「第三者の犯罪」——これはただ一回しかいわれない表現なのだが——との連関づけは、リクール自身は明示的に記してはいない。私の深読みによる解釈ということになる。

(38) 「範例的特異性(singuralité exemplaire)」、もちろん「特異なものの範例性(exemplarité du singulier)」と同じことなのであろうが、いずれもじつはこの前後1ページのなかでたった一度きりいわれるだけの表現。解釈が難しい。

(39) 形容詞「éclairé(e)」については解釈の幅は残る。一方の極にゆけば、日本語表現で「……賢明な読者のご教示を……」というような際の、ほとんど枕詞的なものとも解されうるし(フランス語でも「lecteur éclairé」という)、他方反対の極では、近代化の歴史と結びついた、まさに(上から下へと)「啓蒙された」という特化された意味にもなりうる。いわば両極の中間にあるのが、「もののわかった」「分別のある」「偏見の少ない」という意味となる。ここではこの中間の意味のつもりで「賢明な」と訳した。英語訳とドイツ語訳はいずれも直訳している(enlightened, aufgeklärt)。邦訳書「啓蒙された」。

る限りでの「メンバーシップ」(membership)[40]として、自分をインディヴィジュアルでありつつもなにかのメンバーとしてそのつど想像・想定することの潜在能力・行為能力として、解されるべきである。

どこまでも市民という第三者は、その時間のうちなる自由と責任の裏側として、「無謬ではない」、誤りうる第三者であらざるをえない。しかし、「メンバーシップ」という人間存在のこの不可思議な能力の値段は、時間のうちで他者たちとともに在るということの意味は、その無謬ではない自由のうちにしか存しえない。

このようにして「市民たち」による現在進行形・未完了相の具体的判断や行為に、歴史的過去についての究極的な解釈の「責任」を委ねるというリクールの考え方は、私見ではある意味で峻厳なまでに倫理的な、そして他方できわめて可塑的で開放性を重んじる、プラグマティズム的とさえいえるような彼自身の〈歴史〉観を提示している。それは逆説めいた仕方で、ニーチェの『反時代的考察』での「ただ現在の力で最大限届く範囲でのみ、君たちは過去を解釈することが許される」(Nur aus der höchsten Kraft der Gegenwart dürft ihr das Vergangene deuten; TR III 430)という言葉に共振している。過去の偉大な出来事だけでなく、過去の《受け入れ難い》出来事をまさにそれとしてどの程度にまで受けとめることができるかどうか。ただ眺められる過去の事実としてではなく、現在の行為を現実に動かす範例となしていくことができるかどうか。これもまた、ひとえに「現在の力」が十分であるか否かにかかっている、ということか。

そうして市民というものは、あくまで時間のなかで存在をしてゆく。

だからこそ「市民たち」の「世論」は、多くの場合において「ディセンサス」にとどまる。だが、全員一致なき「ディセンサス」とはそれ自体が「デモクラシーを産み出すもの」(générateur de démocratie)であり、「《リベラルな》価値観」の表明化である。ハーバーマスの論がいい当てられなかった個別性と普遍性との中間の場は、あるとすれば「ディセンサス」という複数性の場をおいてほかにない。その点では、ドイツ歴史家論争が

「特異なものの範例性」をめぐる「ディセンサス」の公開提示として、「発行部数の多い（à grand tirage）新聞の紙上で」なされたこと自体にひとつ意味があったのだ。そうリクールは指摘する。そして、かつてなされた「非人間的なもの」——それはあらゆる〈基準〉の外部にあると先にリクールは述べていた——を事後的にそれとして認知し批判する観点というものがあるとすれば、それは非人間的な行為を「《リベラルな》価値観の絶対的対立物として名づけること」[41]（MHO436）に存する。かくして、人間存在のなかの市民としてのありようが、換言すれば「《リベラルな》価値観」を擁護するものであるということこそが、「特異なもの」にかかわる「法廷の場における刑事訴訟の良心的公正と、アルシーヴに面する歴史家の知的誠実とを、最終的に正当化する」のであるとリクールは結論づける。なぜなら不遍性は、時間と複数性のただなかで摸索され続けられるしかないものだからだ。その意味で「市民は、究極的な判定者＝意志（arbitre）であり続ける」（MHO436）。

＊＊＊＊　　＊＊＊＊　　＊＊＊＊

歴史家と裁判官について、また歴史家論争についてのリクールの結論は、決定的な指摘をいくつかもたらしつつもしかしどこか結論というにはなにかもどかしい、未解決の印象を読者に与えるかもしれない。おそらく

---

(40)『他としての自己自身』のなかで、リクールはマイケル・ウォルツァーの論を紹介する際に、「citoyenneté」の語を英語の「membership」の訳語として用いている（SA293-4）。文脈が異なることは踏まえなければならないが。また「citoyenneté」は、「世界市民的（コスモポリタン的）」ということとも区別されている。リクールが、ハーバーマスに近しい面があるとしても、やはりハーバーマスのように一挙に「普遍性」に飛躍することをしない慎重さを有していることの表われである。

(41) リクールはここで暗に、「修正」言説を擁護するためにノルテが持ち出した「リベラル」（p. 34）の語を逆手にとっている。

その未解決の感触には、リクールの論の展開不足というのでもなければ読者の読み取り不足でももちろんない、一種必然的な理由があるというのが、現時点での私の解釈である。

つまりおそらくそれは、「市民」が「歴史家」を基礎づけるのでもなく、「歴史家」が「市民」を基礎づけることもできないという、この事柄における基礎づけの審級の不在によるのだろう。そしてこの第三部第一章第三節の論が、論理性とアクチュアリティの双方において、この基礎づけの不在をきわめてありありと浮かび上がらせたがゆえに、なおさらそわそわと落ち着かない未解決感が深く感じられるのである。

範例性概念に哲学史的注釈を試みることで、この未解決感の意味を補足することができるだろうか。

強い客観的普遍性とは異なる、「伝達可能性《コミュニカビリテ》」という意味での「弱い普遍性」――これらの語をリクールは抽象芸術の鑑賞とも関連づけている（CC270）――としての「範例性」ということにかんしては、当然哲学史的にはカントの『判断力批判』が想い起こされる。またそれを特に政治的文脈に結びつける種類の考察としてはアーレントのカント講義遺稿も挙げられる。九〇年代にリクールは二、三の論稿で『判断力批判』およびアーレントの論に触れている。[42] しかし『記憶、歴史、忘却』で形をとったこの「歴史家と裁判官」の節では言及していない。なぜか。理由がないとは到底考えにくい。私が推測するには、リクールは彼が哲学的・政治学的にかなり繊細に練成した「市民」概念が、どこか無時間性や普遍性を強く思わせるいわゆる「共通感覚」(sensus communis) へと安易に回収されることを、警戒したのではないだろうか。特にアーレントは（生前未刊の遺稿であることを考慮すべきだが）いささか性急に実体化された「共通感覚」に訴えすぎる。それではカントが「範例的」ということに、客観的必然性たりえない特殊な種類の判断様態《ウアタイル》、というアンチノミー的契機を付与していたことの根源的意義が縮減されてしまう。むしろリクールは「範例性」なるものをその葛藤的、アンチノミー的な不確かな身分のままに提示することをこそ、重視したかったのではないか。

ひとりの人間が個人であると同時に裁き手であり、歴史家であると同時に「市民」でもあるという二重性を抱えること。それは人間存在のあるがままの構造でもあるが、しかし、現実の次元でそうした二重性を意識的に貫き、葛藤を真正面で受けとめ責任を負っていくなどというのは、相当に労苦を伴う。感情的にも体力的にも、並の人間にやすやすと耐え続けられることではない。哲学思想のもっとも深く突きつめたところに、不可思議にも著者の個性ないし性格とでも呼びうるものがマトリクスとして淡く姿を表わすものだとすれば、ここには、突き放したいい方をすると、ハイデガー流の英雄志向ともレヴィナス流の自虐趣味とも異なる、現実主義的な潔癖主義とも呼ぶべきリクールという哲学者の個性が、いやリクールという人間の個性が、表われているのかもしれない。ひとは基礎づけなき葛藤の矢面にみずからすすんで立っていくべきであり、知識人たるものはましてそうでなければならない、という、無前提の義務感のごときものが。

基礎づけなき葛藤。それは現実そのものである。生きていくことそのものである。それは揺れ動き続ける。だがその揺れ動きの振動の場に、人間の複数性におけるデモクラシーがある。

デモクラシー？　多数決という現実上の手続き論をリクールは否定しはしない。しかし究極的にリクールが見ているのは個々人の意志であろう。意志によるデモクラシー。それはあまりに古典的、いやあるいはあまりにポストモダン的か？　どちらでもいい、とリクールはいうに違いない。そのデモクラシーというものが、真理〔真実〕にどうかかわるのか。いかなる真理を形づくっていくことができるのか。ここに終わりのないひとつの問い、しかしつねにすでに生きられている問いがあり、リクールのひとつの結論があるのだろうか。

(42)　cf. Ricoeur, "Jugement esthétique et jugement politique selon Hannah Arendt", in: *Le Juste*, pp. 143–161.

第5章　困難な赦し

Memory believes before knowing remembers. Believes longer than recollects, longer than knowing even wonders.

— Faulkner, *Light in August*

Article 1: Premièrement, que la mémoire de toutes choses passées d'une part et d'autre depuis le commencement du mois de mars 1585 jusqu'à notre avènement à la couronne, et durant les autres troubles précédents, et á l'occasion d'iceux, demeurera éteint et assoupie comme de chose non advenue.

— L'édit de Nantes

本章の構成

第5章は『記憶、歴史、忘却』の最後に位置する「エピローグ」の論を、第三部後半の関連議論とあわせて取り上げる。最初にピエール・ノラの論稿を読み解き、七〇年代以降のフランス・世界における「コメモラシオン」や「アイデンティティ」という記憶的-歴史的事象のありようを分析する（第1節）。次に「ヴィシー・シンドローム」における記憶と忘却の濫用の諸相を取扱う（第2節）。以上を踏まえたうえで最後に「希求法」でしか示されない「困難な赦し」をめぐって、考察が行われる（第3節）。

導入◆〈受苦的＝パトス的〉記憶の行方――「過去の表象の終末論」

「エピローグ」

なぜ、苦しみや悲しみがあるのか。

『記憶、歴史、忘却』は第三部のあとに「エピローグ　困難な赦し Epilogue - Le pardon difficile」と題されたもうひとつの特別な部を配している。それは、第一部〜第三部におけるさまざまな議論のなかで幾度か垣間見えてきたある問題を扱う。すなわち、現実の「記憶の作業」や歴史記述の実践にとって避けることができない**苦しみの記憶**、**喪失の記憶**、**不幸な歴史**と、人間たちはどのようにしてかかわってゆけばよいのかという問題。これを取り上げる場所である。

その論は、ある意味ではリクールのいつもの仕方で、アクチュアルな倫理的‐政治的問題と、哲学的に基礎的な問題とを交差させつつ構成されてゆく。しかし、苦しみや悲しみの記憶および不幸な歴史の深みに、真正面から取り組もうとすると、もはや従来のアプローチの手でもっては、事柄をすくいとろうとしても、そこから核心的な事柄はすぐにこぼれ落ち逃れゆく……。喪失や悲しみを理論的に語ったところで、いったいなんの意味がある？ たしかに。それは哲学的な論述ないし思惟が、みずからの限界に曝《さら》される場だ。おのずとそこで立てられる問いは、「この書で序文以来われわれの仕事を動機づけていた問いとは、原理的に別のもの（principiellement distincte）である」（MHO593）。

不可逆な時間のなかで、悪しき出来事の記憶や不幸な歴史が迎えることになる宿命《デスタン》、行き先《デスティナシオン》、それはいったいどのようなものであるのか —— これが「エピローグ」の問いだ。

この問いが向かう見通しえない昏がりのほうへと私たちが眼差しを投げかけるやいなや、問題として目の当たりにされるのはなにか。いや問題というより謎、それも「二重の謎」（double énigme）だ。ひとつは「われわれがそれであるところの《なしうる人間 homme capable》の行為する力を麻痺せしめる、過誤（faute）の謎」（この「過誤」概念については脚注参照[1]）である。もうひとつはその「過誤という実存的無力の偶然の解除であるような、赦し（pardon）という語が指示する謎」（MHO593）である。そしてリクールの見立てではこの二つの謎、「過誤」と「赦し」という言葉でいわれる二つの謎が不透明な仕方で指し示すのは、記憶と歴史の遥かな行き先、特別な「地平」（horizon）である。いいかえれば、その指し示しは「**過去の表象のひとつの終末論**」（une eschatologie de la représentation du passé ; MHO593）である。

「二重の謎」を介して、なんらかの意味での「地平」や「終末論」なるものへの言及がさしあたりなされた。だからといって、リクールと私たちが記憶や歴史が向かう将来方向へのひらけた開放性をとりあえず手中にできたかといえば、全然そんなわけがない。むしろ逆だ。「エピローグ」の問いは「地平」でも「終末論」でも全然ないもの、すなわち動かし難い現実のただなかへ、流れ行く時間のなかでの見通しのきかない生《な》まのアクチュアルな諸困難のただなかへと縛り付けられる。第三者的な姿勢を取るだって？　そんなことなど荒々しく禁じられてしまっているような状況、そこへとひとは放り込まれる。ヴィシー、コソヴォ、アパルトヘイト。だが、そうして現実のなかに暴力的に投げ出されることにおいてしか、逆説的にも、「地平」や「終末論」というようなことがなんらか意義をもって語られることはない。

したがってこのエピローグ、「困難な赦し」をめぐる論は一方で、文法的にいえば「希求法」（le mode optatif ; MHO589）に属する、希望の対象としかなりえないような事柄にかかわるという意味での特殊な抽象性を帯びる。たんにロジカルな立証という形はもはやとることができない。他方、その論は別の角度から見れば、アクチュアリティの多様と過剰によっても徴しづけられている。恨み、別れ、哀惜、苦悩。ごまかし、疚《やま》しさ、打算、裏切り。統制できない現実との抜き差しならぬ状況、袋小路。そうした文脈でなされる哲学的論述は、な

（1）「過誤」は、リクールが五〇－六〇年代の《意志の哲学》で用いた概念。悲しみ・憎しみ・嫉妬・後悔・絶望等によって、人間存在の自由意志がみずから自身を縛るものとなり、自由の発露の方途が見失われている状態、とされていた。

人間存在が「過誤」の状態に陥るのは比較的まれなことなのか、それともつねにすでに「過誤」の状態にあるとみなされるのかは、リクールは明確に述べなかったままである。その曖昧さは『記憶、歴史、忘却』に突然再度登場した「過誤」概念にも残っている。『記憶、歴史、忘却』では、一種の存在論的な概念と解されるはずの「過誤」が、実際的・経験的な「犯罪」と密接に概念化されているかのようであり、「過誤」事象の位置づけを見定めることをいっそう困難にしている。

いずれにしても、この概念を主題的に取扱うはずの《意志の哲学》第二部第三巻〈隷属意志論〉が結局執筆を断念され、《意志の哲学》計画はそのことにおいて中断。数十年ぶりに『記憶、歴史、忘却』でこの概念が出てきたことは注目に値するのだが、いかんせん、ここでも論究は分量的に少ない。「過誤」について決定的なことは結局いわれぬままにとどまった。

るほどリアルな力強さをもつかもしれない。だが反面、そうした論述は個々の当該の現実が動く範囲内のみに思考の射程をそのつど拘束されてしまう可能性を孕む。以上のような意味においてこの「困難な赦し」の論はそれまでの三つの部の論よりも、広くかつ狭い。この論は言葉の上だけのラディカリズムとは一線を画すし、ロールズ的な形式主義の形式性と比べても事柄への具体的肉薄度は高い。ただしその代償として、フラジャイルな諸問題のただなかにじかに身を曝し踏みとどまろうとするがゆえに、結果として一種ヒューマニズム的な道徳哲学の色彩を敢えて少々引き受けてしまうかのような場面も出てきはする。誤解を恐れずにいえば、そこにあるのは思考と現実とのすれ違い、論理と感情とのすれ違いである。たとえば、恩赦は善なのか悪なのかをめぐって……。ただリクールがこの『記憶、歴史、忘却』の最後の部分を〝結論 conclusion〟と題することはしておらず、「エピローグ épilogue」との呼称を付していることを、私たちは注意して受け取るべきである。「エピローグ」はそれ以前の第一〜三部からの結論を理論的に纏《まと》めるというような役目を担っているわけではない。「エピローグ」はそれ以前の部とは、論の位相を異にしている。

「記憶の義務」への批判

論の位相が異なるというのは、もちろん、事柄としてすっかり別の話になってしまったということをいうわけではない。『記憶、歴史、忘却』のここまで三つの部において度々問題として浮上しており、そしてこのエピローグにおいてリクールが最終的な対決を試みる事象のひとつ、それはほかならぬ「**記憶の義務**」(devoir de mémoire)をめぐる問題だ。リクールは「記憶の義務」を記憶の作業を免除ないし抑圧するものとして厳しく批判するのである。ひょっとすると読者は、彼が「記憶の義務」を批判する口調の強さに、少々どころか、かなり意外の念をおぼえるかもしれない。しかし「記憶の義務」批判はリクールがいおうとしていることの一部

「記憶の義務」
記憶しなければならない
記憶を語り継がねばならない　⇒　記憶から〈歴史〉へ?
（二十世紀末から特に問題として浮上する必然性があった）
ある記憶を記憶することを「義務」とすること
⇒他の記憶を抑圧すること?
⇒過去と折り合いをつけていくための「記憶の作業」を不要視し、個々人の内面的な苦しみや和解や赦しのプロセスをカットしてしまいかねない危険を孕んでいる

であって、まだ全部ではない。先取りして述べておくなら、たんに記憶が善で忘却が悪というような図式的な発想を、哲学的に問いに付すということ、最終的にはそのような深みにまで進んでいく必要がある。

少し整理しておこう。「記憶の義務」をめぐる問題は、三つの層を有している。第一には個々の人間存在誰しもの、時間的実存的な在り方にかかわる一般的な哲学的問題として。

第二には、二十世紀という時代における第二次世界大戦や諸々のジェノサイドといった重大な禍悪の記憶にかかわる問題として。

そして第三に、もっとも狭義には、一九八〇年代頃からフランスにおいて数々の記念顕彰《コメモラシオン》の隆盛と、ヴィシー時代の国家犯罪の記憶の表面化とが錯綜するなかで、フランス固有の文脈ともつれ合う仕方で人口に膾炙した「記憶の義務」の問題がある。（読者はリクールが「記憶の義務」という語を述べている箇所では、そのつど上述の三つのうちどの層に特に論及されているのかに注意をすると、論旨が把握しやすくなるかもしれない。）とはいえ、リクールが「記憶の義務」という表現／発想にたいしてしばしば示すところの非常に厳しい批判的態度そのものは、上述の三つの層すべてにかんして重層決定されていると見るべきである。

ひとつエピソードを紹介しておこう。『記憶、歴史、忘却』公刊を受けて出てきた当時のさまざまな反応のなかに、『クリティーク』誌二〇〇一年三月号に Rainer Rochlitz という人物が書いた記事(2)があった。どういう記事かというと、リクールは

「記憶の義務」を放棄した、などというような単純化したフレーズを鬼の首でも取ったかのように(!)語る、そういう論調のものであった。当該記事のレヴェルは、まあ私も一応読んでみたわけだが、コメントに値しない。皮相な論難の類いだ。ただここで重要なのは、その種の論調でもってなんらかの反応《リアクション》を世間から期待する、あるいは期待できるという雰囲気がフランスでなくはなかった、ということが確認される点だ。だからこそ、そうしたざわついた風潮を危惧するピエール・ノラ(Pierre Nora, 1931–)は、『記憶、歴史、忘却』を評する際にはっきりと、

私はリクールと共に、歴史の作業をショート・カット(court-circuit)するべくとかく安易に召喚される、《記憶の義務》の濫用にたいしての焦燥を、共有する。(Débat30)

と述べたのであった。ともかくもまさに、記憶の義務なるものをめぐって到底一筋縄ではゆかない状況が現実に――この場合具体的にはフランスにおいて――存在している。また別の仕方で敗戦国ドイツや日本において〈靖国問題〉のような記憶と歴史との葛藤がある程度に生じているのと同様に、フランスでも〈記憶〉にかんする話題には、知識層だけに限ってもさまざまに意見の割れる事柄が含まれている。(3)

『記憶、歴史、忘却』における「記憶の義務」と「記憶の作業」についての哲学者リクールの論述。それは、こうした錯綜した状況にたいする、鋭い批判かつ新鮮な提言のひとつとして、目利きの読者たちには受けとめられたものであったのだ。

忘却、記憶、赦し

苦しみの記憶や喪失の記憶を、程度はどうあれ、持たないような人間などいない。でも、そうした「受苦的

＝パトス的」(pathique) 記憶にどう面し、どのような記憶の作業と喪の作業をくぐり抜けてゆかねばならないか。くぐり抜けてゆくことが実際にできるのか。このことについて、人間たちは十分な知恵を有しているのか。人間たちは〝進歩〟してきたのか。むしろ過去の記憶にどう面するかということは〝なぜ時間というものがあるのか〟といった種類の問いと同じほどに、答えのない問いにとどまっているというしかないのか……。いずれにしてもそこでは、存在論的な事柄と倫理学的な事柄とが深くつながっている。

個人的記憶だけではない。集合的記憶の次元も倫理的に複雑な問題を提起せずにおかない。たとえば「自分たちの固有の不幸に閉じこもる、個別の共同体の嘆きや権利要求」(ピエール・ノラ：Débat30) がそうであるように。『記憶、歴史、忘却』はここで複数の集合的記憶の感情的衝突という事象に面する。

(2) Rainer Rochlitz, «Mémoire et pardon», *Critique*, n°646, mars 2001. —— Rochlitz は、ハーバーマスやアドルノ・ベンヤミンなどの仏訳をした翻訳家・美学研究者らしい。思想的には基本的にフランクフルト学派シンパのようで、じつはリクールの『生きた隠喩』の独訳者でもあるが、リクール哲学には批判的・懐疑的ということのよう。

(3) 九〇年のゲソー法 (la loi Gayssot) を皮切りにフランスでは、〈記憶〉と〈歴史〉をめぐる立法にも緊張した状況がある。そうした法にかんして、内容以前に、国家が歴史の解釈を法で定めること自体に危惧の念を抱く歴史家・知識人は少なくなく、九六年に歴史家P・ヴィダル＝ナケ (ユダヤ人で、否定主義批判の代表的論客) によって『ル・モンド』紙上に出されたゲソー法反対のアピールにはリクールも賛同を表明した。ノラもまた二〇〇五年に「歴史のための自由」というアピールを『リベラシオン』紙で発表したが、ただ彼はゲソー法に反対をしていない。複雑な立場関係が絡み合う状況が続いている。

司法の独立が十分でないとされるフランスにおいては、こうした「正史」を定める諸々の法 (記憶法 lois mémorielles ともいわれる) に基づいて「裁判官が歴史を言う」ことに懸念の余地はたしかにあり、本書第4章「歴史家と裁判官」の論もこうした文脈からとらえられうる。法を定めるか否かをめぐって「記憶の戦争 guerre des mémoires」、さらには「犠牲者間の競争 concurrence des victimes」という事態が起こっている。この問題系への『記憶、歴史、忘却』の意義を考察した論稿としては、Patrick Garcia, “Paul Ricoeur et la guerre des mémoires”, in : *Paul Ricoeur et les sciences humaines*, La Découverte, 2007.

衝突や憎悪や悲哀を宥めうる「喪の作業」はたやすく成就されなどしない。挫折する弔《とむら》いの行為。ある場合には記憶にとっての喪の作業とは、それが歴史となることかもしれない。歴史のエクリチュールを記すとは、過去のための「墓」(sépulture; MHO476, 649etc.)を立てる行為である。しかし、葛藤は消えない。ある者はその墓碑《セピュルチュール》＝埋葬を敬意だというだろう。だが他の者はそれを過去への冒瀆と呼ぶかもしれない。あるいは、忘却と。

人間たちは忘却を恐れる。忘却することを、また忘却されることを。だが人間は、記憶によっても苦しめられる。静かに、あるいは、狂わせられるほどに。むしろ記憶とはそういうものでなかったか。本書では今までいわれていなかったことを、いうべきときがきた。記憶は、たんに記憶されることだけを呼び求めているのではない。**記憶は、救済されることを求めている。**リクールが「記憶の義務」の短絡性・静態性――『存在と時間』の語彙で「既解釈性 Ausgelegtheit」ということもできる――にたいして、時間のかかり骨の折れる「記憶の作業」「喪の作業」の重要性を主張するのは、そうした事柄が考察の眼差しのうちに入っているからである。しかし「記憶の作業」とは努力すれば意のままになるというような尋常の〝作業〟でもない。「別様に物語ること」(raconter autrement)ができなくなるような、なにも語ることができないというような、無力の状態に人間はとらえられてしまうことがある。特に、深く蒙られた悪の記憶については。

その意味では、「記憶の作業」は究極的には「なしうる人間」の「能力」(capacité)の外部に逃れ去ってしまうものなのではないか？　そういう問いが立てられないほうがおかしい。悪しき過去や美化された過去と折り合いをつけ、未来への開けを取り戻す「喪の作業」が、もはや動きだせないところ。リクールは、ある線を越えるようなところでは、もはや主体の能動的行為ということがいえなくなるような限界に人間たちは突き当たらざるをえないということを、積極的に認める。そう、「赦し」という謎が現われるのはまさにそこにおいてであるのだが、しかしもはやそこでは必然的にひとは「希求法」で語ることしかできなくなる。赦されるということが、あるのか。赦すことができる日が、来るのか。

いま一度、リクールが『記憶、歴史、忘却』の「序文」で述べた言葉を引いておく。

私は不安にさせる光景を前にして困惑したままである。そちらでは記憶の過剰があり、またあちらでは忘却の過剰がある。いうまでもなくそこには諸々の記念顕彰《コメモラシオン》からの影響が存しており、記憶の――そして忘却の――濫用による影響が存している。こうした事柄にかんして、公正な記憶（juste mémoire）についてのひとつの政治学を考えることは、市民としての私が公言する課題の一つである。（MHO I）

この「序文」の言葉のなかで語られながら、ここまで触れられずにあった事柄が、これから考えられなければならない。「忘却の濫用」「忘却」、そして「忘却」と「赦し」との差異と重なりである。赦しとは忘却なのか。答えのない問いかもしれない。それでもこの問いは、本章を貫く問いである。いや、もしかするとこの問いは、本書と『記憶、歴史、忘却』との歩みに、最初からずっと静かに伴っていたのか？

以下本章は、まず前半では、記憶と歴史と忘却をめぐってのアクチュアルな問題が取扱われている『記憶、歴史、忘却』第三部後半の論を見ることから始める（第1、2節）。これはフランス国外の読者にとってピンときにくいフランス現代の政治事情についての情報提示を兼ねる箇所でもある。さて、ピエール・ノラは八四年に『記憶の場』を刊行開始したときには「集合的記憶」や「アイデンティティ」について比較的楽観的な展望を持っていたのだが、刊行終了の九二年にはそれらの問題系について彼が深い憂慮に沈んでいく。そのさまを、リクールは記してゆく。これは『時間と物語』刊行時から『記憶、歴史、忘却』刊行までのあいだにリクール自身の「記憶」や「アイデンティティ」にかんする見解が変わってゆくさまを重ね合わせている記述だと読んで差し支えない。次に第三部終盤は、主にヴィシー時代の悪しき記憶の再浮上という事象経緯についての記述分析に割かれる。回帰してくる悪しき記憶、不幸な歴史。重い現実がそこに横たわる。だがその現実のなかで初めて赦しといわれるようなものへの懇請がかろうじて語られうる。そうして私たちは「エピローグ」の論へと移行をする。「エピローグ」に固有の倫理学的-宗教哲学的位相から、「赦し」ということでリクールがなにを論究しているかを考察することが、最後に本章後半で私たちの課題となる（第3節）。

1◆コメモラシオンの時代——〈記憶と歴史〉から「アイデンティティ」へ？

『記憶の諸々の場』の奇妙な運命

一九八四年に刊行を開始、多くの執筆陣を動員し一九九二年に完結した浩瀚な『記憶の場 *Lieux de mémoire*』全三部の企画監修者ピエール・ノラ。彼はその一番最後の巻の末尾に付したみずからの論稿「コメモラシオンの時代 L'ère de la commémoration」のなかで、半ばこの大部の論集企画を公にしたことを後悔しているかのような「嘆きのトーン」（MHO532）を見せる。なにゆえにか。「記念顕彰《コメモラシオン》」の奔流に面してだ。

これら『記憶の諸々の場』(4)の奇妙な運命。それらはアプローチにおいて、方法論において、またタイトルそれ自体において、反-記念顕彰的なタイプの歴史〔書〕たろうとした。しかし記念顕彰のほうが、それらを襲いとらえてしまった。（Nora [1992], p. 977 ; MHO532）

『記憶、歴史、忘却』第三部第二章第四節「歴史の不気味さ」の3「ピエール・ノラ、新奇な記憶の場」で、一九九二年の『記憶の場』の完結時点で「嘆きのトーン」にいたらざるをえなかったノラの〈記憶〉と〈歴史〉をめぐる現状認識を、リクールは取り上げている。この箇所を見ることで私たちは現代における〈記憶〉と〈歴史〉をめぐる状況、また人々のそれらへのかかわりのありようを概観できる。

六八年五月――ポストモダンの条件――「文化遺産」

『記憶の場』第二部が出たのは八六年。この時点ではノラはまだ、記憶の諸々の場――パンテオン、エッフェル塔、ラスコー洞窟、三色旗、ツール・ド・フランス等々――を語ることは「文化遺産的記憶」(une mémoire patrimoine)による「ナショナリズムなき国民《ナシオン》」(nation sans nationalisme : *Lieux de mémoire II*, p. 652 ; MHO529)の再発見をなさしめるものであるのだ、とのポジティヴな希望と企図を表明してやむことがなかった。しかし、事後的に顧みればということだが、第二部刊行時点でのノラの論では明らかに「文化遺産という観念は未確定なものにとどまっていたし、かつそれが記憶の場という観念そのものにたいして、有害な影響を及ぼしうることも気づかれていなかった」(MHO530)のだ。コメモラシオンという共同記憶《メモワール》についても。

『記憶の場』が刊行の途上にある間に、一九八八年には六八年五月事件の二〇周年記念――「自己記念」(autocélébration ; MHO533)的な性格の――がさまざまに語られ展開された。一九八九年にはフランス大革命二〇〇年記念の行事等々が大々的に催された。他にも諸々の五〇周年記念や一〇〇周年記念や二〇〇周年記念やらがどんどん増殖していくのが目の当たりにされた。その根本に存していたのは、たんなる数的増殖だったか。

(4) タイトル『記憶の場』と、実際の個々の記憶の場とをかけている。「lieux」は複数形。

いや違う。それはコメモラシオンという事柄の本質的変容であった。

転倒したのはコメモラシオンの力学そのものであった。記憶モデルが歴史モデルを凌駕し、そして記憶モデルと共に、まったく別な過去の使用法が現われた……。重要なのは過去がわれわれになにを押しつけ課してくるか（ce qu'il nous impose）ではなくなってしまった。われわれが過去になにを注ぎ込むか（ce que l'on y met）が重要であることになったのだ。

（Nora [1992], p. 988）

と、九二年のノラはもはや指摘せざるをえなかった。過去とは過去自体ではなく、もはや今「われわれ」がなにかを「注ぎ込む」ための入れ物なのだった。その入れ物のもとの中身は？　さあ、知らないけど。

こうした「コメモラシオンの時代」の到来の理由を説明するのは簡単でない。事実としては、振り返ってみれば『記憶の場』の刊行が始まる以前に、すでに「一九七〇年代中頃に、諸状況の奇妙な巡り合わせによって、一見互いに関係のない一連の激変が、それらの諸帰結を交差させるに至った」のであったらしい。じわりと数十年間かけて進行していたなにかが、七〇年代に表面化し激変として姿を現わした。

その頃哲学界はどんな様子だったか。一九七九年リオタールの『ポストモダンの条件』が出された。（『時間と物語』と『ポストモダンの条件』は、無時間的基礎づけへの批判という八〇年代思潮を代表する書として並び立つものとみなされる場合がある。）そこでリオタールは「大きな物語はそのあらゆる信頼性を失った」（MHO412n）と主張し、哲学業界を越えフランスを越え、世界で反響・波紋を呼んだ。歴史学の平面でいえばそれには国民・国家を統一的連続的に語る支えとなるような大文学の物語はもはやない、という含意があった。そうなのだが、他方一九八〇年という「文化遺産年」が大きな成功を収めた。かつこの頃まさに同時に、思いがけない仕方で**ジョルジュ・デュビー**らによる『農村フランスの歴史』やル＝ロワ＝ラデュリの『モンタイユー』といったアナール派第三世代の手になる「ローカルな」(MHO533) 内容の書物が、一般の大好評を博することに。

なぜなのか。

おそらくリオタールは半分正しく、半分誤っていた。彼は彼が攻撃したハーバーマス以上に、社会ないし国民の〈記憶〉が抱えていた葛藤と不安、「深刻な方向喪失」(マルセル・ゴーシエ[5]) の程度をよく把握できていなかったのかもしれない。六八年の出来事と、七〇年の「六月十八日の男〔ド＝ゴール〕」(MHO533) 急死の後に、なにが残ったのか。新たな革命は起こらず、革命の祖国はもはや革命的でなくなったという暗澹たる感触が国民に共有された。国家の偉大さを求めるド＝ゴール主義の夢想も醒めた。大きな物語の終焉というリオタールの宣告がもし当たっていたとすれば、それだけその〝終焉〟によって人々の心は、深いところに動揺と空隙を抱えさせられたのであったのだ。

現在が不確かになり、未来が見えなくなる。いつしか途方に暮れた人々は〈過去〉のほうへと、かつてとは別の仕方で眼差しを向けるようになる。「文化遺産《パトリモワヌ》(patrimoine) のうちに、祖国《パトリ》(patrie) がある、と人々は発見した」(Nora [1992], p. 996)。文化遺産年は、コメモラシオンという装置によるフランス人たちの「過去への殺到 (ruée)」であった。

ところで、「『アナール』の名を標榜する歴史家たち、特にその第二、第三世代の者たち」は、彼らが政治史・事件史への反対の態度を閉じたアカデミックな世界で延々と営んできたことが、記憶の力学（特に政治的な）を手綱なしに開放してしまうという社会的含意と帰結を孕んでいることに「ほとんど気づいていなかった」と、ノラは指摘する。たしかに。第一世代から第三世代までのアナール派の特徴のひとつには、ナショナル・アイ

（5） Marcel Gauchet, «Totalitarisme, libéralisme, individualisme», *Le Débat*, nº50, mai-août 1988 ; cité in Nora [1992], p. 994.

デンティティにかかわるような（現代に近い）時代・事柄には積極的に立ち入らないということがあった。それはたんなる〈政治史〉に堕さないというアナール派の徳目であったともいえる。しかしそうした歴史学的身振りが、長期持続のノスタルジー、動かざる農民世界の風景表象へのノスタルジーの供給といった仕方で現代人のアイデンティティに働きかける効果について、また歴史家としてそうした仕事をなす自身の無意識的動機づけはなんなのかについて、これまでアナール派の面々は自覚的に反省をなしてきたとはいえない。(6) 長期持続という概念に孕まれた、暗黙の政治的含意……。

先の本書第3章では触れられていなかった、シャルチエらアナール派第四世代が「心性」概念にあれほどまでの厳しい批判を向けなければならなかった理由のもうひとつが、そこに潜んでいる。巧妙な混同によって〈説明の原理《エクスプリカンス》〉と〈説明されるべきもの《エクスプリカンドゥム》〉の両方で同時にあろうとすることにおいて「心性」と「アイデンティティ」とは同構造である。歴史認識論的・方法論的次元でのこの混同が、歴史学界の外でも内でも、政治的‐社会的に、読者にとっての感情的心地よさの産出装置として機能するのだ。

ここまで私たちが問わなかった問いを、ノラは彼の論稿の結論的問題提起として問う。

> いったいなんの理由で突然、公衆は中世の財産台帳の分析や十七世紀の人口動態カーブの確定作業などに、魅了されるようになったのか？
> （Nora [1992], p. 998）

第二部の狭義の歴史認識論では背景に隠れていた重大な問いである。過去が力を強めたのではけっしてない。実際の事態はまったく逆だった。七〇年代、農業人口は一〇％を切った。中世以来脈々と長く深い記憶を受け継いでいたラテン語のミサは、ついに行われなくなった。過去のほうからの力が失われ、過去の存在が失われつつあることこそが、人々の眼差しを過去へ向かわせ、過去の表象のほうへと想像を注ぎ込もうとさせるので

ある。そうして現在が伝統の〈記憶〉へと流れ込む状況において、たとえば、

故郷崇拝が、その存在が感じられるようになり始めていた移民（immigré）への敵意へと逸れてゆくことは、いつでも可能になっていた。

（Nora [1992], p. 996）

次第に微細なマイノリティではないものとして移民の存在が感じられ始めていたこと。心性史の書物がノシタルジックに〝古き良きフランス〟を思わせてくれる書として読まれた背景には、もはやフランスがそういうものではなくなってきた、と感じられ始めていたことがあった。類似の事態がドイツ歴史家論争の背景にも指摘される。無垢ではないノスタルジー表象に手を貸したノラの嘆き。

アイデンティティという不安

そして八〇年代以降、「アイデンティティ」（identité）という語が登場する。「アイデンティティ」の語が、「純粋な行政用語ないし警察用語としての古い用法にとって代わる」（MHO534）別の用法、つまり〈記憶〉としての用法において、しきりに使われるという現象があらわれた。[7] 後から思ってみるならば、『時間と物語』も『記憶の場』も、その波に乗せられた。

（6）ブローデルは晩年なぜか『フランスのアイデンティティ』という仕事を手がけた。彼も老いてそんなことを……、という酷評に近い評価で受けとめられてもいる。ただ一般読者にそれなりに読まれたことは事実で、そしてドイツ歴史家論争においてシュテュルマーの奇妙だが無視できない言及を惹き起こした。本書394頁を参照。

（7）リクール自身もまた、『時間と物語』や『他としての自己自身』という八〇年代の仕事では「アイデンティティ〔自己同一性〕」の語を頻繁に用いていたが、『記憶、歴史、忘却』では中心語としての使用をやめる。本書序論81頁も参照。

アイデンティティとは「歴史化された現在」(présent historisé) である。ゆえにそこでは「過去と未来との連帯は、記憶と現在との連帯にとって代わられる」(MHO534)。未来方向の視界が霞んで見えにくくなっていくことは、「アイデンティティ」の登場の原因なのか結果なのか……。アイデンティティ探しとは現在探しなのだ。だから――『記憶、歴史、忘却』のリクールは『時間と物語』のときとは異なり、苦々しく述べる――、

> アイデンティティの探索、要望、権利要求のための、記憶の動員《モビリザシオン》(mobilisation) が行われるのである。記憶の動員は果てしない動員、復員なき、終わりなき動員になるだろう。〈記憶〉が収集される。薄まってゆく過去と不確かな未来とのあいだで、徐々に「《アイデンティティ》としか呼びようがなくなってしまったもの」だけが現代人のしがみつける拠り所となる。「国民史」(histoire nationale) や「集団の記憶」がぼやけ霧消しつつあることで、個人の生き方と国家社会の信条・政策とが「交渉する《ネゴシエ》」仕方がわからなくなっていく。かくして記念顕彰《コメモラシオン》による集合的アイデンティティの非-作業的な確認が突出していく……。(MHO98)

そうしたなか八〇年代にかけて躍進を遂げた動向もあった。文化遺産ブームのほのぼのとした側面だけですむはずもない。一方で「〔極右政党〕国民戦線 (Front national) の台頭と、その国粋主義的・復古的なこわばり」があった。そしてもう一方には「《人権主義者》の台頭」があった。しかるにその後者がなしたことは、レジスタンス神話のごとき「バラ色の国民物語の、暗黒の物語への弾劾的反転」(Nora [1992], p. 1008) であった。

2 ◆ 操作される記憶、操作される忘却 ―― ヴィシーからの困難な復員

知ら-ないでおこうと-意志すること

ヴィシー時代の暗黒の記憶。「ヴィシー・シンドローム」―― アンリ・ルッソ（Henri Rousso, 1954-）の八七年の著作の題名でもある ―― という事象を、第三部の第三章第三節の2「忘却と操作される記憶」でリクールは取り上げる。この箇所は『記憶、歴史、忘却』において「エピローグ」の直前に位置する。リクールがこの事象を取り上げるのは、むろん政治的問題として重大なものだからだ。ただそれだけでなく、きわめて現在に近い過去を扱う「現代史」（histoire du temps présent）の枠組みのなかに飛び込むことで、記憶と歴史、また記憶と忘却についての哲学的考察の妥当性をいま一度厳しい試練にかける意図もある。というのも、現代史とは、第一にはそこで直截に、

まだ存命の証人（témoins encore vivants）の言葉と、当該の出来事についての史料的痕跡を収集構成したエクリチュールとが、摩擦を起こす（MHO581）

場所である。[8] 記憶の作業と歴史記述的実践とが、まさにそれらの現在時の行為としての側面において、鋭く対立し合い、また場合によっては互いを混同し、共犯関係に陥るような厄介な場所ということだ。そして第二

（8）「証人」の「証言」と、歴史記述との複雑な関係については、先の本書第2章第3節および第4節も参照のこと。

に、現代史は、個人的および集合的な記憶の作業が阻害されるという事態、換言すれば「記憶の濫用」と「忘却の濫用」の事態を直接に露わにしうる。リクールはその本質を、フロイト的な「日常生活の精神病理学に属する障害（troubles）」と、ある時期のハーバーマスが取り組んでいたような「イデオロギーの社会学に属する障害」（MHO581）とのあいだの、中間に見定めようとする。[9]

まず確認しよう。記憶や歴史物語というものについては、「たしかに、濫用（abus）の前に、使用（usage）がある」（MHO579）。他方その「使用」の射程は、無限なものではない。すべてを記憶する記憶やすべてを物語る歴史物語というものは、存在しえない。「網羅的物語（récit exhaustif）という観念は、行為遂行的に不可能な（performativement impossible）観念だ。物語は、必然的に選択的次元を含んでいる」。この「不可避に選択的な性格」という「脆さ」（fragilité）に、イデオロギーと呼ばれるようなものがつけこむのだ。しかしこの脆さは、記憶力と想像力以外に過去を認識する手段が人間存在には備わっていないという事態と等根源的である。それを取り除くことはできない。だからこそ、過去を表象しようとすることにおける、「言表された記憶、物語性、証言、歴史的過去の比喩的表象、といったものごとのあいだの密接な関係」という還元不可能でかつ危うい契機に、「忘却の戦略（stratégie de l'oubli）が直接に接ぎ木される」（MHO579）ことがある。

リクールはここで「histoire officielle」――かりに「公式史」と訳しておく[10]――の問題に触れる。「公式史」が流布せんとする過去の表象。これをめぐる問題は、『記憶、歴史、忘却』という書が政治的問題へのかかわりという角度から読まれる際には、もっとも先端に位置づけられるべき問題のひとつだ。

最大の危険は、権威づけられ、課せられ、祝賀され、記念顕彰される歴史の操作（maniement）のうちに存している――つまり、公式史（histoire officielle）の操作のうちにだ。物語のリソースはそうして、上位権力が筋立ての方向を定めて、威嚇あるいは誘惑、恐怖、へつらいといった方途によって公認物語（récit canonique）を押し付けるとき、罠となる。忘却の狡猾な形態（une forme retouse d'oubli）がそこでは作動せられる。社会的行為者から自分自身について物語る根元的な力を剥奪すること、その剥奪から帰結してくる忘却が。（MHO580）

もちろんここでもまた、〝上から下へ〟と事態を読み取るだけでは十分ではない。なぜか。「その剥奪は、秘密にされた共犯性（complicité secrète）なしにはありえない」からである。

この共犯性が、忘却を半-受動的かつ半-能動的なひとつの振舞いとなす。不誠実の表現たる逃避の忘却において見られるように。その回避の戦略は、市民の周囲において犯された悪（mal commis）について、知らないでおこう、尋ねないでおこうとする隠れた意志によって動機づけられている。つまり、知ら-ないでおこうと-意志すること（un vouloir-ne-pas-savoir）によって。（MHO580）

半-受動的な意志的忘却。そしてリクールは厳しくもこういい放つ。「西ヨーロッパおよびヨーロッパの他の部分は、二十世紀中盤の鉛色の年月の後に、このかたくな意志の愚かな光景を呈した」（MHO580）。

（9）リクールはハーバーマスの、「コミュニケイション的理性」に対置されるものとしての「戦略的理性」の観念に言及している（MHO97）。この場合の「戦略」は、支配的な権力・資本等によって人々を効率的にコントロールしようとするもののこと。つまりそれは、セルトー・ブルデュー・シャルチエにおける「戦略」概念の含意とはいわば逆方向に解される。

（10）「histoire officielle」は、意味するところは明瞭な表現だが、いざ日本語での訳出となると難しい。古代・中世的な「正史」か、あるいは「公式史」「公式的歴史」というぐらいか。他方、現実に日本のマスコミ・政治で流通している語彙からあてるとすると、「政府見解」あるいは「歴史認識」か。

「記憶の歴史」——〈Mémoires de guerre〉、〈guerre des mémoires〉

七〇年代、ド゠ゴールの死をひとつの象徴的区切りとして、ようやく、アルジェリア戦争によって延長されていた第二次大戦以来の「戦争の軌道から、フランスが脱却した」と人々に感じられたことは、ひとつの事実だった。しかしその脱却が同時に露わにしたのは、フランス国民の〈記憶〉がじつはいまだに第二次大戦への動員から、ヴィシーという時代から、本当には〈復員〉していなかったということであった。「一九四〇―四五年にフランス人が蒙った心的外傷（traumaismes）の強迫観念」（MHO109）が、地表に湧き上がってくる。

八七年にアンリ・ルッソが著書に書いたのはヴィシー時代そのものの歴史だけでなく、以後のヴィシーの「記憶の歴史」（l'histoire de la mémoire）だった。それには正当に理由があった。ヴィシーというひとつのなにか、ひとつの「記憶の場」をめぐる「オブセッション」の数十年の歴史を。歴史家という名の第三者の手になる「記憶の歴史」が書かれたことは、「同時代人たちが、完遂しようのない悪魔祓い（exorcisme）から〈記憶の作業〉へと移ることを助けることを目的とした、市民性（citoyenneté）の行為」（MHO581）だったともいえる。ルッソの仕事では「失錯行為、いわれないこと、いい間違い、そしてとりわけ、抑圧されたものの回帰（retour du refoulé）」といった精神分析学的概念が効力を見せる。というのもそれらは「記憶と忘却とに同時に直接に狙いをつける」（MHO582）からである。すると「記憶は、ひとつの社会という縮尺＝規模（échelle）で研究されてさえも、忘却の組織化（une organisation de l'oubli）としてみずからを露呈する」（Rousso12；MHO582）。

その記憶の「歴史」を振り返ろう。

一九四四―四五年には、まだ生々しい「内戦の後遺症」に面しての固有の意味での喪の状態があった。より正確には、まだ喪の作業を始めることすらできない茫然自失の状態、「未完の喪」の状態が。そして、その次の段階時期において、「共産党とド゠ゴール派政党とがおいた軌道における、(11)ひとつの支配的な神話、レジスタンス神話（résistancialisme）のおかげによる抑圧の局面」（MHO582）があった。神話が負の記憶にかさぶたの蓋をして、次第にヴィシーよりも〈解放 Libération〉の高揚の〝記憶〟がまさっていった。

> 隠蔽記憶（souvenir-écran）は、偉大なる解放者〔ド＝ゴール〕をしてこういわしめた、《ヴィシーとはつねになんでもないもの、無効のものであったし、そうであり続ける（Vichy fut toujours et demeure nul et non avenu）》[12]。ヴィシーはそれゆえ括弧に入れられるだろう。ナチの占領の性質をそうして遮蔽しつつ。（MHO583）

ヴィシーの記憶の括弧入れにおいて、しかるになかでもユダヤ人たちの受難のことは、とりわけ真っ先に深層意識で抑圧されたもののうちに属したように見える。

政治の第一線から退いていた時期のド＝ゴールが著した『大戦回顧録《メモワール》 *Mémoires de guerre*』（一九五四、五六、五九年）全三巻の内容および文体もまた、「記憶の歴史」の航跡において大きな一要素をなしたとされる。それは一種の教科書的記憶《メモワール》を形成するための表象装置となり、《勝利 Victoire》[13]を強調するゴーリスト史観が、国民的記憶のうえに甘美な忘却のヴェールをかけた。

次第にヴィシーとの隔たりが形成されることで、ルッソの表現でいえば、「事実の序列に、表象の序列がとっ

（11）レジスタンス神話形成での左翼と右翼の共犯関係の指摘。日本でも玉音放送を「革命」とする左派と「英断」とみなす右派とが戦前・戦後〈断絶史観〉の形成において一致した。参照、佐藤卓己『八月十五日の神話』、ちくま新書、二〇〇五年。

（12）〈解放〉後にド＝ゴールが、自由フランスという形で正統なフランス政府は存続し続けていたのであり、共和国の再建を公式に宣言する必要などない、つまりヴィシー政権はフランスではない、という考えを述べた言葉の一部。

（13）第二次大戦の〝終結〟をなんと呼ぶかは、日本でもしばしば問題になるが（「敗戦」、「終戦」）、フランスでは（大文字で）「Victoire」と呼ぶことになっている。他方で第一次大戦については通例「armistice 休戦」と呼ぶ。

戦後フランスの〈ヴィシー・シンドローム〉に関連する主な政治的出来事

1964年	〈解放〉二〇周年記念行事　ジャン・ムーランのパンテオン改葬
1968年	学生運動の勃発　翌年ド=ゴール退陣
1970年	ド=ゴール死去　独首相ヴィリー・ブラント「ワルシャワの跪き」
1971年	ポール・トゥヴィエへのポンピドゥー大統領による恩赦　翌年週刊紙で暴露され問題に
1981年	モーリス・パポンがユダヤ人強制収容に協力したことが週刊紙によって暴露
1983年	パポン起訴　以後98年まで続くパポン裁判の始まり
1983年	バルビー裁判（～87年）
1985年	映画『ショアー』
1987年	アンリ・ルッソ『ヴィシー・シンドローム』
	V・ファリアス『ハイデガーとナチズム』、いわゆるハイデガー論争が起こる
1989年	ニースの潜伏先でトゥヴィエ逮捕（5月）　ベルリンの壁崩壊（11月）
1990年	ゲソー法
1992年	ペタン元帥の墓へのミッテラン大統領の献花が問題視される
1995年	シラク演説（7月）
1996年	歴史家ヴィダル=ナケを中心として『ル・モンド』紙上にゲソー法反対のアピール

て代わった」（Rousso29 ; MHO583）。諸々のコメモラシオンが派手に登場し、忘却に封印をする。五八年からのド＝ゴール大統領下の第五共和政においてはさらに「悪魔祓い」が浸透する。六四年の〈解放〉二〇周年の記念行事、それに際してのジャン・ムーランのパンテオンへの改葬……。しかしそれがいつまでもは続かなかったことは、先にノラと共に私たちが確認したとおりだ。さて、ポンピドゥー大統領時代の一九七一年十一月、対独協力民兵組織の構成員としてユダヤ人迫害や反レジスタンス殺戮を遂行した「ポール・トゥヴィエ[14]への、大統領恩赦」（MHO583）というひそかな出来事があった。それは、「社会的和平の名のもとで」の「忘却の奨励」のつもりで、出されたはずだった。だが現実には、その隠密裏に出された減刑恩赦は、翌年『レクスプレス』紙の記事で暴露され、世間に広く知られた際には、むしろヴィシー期の記憶の抑圧を解除する禁断の引き金を引く出来事と化した。

「まさにその時期、ドイツ占領下のヴィシー期フランスの暗黒の記憶が、歴史書、文学、映画といったあらゆる経路で、錨を切られ、強迫的再浮上を起こした」（Nora [1992], p. 993）。知らないでおこうとする意志、尋ねないでおこうとする意志が、知ろうと欲する意志と、激突し始めた。若い六八年以後世代による遠慮のない弾劾の調子が記憶と忘却に新たな力学と加工をもたらす。〝ヴィシー時代に大人はなにをしていたのか？〟ポンピドゥーがなしたような「ただひとつの身振り、忍び足的ないし象徴的な（furtif ou symboique）身振りだけでもって、新しい世代たち（nouvelles générations）の問いかけや疑念を、沈黙させることなどできるであろうか？」（Rousso147；MHO583）。忘却がうまくいかなくなっただけでなく、納得をもたらす統一的な物語までも薄まってしまった。家父長的英雄的な「ド＝ゴール的な言葉とは異なり、歴史についてのいかなる満足のいく読解も伴わない忘却」を勧めるだけでは、後ろめたさを希釈したり、「記憶間の争い」をなだめたりするような説得力はもはやない。

ベルリンの壁崩壊後は、ヨーロッパ全体でナチス時代の再検証の波が起こった。沈黙を守っていた人々が口を開き、初めて、あるいは新たに証言をなした。過ぎ去っていなかった過去。長らくの忘却の過剰の後に到来した、記憶の過剰。表象の過剰と〈表象の限界〉の昏がり。ますます曖昧に、散りぢりになってゆく物語。悪しき出来事の記憶が改めて湧き上がってくることが惹き起こす漠然とした居心地の悪さ、それへの苛立ちという反作用をなす勢力の台頭。今ここで改めて述べるまでもない。社会党のミッテラン――彼がヴィシー時代にとった一連の行動も九〇年代に論議の的となった――から大

(14)　ポール・トゥヴィエ（Paul Touvier, 1915–1996）は戦後間もなく有罪宣告されていたが、脱走し、何十年にもわたる数奇な逃亡生活を続けた。結局逮捕されたのは一九八九年で、その後「人類に対する犯罪」で裁かれ終身刑となった。彼の出自であるカトリック原理主義教派――それゆえ反ユダヤ主義と親和性がある――に援助を受けてそのような長期逃亡が可能となったとされる。信仰はいざ知らず、知性や思想のある類いの人物ではなく、パポン裁判などとは意味合いは異なる。ただ、ポンピドゥーが死刑判決に減刑恩赦をなしたのは極右カトリックのロビー活動によるなど、宗教学的観点からは二〇〇二年のルペン・ショックへと連なるフランス文化の〝伝統〟の底部に流れるなにかを垣間見せる点で、考察に値する。

統領の座を奪還した、ド＝ゴール派政党のジャック・シラクによる、本書序論で見た九五年七月の演説、「それらを想い起こすのは困難である……」は、そうしたなかで過去にたいするフランス国家の責任の新姿勢を表明したものであった。だが、その演説がユダヤの口承と記憶の古き伝統に敬意を表する趣旨を含んでいたとはいえ、(15)歴史ではなく記憶（souvenir, mémoire, évoquer）ということを繰り返し、繰り返し強調するその文面はむしろ、国家や民族や個人がみずからの「アイデンティティ」のために「記憶の動員」を必要とするという紛れもない現代の固有の状況を映し出している。(16)過去そのものではなく、現在における過去。そしてその現在を苛んでいるのは、「記憶の過剰」の渦中における〈記憶間の戦争〉（guerre des mémoires）なのである……。

哲学者リクールの問い──「恩赦」への哲学的批判

かくしてノラとルッソの仕事が示したように、二十世紀から二十一世紀への世紀転換期に起こってきたこと、それは〈記憶間の戦争〉である。ヴィシーの記憶の歴史を眼差して、『記憶、歴史、忘却』の長い道のりは、ここにきて、まるで初めに戻ってきたかのようになる。結局、私たちは記憶というものとどうつきあうべきなのか、知らないでいるのか。記憶は存在する。ひとはそれに揺さぶられる。かといって、記憶に別れを告げる仕方も知らない。だから悪の記憶を語り継ぐ？　それもまたもうひとつの戦いにしかならないのか。

さて、以上で状況は把握された。

哲学者リクールはみずからの問うべき倫理‐政治論的問いを、立ち上げる。

現代史の歴史家は、この重大な問題から逃れることはできないであろう、すなわち、過去の伝達（transmission du passé）という問題から。それについて語るべきなのか？　どのようにそれを語ればいいのか？　この問題は、市民

（citoyen）と歴史家とに、同じく差し向けられている。　（MHO584）

これが二〇〇〇年のリクールの問う問いだ。過去の伝達。どうやって語るべきか、どのような態度で語るべきか。リクールのいうとおり、現代史家はこの問題から逃れることはできまい。しかし五里霧中のままに惑い続けることもできない。歴史家は、「みずから自身において引き裂かれた集合的記憶の混濁した水のなかで、距離をとった眼差し（regard distancié）の厳正さ」を持つという役割を担わなければならないから。

いかなる残虐な所業がなされたとしても、いかなる惨事を目の当たりにしたとしても、その後に、ただいたずらに論争や対立を、嫌悪やさらには復讐をあおることが最大の重要事なのではないはずだ。魔女狩りのようにして事をあげつらい、断罪や憎しみで共同体《シテ》を染めようとするようなことは、記憶の作業ではなく、「記憶の濫用」であろう。肝心なのは、どれだけ不可能に思えても、忘却の濫用でも記憶の濫用でもない、「公正な

（15）　リクールは第三部第二章第四節でユダヤ人歴史家イェルシャルミが表明する「《職業的ユダヤ人歴史家》としての違和感」に言及している。かつてのユダヤ文化では「集団の記憶は……決して歴史家たちに依存しなかった」（Yerushalmi, *Zakhor. Jewish History and Jewish Memory*, University of Wassington Press, 1982.; MHO521）。「ユダヤ的経験の特異性とは、卓越した仕方で歴史を担ってきたひとつの文化が、歴史の歴史記述的取扱いには古来無関心であった、ということである」（MHO518）。ただし —— 現代の西洋人としてリクールは付け加える —— 「イェルシャルミのその違和感はたぶんわれわれのもの、ユダヤ的記憶と十九世紀の世俗化した歴史記述との私生児である、われわれすべてのものであろう」（MHO522）。

（16）　«… Transmettre la mémoire du peuple juif, des souffrances et des camps. Témoigner encore et encore. Reconnaître les fautes du passé, et les fautes commises par l'Etat. …　Les plus jeunes d'entre nous, j'en suis heureux, sont sensibles à tout ce qui se rapporte à la Shoah. Ils veulent savoir. Et avec eux, désormais, de plus en plus de Français décidés à regarder bien en face leur passé.　La France, nous le savons tous, n'est nullement un pays antisémite. …»

記憶」(juste mémoire) というものをどうすれば少しずつでもつくっていくことができるかだ。とするならば「恩赦」について、考察すべきだろうか。それはひょっとすると、悪しき過去の記憶にたいして、厳正だが慈悲なしにではない仕方で接する、ひとつの行為ないしあり方を示すものなのではないのか?恩赦を考察する意義はたしかにある。ただし、恩赦の効能についてはあくまで慎重に、否定的に見たほうがよい。「公正な記憶」の「公正」ということを突き詰めて考えていくなら、恩赦や特赦というものは、やはり根本的な二義性を呈する。

一方で、ごまかしや現在の政治的打算にもとづく特赦というものにたいしては、つねに警戒をすべきである。「特赦《アムネスティ》(amnestie) と健忘《アムネジー》(amnésie) との、音声的である以上に意味論的な近接性は、そこに記憶の否認との秘密協定があることを告げている」(MHO586)。そうリクールは語る。戦後の西ドイツやフランスにおいて、反共イデオロギーと経済成長とは、ユダヤ人迫害の記憶を抑圧するための、国民による国民にたいする特赦にして健忘であったというべきなのか。だが他方で、ほとんど無条件な仕方で、とにかく混乱や暴力を早急に中断させ、それ以上の物理的精神的荒廃を食い止めるためになされる特赦というものの意義を全面的に否定しきることもできない。九〇年代にルワンダやコソヴォで、ジェノサイドと復讐の連鎖において必要とされたもののひとつは、それであったのか。どんな理由であれ、あのようなことがこれ以上繰り返されてはならない……。より以前の時代、近代国家の形成期・構想期に立ち戻って、「恩赦」について別の視野を確認できないか。十八世紀人であるカントはどうだったか。

彼は死刑を擁護していたが、しかし恩赦の持つ固有の意義も全面的に否定はしなかった (MHO585n)。カントは普通、厳格な応報刑論の論者とイメージされがちだ。ところが恩赦についての彼の考え方は、人間社会の機微を知るリアリズムをむしろ示している。『人倫の形而上学』(一七九七年) の「法論」では、たとえばあまりに多数の死刑を目の当たりにすることは人民の感情の磨耗、人心の荒廃につながる惧《おそ》れがあると述べられる。そうした理由がある場合ならば、それを例外事、「非常事態」(Notfall) とみなし、「主権者」が「みずから裁判官となり(を代理し)」(selbst den Richter zu machen (vorstellen))、「恩赦」(Begnadigung) によって流刑等への減刑という別の「判決」(Urteil) を下すという大権の行使がなされることは、集団の安定維持という目的のためにやむをえない……。こういう考え方をカントは彼なりの恩赦論として提示していた。いや、恩赦論や手続き論にはとどまらない深遠な人間論・法哲学というべきだろう。

リクールはさらに歴史を遡る。アンリ四世が発布した「ナントの勅令」(一五九八年)を、リクールはフランス史における一事例として見出す[17]。ブローデル『地中海』でも触れられていたかのサン・バルテルミーの虐殺に極点を見る、苛烈な憎しみの記憶の連鎖に面して発せられたものだった。

《第1条　一五八五年三月初めから余の王座への即位までの間に、双方の側において起こったあらゆる物事についての記憶、そしてそれ以前の他の諸紛争、およびそれらの機会に生じた物事についての記憶は、起こらなかった物事についてのごとく、消滅し、鎮められたままに今後とどまること》

(MHO587)

この「《起こらなかった物事についてのごとく》という表現は、驚かせるものだ」とリクールは述べる。きっと当時、抵抗感を惹き起こしたことだろう。しかしこの勅令は人々の〈記憶〉への態度をなにか変えしめ、負

(17) ちなみにここでの論旨とは直接関連はないが、リクール家は十六世紀の宗教改革以来フランスに居住し続けたカルヴァン派(ユグノー)家系であったらしい。ナントの勅令廃止後も、長くリクールの祖父の代までノルマンディー地方に手工業職人として住み続け、すぐ海の向こうの英国に渡ることもせず、改宗することもしなかった。リクール家にはプロテスタントというマイノリティ意識と同時に、フランスへの深い帰属意識も存していたということになる(Dosse [1997], 42-43)。

の〈記憶〉の〈歴史〉に曲がり角をつけ、そして後の世の私たちから見るに、たしかに国家国民の〈歴史〉を変えたのだった……。ただ注意を要する点もある。ナントの勅令の形の上での枠組みは、「宗教論争とキリスト教内部の宗派間戦争に、フランス国王が介入した」(MHO587)というものだ。この場合アンリ四世は(一応は)介入者、第三者である。したがって、たとえばポンピドゥー大統領がほかならぬ国家主権の代表者として、主権を行使してみずから恩赦を行ったのとは、事態の構成が異なっている。

現代に、考察の眼差しを戻そう。

恩赦の問題はかくして、国家主権の問題である。国家主権が「公式史」「教科書的歴史」(histoire scolaire)によって、記憶と共に忘却を国民に命じる——強圧的というより、むしろ静かにそっとやさしく滑り込ませる仕方で——ような時に、危険がつのる。なるほど「古代ギリシアやローマの時代のように、言語での儀式によって、またその延長である賛歌の式典や公開祝典によって、国民的統一(unité nationale)[18]を再確認するというのは、有益であろう」(MHO588)。ただそうした儀式の表象=上演によって表わされる統一の輝きには、影の側がある。リクールが現代の国家主権にかんして問いただす必要をおぼえるのは、その影の面だ。

> しかしこの想像的統一(unité imaginaire)の欠陥とは、すなわちそれが、過去の諸々の誤り(erreurs)から未来を守る可能性を与えるような犯罪の諸範例(exemples de crimes)というものを、公式的記憶(mémoire officielle)から消去してしまうことにあるのではないか?[19](MHO588)

祝われ、自明に確保されるだけの想像的《イマジネール》な「国民的統一」。その統一の静態性、硬直性。「ディセンサスの効用」を許容できないようなこの思考停止からは、過去の禍悪についてみずから思いを致すことからの、〝そのようなことは二度と起こってはならない〟という仕方で「特異なものの範例性」の観念を形成しうるような「市民的判断」ないし「市民的奮起」は、生じてこないであろう。そこに特赦と健忘との混同が起こる。そうして「赦し」というようなものが占めうる場所はどこにもなくなってしまう。しかもそれだけではない。政治権力が語る言葉が「犠牲者たちの正義〔公正〕要求のスポークスマン（porte-parole）であると自称し、意識〔良心〕の管理指導という意味での、より繊細巧妙な仕方」（MHO109）をとるような際さえあるのだ。

やはり恩赦や特赦は、たしかに意義や有効性があるとしても、あくまで緊急避難的なもの、かりそめの「緊急の社会的治療」（thérapie sociale d'urgence）以上のものではありえないだろう。その緊急な処方、命じられる記憶にして命じられる忘却の投与によって、長い眼で見れば、

私的記憶と集合的記憶は、過去とその外傷的重荷を冷静に再アプロプリアシオン（réappropriation）することを可能となさしめる、アイデンティティの健全な意味での危機（salutaire crise d'identité）という機会を、奪われてしまうことになろう。（MHO589）

記憶の「義務」を語る種類の言説が人口に膾炙しやすいのは、その「命法〔命令〕的要素」（MHO107）が、個人・集団のアイデンティティにとって億劫な作業の面倒を省いてくれるように感じられるからだろう。外傷の重荷という面倒を。時間のかかる、記憶の作業と喪の作業——たしかにそれは多くの場合骨の折れるつらいものである——を遂行するという以前に、そのための余地を確保するというだけでも、かくも困難なのだ。

（18）「国民的統一」（unité nationale）は二十一世紀に入って、移民問題・郊外問題に悩むフランスにおいて、政治家らがしばしば口にする語でもあり、一般的な表現であるがしたがってその含意は重い。

（19）邦訳書は「exemples」を「悪事の実例」（下巻249頁）と訳していて、「特異なものの範例性」との連関が見えない。

リクールは残される問題を指摘する。すなわち、記憶の義務ではなく、「悪について沈黙せよという義務ではなく、和らげられた仕方で、怒りなく、悪を言うことの義務」(MHO589) とでもいいうるものはないのかどうか、と。しかしそのようなものはあるとしても、命令されてなされるものでもなければ、記憶の作業のいわば能動的な努力のみによって成し遂げられうるものでももはやないだろう。「赦し」(pardon) という言葉で指し示されるようなそれは、もはや「希求法 (mode optatif) におけるひとつの願い」(MHO589) とならざるをえないとリクールは語る。私たちはこのリクールの洞察を正しく理解する必要がある。哲学者リクールは「記憶の作業」を遂行することを厳しく求めるが、しかし同時にその限界も看取している。赦しが「困難な赦し」でしかありえないのは、それが人間のなしうることとなしえないこととの境界に垣間見えるものだからである。

3◆困難な赦し――行為から行為者を解放すること

「困難な」赦し

『過去の表象』についての長く険しい探求であった『記憶、歴史、忘却』の論は、ついに最後の「エピローグ」にいたった。そして、「赦し」という謎の前に。この赦しというとらえ難いなにものかに接近することができるのか。できるとすればどのように。「エピローグ」でリクールは、カント、アーレント、レヴィナス、そしてデリダの論を横断しつつ、「**困難な赦し**」への接近のための不確かな道を探索しようとする。

しかしその探索のありようは、第三部における「記憶の義務」への批判や、「記憶の作業」および「ディセンサス」の必要性の強調にあったような、どこか厳しく諭すようなトーンからは、趣きを異にする。「エピローグ」の論は半ばロジカルな論証ではもはやなく、特別な種類の祈願のような様相をも伴う。

この第三部から「エピローグ」への移行ないし飛躍を、どう読み取りどう受けとめるか。それがひとつ私たち読者にとっての戸惑いの余地を提供していることはたしかである。なにかがそこで変わっている。第三部での潔癖なまでに反省と自律を人々に要求するような議論の調子にたいして、「エピローグ」のどことなく静かで、また宗教的語彙もいくらか散見される論の調子は、どういう関係にあると見ればよいのか。

行為から祈願へ？　努力から断念へ？

お望みならそういってもいい。しかし読者はやはり「エピローグ」においても、なんらかの仕方で「赦し」なるものを語ろうとするほうの姿勢と、「記憶の作業」の苦闘努力を堅持しようとするほうの姿勢とのあいだの緊張を、つねに読み取るべきだろう。だからこそリクールはたんに赦しといわず、困難な赦しというのだから[20]。リクールが「エピローグ」において赦しの次元を政治や司法の次元から明確に区別しつつも、しかしつねに実際的な「諸々の制度」との関連において赦しを語ろうとするという一見矛盾ともみえる論の進め方は、その緊張を印しづけるものとして読まれるべき側面をなお有している。西洋思想の歴史に受け継がれてきた伝統的な問題系、すなわち自由と必然性との逆説、ないし意志と恩寵との逆説という問題系が、「困難な赦し」という事柄のもとでまた改めて哲学的にとらえ直される。

(20)　私は二〇〇四年一月にパリで行われた研究会に出席した際、その席で、リクール自身が「困難な赦し pardon difficile」というとき、この「difficile」という語を声と手振りでもって、とくに強調して印象的に語っていたことを想い出さずにはいられないものである。参照、山内誠「パリで開催されたリクール・コロックに参加して」、『宗教学研究室紀要』vol. 1.

ある意味では、第三部が二十世紀の諸々の負の遺産にたいしての厳しい批判の言葉であったとすれば、「エピローグ」のほうは、厳密には赦しという事象について語っているというよりは、赦しというまだなされぬなにかがあるということを委ね伝えようとしている言説として、受け取るべきなのかもしれない。

「赦されえぬもの」の行方

古典となった感のある主著『人間の条件』でハナ・アーレントは「赦し」に触れている。公共空間における「複数性に内在する《脆さ》」（MHO632）を語るときだ。「活動《アクション》」の「不可逆性」（irreversibility）と「予見不可能性」（unpredictability）という二つの弱みが、人間存在に「約束」（promise）をなさせたり「赦し」（forgiving）を呼び求めざるをえなくさせたりするところの根本的な「脆さ」をなしている、と。しかしその同じ複数性が赦しの可能性をも基づけている、というのがアーレントの考えだ。赦しという「能力」（faculty）は約束の能力と同じく、複数性に依拠している。というのも「誰も自分自身を赦すことはできず、誰も自分自身だけにたいしてなされた約束によって拘束を感じることはない[21]」から。それゆえ赦しが「行使される領域は、まったく政治的な領域である」（MHO632）。赦しうるという力は、人間的な力である。人間的相互行為が人間たちの自由を保つ。

人間たちは、彼彼女らがなしたことから相互的に解放を続けてゆくことによってのみ、自由な行為者であり続けられる。（"Only through this constant mutual release from what they do can men remain free agents" P. 240 ; MHO633）

なしたこと――行為の予見不可能で不可逆な結果――を赦すこと。そうして人間を後悔や非難や萎縮から解放してやること。そのように、アーレントは彼女の赦し論のエッセンスを語っていたのだった。

リクールはこうしたアーレントの論とは別の次元に、「赦し」を位置づけようとする。

まずリクールのアーレント評を聴こう。アーレントの赦し論が示唆的なのは、それが複数性の次元をつねに考慮に入れている点においてだ。たしかに赦しも、そしてそれを請い求める過去の悪も、人間が一人しかいないところにあるものではない。しかし、アーレントの赦し論がリクールにとって不十分と見えるのは、アーレントが赦しを「なしたこと」すなわち行為の結果にだけ限定的に着目して考えているところだ。行為という事柄は行為の結果に尽きるのか？　その限定のゆえに、「解放する」(release, délier) ことというのが究極的になんの事柄にかかわるのか、アーレントは踏み込んで問わないままになっている。そうリクールは看取する。

ハナ・アーレントは、私見では、解放する所作を行為 (acte) とその帰結 (ses conséquences) との継ぎ目に位置づけたことで、謎の戸口の前にとどまってしまっていたように思われる。(MHO637)

くわえてリクールの眼には、アーレントの相互的な「水平的交換の平面」に位置づけられた限りでの論は、過誤と赦しという「二つの謎」の核心に迫っていないと映る。つまり過誤の「深み」(profondeur) と赦しの「高み」(hauteur) とに。アーレントの議論は行為の相互性を前提している。だが赦しが求められる場とは、相互性が壊れた場ではないのか？　人間存在たちの相互の〝解放し合う〟能力そのものが縛られ、麻痺せしめられ見失われるような憎悪、過誤の深みを、『人間の条件』のアーレントは主題的には想定していなかった。

赦しは、もしそういうものがあるとすれば、「能力」ではなく、なにをきっかけに生じるのかどこから到来するのかはっきりと分からないようなものとして、ではないのか。「赦しはある il y a le pardon」というような言葉がもしいえるとすれば、その「《il y a》という表現は、レヴィナスが彼性 (illéité) と呼ぶところのものを守

(21)　Arendt, *The Human Conditon*, The University of Chicago Press, 1958, p. 237.

アーレント
行為の原因とその結果とを
分離する「赦し」(許し?)

デリダ
「赦されえぬもの」
主体なき「不可能な赦し」
(le pardon impossible)

リクール
「行為者と行為とを切り離す」
困難な赦し
(le pardon difficile)

ろうとするものだ」(MHO604) とリクールは述べる。アーレントのいわば世俗的な赦し論[22] —— 日本語ではむしろ〝許し〟論と表記すべきか —— にたいして、レヴィナスの半ば神学的とも受取られかねない言説における「illéité」を引き合いに出すことでリクールがいおうとしているのは、なにか。赦しという出来事のきわめて特異な第三者性、三人称性、「誰が誰を赦すのかをいう必要がない」(MHO604-5) ということだ。加害者が被害者を赦す、というよりは、加害者と被害者のところに赦しという第三者が降りてくる、というふうにしか「赦し」はありえないのではないか。

ここで今度は、晩年のデリダの洞察に耳を傾けるべきだろう。デリダが彼の〝赦し論〟においていみじくも指摘していたように[23]、「赦しは赦されえぬもの (l'impardonnable) に差し向けられるか、赦しなど存在しないかのいずれかでしかありえない」(MHO605)。まさにそこに赦しの逆説がある。赦されうるものについては「赦し」ということをわざわざいう必要がない。赦しということは、「赦されえぬもの」についていわれるのでなければ意味がない。しかし「赦されえぬもの」は、赦されえないのではないのか……?

そこからさらなる問題が立ち上がる。論理的-倫理的困難が。赦しということがかりにもし起こったとしても、そのとき赦される主体とは、誰なのか。

ここでも私はデリダの議論に合流する。有罪者 (le coupable) をその行為 (son acte) から分離すること、別様にいえばその行為を弾劾しつつも有罪者を赦すということ、それは、行為を犯した主体とは別の主体を赦すということ (pardonner á un sujet autre que celui qui a commis l'acte) になろう。

議論は深刻で、解答は困難だ。（MHO638）

赦される前の主体。赦された後の主体。だが赦された後の主体というものを語りうるなら、すでに赦しは可能であるということになってしまう。赦される前の主体は存在しなかったことにする、ということなのか。だが前の主体と後の主体との同一性を前提する限り、両者の切断は不可能だ……。こうしたデリダの指摘を、リクールはたしかに受けとめる。根本的な困難がある。しかしリクールは、赦しとは「不可能な赦し」（pardon impossible）でしかありえないとの主張を根幹とするデリダの論とはなにか別の道を、どこかに探ろうとする。「赦されえぬ過誤と不可能な赦しとの間に開いているインターヴァル（intervalle）を探索すること」（MHO637）は、なおなにかしらできるはずだ。そうリクールは考える。だがそこに見出されうるのはただ「ひとつの究極的逆説」（un ultime paradoxe ; MHO638）でしかない。すなわち、「赦しと悔悟（repentance）との結合」という。

赦しと悔悟?

ただちにリクールは、「ここで問題になっているのは、妥協（transaction）などとはまったくもって別のことだ」と述べる。「いかに多くの独断的《ドグマティック》＝教義的思想（pensées dogmatiques）が、それにかんして二項対立的論理の

（22） リクールはアーレント赦し論での福音書への参照が選択的であり、そこに彼女の論の特徴と限界が表われていると示唆する（MHO633n）。アーレントが赦しを「人間的能力」としたことにかんしては、デリダも同様の指摘をしている。

（23） Derrida, «Le siécle et le pardon», in : Derrida, *Foi et savoir*, suivi de *Le siècle et le pardon*, Seuil, 2000. このデリダの重要な論稿については、参照：川口茂雄「赦し、ほとんど狂気のように —— デリダの宗教哲学への一寄与」、『宗教学研究室紀要』vol. 2. 私は個人的にはグローバル化と世俗化の問題をも主題的に扱うデリダの「赦し」論のほうに二十一世紀的により広い問題設定を見ているが、本書ではその方向性はひとまず留保し、リクールの論に即するにとどめている。

うちにみずからを閉じ込めてきたかは、知られている通りだ。恩寵（grâce）が先だとか、さらには恩寵のみがなすとか。あるいは人間的イニシアティヴが最初である、とか」（MHO639）。それらが論理として「袋小路」に陥るしかないことも、思想史がすでに十分示してきた通りである。「だから思弁過多からは遠ざかったところに、生まれつつある状態に（á l'état naissant）逆説をおくようにしよう。そしてわれわれは、どのようにしてその逆説が歴史的条件のうちに記入されるかをいうだけにとどめよう」（MHO639）。

リクールは「赦しと悔悟との結合」という逆説は、アーレントのいうように行為の原因とその結果とについてではなく、またデリダのいうように過ちをなした主体と罰せられた主体とのあいだにでもなく、「行為者（agent）と行為（acte）との関係を解放すること」としてこそ見出されるのではないか、と考える。

「この解放の作用は、哲学的に常軌を逸したものではない（n'est pas philosophiquement abérrant）。それは行為の哲学の線上にとどまる」とリクールは続けて注釈する。どういうことか。ここでカントの『宗教論』の「根元悪（das radicale Böse）」論の最終節でいわれる「善への素質（Anlage）」という事柄にリクールは言及する。いかなる悪を犯した者であっても、いかなる悪への「性向 Hang」を持った者であっても、この善への根源的「素質」自体を失うことはそもそもけっしてできない、と『宗教論』のカントは述べていた。リクールはこの「素質」ということを、「なしうる人間」の存在論的条件・歴史的条件の限界線上に現われてくるものとみなす。換言すればそれは、能動／受動、主体／対象といった二項対立の手前か彼方かのどこかで、「道徳の義務論的概念に、ひとつの宗教哲学（une philosophie de la religion）が接ぎ木される点」（MHO639）なのだ、と。

むろんあくまでも、「善意志」のみによる行為が現実に存在したことはないとカントもいっていたように、その「素質」自体が現実においてはひとつの逆説という在り方にとどまる。

この逆説について思弁的ないし超越論的様態において語ることは断念されねばならない。還元不可能な仕方で実践的（pratique）であるがゆえに、逆説は、希求法という文法で言明されるほかない。（MHO642）

そうリクールは解する。けっしてそういう資質がどこかに超越論的契機として、あるいは内世界的《ムンダーン》なモノとして、置いてあるようには考えられない。しかし、「赦しという徴しのもとでは、有罪者はそのなした犯罪やなした過ちとは別のことをなしうる（capable）とみなされるであろう。有罪者は行為する能力（capacité）を与え返され、行為はその継続する能力を与え返されるであろう」（MHO642）。つまり、有罪者が（のちに）なす行為が、罪なき行為、悪なき行為であると受けとめられうるようなとき、それを実践的な仕方で現われた限りの善への「素質」であると私たちがみなすことが、有罪者の存在を過去の悪しき行為から切り離し解放することの少なくとも可能性ではあると考えてよい、ということなのだ。たとえばそれは、「未来へ向けて（vers l'avenir）行為を投企する約束（promesse）」（MHO642）という姿をとるのではあるまいか。

「微行」の希求法、配慮、公正

一九六四年にフランスでは「人道にたいする犯罪」については「時効不適用」（imprescriptible）であると法で定められた。かくのごとき深刻な罪については、赦しはなにもなしえないであろうか。純然たる刑法の次元ではまったくそうだ。「正義〔公正〕」（justice）はなされなければならない。恩赦によって正義に代えることはできない。それでは赦すということは無処罰（impunité）を認めることになってしまおう。無処罰ということは、法にたいして、またそれ以上に犠牲者たちにたいしてなされる大なる不正義（injustice）となろう」（MHO612）[24]。

（24）カントの『人倫の形而上学』「法論」を踏まえていわれている発言であろうと思われる。「無処罰（Straflosigkeit（*impunitas*

ただ、と、リクールはここで付け加える。

時効不適用と宣告されるのは、犯罪である。しかし懲役を受けるのは個々人である。……犯罪者たちも、配慮(considération)を受ける権利を有している、なぜなら彼らは彼らを裁く裁判官たちと同じく、人間であるにとどまっているのだから。

(MHO613–614)

『記憶、歴史、忘却』の論全体の倫理学的・政治哲学的考察の極北にあたるものが、あまりにもかすかにだが、姿を見せる。リクールは、「時効不適用」な犯罪にかんしてであっても、「犯罪」と「犯罪者」とを区別することの可能性が存すると述べる。そして人間たる限りでの「犯罪者」への、彼の表現では「配慮」と呼ばれうるような契機のありかを指摘しようとする。そこには――デリダとは違った仕方で、しかし類似もした仕方で――「時効不適用」ということと「赦されえぬ」こととを分節化しようとする洞察の眼差しがある。

さらに「極端な犯罪」のみではなく「普通法」の事例をふくめた広い視界に移ることで、リクールは彼のいうところの「配慮」という観念を、狭義の刑法・刑事訴訟法・刑罰にかんする事象から、いわば社会・制度的事象一般へと延長する必要を主張する。まず、「推定無罪」とされる権利がある。「弁護される」権利がある。いや、そうした形式的なことだけでは、ない。先に「歴史家と裁判官」をめぐっての考察においては、私たちは裁判が公平さを原理とし、また感情的・物理的暴力に言語活動をもって置き換えるという役割を果たすことを確認した。しかし、別の次元から問うならば、「裁判官たちの前に引き出される」ということ自体を「制度的暴力」(violence institutionnelle)と感じることはないのか? 裁判制度を形式的に見るなら出てこない問題だ。だが地に足をつけた目線に立てば、社会現実そのものである。制度的暴力を感情的に感じること、それはなんら非難されるべきことではない。そこに「配慮」が要されるとむしろ冷静に指摘せねばならない。「誰もが討論の武器（armes de la discussion）を同様に意のままにできるわけではない（n'a pas le même accès）ということは、事実である」（MHO614）。裁判が公正なようでいて、暗黙の仕方で、少ない教育しか受けえなかった人間にとって不利なものとなる。一個人にたいする公開私刑の様相を呈したりする。その確率はゼロからは程遠い。こうした、制度的なものとその外部との境界線上にある事柄に、「配慮」に、リクールは赦しというものの果てしない困難さと同時に、そのかすかな可能性をも見て取る。「巨大な諸犯罪の恐怖が、こうした配慮をその犯行者たちにまで拡げることを妨げる。それは、絶対的に愛する（aimer absolument）ということをなしえないわれわれの無能力（incapacité）を印しづけている」（MHO614）。たしかに「配慮」は現実には、存在においても感情においても有限でしかない「なしうる人間」がいつもできることではない。これは否定しようがない。恐れの表象が人間を残酷にする。この苦渋に充ちた現実を指すのに、リクールはジャンケレヴィチの言葉を引く。「赦しは悪のように強い、しかし悪は赦しのように強い」（MHO613n）。

だがそれでもなおひとは「最高の正義は最高の不正義 *summus jus, summa injuria*」という格言を忘れぬよう心がけうる。それが「配慮」であり、法的正義とは次元を異にしながらもそこにひそかに入り込みうる「赦し」のかすかな可能性である。リクールは「配慮」をこういいかえる。「Tu vaut mieux que tes actes.」（MHO642）[25]

赦しということを公共空間の政治的領域と結びつけることは、この世の現実においては、やはり基本的に必要なのだ。その意味でアーレントはまったく正しかった。とくに個人ではなく、共同体ないし集団同士の敵対、

---

criminis）は、臣民にたいする最大の不正義（das größte Unrecht）である」（「法論」§49）

（25）「君の存在は君の行為以上のものである」。フランス語「valoir」は『実践理性批判』の概念系で「Würde」と「Werte」との双方を意味しうる。たとえば極左政党のスローガンで « Nos vies valent plus que leurs profits » という表現があった。

憎しみといった状態にかんしては、政治の制度なしにはなにごとも進めることができない以上。

先にリクールは主権者によって共同体内部になされる恩赦については、記憶の作業や赦しの余地を消すものとして警戒を表明していた。しかし、なんらかの仕方で過去を不問とし、対立しあう共同体間に公正な距離を確保すること、それはむしろ「赦しの一種の微行《インコグニト》」(une sorte d'incognito ; MHO618) であると積極的に肯定しさえする。共同体や国民が「古い憎しみ、遠い過去の屈辱を反芻する」表象、行為を抑制すること。それはたしかに消極的な性質のものであり、あくまで「友好ではなく、交わし合う関係の修正」(MHO618) でしかない。しかし「病める記憶 (mémoires malades) への治療薬としての、敵対する隣人間の関係の正常化という観念」は、「市民的、ないし世界市民的 (cosmopolite) な縮尺での、配慮の観念」(MHO618) と結びつきうる。それは「相続された憎しみ」に、復讐心や涙や痛みに、「歴史が敵となしたその他者たちを、理解しようとするひとつの粘り強い意志 (une volonté tenace)」をもって面することであろう。知るまいとする意志ではなく。

たとえばヴァツラフ・ハヴェルがソ連崩壊後の最初のチェコ大統領となった後の一九九〇年に、「ドイツ人追放」について謝罪の意を示したこと。[26] チェコ国民の多くはじつはそれを支持しなかった。だがリクールは —— 彼はヤン・パトチカと面識があり、冷戦下でチェコの知識人らを支援してきてもいた ——、ハヴェルの自国民には歓迎されざるその振る舞いに、だからこそいわくいい表わしがたい意義を見ようとする。

民族間国家間の敵意、憎しみというものは、集団のアイデンティティのうちに長く深い歴史を穿ちうるだけに、容易に消えようとはしない。消せはしない。赦しは到来しないかもしれない。しかし記憶の作業としての、また歴史を生きる作業としての、「別様に物語ることを学ぶこと」(apprendre à raconter autrement) がかならずしもつねに硬直的に排除されているばかりとは、限らない。別様に物語ることが正義〔公正〕によって要望されるのはなぜか。「正義の徳〔力〕」(vertu) とは、他人へと向かうこと」であるはずだからだ。

正義は、自己自身と自己自身とを短絡《ショート・カット》させる状態から他者性（altérité）の場を奪い返すものであることにおいて、どの徳にもまして、他者性の構成契機である
（MHO108）

はずだからだ。第一次世界大戦の孤児の眼差し、二十世紀を生き抜いた老哲学者の眼差しはいま、困難に抗して「正義」と「他者」とを重ねて見据えようとする。正義と他者性との交錯を認めること。苦渋のなかで。それはたとえば「みずからを安易には冤罪証明しない」（MHO618）市民的姿勢として表明されうる。(27) リクールは事例として七〇年の西ドイツ首相「ヴィリー・ブラント」の、ワルシャワでの跪《ひざまず》き」を、*Warschauer Kniefall* を挙げる。なるほどこれはなんでもないもの、「制度となることができない、無能力なもの」でしかない。だが、そうした例外的な非制度的行為・表象のうちに、「赦しを請う」ことが隠れた「微行」として垣間見えうることがあるかもしれないと、希求法において語ることは、禁じられてまではいないのではなかろうか。

現実には、どこまでも私たちは「不幸な歴史」（histoire maleureuse）を語るしかないのか。そう自問した後で哲学者リクールは、「この『記憶、歴史、忘却』という書を、われわれの現在時のもっとも過酷な諸現実のただなかに刻み入れる」（シャルチエ：Débat10）ための、最後の結論を述べる。

歴史〔学〕へとそれを付与することが拒まれてはいない、ひとつの特権がある。集合的記憶をあらゆる現実的記

（26）部分的原型となる論稿ではハヴェルの件が言及されていたが、『記憶、歴史、忘却』では触れられていない。
（27）リクールは Klaus Kodalle の論を参照しつつ、ある意味では安易な冤罪証明と同じほど疑わしい振舞いとして、第一次大戦後にマクス・ヴェーバーが『学問としての政治』のなかで諌めたような「尊大な超道徳主義」（hypermoralisme arrogant）をも挙げている。それは身内での魔女狩りというような、無際限で不毛な形態をとることにしかならないだろう、と。

憶の彼方へと拡げていくのみではなく、まさに、ある特定の共同体が、他の諸共同体の受苦にたいして盲目的で耳を持たぬものとなるほどにただみずから固有の受苦のうちにうずくまり閉じこもるような時には、その共同体の記憶を訂正し（corriger）、批判し（critiquer）、さらには否定（démentir）してよいという特権のことだ。この批判的歴史という道のりにおいて、記憶は、正義の意味に出会う。幸福な記憶（mémoire heureuse）が、公正な記憶（mémoire équitable）でないということがあってよいだろうか？
（MHO650）

＊＊＊＊　＊＊＊＊　＊＊＊＊

この最後の結論箇所での「公正な記憶」という表現は、フランス語で「juste mémoire」ではなく、「mémoire équitable」である。私の視認できた限りでは、この「mémoire équitable」という表現は『記憶、歴史、忘却』のなかではこの箇所以外には見出されない。

同じく「公正」を意味するものながら、「juste《ジュスト》」にたいして、「équitable《エキターブル》」という語はより「平等」の含意を強く有する。[28] この語には、リクールが八〇年代以降ロールズ的正義論のモチーフを批判的にくぐりぬけてきて得たなにかが垣間見られる。深読みするならばそこには、赦しという通常の経験の範囲を越え出るなにごとかについて語るにあたって、その論のうちにあくまで明晰たらんとするモーメントと、語りうるものを越え出て逃れゆこうとするモーメントとを、かろうじてともに保持しようとする天秤の繊細な重みがある。

幸福と公正との無限のすれ違い。それは実践理性のアンチノミーである。

正義はただ普遍的であるだけでは空虚であり、個人の現実の生におよぶのでなければならない。そこに幸福にかんする各人の平等という正義＝公正の理念の根拠がある。だが〝普遍的幸福〟などというものはない。幸福というのは、あるとすれば一回限りの歴史と時間のただなかで、一つひとつ、一人ひとりのかたちをとるものでしかありえないから。憎しみや悲しみが、そうであるのと同じように？ 困難な赦しは普遍的正義の追求と個別的幸福――自己の？ 他者の？――の追求とのあいだの遂行的矛盾(29)、不可避の遂行的矛盾によって引き裂かれた場においてしか希求されることさえないがゆえに、困難なのだ。現実とは、「公正《ジュスト》な記憶（歴史）」の押しつけ、「幸福な記憶」への固執であるばかりなのか。ひとつの幸福は他の幸福を意図せず踏みにじるか。不幸は黙認されるのか。「喪の作業の勇気」（courage du travail de deuil）は「ノスタルジーという弱気」（faiblesses de la nostalgie; TR III 372）の下につねに屈し、擦り減り砕けてゆくしかないのか。だが人間であることが、よき生への希求であり、また人間であることが、他の人間たちと共にあることであるならば、幸福と公正とは人間的行為の地平をどこかでなし続けるはず。そのことがリクールのいった「正義の意味」であろう。人間存在は、公正と幸福とが一致する可能性が少なくともありうると、要請しないでいることはできない。幸福な記憶は稀《まれ》である。公正な記憶はもっと稀である。ましてや、幸福で公正《エキターブル》な記憶というものは。でも、そのような記憶が可能性にとどまるとしても、その可能性を終末論的地平としてひとは、赦しというようなものがあるかもしれないと、少なくとも願うことは許されている。

（28） Cf. SA267. ロールズ用語としての「fairness」は、フランス語では通例「équité」と訳されている。
（29） Cf. SA308. また普遍性と歴史性との矛盾・葛藤という問題については、本書序論第3節の注（32）も参照。

終章　忘却

ERSTE.　Ich heiße der Mangel.
ZWEITE.　Ich heiße die Schuld.
DRITTE.　Ich heiße die Sorge.
VIERTE.　Ich heiße die Not.
ZU DREI.　Die Tür ist verschlossen, wir können nicht ein;
Drin wohnet ein Reicher, wir mögen nicht 'nein.
MANGEL.　Da werd ich zum Schatten.
SCHULD.　Da werd ich zunicht.
NOT.　Man wendet von mir das verwöhnte Gesicht.
SORGE.
Ihr, Schwestern, ihr könnt nicht und dürft nicht hinein. Die Sorge, sie schleicht sich durchs Schlüsselloch ein.

— Goethe, *Faust II*

終章では、「エピローグ」の最後の第五節「ひとつの道による再行程 ── 反復的たどり直し Retour sur une itinéraire : récapitulation」[1] のなかの最後の箇所における、「忘却」についてのリクールの論を扱う。

その最終節を、『記憶、歴史、忘却』の各箇所のなかで、リクールは何度か「エピローグのエピローグ」(l'épilogue de l'Épilogue) と呼んでいた。この節が同書においていわば本論とは別な位置を占めるものだと予告していたのだ。そのことからも分かるように、この部分は同書の〈結論〉ではないが、同書が取り扱う主題系のひとつの極限を表示する節となっている。ただ、逆にいえばきわめて特別な節であるがゆえに、同書の他の章節の方法論とはまったく離れてしまっている。このことは把握されておく必要がある。

『記憶、歴史、忘却』と題された大部の書であったが、題名が単純に連想させるように〈記憶〉や〈歴史〉と並んで「忘却」が書のうちで3分の1ほどの分量を割かれているかといえば、全然、そのようなふうにはなっていない。「忘却」がもっぱら主題的に取扱われる箇所は、第三部第三章「忘却」(本書では先の第5章で扱った)と、この「エピローグとエピローグ」のさらにその一番最後の数ページとに限られている。

なぜか。むろん第一には次のような要因が考えられる。すなわち「忘却」という事柄が、ひとつのモノや、ひとつの出来事のようにしては〝これ〟としてとらえられることができず、また記憶力や想起能力というようななんらかの〝能力〟としてもとらえられえず、それゆえどうしても欠落、不在、否定、消滅……といった相

(1) ちなみに邦訳書では「帰路 ── 要点のまとめ」となっているが、「帰路」は明白に誤訳。フランス語では« retour à ...» は「……へ帰還する」という意味をもつが、ここでは« retour sur ...» である。英訳書では「Looking back over an itinerary: recapitulation」、ドイツ語訳書では「Rückbesinnung auf einen gegangenen Weg: Rekapitulation」とそれぞれ訳している。「要点のまとめ」というのも、あまりに辞書的にすぎ、リクールが六〇年代以来「récapitulation」という語に非常に特別に意義を込めて「reprise」「répétition」といった語彙と絡み合わせていたことを勘案する必要はないのだろうか。

においてしかとらえられないということ。取扱いの本質的困難さという要因がある。忘却とは、積極的・直接的に把捉されうるなにものかではない。とするならば、忘却を取り扱う哲学的な方法論は、あるとしても、ポジティヴなものではありえず、せいぜい消極的・否定的な方法論しかありえない、ということだ。こうした要因はなるほどたしかに、事柄の分析考察を恣意的なものにおちいらせないためには、つねに慎重に留意されるべきものである。むしろ現代思想の諸々の言説や、後期ハイデガーを研究する諸々の言説などにおける、「不在」「欠如」「痕跡」等についての、場合によってはイージーとみなされうるような言及仕方に比すれば、リクールが堅持するところのこのかなり慎重とも見える一種の節度には、なんらか評価されるべき面があるか。リクールが『記憶、歴史、忘却』のなかで〝忘却そのもの〟については、記憶や歴史記述・歴史表象等々について十分に論じた後で初めて最後にその検討を着手するという順序を採ったこと。つまり、記憶や歴史といった事象のいわば裏側、そこからはこぼれ落ちるもの、として、後から追加補足するような形で（のみ）取り扱ったこと。これはしたがってそれなりに正当なことだと私たちは考えてよかろう。

だがそれにしても〝リクールが忘却についてどのように考えたか〟を研究的に解釈するには、やはり材料が量的に少なすぎる。絶対的に少ない。それでも、その少ない材料からなにを読み取ることが可能か？　これが以下終章の試みならぬ試みである。

もっとも、ことさらに主題的にではない仕方ということでは「エピローグのエピローグ」以外の他の諸々の箇所でも、しばしば忘却に関係する論点は『記憶、歴史、忘却』のなかに登場していた。そのことは私たちは十分に見てきた。だが、いわば諸々の重厚長大な議論へのたんなるごくごく小分量の補足にすぎないように見える最後の数ページ、「エピローグのエピローグ」は、なにか独自な意義をもつのだろうか……？　私見ではそれは、個々の歴史上の惨事・災禍や道徳的悪といった事象とは重なりつつも次元を異にする事柄(2)、すなわち、有限な存在としての人間が、〈忘れる存在〉でありまた〈忘れられる存在〉であるという、まさにその事柄に、直截に眼差しが向けられるということ、そこに存しているといえるのではないか。

「エピローグのエピローグ」をリクールは、記憶、歴史、忘却をめぐってのこれまでの論の行程を、「幸福」(bonheur)という別の事柄の角度のもとで、ごく短い形で、ある小さな別のプリズムを通して見直してみる箇所として提示する。それはもちろんもはや「現象学の言説でも、認識論でも解釈学でもない」。赦し論とはまた別の、「過去の表象の終末論」のもうひとつの言説であり、「記述(description)の直説法と、掟(prescription)の命令法とから等距離にある、願いの希求法」(MHO643)としてしか述べられえないものである。

赦し論でもほんの二、三回ほどだけ目にした語彙だが、「幸福」また「終末論」という語彙についてリクールは一切説明を付していない。ここでもやや唐突な提示という印象は免れない。しかしそれらが、人間にとってそれ以上遡ることのできない限界、「地平」(horizont)としてのなにものかを示すものであるとすれば、深遠な意味において、この唐突さは、やむをえないものであるのだろうか。

さて、忘却は事柄として記憶とシンメトリーをなしてどこかに場所をもつものではない。忘却は記憶の「地平」である、とリクールはいう。この場合の「地平」というのは、「ガダマーの意味での地平融合」のような事柄を意味するのではない。地平とは「場所ではない場所」、どこまでも限界であることにおいてそれ自体としてはとらえられえないもの、「地平の逃げ去り(fuite)、未到達(inachèvement)を意味する」(MHO537)[3]。

(2) 災禍・悲劇と、人間の有限性ということとのあいだに存在している、重なり・混同・区別という事柄をめぐっては、参照、氣多雅子「震災で何が記憶されるべきか」、『世界思想』二〇〇七年、pp. 30–33.

忘却が逃れ去る地平としてのなにものかである／でしかないということ。そのことは、「幸福な記憶」について語ることはできたとしても、それと同様の仕方で「幸福な忘却」なるものについて語るということはできない、という事態によって、露わになってくる。

なぜ「幸福な忘却」を語ることができないのか。その理由は第一には、忘却が想起・回想のようにひとつの思考の作用・出来事として形をとるものではないということにある。忘却は明示的な出来事という形をとらない。しかも、いつまでも続くものとなる。そして、幸福な忘却を語ることができないもう一つの大きな理由は、忘却が「消失による忘却」(oubli par effacement) である限りにおいては、そのまったき消失[4]ということに肯定的な価値を見出すことが、人間たちにとってはほとんど不可能にしか思われないからである。

忘却がなんらかの意味で肯定的な意味を持ちうるとしても、せいぜい、新たな未来を開始させるために、過去と現在との関係に断絶・区切りを入れるという仕方での「忘却」、という場面ぐらいしか想定されないだろう。あるいは、幸福な記憶を浮き彫りにするために廃棄される他の記憶、というような形か？『記憶、歴史、忘却』のなかでこれまで述べられてきた「記憶の作業」と「喪の作業」にはたしかにそうしたモーメントが、暗黙の仕方で、深いところで含まれていた。だが、いくらそういったところで、「破壊することと建設することとの共通の源を把握しうるような高次の視点というものは、人間の視野のうちには存在しない」(MHO574, 654)。そう認めざるをえない。新しさというような付加を抜きにしてしまえば……、破壊や消失そのものに意味を見出すことは、人間のもつ視野のうちでは宿命的に困難である。有限にして死すべき人間には。

でもしかし、新しさを出現させるための忘却でもなく、過去の罪科を誤魔化すための意図的な忘却の戦略でもない、また別の忘却というものもある、とリクールはいう。別の忘却……？　それは「もはや戦略でも、作業でもない忘却」、「なにも働きをなさない忘却（oubli désœuvré）[5]」（MHO655）である、と。つまり「記憶の作業」でも「喪の作業」でもないもの、「それはもはやなんの作業（travail）でもないであろう」。そこでリクールはどういうわけか唐突にキルケゴールの『野の百合と空の鳥から何を学ぶか *Hvad vi laere af Lilierne paa Marken og af Himmelens Fugle*』（一八四七年）[6]からの引用を行う。「キルケゴールの、思いわずらい（souci）からの解放（libération）としての忘却の礼賛を、喚起しないでいることができるだろうか」（MHO656）[7]。

（3）「地平」という日本語は場合によると〃どこまでも広がる〃というようなニュアンスをもつかもしれないが、ギリシア語原語をかんがみても、哲学用語としてはむしろ「限界」といったほうが事柄として誤解が少ない場合がある。

（4）だからここで「消失による忘却」ということでいわれているのは、「少なくとも忘れたことを覚えている」（アウグスティヌス『告白』：本書第1章第2節参照）という次元のことではもはやなく、まさにまったき消失、ということである。

（5）『記憶、歴史、忘却』ドイツ語訳書では「ent-werktes Vergessen」、英語訳書では「idle forgetting」と訳している。

（6）ドイツ語訳：Was wir lernen von den Lilien auf dem Felde und den Vögeln des Himmels／フランス語訳：Ce que nous apprennent les lis des champs et les oiseaux du ciel.

（7）ひとつ別の角度からこのキルケゴールの援用による忘却論を補足的に解釈しておきたい。ハイデガーの『存在と時間』における「Sorge 気遣い」との関連でである。この前後の箇所でリクールが「世界内存在」という語を記していることからも、少なくともなんらかの面でハイデガーとの連関において読まれるべきものであることは明白であろう。「souci」は「思いわずらい」と訳したが、これはむろん「Sorge 気遣い」と同一の語である。リクールの「思いわずらわない記憶」と「神的な気散じ」についてのいくらかの言明は、ハイデガー解釈という側面をも含んでいるのだろうか。――またそのことによって、いささか突然のキルケゴールへの参照の一応の理由ないしの必然性が、見て取れるか。

　ハイデガーは、「Sorge」をストア派の思想的術語でありかつ新約の重要語でもある、「μέριμνα」（ラテン語では「sollicirudo」）に由来をもつものとして提出した（SuZ199）。「だから、明日のことまで思いわずらう（μεριμνήσητε）な。明日みずからが思いわずらう（μεριμνήσει）」（マタイ 6.34. ラテン語ウルガタ：« Nolite ergo esse solliciti in crastinum; crastinus enim dies sollicitus erit sibi ipse. »）。つまりいわゆるヘレニズムとヘブライズムの人間理解に共通のものとしてということだ。それ

〔この唐突さはすでにそれが同書の本文一番最後のページに至っていることおいてもそうであるし、また〝リクール研究〟の観点からしても、リクールの長年の著述活動においてキルケゴールへの言及はごくわずか、あえていえばほとんどゼロに近いといってもよいほどであるのに、それが最後の主著の最後の箇所になってキルケゴールの引用が突如登場するというのは、非常に私たちを驚かせる。しかも、当の引用はキルケゴールのいわゆる〈実名著作〉である建徳的講話からで、通例より重要とされる仮名の哲学的著作からではない、というところも読者の意表を突く。〕

キルケゴールの当該のテクストは、福音記者たちが記したきわめて有名な説教の一つである、「思いわずらうな（μὴ μεριμνᾶτε）」「野の百合、空の鳥を見よ」の箇所についての注釈・解釈になっている。それはそれとしよう。だがいまリクールはそのテクストをことさらに忘却の礼賛として解し、引用してくるのだ。「《野の百合、空の鳥を見よ》との勧めが向けられているのは、まさに《思いわずらう人》にである。……彼が百合から学ぶのは、《百合たちは働かない》ということだ」。「《働かず、紡がず、なんの特長も持たない人間も、人間であるというただそのことにおいて、栄華を極めたソロモンよりも立派に着飾っている》、そう解するべきなのであろうか」。

そのようにして、百合や鳥から学びうるような、この世的な「心配」や「比較」の思いわずらいから解放されてあること。それはひとつの「気散じ」であるが、これを（パスカルやハイデガーが批判した種類の）「通常の気晴らしとは区別」して、キルケゴールは「神的な気散じ」（仏訳：distraction divine／独訳：göttliche Zerstreuung／デンマーク語：gudelig Adspredelse）であるのだと述べる。

リクールはこの「神的な気散じ」を、「思いわずらわない記憶〔力〕」（insoucieuse mémoire）といいかえる。つまり、その事柄について思いわずらうという仕方で記憶するのとは別様の、もはや思いわずらわないという仕方で記憶するということ、思いわずらわない記憶というものが、ある、というのだ。

記憶とはなるほど、ひとつの能力（capacité）、記憶を-形成することの能力であるとしても、より根源的には（plus fondamentalement）、記憶は思いわずらいのひとつの姿（une figure du souci）である。歴史的条件の根底にある人間学的構造である。思いわずらい-記憶（mémoire-souci）において、われわれは過去のそばにたたずみ、過去に心を

は後に中世のファウスト伝説、そしてゲーテの『ファウスト』において重要な役割を果たす語ともなる（SuZ197；本章エピグラフも参照）。かつハイデガーによれば「気遣い」は、まさに現存在の時間性の構造そのものなのであった。

ところで「気散じ Zerstreuung」は、『存在と時間』では、世界内部的な諸存在者に気を奪われてしまっている状態という、いわゆる「頽落」（Verfallen）、「非本来性」（Uneigentlichkeit）という側面での現存在のあり方を叙述する語として用いられていた。したがって「気散じ」は、気遣いの「本来的な」あり方ではありえないわけである。しかるに、リクールはキルケゴールの「神的な気散じ」なるものに着目し、それを忘却／記憶の究極的な形として、あえて提示するのだ。

これは、過去を「決意性」（Entschlossenheit）による「反復」（Wiederholung）としてしかとらえないハイデガーの、いわゆる英雄主義的・決断主義的なトーンの時間論にたいするひとつの批判、対案提出であるのだともとらえられえよう。

いや、あるいは——むしろリクールは、思いわずらいとしての諸々の「配慮〔懸念〕Besorgen」から解放された「Sorge」の「本来的な」ありようについてのハイデガーの論にむしろ深い共感をもって、不可逆な時間を生きる有限な人間存在における「思いわずらわない記憶」というものをもうひとつの本来性様態として、提出したのであろうか？——この批判か共感的理解かという点は、さしあたり積極的に未決定のままにしておくことは可能だと私は考える。「Sorge」という、きわめて重要なようでありながら、実際には『存在と時間』を理解するうえでは盲腸のような扱いをされることもまれではないこの概念は、しかし『記憶、歴史、忘却』ではリクールによって、その理論的かつ実践的・感情的次元にかかわる概念であるという特徴にかんして、何度か積極的に言及されている（MHO450）。なによりもこの「エピローグのエピローグ」においてリクールの仕事の最後の最後になってこのような興味深い形であらわれたことは、〈リクールとハイデガー〉という本書の範囲内では主題的に取扱うことのできなかった大きな問題系に、またもうひとつの新たな道筋を描かずにはおかない。

配っている。とするならば、世界内存在すること（d'être au monde）の構造にして仕方として、忘却のひとつの最高の形というものはないのだろうか。すなわち無頓着（insouciance）、あるいはこういったほうがよければ、思いわずらいのなさ（insouci）、という形が？

（MHO655）

そして次のように、いわば結論づける。

思いわずらう記憶〔力〕の地平にある思いわずらわない記憶、〔それは〕忘れやすい記憶と忘れることなき記憶との共通の魂。

Insoucieuse mémoire à l'horizon de la soucieuse mémoire, âme commune à l'oublieuse et à l'inoublieuse mémoire.

（MHO656）

この最後の命題についてJ・グレーシュは彼のリクール書において「簡潔で謎めいている」とし、いうならあたかも「禅師の〈公案〉le *koan* d'un master zen」(8)のようだと、その深遠さを評価するような、あるいはリクールの説明不足・材料提供不足に苦情をいうようなコメントを付し、また、そうするにとどめている。

謎めいている。とはいえリクールがこうして最後の最後に「思いわずらわない記憶」というものを、この逃れ去る地平、希求法の次元において提出したことは、ひとつの考察ならぬ考察として、固有の哲学的意義を有してはいよう。たしかに記憶・記憶することとは、たんなる〝静止画の保持〟というようなことではなく、表層においても深層においても、「思いわずらい」というあり方をするものであろう。しかし、過去をそれ自体として尊重し、かつ、それはもう過ぎ去ってしまったということをも尊重するならば、記憶の究極の到達点は、思いわずらい続けることではなくむしろ、もはやその過去について思いわずらわないことなのであろう。そして、そのように思いわずらわない仕方で記憶するということこそが、「消失としての忘却」ではないもうひとつの忘却、すなわち「保存としての忘却」(oubli de réserve)である、と最後にリクールは語る。

むろん忘却が忘却である以上、「消失としての忘却」と「保存としての忘却」とがいったいどう異なるのか、それは、知解可能でないこと、人間の認識の範囲を越えていることであるように思われる。[10]「保存としての忘却」が〝ある〟という言明は、かのニーチェの永劫回帰についての言明のようなものだ。つまり永劫回帰が〝ある〟のと〝ない〟のとの違いについては、人間の理解力の射程内ではなにが違うのか分からない。そうとしかいいようがないのだ。しょせん、忘却は忘却ではないのか。たしかに。けれどもリクールがこうした忘却についての一種の肯定の方式を提示したことは、ある非常に特別の意味においてならば、〝理解〟できなくはないものでもある。もし忘却がすべて敗北や悪でしかないと想定するほかないのであれば、有限な存在である人間たちにとって、あなたにとって、この世はただあまりに救いのないものであることになろう。「保存としての忘却」の存在は――どのように〝存在〟するといえるのかは分からないが――、人間にとっていわば「希求法」において要請されざるをえない地平である、と、リクールは考えたのであろう。

(8) Greisch [2001], p. 319. このグレーシュのコメントは、最後になって唐突にきわめてキリスト教的伝統への関連性の強いいくつかの言葉を、しかしいわゆる通例のキリスト教的伝統教養とはずいぶんかけ離れた仕方で引用してきたリクールの言述を、まさに(禅)仏教という異教的な例示によってたとえている点が、きわめて示唆的であると思われる。

(10) オリヴィエ・アーベルの記すところでは、リクールは「保存としての記憶」についてホワイトヘッドの記憶観、つまり人称性から抜け落ちていった滅びた記憶が「神の天国(Heaven)としての機能」のうちに保存されていくという独特な発想から、示唆を得ているかもしれない。Ricœur, *Vivant jusqu'à la mort. suivi de fragments*, préface d'Olivier Abel, Seuil, 2007, p. 18.

あとがき

"See," said Puppy, getting philosophical. "Richest country in the world and we never learned how to throw a good-bye drunk..."

– Pynchon, *V.*

本書の原稿を出してから校正までのあいだに、「ジャクソン・ポロック展」というのをやっていることに気がついた。奇遇なものだと思い観にいった。

絵画か音楽かということでいえばハイデガー、メルロ＝ポンティ、デリダなど二十世紀の大物哲学者では絵画のほうにこだわりのある人物が多かったようだ。リクールは微妙なところだが、どちらかといえば絵画寄りだったように見える。音楽側はやや数が少ない。もちろんヴィトゲンシュタインはいる。でも彼とそれからアドルノ、ポパーは新ウィーン楽派の作曲家たちなどにじかに接することのできた人々で、環境が特殊だったゆえに例外にすべきような気もする。他方で顧みるに自分はどうか……、考えるまでもなく、明らかに私は音楽寄りの人間である。秋にはついついウィーン・フィルなどの誘惑に負けてサントリーホールに足を運んでしまう悪癖をもちあわせている。二〇〇六年に東京に引っ越して一番よかったことはその秋にアバド指揮・ルツェルン祝祭管弦楽団を聴きにいけたことだと半分本気で思っている。またいわゆる普門館出場経験者という過去もある。そんな諸々の帰結として、演奏の良し悪しを判断できる耳も多少ならもちあわせてはいるだろう。絵画については、そこまでのことはない。

東京国立近代美術館での「ジャクソン・ポロック展」は、日本では初めての大規模な回顧展ということだった。彼は一九一二年生まれで、生誕百年記念というタイミングでの開催。ポロックを絶賛していた一九一三年生まれのリクールは同世代人という親近感をもっていたのだろう（来年はそちらの生誕百年なのか……）。常套句的な〈アクション・ペインティング〉という表現から連想されるような奔放さにはほど遠く、むしろどこまでもストイックで引き締まった、時に苦々しささえ感じさせる、そういう作品が並べられている。今回のポロック展が〝よくぞこれだけ集めたものだ〟という充実ぶりなのか、それとも〝肝心なものがあまり来ていない〟という印象を残すラインナップだったのかは、もちろん私の乏しい美術知識ではよくわからない。ただ疑いなくたしかなのは、いま私が観ているこれら作品のうちの幾点もを、かつてリクールもまたこうして観ていたのだということであった。

本書は二〇〇八年度に京都大学文学研究科に提出され学位授与された課程博士論文「リクール『記憶、歴史、忘却』の問題系――表象とアルシーヴの解釈学」（主査：杉村靖彦准教授、副査：氣多雅子教授、藤田正勝教授）を修正加筆したものである。章節立ては変わっていない。小見出しの数は五つ六つほど増えたが、それも大きな変更はない。ただし表現・説明についてはほぼ全ページにわたって修正をほどこした。説明が言葉足らずであった箇所を推敲し改めた。また表現の論文調や欧文直訳調の堅苦しさを減らした。とはいえ全体の分量としては、若干増加という程度である。改善不足の点多々あろうが、これにて時間切れである。

文中の図とコラムは今回新たに付け加えた。図については、扱われる事柄や概念の数がとにかく多いリクール的著述が読者にかける負担の軽減が意図である。歴史書コラムは、門外漢の私による訳出ではなはだ僭越ではあるが（もちろん各種邦訳書を参考にさせていただいている）、そのぶん「長期持続」や「心性」など『記憶、歴史、忘却』の論旨に絡む用語をはっきり訳出したりといった細かい配慮はできたかと思う。ハイデガーとヴィトゲンシュタインの中間をゆくリクール哲学の立ち位置を、これら歴史のエクリチュールの助けによって明快に示せただろうか。

「プロローグ」も博士論文にはなかったものである。編集担当の國方栄二氏からの要請に沿って、新たに書き加えられた。リクールの人柄や生い立ちについてこのようにダイレクトに紹介する日本語の文章というのはひょっとするといままでなかったかもしれない。國方氏の要請がなければおそらく書かれなかった内容の文だが、なんらか意義があればと存じる。

リクールの著作を大学院での研究対象にすることは、一文字も読まずに決めた。読まずにというのは少し珍しいか。もっともその経緯は比較的よくある話で一種の消去法的な経緯だった。ふた昔前ではサルトルはちょっとと思った人がメルロ＝ポンティに向かい、ひと昔前ではメルロ＝ポンティはちょっとと思った人がレヴィナスに向かった……、というような話は上の世代の方々の回顧的文章でよく目にするものではある。

フランス現代哲学の研究に人生を費やしてもかまわないという考えがいつごろからか漠然とできてきたあとで（ハイデガーという深い衝撃に本当の意味でたどり着くまでには、その後もう一年ほど必要だった）、しかしラカンやデリダの複雑な思想をいきなり最初の入口にしてしまうと、ラカンやデリダすらいつまでたってもちゃんと理解できなくなってしまうのではないか、という危険を感じた。無知な学部生なりの直感だった。彼らが踏まえているものを真によりよく理解していけるような、ほかの入口はないのか。おのずとレヴィナスに目が向いた。『全体性と無限』の邦訳書をはじめて読もうとしたときにはかなり過剰な期待が自分にあったのだろう。過剰な期待のせいかもしれないが『全体性と無限』は思ったほどのものでなかった。他者の他性を突き詰めていく思想……だと思っていたのだが、どうやら途中から話は、家族が一番、というふうなことに展開していくようだった。言語論も構造主義に比べると少し大味にも見える。これはちょっとと思った。

研究室の卒論ガイダンスというのがあった。定年間近の教授が四回生たちの卒論テーマ選びに助言するというものだ。もちろんそれまでに教授と会話らしい会話などただの一度もしたことはない。仄《ほの》かに薄暗い文学部東館の一室。緊張感の高い場だった。自分の順番になって、いまのところフランス現代哲学に関心があるがいますぐそれでなくても哲学研究へのよい入口になるものであればなんでもいい、というようなことを述べた。だからドイツのカントやヘーゲルでももし教授が薦めるのならそれでかまわない、ともいった。そして――いま考えるとよくもそんなことがいえたものだと思うが――、ただレヴィナスは読んでみてなにか期待していたのとは違った、といったのだった。すると老教授から予想外の反応が返ってきた。レヴィナスはたしかに特殊な思想だから、カントとかを一度しっかりやってからのほうが本当はいいんだ、と教授は非常に真剣な面持ちで語ったのだった。私は教授が講義（あの講義の雰囲気について語ることは難しい、しかし私にとって〈哲学〉とか京大哲学科という語が意味するのは結局はあの講義以外にはない）でもっとも頻繁に触れる思想家の一人がレヴィナスであることを知っていたし、大学院生向けの演習で何年もずっとレヴィナスのテクストを読んでいることも知っていた。それだけに意外だった。驚いた。また説得力があった。そのあとにぽつりと、じゃあリクールの *Le volontaire*…でもやってみたらどうかね、と教授がいったのだ。

のちの言葉などからすると、翌年にはいなくなってしまうその教授は私にそんなことをいったとはまったく覚えていなかった。むろん指導教官がなにかを薦めたからといって学生がそれをそのまま研究テーマにするとは限らない。なにをちらっと助言したかなど、いちいち覚えているほうがまれというものだろう。しかし私の研究者人生はかくして方向を定められた。一文字も読まずにといったが、正確にはリクールの諸々の著作の題名くらいは見た。見る限り幅広い事柄が扱われている感じで、哲学への入口にするには申し分なさそうだった。現実にそうだったかはなんともいえないところだが……。

博士論文として最初考えていたのは、リクール哲学の約半世紀にわたる展開を、それに先行する十九世紀哲学のほうへと視界を膨らませながら見る方向だった。一方にディルタイやフッサールおよびミュンヘン現象学派の流れ、他方にラシュリエ、ラニョーらのフランス反省哲学の流れを視野に入れつつ、かつパリのFonds Ricœurを訪れて入手してきた初期無名時代のリクールの論稿をも材料にしながら、リクール哲学ないしリクール解釈学というものが出てきた哲学史的経緯を地道に詳しくたどっていく、というような方向の論を。そうして独仏の哲学史的文脈を長く見据える延長線上で、リクールの思想展開の各時期をとおしてある程度共通に見られる〈リクール的思考様式〉を抽出していく、そういう構想だったように思う。たとえば「説明／理解」という二項対立の概念史などのことを考えていたわけだ。

ただそうしたアプローチの難点は明らかだった。かりに前期・中期リクールはその手法で相当程度料理できるとしよう。しかし、彼の畢生の大著『時間と物語』で登場する〈現象学的時間と宇宙論的時間のアポリア〉および〈歴史記述とフィクション物語との交差〉という新たな概念化は、まさに「説明／理解」という枠組・図式をどこか突き破ったところに現われ出たものだ。結局いかに前史を地を這うように詳細にたどろうとも、クリエイティヴな哲学的ブレイクスルーそのものを論じることとそれとのあいだには、どこまでも埋められないギャップが残り続ける。ましてやさらに『時間と物語』の先にある『記憶、歴史、忘却』の問題系をうまく論に収めるなどというのは大変だろう。だがほかにどういう方法があるのか……。もちろん単純に後期は扱いを断念して、中期まででで終えるという〝解決策〟は早くから念頭にあった。地道な哲学史研究として十二分に意義はあろう。でもこの二〇〇〇年代にことさら意図的に中期リクールまでだけを視界範囲とする仕事を出すというのも、なぜいまそうするのか、かえって人為的、不自然ではないか……。歩きながら歩き方を思い悩んでいるうちに、ずいぶん道に迷っていたのかもしれない。

ある日指導教授から、博士論文は『記憶、歴史、忘却』一冊を取り扱うかたちにしてはどうか、という提案を思いがけずうけたときには、なるほど、たしかにそれでいいではないか、と直感的に思った。その後しばらくのあいだ考えてみて、なぜ自分がそれでいいと思ったのかの理由もだんだんわかってきた。そもそもつい数年前まで存命で新著まで出していたような人物について、あまり大がかりな枠組みで全部を型に嵌《は》めていくような作業をするのは、タイミングに合っていなかったのだ。時節のいまだいたらざりしゆえなり、という道元の言葉がふと思い浮かんだ。『記憶、歴史、忘却』という新しい書物があり、そこにある思想の活《い》きの良さをそのままドライヴさせていく作業自体が、まだ手つかずで残っている。そう、だから『記憶、歴史、忘却』に新刊として接する世代にたまたま生まれた人間として、それを論じることは、大げさにいえばひとつの運命だったと素直にとらえればいいのだろう。各時期のさまざまなリクールの仕事を相互に関連づけたり、縫い合わせたり、コントラストや断絶を詳しく浮き彫りにしていくこと、それはまたもう少し後の世代の仕事なんだということだろう……。そう思うようになった。

とはいえ十九世紀後半から二十世紀中盤までを中心に研究をしていたのから、今度は二〇〇〇年の『記憶、歴史、忘却』の問題系に転換する、そのようなことはなぜすんなり可能だったのであろうか。

振り返ると、十九世紀哲学・思想史の研究に一定期間労力を集中的に傾けたことがむしろ、期せずして、歴史という事柄にたいする自分の理解をおのずと深めた面があったのだろう。もしかりにその研究期間を二十世紀後半の〈現代思想〉だけに注力してすごしていたとしたら、逆に『記憶、歴史、忘却』の論がもつ独自な〈史学史〉的解釈学の射程をよく読みとることは私の力量ではできなかったかもしれない。歴史・歴史学・歴史意識といったものはどれもある深い意味で、科学技術文明と同じく、十九世紀の産物である以上。

松永澄夫先生の命で書くことになった『哲学の歴史　第8巻』(中央公論新社)の「十九世紀フランス哲学の潮流」の執筆には丸二年を費やした。博士論文の主題を最終的に決める前の二年間であった。これまで日本国内で十九世紀フランス哲学の研究者といえば、あの卒論にリクールを薦めた名誉教授と、そして松永先生が、東西の代表的存在であった。だから自分が担当することになったのはなんとなくそういうめぐりあわせなのだろうという気はしたが、なおさら変なものは書けないという重圧は強かった。どう考えても全巻執筆者中最年少なのもプレッシャーだった。さまざまな書物をひたすら猛烈に読みあさった。フランス語でドイツ語で、日本語で英語で、ジャンル的にも刊行年代的にも多様な文献を読みまくった。心身の疲弊する相当にきつい仕事だったが、いま考えてみるとまさにそれは、思想史自体の歴史的変遷を考察するという一種の複雑な〈史学史〉の試みを含んでいた。このときの経験が、狭義の哲学史家見習いという限定された枠から私の思考の視野を深く広く拡げたことになったのかもしれない。その意味では『哲学の歴史』執筆終了後に『記憶、歴史、忘却』の読解に移ることは、一見感じられるほど大きな飛躍ではなかったのだろう。

本書の執筆にいたるまでに私が影響を受け教えを受けた方々の名前を列挙していくには、この「あとがき」の紙数範囲ではとうてい足りない。影響の内実を記しだせば何百ページあってもおさまりはしまい。（ただ諸々の哲学的影響は本書の論の端々に、読む人が読めば隠しようもなく現われてはいるのだが。研究手法についても、リクール哲学の性質上でもあるだろうけど多量の文献を精査する労をいとわないきみの研究スタイルはなんの影響かね、と問われれば即座に答えられる、それはとある立派なカント研究者と、とある偉大なベルクソン研究者からの影響であって……）

今回この「あとがき」では、本書の内容に直接かかわりの深いなかでも、いわゆる狭い意味での哲学分野の研究者ではない二人の方への謝辞をもって、不可能な列挙に代わるものとさせていただきたい。

リクール研究とハイデガー研究との両面で示唆を求めて、佐藤卓己先生のゼミに私が出入りするようになった時期は、想い出してみればちょうど世間が〈靖国問題〉や〈教科書問題〉で喧《かまびす》しかったころであった。それは結果として京都で研究・生活をする最後の時期になったが、当時はまだ博士論文を『記憶、歴史、忘却』で書くなどとは考えていなかった。

佐藤先生はご自身の卒論のエピグラフにマルク・ブロックの言葉を掲げたそうであるし、また佐藤思想の核心が鋭利に表現された名文「メディア論者は〈美しき天然〉を歌わない」(『世界思想』第31号、後に『メディア社会』に再録)でもフェーヴルが重要な役割を荷って登場するなど、そういえばアナール派史学への近しさは先生の著述の所々に滲み出ている。当初、私が先生の仕事に触れたのは、おもにドイツ史・ナチズム関連の著作をとおしてであった。深いナチズム理解を模索し彷徨していた一若手ハイデガー研究者にとって、眼から鱗の落ちる経験だった。さてしかし殊に〈記憶〉と〈歴史〉の問題について、博士論文構想以前にもっとも決定的な影響を受けたのはなにかといえば、やはり『八月十五日の神話』、わけてもその序章をおいてほかにはないように思われる。いくら十九世紀思想史研究で鍛えられたといっても、『記憶、歴史、忘却』の難解で先鋭的な〈史学史〉的考察に私がまがりなりにもついていくことができたのは、ひとつの歴史学、しかも佐藤史学という卓越した歴史学の洗礼を浴びていたからであろう。さもなければアナール派各世代やリクールの歴史論にたいして適宜適切な批判的距離感をとるための参照項を、本書の論はもちえなかったであろうから。『記憶、歴史、忘却』のリクールの「アイデンティティ」批判と後期ハイデガーの「組み立て＝動員 Gestell」論との重なりを、佐藤メディア学の問題提起としての「復員」という語で私自身は解しているように思う。

そして、鶴岡賀雄先生のことに触れないわけにはいかない。この場合は京都から東京に行ったことで鶴岡ゼミに出席参加することが可能となり、実際出席してしまったのだが。しかし演習の場へのアクセスはともかくとしよう。鶴岡先生の論考そのものへのアクセスはけっして容易ではなかった。

たしか二〇〇〇年末だっただろうか、京都で鶴岡先生の講演を聴いたのが謦咳に接した最初の機会であった。それはセルトーの神秘思想史研究についての講演だった。不思議な講演であった。平易で穏やかな語り口で淡々と話が進んでいくのだが、いや、どうやらじつは大変に難解なこと、激しいことがいわれているらしかった。しかしそれ以上のことはほとんどなにもわからなかった。とらえどころのない引っかかりだけが私のなかに残された。その後、博士論文のためにシャルチエに腹を据えてとりくむ作業のなかで、シャルチエのセルトー理解というようなものがいつしかぼんやり多少の輪郭をとって見えてきた。そのときだ。かつての鶴岡講演についての私なりの理解が、初めてなにか進んだような気がした。講演が活字化された論文を書棚から引き出して見た。数年前とは見え方がまったく違った。少なくとも一行一行を噛みしめられるようになっている自分がいた。そうして形成されたなにがしかの理解が、本書で「アルシーヴ」や「操作-表象」について書かれていることのうちに、映り込んでいる。シャルチエへのとりくみという迂回を経て、ようやくセルトーの仕事、鶴岡先生の仕事の本当の難解さに触れるにいたったということかもしれない。いや、時系列としては逆か。二〇〇〇年冬のあの引っかかりが、自分のリクール研究をセルトーやシャルチエのいる方向へと膨らませていく道しるべを、気づかれないような仕方であらかじめ淡く記しづけていたのであろうか？

セルトーの術語でありまた鶴岡講演の鍵語でもあった「創設的切断」(rupture instauratrice)。過去を過去となし、埋葬すること。ただその切断の冒瀆／敬意によってしか現在は、過去と対峙し、未来を創出することを能《よ》くしない……。現在と過去との逆説的かかわりを表わす、「喪の作業」の別名でもあるこの「創設的切断」概念にああして触れていなければ、きっと『記憶、歴史、忘却』についての本書の理解はこれくらいの水準にすらいたらず、遥かにずっと平板なものになるほかはなかったであろう。

もうひとつ。ブローデルやセルトー、シャルチエたちの仕事のそばにさやかに吹き通る、十六世紀スペイン黄金時代の薫り。それを、恥ずかしながらスペイン語を解さない私に気づかせて下さったのも、鶴岡先生の演習の場にほかならなかった。

リクール研究という見地では、おそらく本書は『記憶、歴史、忘却』について世界各言語で最初のまとまったモノグラフィーになると思われる。むろんリクールの著作は部分的に特化されたトピックで（倫理学的、現象学的、社会学的、法学的……）論じられたり援用されたりすることはきわめて多いため、刊行されて一〇年ほどしか経たない『記憶、歴史、忘却』といえども未開拓のブルーオーシャンだったわけでは全然ない。

ドイツのヴッパータール大学のラズロ・テンゲィ教授が来日して『記憶、歴史、忘却』についての講演会が催された際、私が特定質問者として小さなコメント的発表を行ったことがあった。ゆるやかな現象学的スタンスであった当の講演にたいするそのコメントのなかで、（ある程度意図的にやったことをお詫びせねばならないが）哲学的言説だけにとどまらず、ブロックやシャルチエの歴史論を平然と前面に打ち出して展開したことにテンゲィ教授はいささか驚かれた様子であった。じつはこの二、三週前にちょうどシャルチエのコレージュ・ド・フランス就任講義『死者たちの声を眼で聴く *Écouter les morts avec les yeux*』（なんという彫琢されし美しいタイトルであるか！　黄金世紀スペインの詩人ケヴェードの句による）を読んだところで、そのなかでリクールの名が出てくる箇所をさっそく引用したようなわけだったのだが。

いま日本のリクール研究の水準は相当に高い。院生時代、京都は思えば世界に類を見ないリクール研究センターだったようなものだ。佐藤啓介、山内誠、そして、長谷川琢哉、という優れた研究仲間たちが同世代にずらり揃っていた。多種多様かつうんざりするほど多量なリクールのテクスト（および多量の関連テクスト）に日々面しながらも、それらのうちの細かい一字一句さえも断じておろそかにできないという緊張感がいつもあったのは、一個人の努力によるものではなかった。やはりそうした高度で刺激的な知的環境が研究の質を指数関数的に高めるという面はあっただろう。リクールの著作につきあっていると自然と、さまざまな専門分野の研究仲間と幅広いかかわりができてくるのだが、いまはリクールについての単著の「あとがき」というめったにない機会（?）ではあるから、今回はこの三名の友人の名をとくに挙げることで、すべての友人への感謝の辞に代わるものと致したい。

本書のもとになった博士論文は書き下ろしである。活字化された部分的初出は基本的には存在しない。指導教員から完成度を高めやすいというメリットで新たな書き下ろしを薦められていたのもあった。また雑誌論文の限られた紙数フォーマットで手早くリクールの良さを引き出し効率よく論じるのはどうも難しいということもあった。ただでさえ各邦訳書の疑問ある水準のゆえに「リクールはよくわからない」という印象が持たれがちなため、雑誌論文では広く受けとめてもらいやすいようなテーマのみを選ばざるをえなくなる（正直いってそういう点でリクールを専門にして損をした面は少なくはなかったと思う）。乾坤一擲いつか単著でやるしかないのはわかっていた。本書は私なりの〈いまこの時を収穫せよ *carpe diem*〉であった。

簡略な口頭発表は途中段階でいくつかしなかったわけではない。鈴木泉・村上靖彦両氏主催の〈フランス哲学セミナー〉では一度歴史記述論について短い発表をした。だがそれは『記憶、歴史、忘却』で博士論文を書くと決まったすぐ直後の熟さない内容のもので、論の水準にてらせば本書の原型とはいえまい。

他方もっと後の時期に、ほぼ本書の終章にあたる内容をある学会の場で発表したことがあった。その際東京理科大学の佐々木亮教授から批評の言葉を投げかけられた。リクールは「思いわずらわない」というが、ハイデガーの Sorge というのは思いわずらえ、思いわずらい続けるしかないというところに意味があったのではないのか。そこをリクールはひょっとしてよくわかっていないのではないか、そういうご指摘であった。そのとき私はなんとも答えの言葉を発することができなかったように記憶している。答えられなかったのは、自分が無意識的に考えていたことが佐々木先生のストレートな言葉でそのとき初めて自覚されたからだったかもしれない。いまはリクールの良さを最大限に引き出すことに禁欲的に専心する。そして次に、ハイデガーについて自分なりの理解をなんらかの仕方でまとめる。その両作業が済んでからでなければまだ、第三者の位置でリクールとハイデガーとの突き合わせを行うなどということは自分には時期尚早だ……。そういう思いが自身のなかに存在していたことを、はっきり認識させられたのであろう。

だから次はハイデガーなのだろう。〈存在史〉のインタープレタツィオーンというあの特異な、そう、またもや〈史学史〉に。リクールに区切りがついた以上、向きあうとき。もう逃げられないことはわかってはいる。

でも次といってもいったいいつのことなのか？　皆目わからないけれども……。

『記憶、歴史、忘却』を読み解くことは多くの消耗をもたらすものだった。刊行後多くの時を経ていないことによる難しさはもちろんあった。しかしいまになって考えると、それよりももっとずっと大きかったのは、大家の最晩年の著作に正面から立ち向かうことに特有の疲労だったのかもしれない。論の複雑さを鑑みれば衰えという意味での老いは『記憶、歴史、忘却』にはまったく見当たらない。そういうことではない。なにか直接書かれていないが行間に垣間見える気がする（思い込みだろうか？）別の意味の老い、つまりは世界の現実、人生の現実の苦《にが》みにたいする認識の深さのようなものが、他の書と全然違う。しかも孤児リクールはその老いにあまりに明晰に、冷徹に眼差しを向ける。はじめて一冊の本を書き上げるときにそうした対象の凄みに向きあい続けたことが、私のなかにダメージとも経験とも呼びがたいようななにかを重く残した。

こういうときこそ笑い飛ばすことが大事か。本書巻頭のエピグラフの三つめは、たぶんまだ学部生のときにおそらく京大の「ルネ」で立ち読みして覚えていたものだ。バルトの『ローマ書註解』が若きハイデガーや若きリクールに影響を与えたとかいった予備知識はまったくなかったはず。でもなんとなく印象に残っていた。結局四百ページほどをも費やして私が記憶と歴史と忘却について記してきたことなど、バルトの一行のジョークにも如《し》かない。


博士論文の執筆時期は、日本学術振興会特別研究員ＰＤとして東京大学人文社会系研究科哲学研究室で松永澄夫教授のもとに所属した時期にあたる。松永先生には、特別研究員制度を利用して環境の変化を求めたどこの馬の骨ともわからぬ私を寛大にも受け入れていただき、結果として研究者人生での最大の転機を提供いただいた。また先にも述べたように『哲学の歴史』では、まったく過分な任務を私に割り振られ、二度とない大きな経験をさせていただいた。そうして得られた多くのものどもを自分自身がいまだ咀嚼しきれていないことに忸怩たるものであるが、本書の論展開や表現に独りよがりなところがわずかなりとも少なくなっているとすれば、それはひとえに新たな研鑽の場を与えて下さった松永先生のご高恩によるものである。

あわせて鈴木泉准教授にもこの場を借りてお礼申し上げる。いわずと知れた博学多才な方だが、院生の皆さんとお宅に伺った際にふるわれた料理の腕前にも心底驚嘆した。食べるほう専門の私には到底真似できない。事務的なことでは中真生、吉田聡、朝倉友海の歴代助手・助教各氏にご厄介になった。中さんとは専門分野が近く、吉田さんとは音楽で話が合った。朝倉さんとは京都から東京へという人生経緯に類似点があった。

本書を出版に向け仕上げていった時期には、獨協大学国際教養学部で松丸壽雄教授に大変お世話になった。その意味では本書の一次的な恩人は松丸教授である。天野貞祐創立という哲学に縁のある大学にかかわりをもてたことは僥倖であったと思う。改めて衷心より謝意を表したい。

プラトン専門家でもある國方栄二氏に編集の労をいただいたのは誠に光栄なことであった。プラトンの記憶論から始まる『記憶、歴史、忘却』についての書を担当いただくにこれ以上ふさわしいことは望むべくもない。私の原稿がおそくご迷惑をおかけするばかりであったが、仕上げ段階での質的な改善には國方氏の助言が大きかった。おぼつかない若手の歩みを励まし見守っていただいたことに感謝する。

二〇一二年七月　東京にて

川口　茂雄

本書の刊行にあたっては、京都大学の平成二十三年度総長裁量経費　若手研究者に係る出版助成事業による助成を受けた。

原田雅樹
- 「「概念」の哲学から「テキスト」としての数学・物理学へ ── グランジェとリクールを手がかりに」,『フランス哲学思想研究』第11号，2006年.
福井憲彦
- 『「新しい歴史学」とは何か』，日本エディタースクール出版部，1987年.
松永澄夫
- 『言葉の力』(音の経験・言葉の力　第1部)，東信堂，2005年.
三浦信孝
- 「「記憶への権利」か「記憶の圧制」か ── フランス版歴史家論争」，東京大学出版会『UP』406 (2006/8).
御厨貴
- 『オーラル・ヒストリー　現代史のための口述記録』，中公新書，2002年.
三島憲一
- 「解説 ── ドイツ歴史家論争の背景」,『過ぎ去ろうとしない過去　ナチズムとドイツ歴史家論争』，三島憲一他訳，人文書院，1995年.
- 『戦後ドイツ』，岩波新書，1991年.
山内誠
- 「パリで開催されたリクール・コロックに参加して」,『宗教学研究室紀要』vol. 1, 2004年.

鹿島徹
-『可能性としての歴史　越境する物語り理論』，岩波書店，2006年.
川口茂雄
-「隔たりと解釈学 ——〈ガダマー—ハーバーマス論争〉とリクール解釈学の立場」，日本倫理学会編『倫理学年報』第53集，2004年.
-「赦し，ほとんど狂気のように —— デリダの宗教哲学への一寄与」，『宗教学研究室紀要』vol. 2，2005年.
-「Le « tiers-temps »: à l'aporétique du temps cosmologique et du temps phénoménologique dans *Temps et Récit*」，日仏哲学会編『フランス哲学思想研究』第10号，2005年.
-「Responsabilité-Europe: Derrida et la question de l' « histoire de l'Europe »」，in:『*Humaniora Kiotoensia* —— *On the Centenary of Kyoto Humanities*』，2006年.
北村清彦
-「受け手の役割」，岩波講座哲学・第7巻『芸術 / 創造性の哲学』，2008年.
氣多雅子
-「記憶と事実と公共性」，日本宗教学会編『宗教研究』第79巻第4輯，2006年.
-「震災で何が記憶されるべきか」，『世界思想』，2007年.
佐藤卓己
-『八月十五日の神話』，ちくま新書，2005年. ／-『メディア社会』，岩波新書，2006年.
杉村靖彦
-「Ⅷ　リクール」，『哲学の歴史　第12巻』，鷲田清一責任編集，中央公論新社，2008年.〔**杉村［2008a］**〕
杉山直樹
-『ベルクソン　聴診する経験論』，創文社，2006年.
鶴岡賀雄
-「現前と不在 —— ミシェル・ド・セルトーの神秘主義研究」，『宗教哲学研究』第19号，2002年.
永井均
-『これがニーチェだ』，講談社現代新書，1998年.
-「解釈学・系譜学・考古学」，『歴史と終末論』（岩波新・哲学講義8），1998年.
二宮宏之
-『歴史学再考』，日本エディタースクール出版部，1994年.
長谷川琢哉
-「リクールにおける言説とコミュニケーションの問題 —— リクールとデリダの討論を手がかりとして」，日本現象学会編『現象学年報』22，2006年.

- « L'ère de la commémoration », in: *Les Lieux de mémoire III.* 〔**Nora [1992]**〕
Osiel, Mark
- *Mass Atrocity, Collective Memory and the Law*, New Brunswick, Transaction Publ., 1997.
Pascal
- *Pensées.*
Platon
- *République.* / - *Phèdre.* / - *Théétète.* / - *Le Sophiste.* / - *Philèbe.*
Revel, Jacques
- (dirigé par) *Jeux d'échelles. La microanalyse à l'expérience.* Paris, EHESS-Gallimard-Seuil, 1996. 〔**Revel [1996]**〕
Rousso, Henry
- *Le syndrome de Vichy, de 1944 à nos jours*, Paris, Seuil, 1987, 1990. 〔**Rousso**〕
Sartre
- *L'imaginaire*, Gallimard, coll. « Folio Essais », 1986 (1940).
Schutz, Alfred
- *The phenomenology of the social world*, Northwestern University Press, 1967.
Tengelyi, Laszlo
- « Paul Ricœur und die Erfahrung der Geschichte », *Internationales Jahrbuch für Hermeneutik*, Bd. 2, Mohr Siebeck Verlag, 2003.
- « Redescriprion and Refiguration of Reality in Ricœur », *Research in Phenomenology*, 37 (2007).
Weber, Max
- *Wissenschaft als Beruf.*
White, Hayden
- *Metahistory*, Baltimore, John Hopkins University Press, 1973.
- "The metaphysics of narrativity. Time and symbol in Ricoeur's philosophy of history", in: David Wood (ed.), *On Paul Ricœur. Narrative and interpretation*, Routledge, 1991.
Whitehead, Alfred North
- *Process and reality.* / - *Adventures of ideas.*
Yerushalmi, Yosef Hayim
- *Zakhor. Jewish history and jewish memory*, University of Washington Press, 1982.

-〈2008 年 3 月の日仏哲学会春季研究大会シンポジウム「記憶の哲学と歴史叙述 ── 晩年のリクールの思索から」〉, 日仏哲学会『フランス哲学・思想研究』第 13 号, 2008 年. 〔引用略号：**Rpf**〕
佐藤啓介「物語の後で ── 『時間と物語』から見た『記憶, 歴史, 忘却』」
長井伸仁「歴史研究と記憶 ── 西洋史学の立場から」

Kierkegaard

- *Hvad vi laere af Lilierne paa Marken og af Himmelens Fugle.* (1847)

Lacan

- *Les quatres concepts fondamentaux de la psychanalyse.*

Le Goff, Jacques

- (dir. avec P. Nora) *Faire de l'histoire*, Paris, Gallimard, 1974.
- *La naissance du purgatoire*, Paris, Gallimard, 1981.

Lepetit, Bernard

- (dirigé par) *Les formes de l'expérience. Une autre histoire sociale*, Paris, Albin Michel, 1995. 〔**Lepetit [1995]**〕
- « De l'échelle en histoire », in: *Jeux d'échelles.*
- 「今日の『アナール』」, 小田中直樹訳, 『思想』2008 年 8 月号 .

Le Roy Ladurie, Emmanuel

- *Histoire du climat depuis l'an mil*, Paris, Flammarion, 1967.
- *Montaillou, village occitan de 1294 à 1324*, Paris, Gallimard, 1975.

Lévinas, Emmanuel

- *Totalité et infini.* / - *Autrement qu'être ou au-delà de l'essence.*

Lévi-Strauss, Claude

- « Histoire et ethnologie », *Revue de Métaphysique et de Morale* 54 (1949).
- *Anthropologie structurale*, Paris, Plon, 1958.

Locke

- *An Essay concerning human understanding.* / - *Identité et Difference. L'invention de la conscience*, présenté, traduit et commenté par Étienne Balibar, Paris, Seuil, 1998

Lyotard, Jean-François

- *La condition postmoderne*, Paris, Éditions de Minuit, 1979.

Merleau-Ponty, Maurice

- *Phénoménologie de la perception*, Paris, Gallimard, 1945.

Mongin, Olivier

- *Paul Ricœur*, Paris, Seuil, 1994.

Nagel, Thomas

- *Equality and Partiality*, Oxford University Press, 1991.
- *Mortal questions*, Cambridge University Press, 1979.

Nietzsche

- *Die Geburt der Tragödie aus dem Geiste der Musik.* / - *Unzeitgemässe Betrachtungen.*

Nora, Pierre

- (dirigé par) *Les Lieux de mémoire* (I La République, II La Nation, III Les France), Paris, Gallimard, 1984–1992.

Garcia, Patrick

- « Paul Ricoeur et la guerre des mémoires », in: *Paul Ricoeur et les sciences humaines*, sous la dir. de Christian Delacroix, François Dosse et Patrick Garcia, La Découverte, 2007.

Geertz, Clifford

- *The interpretation of cultures*, New York, Basic Books, 1973.

Ginzburg, Carlo

- *Il formaggio e i vermi. Il cosmo di un mugnaio del '500*, Torino, Einaudi, 1976; trad. fr., *Le fromage et les vers: l'univers d'un meunier du XVIe siècle*, Paris, Flammarion, 1980.
- *Il giudice e lo storico*, 1991; trad. Fr., *Le juge et l'historien*, Verdier, 1997.

Greenblatt, Stephen

- *Learning to curse. Essays in Early Modern Culture*, New York, Routledge, 1990

Greisch, Jean

- *Paul Ricœur. L'itinérance du sens*, Grenoble, Million, 2001. 〔**Greisch [2001]**〕
- « Trace et oubli: entre la menace de l'effacement et l'insistance de l'ineffaçable », in: *Diogène*, N°201, janvier-mars 2003. 〔**Greisch [2003]**〕

Habermas, Jürgen

- « Eine art Schadensabwicklung », *Die Zeit* 11/7/1986, reproduit in: *„Historikerstreit"*.
- *Strukturwandel der Öffentlichkeit*, Frankfurt am Main, Suhrkamp, 1990.

Halbwachs, Maurice

- *La mémoire collective*, 1950; Nouv. éd. rev. et augm., Paris, Albin Michel, 1997.

Hegel

- *Phänomenologie des Geistes.* / - *Vorlesungen über die Philosophie der Geschichte.*

Heidegger

- *Kant und das Problem der Metaphysik.* / - *Sein und Zeit.*

Husserl

- *Logische Untersuchungen.* / - *Ideen I.* / - *Die Krisis der europäischen Wissenschaften und die transzandentale Pänomenologie.* / - *Cartesianische Meditationen.* / - *Husserliana X.* (Texte zur Phänomenologie des Inneren Zeitbewußtseins) / - *Husserliana XXIII.* (Vorstellung, Bild, Phantasie)

Jankélévitch, Vladimir

- *L'imprescriptible*, Paris, Seuil, 1986.

Kant

- *Kritik der reinen Vernunft.* / - *Kritik der praktischen Vernunft.* / - *Kritik der Urteilskraft.* / - *Metaphysik der Sitten.* / - *Die Religion innerhalb der blossen Vernunft.* / - *Zum ewigen Frieden.*

Kermode, Frank

- *The sense of an ending. Studies in the theory of fiction*, Oxford University Press, 1967, 2000.

- P・ブルデュー，R・シャルチエ，R・ダーントン「《鼎談》文化の歴史学をめぐって」，福井憲彦訳，『思想』1986年2月号，250–271頁.

Deleuze, Gilles

- *Le Bergsonisme*, Paris, PUF, 1966. / - *Différence et répétition*, Paris, PUF, 1968.

Derrida, Jacques

- *La voix et le phénomène*, Paris, PUF, 1967.
- *De la grammatologie*, Paris, Édition de Minuit, 1967.
- *Donner la mort. L'éthique du don. Jacques Derrida et la pensée du don*, Paris, Métailié-Transition, 1992
- *Foi et savoir*, suivi de *Le siècle et le pardon*, Seuil, 2000. 〔**Derrida [2000]**〕

Descartes

- *Meditationes.* / - *Discours de la méthode.*

Dosse, François

- *L'histoire en miettes: des* Annales *à la nouvelle histoire*, Paris, La Découverte, 1987.
- *Paul Ricœur. Les sens d'une vie*, Paris, la Découverte, 1997. 〔**Dosse [1997]**〕
- *Paul Ricœur et Michel de Certeau: l'histoire, entre le dire et le faire*, L'Herne, Paris, 2006. 〔**Dosse [2006]**〕

Elias, Norbert

- *Die höffliche Gesellschaft*, Neuwied, Luchterland Verlag, 1969.

Febvre, Lucien

- *Le problème de l'incroyance au XVIe siècle. La religion de Rabelais*, Albin Michel, 1942.
- *Combats pour l'histoire*, Paris, Armand Colin, 1953.

Foucault, Michel

- *Histoire de la folie à l'âge classique*, Paris, Gallimard, 1972.
- *L'Archéologie du savoir*, Paris, Gallimard, 1969.
- *Surveiller et punir. Naissance de la prison*, Paris, Gallimard, 1975.

Freud

- *Die Traumdeutung.* / - *Der Moses des Michelangelo.* / - *Erinnern, Widerholen, Durcharbeiten.* / - *Trauer und Melancholie.* / - *Das Unbehagen in der Kultur.*

Friedlander, Saul

- (ed.) *Probing the limits of representation. Nazism and the "Final Solution"*, Harvard University Press, 1992.

Garapon, Antoine

- *Le gardien des promesses. Justice et démocratie*, Paris, Édition Odile Jacob, 1996.
- « La justice et l'inversion morale du temps », in: *Pourquoi se souvenir? Forum international mémoire et histoire UNESCO, 25 mars 1998, la Sorbonne, 26 mars 1998*, publié sous la dir. de Françoise Barret-Ducrocq, Paris, Grasset, 1999.

fr., *L'œuvre de François Rabelais et la culture populaire au Moyen Age et sous la Renaissance*, traduit du russe par Andrée Robel, Paris, Gallimard, 1970.

Bergson

- *Essai sur les données immédiates de la conscience.* / - *Matière et mémoire.* / - *L'Énergie spirituelle.*

Bernet, Rudolf

- « Einleitung », in: *Texte zur Phänomenologie des inneren Zeitbewusstseins (1893–1917), Husserliana X*, Hamburg, Felix Meiner, 1985.

Bloch, Marc

- *Apologie pour l'histoire ou Métier d'historien*, Paris, Armand Colin, 1993.

Bourdieu, Pierre

- *La Distinction. Critique sociale du jugement*, Paris, Édition de Minuit, 1979.
- *Choses dites*, Paris, Édition de Minuit, 1987.

Braudel, Fernand

- *La Méditerranée et le monde méditerranéen à l'époque de Philippe II*, Armand Colin, 1979[4].
- *Écrits sur l'histoire*, Paris, Flammarion, 1969.

Casey, Edward S.

- *Remembering. A phenomenological study*, Indiana University Press, 1987.
- *Getting Back into Place. Toward a renewed understanding of the place-world*, Indiana University Press, 1993.

de Certeau, Michel

- *L'absent de l'histoire*, Paris, Mame, 1973.
- *L'écriture de l'histoire*, Paris, Gallimard, coll. « Bibliothèque des histoires », 1974.
- *La Possession de Loudun*, Paris, Gallimard, coll. « Archives », 1980.
- *L'invention du quotidien. 1. Arts de faire*, Gallimard, 1990.

Chartier, Roger

- *Lectures et lecteurs dans la France d'Ancien Régime*, Paris, Seuil, 1987.〔**Chartier [1987]**〕
- « Le monde comme représentation », *Annales E.S.C.*, nov.-déc. 1989; reproduit in: *Au bord de la Falaise.*
- *Les origines culturelles de la Révolution française*, Paris, Seuil, 1990.
- 『読書の文化史　テクスト・書物・読解』，福井憲彦訳，新曜社，1992.
- *Au bord de la falaise: l'histoire entre certitudes et inquiétude*, Albin Michel, 1998.〔**Chartier [1998]**〕
- *Le jeu de la règle: lectures*, Presses universitaires de Bordeaux, 2000.

Corbin, Alain

- 「「自分史」からみたフランス歴史学の歩み」，平野千果子訳，『思想』1994年2月号.

Darnton, Robert

- (avec Jean-Pierre Changeux) *Ce qui nous fait penser. La nature et le règle*, Paris, Odile Jacob, 1998.
- « Mémoire, Histoire, Oubli », *Esprit*, mars-avril 2006.

- *Le débat*, novembre-décembre 2002, numéro 122, Gallimard. « Autour de *La Mémoire, l'histoire, l'oubli* de Paul Ricœur » 〔**Débat**〕
 Roger Chartier: Le passé au présent.
 Alexandre Escudier: Entre épistémologie et ontologie de l'histoire.
 Pierre Nora: Pour une histoire au second degré.
 Krzysztof Pomian: Sur les rapports de la mémoire et de l'histoire.
 Paul Ricœur: Mémoire: approches historiennes, approche philosohpiques.

- *Esprit*, n°140–141, juillet-août 1988: « Paul Ricœur ». 〔**Esprit [1988]**〕

- *„Historikerstreit": die Dokumentation der Kontroverse um die Einzigartigkeit der nationalsozialistischen Judenvernichtung*, München, Piper, 1987.

Abel, Olivier
- (dirigé par) *Le Pardon. Briser la dette et l'oubli*, Paris, Autrement, 1991.
- « Préface », in: Ricœur, *Vivant jusqu'à la mort, suivi de Fragments*, postface de Catherine Goldenstein, Paris, Seuil, 2007.

Anheim, Étienne
- « Singurières archives. Le statut des archives dans l'épistémologie historique – une discussion de *La mémoire, l'histoire, l'oubli* de Paul Ricœur », in: *Revue de Synthèse*, 5e série, année 2004. 〔**Anheim [2004]**〕

Arendt, Hannah
- *The human condition*, University of Chicago Press, 1958.

Aristote
- *De anima.* / - « De memoria et reminiscentia », in: *Parva Naturalia.* / - *Éthique à Nicomaque.* / - *Métaphysique.* / - *Physique.* / - *Poétique.* / - *Rhétorique.*

Augustin
- *Confessiones.*

Bachelard, Gaston
- *Poétique de l'espace*, Paris, PUF, 1957.

Bakhtine, Mikhail
- *Творчество Франсуа Рабле и народная культура средневековья и Ренессанса*, 1941, 1965: trad.

文 献 表

Ricœur

- *La Mémoire, l'histoire, l'oubli*, Paris, Seuil, 2000.〔引用略号：**MHO**〕
- 『記憶，歴史，忘却』，久米博訳，新曜社，上巻 2004 年，下巻 2005 年.
- *Gedächtnis, Geschichte, Vergessen*, aus dem Französischen von Hans-Dieter Gondek, Heinz Jatho und Markus Sedlaczek, München, W. Fink, 2004.〔**MHOdeutsch**〕
- *Memory, history, forgetting*, translated by Kathleen Blamey and David Pellauer, The University of Chicago Press, 2004.〔**MHOenglish**〕

- *Temps et récit*, Paris, Seuil.〔**TRI, TRII, TRIII**〕
  (Tome 1. L'intrigue et le récit historique, 1983; « Point Essais » 1991./Tome 2. La configuration dans le récit de fiction, 1984; « Point Essais » 1991./Tome 3. Le temps raconté, 1985; « Point Essais » 1991.)

※初版とポケット版 « Point Essais » とで頁付が異なる。最近の傾向に従い，引用参照はポケット版の頁付で行った。

- *Le volontaire et l'involontaire*, Paris, Aubier, 1950.〔引用略号：**VI**〕
- *L'homme faillible*, Paris, Aubier, 1960.〔**HF**〕
- *La symbolique du mal*, Paris, Aubier, 1960.
- « Husserl et le sens de l'histoire », *Revue de Métaphysique et de Morale* 54 (1949), reproduit in: *À l'école de la phénoménologie*.
- *Histoire et vérité*, Paris, Seuil, 1955, 1964, 1990.
- *La métaphore vive*, Paris, Seuil, 1975.〔**MV**〕
- *Du texte à l'action*, Paris, Seuil, 1986; « Point Essais » 1998.〔**TA**〕※引用はポケット版 « Point Essais » の頁付。
- *À l'école de la phénoménologie*, Paris, Vrin, 1986.〔**EP**〕
- *Soi-même comme un autre*, Paris, Seuil, 1990.〔**SA**〕

- « Quel éthos nouveau pour l'Europe? », in: *Imaginer l'Europe*, Paris, Seuil, 1992.
- « Philosophie critique de l'histoire: recherche, explication, écriture », in: Guttorm Fløistad (ed.), *Philosophical Problems Today*, t. I., Kluwer Academic Publishers, 1994.
- *La critique et la conviction*, entretien avec François Azouvi et Marc de Launey, Calman-Lévy, 1995; Hachette Littératures, 2006.〔**CC**〕
- *Le Juste 1*, Paris, Esprit, 1995.
- *Réflexion faite. Autobiographie intellectuelle*, Paris, Esprit, 1995.

ハ 行

タ 行

ナ 行

サ　行

カ　行

事 項 索 引

マリオン Jean-Luc Marion　108, 111
マルクス Karl Marx　53, 73, 250, 276, 301
マン Thomas Mann　191
ミシュレ Jules Michelet　315
ミッテラン François Mitterand　83, 439
ムーラン Jean Moulin　438
メルロ＝ポンティ Maurice Merleau-Ponty　24, 45, 108, 141, 204, 205
モルネ Daniel Mornet　279, 280
モンジャン Olivier Mongin　27, 96
ヤスパース Karl Jaspers　49
ユークリッド Εὐκλείδης　148, 204
ラカン Jacques Lacan　29, 41, 88
ラシュリエ Jules Lachelier　109
ラバリエール Jean-Pierre Labarriere　88, 89
ラブルース Ernest Labrousse　66, 249, 251, 259〜261
ラブレー François Rabelais　39, 58, 229, 255〜257, 296〜298
ランケ Leopold von Ranke　60, 314
ランズマン Claude Lanzmann　85, 324, 325
リオタール Jean François Lyotard　16, 88, 107, 359, 428, 429
リーデル Manfred Riedel　97
レヴィ＝ストロース Claude Lévi-Strauss　17, 34〜36, 38〜44, 47, 48, 69, 71, 210, 235, 237
レヴィ＝ブリュール Lucien Lévi-Bruhl　254, 256〜258
レヴィナス Emmanuel Lévinas　3, 5, 6, 14, 45, 75, 86, 94, 108, 305, 306, 370, 395, 413, 446, 449, 450
ルヴェル Jacques Revel　40, 244, 249, 269, 270, 272, 296
ル＝ゴフ Jacques Le Goff　52, 55, 90, 210, 252, 253, 297
ルッソ Henri Rousso　85, 369, 433, 436, 437, 440
ルプチ Bernard Lepetit　72, 101, 244, 260, 261, 269, 272, 299, 303
ル＝ペン Jean-Marie Le Pen　439
ル＝ロワ＝ラデュリ Emmanuel Le Roy Ladurie　5, 6, 101, 221, 249, 261〜263, 428
ロシュリッツ Rainer Rochlitz　421, 422
ロック John Locke　173, 176〜181, 186
ロブ＝グリエ Alain Robbe-Grillet　341
ロベスピエール Maximilien Robespierre　367
ロールズ John Rawls　364, 420, 458, 459
ワーグナー Richard Wagner　ix

池上良正　79
小田中直樹　261
鹿島徹　319, 394, 395
北田暁大　53
北村清彦　349
氣多雅子　215, 465
國方栄二　339
佐藤啓介　96, 97, 328
佐藤卓己　239, 437
慈円　345
杉村靖彦　96, 108, 109, 111, 141, 195, 217, 401, 474
高橋哲哉　85
谷川稔　77
鶴岡賀雄　219〜221, 375
長井伸仁　99, 235
永井均　31, 363
西田幾多郎　25
二宮宏之　62〜65, 69
福井憲彦　245, 258, 259, 287
御厨貴　233

パトチカ Jan Patočka　456
ハーバーマス Jurgen Habermas　16, 17, 51, 73, 86, 90, 323, 386〜389, 392, 394〜396, 410, 411, 423, 429, 434, 435
バフチンМихаил Бахтйн　290, 296〜298
パポン Maurice Papon　369, 438
バリバール Étienne Balibar　176
パルメニデス Παρμενίδης　336
ヒトラー Adolf Hitler　382, 389, 400
フィンク Eugen Fink　24
フェーヴル Lucien Febvre　6, 35, 39〜41, 53, 55, 58, 91, 194, 207, 229, 237, 239, 245, 247, 250, 253〜255, 257, 260, 276, 296, 314, 479
フェッセル Michaël Foessel　329
フェリペ二世 Felipe II　56, 59, 61, 344, 345, 399
フーコー Michel Foucault　51, 66〜69, 90, 93, 197, 242, 262, 277, 280, 285, 286, 290, 295〜98, 301
フッサール Edmund Husserl　4, 7, 17, 18, 24, 25, 33, 42, 44〜46, 48, 49, 64, 74, 76, 106〜108, 111, 120, 126, 136〜141, 151〜155, 157〜161, 170, 173, 180〜183, 188, 211, 254, 271, 406, 476
プッサン Nicolas Poussin　ii, iv, v
プラトン Πλάτων　2, 7, 93, 105, 113, 115〜117, 120, 123, 124, 126, 133, 134, 162, 272, 278, 310, 339, 485
ブラント Willy Brandt　457
フリードランダー Saul Friedlander　86, 93, 317, 378, 398
プルースト Marcel Proust　141, 142, 287
プルタルコス Πλούταρχος　360
ブルデュー Pierre Bourdieu　41, 51, 69〜71, 94, 245, 275, 291, 301, 435
ブルトマン Rudolf Bultmann　239
フロイト Sigmund Freud　11, 29, 33, 142, 224, 401, 434
ブロック Marc Bloch　6, 35, 41, 91, 94, 193, 200, 201, 218, 219, 223〜226, 229, 230, 231, 237, 238, 253, 479, 482
ブローデル Fernand Braudel　6, 34, 35, 39〜42, 47, 48, 50〜53, 55, 56, 66, 69, 72, 86, 89, 191, 207, 247, 249, 251, 252, 259, 261, 262, 270, 271, 273, 299, 300, 314, 321, 337, 339, 344, 345, 395, 396, 431, 443, 481
ベケット Samuel Beckett　341
ヘーゲル G. W. F. Hegel　8, 11, 14, 45, 47, 88, 195, 215, 258, 311, 359
ペタン Philippe Pétain　438
ベルクソン Henri Bergson　4, 7, 8, 11, 18, 93, 103, 120, 128, 129, 130, 131, 134, 135, 149, 151, 160, 161, 162, 163, 164, 165, 166, 167, 168, 169, 170, 208, 299, 479
ベルネ Rudolf Bernet　159
ヘロドトス Ἡρόδοτος　360
ボーヴォワール Simone de Beauvoir　234
ボードレール Charles Baudelaire　15
ポミアン Krzysztof Pomian　71, 209
ポル・ポト Pol Pot　382, 386, 389
ポロック Jackson Pollock　ii, iv
ホワイト Hayden White　76, 93, 155, 318, 319, 337, 351〜354
ホワイトヘッド Alfred North Whitehead　471
ポンピドゥー Georges Pompidou　438, 439, 444
マラン Louis Marin　51, 237, 271, 309, 310

312
シェーンベルク Arnold Schönberg　i, ii, ix
シャルチエ Roger Chartier　1, 6, 7, 17, 48〜53, 62〜72, 75, 77, 78, 92, 169, 237, 244, 245, 250, 251, 254, 269, 276, 278, 279, 283〜287, 289, 297, 298, 307, 330, 338〜340, 350, 351, 357, 392, 430, 435, 457
シュッツ Alfred Schütz　188
シュテュルマー Michael Stürmer　390, 395, 396, 431
シュペングラー Oswald Spengler　195
シラク Jacques Chirac　17, 79, 82, 440
スタイナー George Steiner　320, 321
ストローソン Peter Strawson　181
スピヴァク Gayatri Spivak　286
スーラージュ Pierre Soulages　ii, iv
ゼノン（エレアの）Ζήνων ὁ Ἐλεάτης　336
セーニョボス　226, 268
セルトー　→ド＝セルトー
ソクラテス Σωκράτης　3, 13, 113〜115, 118, 119, 336
ソロー Henry David Thoreau　206
タオ Trân Duc Thao　39
ダゴニエ François Dagognet　329
ダンテ Dante Alighieri　129, 252, 297
ダントー Arthur Danto　337
ダーントン Robert Darnton　245
テイラー Charles Taylor　73
デカルト René Descartes　44, 45, 47, 109, 119, 129, 148, 167, 176, 180, 181, 204, 224
テーヌ Hippolyte Taine　280
デュビー Georges Duby　52, 428
デリダ Jacques Derrida　8, 72, 73, 88, 107, 141, 235〜237, 446, 450〜452, 454, 473, 475
テンゲイ Lazlo Tengelyi　27, 481
ドイル Conan Doyle　224
トインビー Arnold Joseph Toynbee　195
トゥヴィエ Paul Touvier　438, 439
トゥキディデス Θουκυδίδης　40
トクヴィル Alexis de Tocqueville　280
ド＝ゴール Charles de Gaulle　85, 429, 436〜440
ド＝セルトー Michel de Certeau　17, 51, 52, 69, 87〜95, 193, 200, 201, 203, 218〜220, 222, 225, 229, 253, 258, 259, 261, 263, 285, 286, 287, 297, 375, 435
ドッス François Dosse　89, 96, 207, 250, 268
ドビュッシー Claude Debussy　127
トマス＝アクィナス Thomas Aquinas　129, 252
ド＝マン Hendrik (Henri) de Man　73
ナベール Jean Nabert　109, 398
ニーチェ Friedrich Nietszche　ix, 3, 31, 242, 267, 280, 348, 349, 410, 471
ニュートン Isaac Newton　204
ネーゲル Thomas Nagel　362, 363, 408
ノラ Pierre Nora　71, 90, 188, 193, 232〜236, 253, 417, 422, 423, 425〜431, 438, 440
ノルテ Ernst Nolte　86, 380, 381, 384〜390, 392, 394, 395, 403, 404, 411
ハイデガー Martin Heidegger　10, 12, 13, 14, 18, 23, 45, 75, 77, 125, 165, 174, 184, 203, 302, 330, 343, 353, 388, 413, 464〜469, 473〜475
ハヴェル Václav Havel　456, 457
バシュラール Gaston Bachelard　184, 250
パスカル Blaise Pascal　103, 237, 241, 271, 313, 314, 468

人 名 索 引

アガンベン Giorgio Agamben　86
アウグスティヌス Augusutinus　10, 129, 133, 173〜176, 203, 353, 467
アズヴィ François Azouvi　i
アーベル Olivier Abel　471
アーペル Karl-Otto Apel　73
アリエス Philippe Ariès　250, 265
アリストテレス 'Αριτοτέλης　7, 103, 105, 110, 113, 120〜127, 132, 133, 135, 153, 164, 175, 203, 274, 311, 339
アルヴァクス Maurice Halbwachs　7, 94, 173, 183, 185〜188
アーレント Hannah Arendt　13, 46, 179, 359, 403, 412, 446, 448〜452, 455
アロン Raymond Aron　39, 307
アンリ Michel Henry 108, 111
イェルシャルミ Yerushalmi　305, 441
イポリット Jean Hyppolite　42, 47
ヴィトゲンシュタイン Ludwig Josef Johann Wittgenstein　12, 72, 242, 272, 408, 473, 474
ヴェーヌ Paul Veyne　93, 338
ヴェーバー Max Weber　188, 220, 276, 457
ウォルツァー Michael Walzer　411
エスキュディエ Alexandre Escudier　71
エックハルト Meister Eckhart　221
エリアス Norbert Elias　275
ガダマー Hans Georg Gadamer　v, 8, 11, 194, 329, 348, 349, 465
カミュ Albert Camus　315, 408, 409
カーモード Frank Kermode　76, 340
ガラポン Antoine Garapon　370, 371, 404
カンギレム Georges Canguilem　251
カント Immanuel Kant　18, 19, 25, 76, 125, 141, 174, 195, 202, 215, 283, 301, 343, 412, 442, 443, 446, 452, 453
ギアーツ Clifford Geertz　70, 71
キケロ Cicero　129, 311, 360
ギゾー François Guizot　315
キルケゴール Søren Kierkegaard　467〜469
ギンズブルグ Carlo Ginzburg　224, 295, 296, 297, 318, 321, 322, 366, 367
グリーンブラット Stephen Greenblatt 52, 69
クールノー Antoine Augustin Cournot 229, 273
グレーシュ Jean Greisch　27, 29, 88, 97, 143, 147, 203, 470, 471
ケイシー Edward Casey　140, 146, 202
ゲルー Martial Gueroult　47
コイレ Alexandre Koyré　250
ゴダール Jean-Luc Godard　242
コール Helmut Kohl　396
コルバン Alain Corbin　55, 252, 260, 261
コンドルセ Nicolas de Condorcet　15
サルトル Jean-Paul Sartre　7, 151, 153, 160, 161, 166〜170, 409, 475
サンデル Michael Sandel　73, 364
シェイクスピア William Shakespeare　69,

著者紹介

川口　茂雄（かわぐち　しげお）

1976 年生まれ。兵庫県宝塚市出身。1999 年京都大学文学部卒業。2006 年京都大学大学院文学研究科博士課程指導認定退学。文学博士（京都大学）。2006–2009 年日本学術振興会特別研究員 PD（東京大学人文社会系研究科）。
現在　獨協大学国際教養学部非常勤講師。

主な著訳書
Humaniora Kiotoensia — On the Centenary of Kyoto Humanities, Tetsuo NAKATSUKASA (ed.), Kyoto University Graduate School of Letters./『ディアロゴス』片柳榮一（編），晃洋書房 /『哲学の歴史　第 8 巻』伊藤邦武（編），中央公論新社 /『スピリチュアリティの宗教史　上巻』鶴岡賀雄・深澤英隆（編），リトン
ジャン・グレーシュ『「存在と時間」講義—統合的解釈の試み』（共訳）法政大学出版局 / ヘンドリック・ド・マン『社会主義の心理学』柏書房 / ドミニク・フォルシェー『西洋哲学史—パルメニデスからレヴィナスまで』（共訳）白水社・文庫クセジュ

（プリミエ・コレクション　23）
表象とアルシーヴの解釈学
— リクールと『記憶、歴史、忘却』

©Shigeo Kawaguchi 2012

2012 年 8 月 31 日　初版第一刷発行

著　者　　川　口　茂　雄
発行人　　檜　山　爲　次　郎
発行所　京都大学学術出版会
京都市左京区吉田近衛町69番地
京都大学吉田南構内（〒606-8315）
電　話（075）761-6182
FAX（075）761-6190
URL http://www.kyoto-up.or.jp
振　替　01000-8-64677

ISBN978-4-87698-238-7
Printed in Japan
印刷・製本　㈱クイックス
定価はカバーに表示してあります

本書のコピー，スキャン，デジタル化等の無断複製は著作権法上での例外を除き禁じられています。本書を代行業者等の第三者に依頼してスキャンやデジタル化することは，たとえ個人や家庭内での利用でも著作権法違反です。